PSYCHO

Elyce Wakerman
Der verlorene Vater

Töchter sprechen über
den Mann, der aus
ihrem Leben verschwand

Deutsche Erstausgabe

Wilhelm Heyne Verlag München

HEYNE PSYCHO
17/15

Titel der amerikanischen Originalausgabe
FATHER LOSS
Übersetzung von Helmut Degner

Inhalt

Danksagung

Ein Buch muß man allein schreiben – und doch ist man dabei auf die Hilfe anderer angewiesen. Ich möchte daher meinen Dank aussprechen: Elizabeth Smith, Susan Schwartz und Jean Naggar für ihre Unterstützung von Anfang an; Dr. Debra Decker, Dr. Janice Abarbanel, Marty Gwinn, Pat Walter, Tim Carnasale, Michael Monigan, der Los Angeles Public Library (die eine der besten Institutionen ist, die wir haben), dem United States Bureau of the Census und meinem Schwiegervater Herbert L. Werner für die großzügige Hilfe an Hinweisen und Material, die sie mir zuteil werden ließen; und Wendy Sharp, für die Mühe, die sie sich mit dem Manuskript gab.

Den 608 Frauen, die an der Untersuchung teilnahmen und ganz besonders den Frauen unter ihnen, die sich zu oft stundenlangen Interviews bereit erklärten.

Dr. Holly Barrett für die statistische Arbeit, die – wie ihre Interpretationen dieses Materials – das Buch ungemein bereicherte. Meiner Freundin Jane Welkowitz Rosen, die sich immer bereit erklärte, neue Seiten zu lesen, und mir mit ihrer Intelligenz und ihrem Einfühlungsvermögen bei diesem Vorhaben zur Seite stand. Und – das bedarf eigentlich keiner Erwähnung – ohne Jeff wäre dies alles wohl nicht möglich gewesen.

Elyce Wakerman

Vorwort

Vaterlosen Töchtern hat die Verhaltensforschung bisher nicht viel Beachtung geschenkt. Nach der Zahl der wissenschaftlichen Untersuchungen zu schließen, scheint das Interesse für mutterlose Kinder oder vaterlose Söhne weit größer, doch ich vermute, der wahre Grund für den Mangel an Literatur über dieses Thema ist der romantische, geheimnisvolle Nimbus, der die Vater-Tochter-Beziehung umgibt. E. Mavis Hetheringtons 1975 in der Zeitschrift *Psychologie heute* erschienene Untersuchung über weibliche Jugendliche ohne Väter hat sicher viel dazu beigetragen, das Wesen der Vater-Tochter-Beziehung zu erhellen. Dieses Buch beschäftigt sich in ähnlicher Weise nicht nur mit dem Vaterverlust, sondern ebenso auch mit der Vater-Tochter-Beziehung. Die sehr spezifische und prägnante Sichtweise von Frauen, die ihre Väter verloren haben, weil sie starben, die Mutter verließen oder von ihr geschieden wurden, vermittelt uns ein tieferes Verständnis der bedeutsamen Rolle, die ein Vater bei der Entwicklung seiner Tochter spielt. Mein größter Wunsch ist deshalb, daß viele Väter dieses Buch lesen werden, denn ein nichtexistierender Vater ist aus genau den gleichen Gründen von so großer Bedeutung wie ein existierender.

Elyce Wakerman wuchs ohne Vater auf. Ihr war bewußt, daß ihr in ihrem Leben eine entscheidende Beziehung entgangen war, doch die psychologischen Auswirkungen dieses Versäumnisses waren ihr ebenso unklar wie die Beschaffenheit und die Dynamik dieser Beziehung. Um die persönlichen und wissenschaftlichen Lücken zu füllen, beschloß sie, dieses Buch zu schreiben. Das Ergebnis ist, glaube ich, eine bewegende und informative Darstellung der ersten Beziehung zu einem Mann im Leben einer jeden Frau sowie der Folgen eines vorzeitigen Endes dieser Beziehung.

»Bei künftigen Untersuchungen wird man vermutlich auf die wichtigsten Beweise für die Auswirkungen einer fehlenden Vaterbeziehung im Leben von Frauen reiferen Alters stoßen«, beschloß Hetherington ihren Aufsatz. Hetheringtons Prophezeiung bewahrheitete sich, als mich Elyce Wakerman bat, eine Untersuchung über erwachsene Frauen, die vor dem achtzehnten Lebensjahr ihren Vater verloren hatten, durchzuführen, um die aus ihren Interviews gewonnenen Informationen zu untermauern. Wir erwarteten, daß sich vielleicht hundert Frauen an der Umfrage beteiligen würden, doch die Reaktion auf unseren Aufruf, mit dem wir Freiwillige suchten, war überwältigend. Über siebenhundert Frauen forderten Fragebögen an, viele mit der Bemerkung, es sei »höchste Zeit« oder sie hätten »schon lange darauf gewartet, daß sie jemand nach diesen Dingen fragt«. Insgesamt meldeten sich:

144 Frauen, deren Mütter geschieden worden waren und nicht wieder heirateten,

125 Frauen, deren Mütter geschieden worden waren und wieder heirateten,

200 Frauen, deren Väter starben und deren Mütter nicht wieder heirateten,

88 Frauen, deren Väter starben und deren Mütter wieder heirateten.

Da es sich um eine Pilotstudie handelte, die nicht unter so streng kontrollierten Bedingungen durchgeführt wurde wie eine Experimentalstudie, bezogen wir auch eine Gruppe von einundfünfzig Frauen ein, die mit Vätern aufgewachsen waren, damit wir mögliche Unterschiede zwischen Frauen mit Vätern und vaterlosen Frauen erkennen konnten. Das Durchschnittsalter der befragten Frauen betrug zweiundvierzig Jahre.

Zum größten Teil gehörten die Frauen dem Mittelstand an, denn wir suchten die Freiwilligen durch nationale und lokale Medien, Schulen, Kliniken, Frauengruppen, Seniorenzentren und andere Organisationen, deren Klientel aus Angehörigen des Mittelstandes besteht. Die Frauen waren jedoch völlig unterschiedlicher Herkunft. Nach dem Verlust des Vaters trat bei der Mehrzahl eine Verschlechterung des sozialen und wirtschaftlichen Status ein. An diesem Schema wird sich ohne umfangreiche kulturelle Reformen wohl nichts ändern, und so werden wir auch in Hinkunft viele bewegende und tragische Geschichten hören, die jenen, die dieses Buch füllen, gleichen.

Viele Frauen waren, als sie erfuhren, worum es bei unserem Projekt ging, der Meinung, sie eigneten sich für die Befragung, obwohl ihre Väter während ihrer Kindheit mehr oder weniger körperlich präsent gewesen waren. Diese Frauen hatten das Gefühl, daß ihre Väter irgendwo in der ›realen‹ Welt dagewesen waren und irgendwelche magischen Fähigkeiten besessen hatten, mit denen sie eine, wenngleich vage, Wirkung auf sie ausübten. Nun hat die Vater-Tochter-Beziehung tatsächlich gewisse phantastische Züge, doch dieses Buch macht unter anderem deutlich, daß Töchter, die einen Vater besessen haben, den Vorteil hatten, erkennen zu können, was an Männern normal und menschlich ist. Wer, wie ich, das Glück hatte, einen aktiven und interessierten Vater zu haben, weiß, daß der väterliche Einfluß sehr stark ist.

Elyce Wakerman, die sich mit großer Beharrlichkeit bemüht hat, den Dingen auf den Grund zu gehen, hat mich wiederholt gefragt: »Was genau geben Väter eigentlich ihren Töchtern?« Es ist nicht unbedingt Kraft, obwohl die Geschichten in diesem Buch von viel Kraft und Mut zeugen. Das Beste, was ein Vater seiner Tochter geben kann, ist vielleicht Rückhalt, der es ihr ermöglicht, etwas zu wagen; Vertrauen sowohl in ihre Weiblichkeit wie in ihre Fähigkeit, Ziele zu erreichen, das sie in die Lage versetzt, die mannigfachen Aspekte ihres Selbst anzuerkennen und zu entwickeln.

Ob Frauen ihre nichtexistierenden oder fernen Väter idealisieren oder verdammen – das Bild von ihnen, das sie verinnerlicht haben, ist zum Teil ihrer Phantasie entsprungen. Gewisse Illusionen darüber, wie der Vater ist, war oder gewesen sein könnte, als sie ein kleines Mädchen waren, sind von positiver Wirkung, denn sie mildern die Hoffnungslosigkeit und das Gefühl völliger Isolation. Doch unsere Untersuchung über Frauen ohne Väter zeigt deutlich, wie negativ ein unrealistisches Vaterbild die Kindheit, die Jugend und die allgemeine Einstellung zu sich selbst, zu Beziehungen, zum Beruf und zur Familie beeinflussen kann. Heutzutage sind Mädchen ohne Väter — derzeit allein in den Vereinigten Staaten etwa fünfeinhalb Millionen — sicher nicht mehr so stark gesellschaftlichen Benachteiligungen ausgesetzt wie die Frauen, die wir befragten, doch die emotionale Verwirrung und die Schwierigkeiten mit Liebesbeziehungen, die mit dem Verlust des Vaters einherzugehen scheinen, dürften für sie die gleichen sein. Wir hoffen deshalb, daß diese Untersuchung weitere Fragen auslösen und zu eingehenderer Forschungsarbeit führen wird — nicht nur wegen der Bedeutung für alle Töchter und Väter, sondern weil die Zahl der alleinerziehenden Mütter immer mehr ansteigt und vaterlose Töchter einmal eine große gesellschaftliche Gruppe darstellen werden.

Illusionen können uns eine Zeitlang über Verluste hinweghelfen, doch wie Elyce Wakerman auf den folgenden Seiten deutlich macht, ist es für uns Frauen notwendig, um die Männer, die uns verlassen haben, zu trauern, damit wir mit dem Leben fertigwerden.

Dr. phil. Holly Barrett

I. TEIL

Einführung

1

Ein Thema, mit dem ich mich auskenne:
»Mein Vater starb, als ich drei war.«

Angespannt vor Angst sitze ich an meinem Holzpult und starre auf das leere Tintenfaß. Obwohl ich erst acht Jahre alt bin, ist diese Spannung nicht neu für mich; es ist an jedem ersten Schultag die gleiche Qual.

Wie im Kindergarten und in der ersten Klasse müssen meine Mitschülerinnen und ich in alphabetischer Reihenfolge aufstehen und den Beruf unseres Vaters nennen. Ich bin dankbar dafür, daß mein Nachname mit einem *W* beginnt. So habe ich Zeit nachzudenken. Ich kann unmöglich vor allen andern aufstehen und sagen: »Mein Vater ist tot.«

Ich bin wütend auf die hübsche junge Lehrerin, die vor uns steht. Als ich sie vor einer Stunde zum ersten Mal sah, hatte ich mit dem Vertrauen eines kleinen Mädchens zu hübschen jungen Frauen gehofft, daß sie anders sein würde, daß sie mich vor der gefürchteten Frage bewahren würde. Bestimmt hat sie sich etwas anderes ausgedacht, um ihre neuen Schülerinnen kennenzulernen; das grausame Ritual wird nicht stattfinden. Doch um mich herum leiern die andern die Berufe ihrer Väter wie eine Litanei herunter. Debbie Rosenthal hat eben verkündet, daß ihr Vater in der Bekleidungsindustrie tätig ist; ich muß mir schnell etwas einfallen lassen.

Schweißüberströmt sage ich innerlich eine Reihe glaubwürdiger Dinge auf, die ein Vater tun könnte, um seinen Lebensunterhalt zu verdienen. Es darf nichts sein, was schon eine andere gesagt hat; sonst kommt man mir drauf. Ich könnte ›Rechtsanwalt‹ sagen – vielleicht sollte ich darum bitten, auf die Toilette gehen zu dürfen – oder

›Buchhalter‹; mein Onkel Norman ist schließlich Buchhalter. Mein Entschluß zu lügen läßt mein Herz pochen; ich entscheide mich für etwas, das der Wahrheit am nächsten kommt. Mein Vater hatte zwei Obst- und Gemüsegeschäfte. Das ist keine *so* schlimme Lüge. »Elyce!« Das Wort trifft meine Knie wie ein Reflexhammer, und ich stehe auf. »Er hat ein Obst- und Gemüsegeschäft«, lüge ich mit kaum hörbarer Stimme, starr geradeaus blickend, und setze mich. Miß Hogan läßt es mir durchgehen. Sie ist wirklich so feinfühlig, wie ich gedacht hatte, und verlangt nicht, wie bei einigen andern Kindern, daß ich es ›laut und deutlich‹ sage.

Sie weiß es, sie weiß es bestimmt, denke ich. Es muß im Klassenbuch stehen, auf das sie eben einen Blick geworfen hat. Und es tut ihr leid, daß sie mir das angetan hat... Ich spüre den kalten Schweiß auf meiner Stirn, und meine Panik legt sich. Gehorsam beuge ich mich über mein Lesebuch.

Meine früheste Erinnerung daran, keinen Vater zu haben, ist mit einem Gefühl der Schande verbunden. Einen Vater zu haben, der TOT war, bedeutete, im Schatten von etwas Ominösem zu leben. Der Tod war für mich etwas Unbegreifliches, doch ich hatte das Gefühl, daß mein Vater tot war, sagte etwas über mich aus: über meinen Wert, über mein Recht, mich für das gleiche zu halten wie alle andern. In meiner Vergangenheit gab es etwas Geheimnisvolles; etwas, woran ich mich nicht erinnerte und was ich nicht verstand, das mich aber brandmarkte. Ich war überzeugt, der Umstand, daß mein Vater tot war, hing mit irgendwelchen finsteren Dingen zusammen, und ich war mir sicher, daß meine Mitschülerinnen und Lehrer das gleiche dachten.

Zu meiner Angst, weniger wert zu sein als alle andern, kam hinzu, daß ich fürchtete, man würde dahinterkommen, daß ich *anders* war. Alle andern Kinder hatten Mutter und Vater; das war das Normale, und Normalität war in den fünfziger Jahren das Wichtigste. Ich wußte nichts von Joseph McCarthy, doch seine Doktrin, Konformität sei die höchste Tugend, bestimmte die ganze Atmosphäre. Anders zu sein, in irgendeiner Weise nicht der Norm zu entsprechen, rief Stirnrunzeln hervor und in der Welt der Kinder Lachen. Keinen Vater zu haben war etwas Ver-rück-tes, und ich mußte sorgsam darauf bedacht sein, meinen Makel zu verheimlichen. So verwandte ich in meiner Kind-heit einen Großteil meiner Kraft darauf, meine ›Minder-wertigkeit‹ zu verbergen, im Alter von acht Jahren ver-heimlichte ich eine dunkle Vergangenheit. Es war unver-meidlich, daß ich mich dadurch von meinen Altersgenos-sen absonderte, und gerechterweise muß ich sagen, daß ich mir die Einsamkeit, die ich als Kind erlebte, selbst schuf. Ich bin sicher, mir erschien das logisch: Da alle anderen von einer Mutter und einem Vater geliebt wurden und ich nur von einer Mutter, mußte ich weniger liebenswert sein.

Ich wollte aber nicht, daß ich irgendwem leidtat. Mein Vater war gestorben, als ich drei Jahre alt war, und wäh-rend meiner ganzen Kindheit hatten mir Menschen, die davon wußten oder erfuhren, rührseliges Mitleid entgegen-gebracht. Soweit ich zurückdenken konnte, hatten Nach-barn und Verwandte über »die arme Selma und die beiden armen Mädchen« lamentiert und mich schon früh mit Abscheu gegen jede Art von Mitleid erfüllt. Auch echte Beweise von Mitgefühl trugen wenig dazu bei, mein Min-derwertigkeitsgefühl zu lindern, sondern verstärkten eher meine Überzeugung, daß der Tod meines Vaters mich zu einem Außenseiter gemacht hatte. Ich war ein Opfer schrecklicher Umstände − soviel war mir klar −, doch sich diesem Bewußtsein hinzugeben, verstärkte noch die Aura des Mißgeschicks. Der Tod meines Vaters wurde zu einem Thema, das ich sorgsam vermied, und erst in mei-nen Collegejahren konnte ich einigermaßen unbefangen darüber reden. So tief saßen meine Verwirrung, meine Unsicherheit, meine Scham.

Ich wuchs in einem weiblichen Haushalt auf. Meine

Mutter, meine Schwester und ich — eine unvollständige Familie. Tagsüber war noch Mazie da, die schwarze Haushälterin, die uns immer erwartete, wenn wir von der Schule heimkamen, denn meine Mutter war berufstätig. Mazie, die voll unerschöpflicher Energie und Vitalität war, unterhielt meine Schwester und mich, erzählte uns Geschichten, hörte sich die unseren an, brachte uns Kinderlieder bei und kochte für uns. Meine Mutter konnte es sich natürlich kaum leisten, sie ganztags zu bezahlen, doch Mazie hatte eine besserbezahlte Stellung aufgegeben, um für uns sorgen zu können. Sie hielt es für ihre Pflicht.

Die Nacht, in der mein Vater starb, verbrachte sie als Babysitterin bei uns, und da sie eine fromme Frau war, betrachtete sie das, was sie damals erlebte, als religiöse Berufung: »Ich wußte, daß ich bei meinen beiden Mädchen bleiben mußte, bis sie alt genug waren, um Gut und Böse zu unterscheiden.« Abgesehen von der Freundschaft und Unterstützung, die sie unserer Familie zuteil werden ließ, bestimmte ihr Bericht über diese Nacht meine Einstellung zu meinem Vater — ihre Geschichte ist einer der wenigen Hinweise darauf, daß ich an dem Drama, das mein Leben veränderte, mitgewirkt habe.

»Deine Eltern gingen an diesem Abend aus«, erzählte sie. »Dein Vater fühlte sich nicht ganz wohl, doch er sagte, er wolle trotzdem ausgehen. Er ging in euer Zimmer und gab euch einen Gutenachtkuß. Als er sich über das Bettchen deiner Schwester beugte, wandte er sich zu mir und sagte: ›Mazie, du mußt dich um meine Mädchen kümmern.‹ Es lief mir kalt über den Rücken, und ich sagte: ›Ja, natürlich werde ich mich um sie kümmern.‹

Ein paar Stunden später, es war ganz still im Haus, hast du plötzlich im Schlaf geschrien: ›Pappi, geh nicht. Laß mich nicht allein.‹ Dann hörte ich Schritte, der Fußboden knarrte, und ich wußte, er ist gestorben. Ein paar Sekunden später klingelte das Telefon, und man sagte mir, daß dein Vater tot war.« Mazie verband also ihr Leben mit dem unseren, entschlossen, uns beizubringen, Gut und

Böse zu unterscheiden und die Aufgabe, mit der, wie sie meinte, mein Vater sie betraut hatte, zu erfüllen. Als sie mir die Geschichte zum ersten Mal erzählte – ich muß damals etwa elf gewesen sein – , hörte ich ihr mit weit aufgerissenen Augen zu. Ich war mir sicher, daß es ein ganz besonderes Band zwischen meinem Vater und mir gab, und so begann eine höchst romantische Beziehung.

Zu unserer weiblichen Familie gehörte noch meine Großmutter. Sie war eine russische Einwanderin und sprach mit einem jener lyrischen osteuropäischen Akzente, die in der amerikanischen Szenerie so rasch verklingen, und obwohl sie nie mit uns zusammen wohnte, war sie ständig bei uns. Sie war eine dynamische Frau mit fixen Ideen, und sie konnte sich einfach nicht damit abfinden, daß ihre schöne Tochter nach nur vier Jahren Ehe nun Witwe war und zwei Kinder versorgen mußte. Wenn sie ihre Tochter von familiären Belastungen befreien konnte, erschien sie ohne zu zögern und kochte für uns, flößte uns, wenn wir krank waren, Hühnersuppe ein oder blieb übers Wochenende. Der Tod meines Vaters wurde für meine Großmutter zum Symbol all des Schweren, das sie durchgemacht hatte, und bis zu dem Tag, an dem sie starb, konnte sie von ihm nicht sprechen, ohne zu weinen.

Obwohl es mir an Fürsorge, Sicherheit und Liebe nicht mangelte, wuchs ich in einem Haus auf, das von Tragik überschattet war. Wir waren keine Familie, sondern drei weibliche Wesen, die in ständig angespannter Erwartung lebten, überzeugt, daß es nur eins gab, was uns erlösen konnte: ein Mann. Am stärksten wurde unser Optimismus durch die gelegentlichen Wochenendausflüge meiner Mutter in die Berge genährt. Obwohl meine Großmutter, meine Schwester und ich uns bemühten, uns nicht übertriebenen Hoffnungen hinzugeben, warteten wir stets ungeduldig, wenn an einem solchen Wochenende der Sonntagabend nahte, ganz erfüllt von dem Wunsch: *Wenn sie doch bloß einen wundervollen Mann kennengelernt hat, den sie mag und der sie heiraten und alles gut machen wird*. Wir warteten auf einen Prinz, der uns mit seinem Kuß erwecken würde.

Die Jugend wird im allgemeinen als eine der schwierigsten Phasen des Lebens betrachtet, doch für mich war sie eine Zeit, in der mein Selbstwertgefühl erwachte. Die Anerkennung durch das männliche Geschlecht ist für alle heranwachsenden Mädchen von großer Bedeutung, doch für mich stellte sie die Bestätigung meines Wertes dar. Wunderbarerweise, wie es mir anfangs erschien, mochten mich Jungens, Angehörige des männlichen Geschlechts.

Meine ersten Teenagerjahre waren eine herrliche Zeit. Die Lehrerinnen stellten keine peinlichen Fragen mehr nach dem Beruf des Vaters, und da in der High School die Hälfte der Schülerinnen in Harlem wohnte, war ein Vater-und-Mutter-Haushalt nicht mehr eine Voraussetzung für Normalität. Das Leben verlagerte sich von der Wohnung auf die Straße, und die bevorzugte Aktivität war Herumhängen vor dem Bonbongeschäft an der Ecke. Ich war nicht gerade die Königin von Washington Heigths, doch ich hatte meinen Platz unter den Kindern der Nachbarschaft und gehörte zum ersten Mal in meinem Leben zu einer Clique. Da meine Mutter arbeiten ging und Mazie uns verlassen hatte, als ich zwölf war, konnte ich mich nach Herzenslust herumtreiben und machte das Beste aus diesen Stunden nach der Schule. Doch meine Bemühungen, männliche Aufmerksamkeit auf mich zu lenken, beschränkten sich nicht auf den Bonbonladen an der Ecke.

Mit vierzehn Jahren begann ich die Freitagabend-Gottesdienste in der Synagoge gegenüber unserem Haus zu besuchen. Ich ging allein hin und betete. Wenn ich beim wöchentlichen Gebet für die Toten den Kopf senkte, war ich tief ergriffen von der Feierlichkeit und fand Trost im Kontakt mit Gott. Der zornige Ton, in dem der Rabbi seine Predigt hielt, jagte mir ein wenig Angst ein, doch ich war überzeugt, daß jedes Wort wahr war. Am Ende des Gottesdienstes wartete ich geduldig, bis ich an der Reihe war, dem Rabbi und dem Kantor die Hand zu schütteln,

›Guten Schabbes‹ zu sagen und mit ihrem beifälligen Lächeln bedacht zu werden. Ich war mir sicher, sie mochten mich, weil ich von mir aus zu den Gottesdiensten kam; vielleicht hatten sie sogar väterliche Gefühle für mich.

Nach Verlassen der Synagoge ging ich durch die vertrauten Straßen und weitete die Zeremonie zu einem privaten Ritual aus. Mein Ziel war − mit einer Sicherheit, als stünde es im Gebetbuch geschrieben − die Brücke, die Manhattan mit der Bronx verbindet. Es war ein gefährlicher Weg, doch ich fühlte mich beschützt. Wenn ich an der Stelle ankam, von der aus man über den East River blicken kann, setzte ich die Zeremonie fort. Ich stellte mir das Gesicht meines Vaters vor, wie ich es von Fotos kannte, wählte den hellsten Stern am Himmel aus und sprach stumm mit ihm. Ich sagte ihm, daß es mir gut ging und daß er mir fehlte; daß wir die beste und engste Beziehung haben würden, wenn er noch lebte; daß wir uns in jeder Hinsicht verstehen würden. Dessen war ich mir sicher, und ebenso sicher war ich mir, daß er mir zuhörte.

Nach dem Bild meines Vaters erschuf ich mir einen Gott. Von allen Erwachsenen blieb allein er weise und allwissend − selbst in den Jahren zwischen zehn und zwanzig, in denen man überzeugt ist, daß kein Mensch über einundzwanzig irgend etwas Wesentliches begreift. Und als ich meine Freitagabende weltlicheren Vergnügungen zu widmen begann wie Rendezvous, Parties und Liebesgeschichten, wurden meine romantischen Illusionen auf ähnliche Weise von idealisierten Objekten aus Fleisch und Blut befriedigt.

Den ersten Jungen, mit dem ich ernsthaft befreundet war, hielt ich für geradezu allmächtig. Er war vier Jahre älter als ich und besuchte das College − kein Junge, sondern ein Mann, und von einem Mann geliebt zu werden, bedeutete völlige Befreiung von Gefühlen des Getrenntseins. Ich stattete Eddie mit der Fähigkeit aus, in das Innere meines Wesens zu blicken, meine Schwächen und Bedürfnisse zu erspüren und mich ihretwegen zu lieben. Diese unsinnigen Hoffnungen wurden nicht enttäuscht, denn Eddie hatte hinsichtlich der Bedeutung, von einem Angehörigen des anderen Geschlechts geliebt zu werden, ebenso übersteigerte Ansichten wie ich – seine Mutter war gestorben, als er sehr jung war.

Gemeinsam erschufen wir eine seifenblasenhafte romanartige Liebesgeschichte – Catherine und Heathcliffe von Upper Manhattan. Dazu verurteilt, eine so berauschende Beziehung zu ertragen – in den Jahren, die wir zusammen verbrachten, gab es ständig Zerwürfnisse und Versöhnungen –, rechtfertigten wir das Chaos, indem wir uns auf die bittersüße Vergänglichkeit der Liebe beriefen. »Alles Schöne ist vergänglich«, pflegte Eddie zu sagen. Unsere schließliche Trennung hatte jedoch weit weniger verschwommene Ursachen. Eddie war darauf erpicht, die Familie zu gründen, die er nie gehabt hatte. Doch an dem Abend, an dem er mir seinen Heiratsantrag machte, lehnte ich ab, nachdem ich vier Jahre lang geglaubt hatte, das sei alles, was ich mir im Leben wünschte. Tatsächlich platzte im gleichen Moment, als er seine Frage stellte, die Seifenblase: Meine Liebe zu ihm löste sich buchstäblich auf. Mein dramatischer Gefühlswandel war enervierend.

Wenn ich daran zurückdenke, erscheint es mir als eine ziemliche Ironie, daß der erste Mann, den ich – nach meinem Vater – liebte, ebensosehr eine Mutter brauchte wie ich einen Vater. Ich sah in dieser Gemeinsamkeit keinen weiteren Beweis dafür, daß wir füreinander bestimmt waren, sondern einen Makel, der Eddies Anziehungskraft schwinden ließ; seine Bedürftigkeit machte ihn unvollkommen, und schließlich war es seine Bedürftigkeit, die zu meiner Desillusionierung führte. Ich beschloß, dem Mann, der vollkommen war, treu zu bleiben.

Auf dem College war ich wieder das linkische, scheue Mädchen. Statt für New York City, wo ich aufgewachsen war, entschied ich mich für die Fremde, für Alfred, ein

Dorf im Norden des Bundesstaates. Alfred war von den Sieben-Tage-Adventisten gegründet worden und jetzt hauptsächlich von Studenten und Professoren der Universität, die den Namen des Dorfes trägt, bevölkert. Zum ersten Mal wurde mir klar, daß nicht die ganze Welt aus Juden und Schwarzen besteht, sondern daß ich zu einer Minderheit gehörte. Ich erfuhr auch, daß es ein besonderes Wesen, das ›jüdische Mädchen aus New York‹, gibt, von dem man Intelligenz, Witz und eine gewisse Hartnäckigkeit erwartet und das man zwar nicht gänzlich uninteressant findet, doch mit einer gewissen Reserviertheit behandelt. Nach einigen Wochen hatte ich mich einigermaßen damit abgefunden, ein Außenseiter zu sein, denn an der Alfred University gab es für jeden eine Clique – auch für Außenseiter. Wir waren die Beatniks, die Intellektuellen, die Künstlertypen – im Grunde die jüdischen Jungen und Mädchen aus New York.

Ein wesentlicher Bestandteil des gesellschaftlichen Lebens, das aus Parties und Tanzabenden bestand, war Trinken. Der Alkohol mit seiner Hemmungen lösenden Wirkung war etwas Neues für mich, und der Rausch, in den mich zwei oder drei Glas Bier versetzten, hatte noch andere Folgen: Mit zunehmender Regelmäßigkeit mußte ich an solchen Abenden mit Rock 'n' Roll und Alkohol an meinen Vater denken. Zuerst waren es sentimentale Gedanken, etwa bei den Klängen von ›Daddy's Home‹, doch allmählich wurden sie stärker, und bald erfüllte mich ein Bedürfnis, hinaus in die Nachtluft zu flüchten, wo ich mich meinem Kummer überließ und Erleichterung fand. Heiße Tränen liefen über mein Gesicht, doch das Schluchzen, das mich schüttelte, tat mir gut. Nach so vielen Jahren äußerlichen Ausweichens und innerlicher beschönigender Phantasien bekannte ich mich endlich zu meinem Schmerz und meiner Sehnsucht. Ich begann zu trauern.

Als ich eines Tages mit dem Bus zur New York University fuhr, zu der ich nach dem ersten Semester übergewechselt war, zerbrach ich mir den Kopf über meine irrationale Neigung zu einem Mann, dessen Gefühle für mich alles andere als beständig waren, und kam zur Einsicht, daß er mich in der einen Minute zu lieben schien und dann, ohne jeden Grund, kühl und abweisend war – genau wie mein Vater! Es war eine umwerfende Erkenntnis, fast eine Erleuchtung. Vielleicht war es nur ein Zufall, daß der Bus, als mir der erleuchtende Gedanke kam, gerade über die Washington Bridge fuhr, über die ich nach den Freitagabendgottesdiensten immer gegangen war; kein Zufall war jedoch, wie mir in diesem Moment klar wurde, die Art und Weise, wie ich mich Männern gegenüber verhielt. Ich verliebte mich zu leicht, und wenn ich mich zu einem Mann hingezogen fühlte, dann stieß mich eine Enttäuschung oder Frustration nicht ab, sondern fachte die Flammen meiner Liebe nur noch mehr an. Ja, ich empfand es gerade als anziehend, wenn die Gefühle eines Mannes abzukühlen schienen. Auch Eddie, in den ich vier Jahre lang verliebt gewesen war, als ich noch auf die High School ging, hatte ich am reizvollsten gefunden, wenn er wieder einmal zu dem Schluß gekommen war, daß wir nicht zusammenpaßten. Die zwei oder drei Männer, die mich seither interessiert hatten, erscheinen mir heute, wenn ich an sie zurückdenke, als klassische Don-Juan-Typen: voller Charme und ohne jede Zuverlässigkeit. Mit einundzwanzig Jahren erkannte ich, daß ich, indem ich mich immer wieder auf derartige, auf flüchtigen Gefühlen basierende Beziehungen einließ, mit dem Umstand fertigzuwerden versuchte, daß ich in meiner Kindheit verlassen worden war. Ein mich zurückweisender Mann war die einzige Art Mann, die mir vertraut war. Nun, da ich das Problem kannte, würde ich es sicher bewältigen.

Doch so einfach war dies natürlich nicht. Eine psychologische Einsicht kann zu Selbsterkenntnis führen, doch das Wissen, warum etwas schmerzt, läßt den Schmerz nicht verschwinden. Daß man die Ursache einer neurotischen Bindung erkennt, ist keine Garantie dafür, daß man imstande ist, sich daraus zu lösen. Meine Verliebtheit in den Mann, über den ich im Bus nachdachte, ließ nicht nach, und er konnte weiterhin mit mir machen, was er wollte. Als meine Faszination schließlich schwand, geschah dies vor allem aus Überdruß. Doch ich ging aus dieser Fixierung, die sich hinzog, bis ich Mitte zwanzig war, mit einer wichtigen Erkenntnis hervor. Der Tod meines Vaters war mehr als irgendein schmerzliches Ereignis in meiner Kindheit; er bestimmte mein Wesen und mein Handeln tiefgreifend, in der Gegenwart ebenso wie in der Vergangenheit.

Ich hatte das Bedürfnis, eines Mannes ›kleines Mädchen‹ zu sein, auf seinem Schoß zu sitzen und in seiner Anerkennung zu schwelgen. Zugleich legte ich großen Wert auf meine Unabhängigkeit und sträubte mich gegen die Forderung meiner Familie, einen der netten jungen Männer zu heiraten, die sich für mich interessiert hatten. Auch als die meisten meiner Freundinnen heirateten, sicherte ich meine ›Freiheit‹, indem ich auf einen Mann ohne solche Absichten fixiert blieb.

Meine stärksten Wünsche widersprachen sich: Sicherheit und Schutz in der Liebe eines Mannes zu finden und zu beweisen, daß ich mich allein im Leben durchsetzen konnte. Diese unvereinbaren Bedürfnisse hatten ihre Wurzeln in den unbewältigten Eindrücken meiner Kindheit. Das kleine Mädchen, das neidisch zusah, wie andere auf den Schoß ihres Vaters kletterten, und die Zweitklasslerin, welche die Freundlichkeit Fremder widerlich fand, führten in meinem Innern Krieg. Mir war klar, daß ich ins Gleichgewicht kommen mußte, daß ich mein eigener Schiedsrichter werden mußte, statt Beziehungen zu suchen, die meine Ambivalenz widerspiegelten. Um als Erwachsene Frieden zu finden, mußte ich Frieden mit dem verletzten Kind in mir schließen.

Ich trat die Suche nach Selbsterkenntnis mit schwankender Zielstrebigkeit an – zufällig beendete ich das College im Jahr 1969; zu Beginn des ›Jahrzehnts der Selbstverwirklichung‹. Die Frauenbewegung, politische Aktivitäten, mein Beruf und meine Heirat wirkten auf meine ernsthaften Bemühungen, meine Psyche zu analysieren, sowohl fördernd wie ablenkend. Daß es mir tatsächlich gelungen war, einen Mann zu finden, mit dem ich in einer befriedigenden Beziehung leben konnte, erschien mir wie ein Wunder. Doch seine ungewöhnliche Wärme und Geduld, erworben in der eng verbundenen Familie, in der er aufgewachsen war, hatten sich als stärker erwiesen als mein Widerstand gegen wechselseitige Liebe. Es war, als habe sich mir dadurch, daß ich Teil seines Lebens wurde, der Zutritt zur Normalität eröffnet.

Doch trotz aller äußerlichen Verbundenheit und Zufriedenheit hielt der dumpfe Schmerz an. Die Ehe war kein Allheilmittel, sondern ein Placebo. Nachdem mein anfänglicher Glaube an ihre heilenden Wirkungen geschwunden war, wurde mir klar, daß ich mich in genau der Situation befand, die mir am meisten Angst machte: Ich lebte Tag für Tag mit einem Mann zusammen, den ich liebte. Alte Zweifel und Sorgen wurden durch meine Heirat nicht beseitigt, sondern wiedererweckt.

Als Jeff und ich eines Abends von einem Besuch bei Freunden nach Hause kamen, merkte ich, daß er mich vor unserer Wohnungstür durchdringend ansah. »Was ist denn?« fragte ich. »In deinem Gesicht ist soviel Traurigkeit«, sagte er.

Das Leben ging wie gewohnt weiter. Obwohl ich mir immer geschworen hatte, nie Lehrerin zu werden (es war *der* Beruf, der allen Mittelklasse-Mädchen als vernünftige Ergänzung zu einer Ehe verordnet wurde), erwies er sich als vernünftige Ergänzung für eine junge Schriftstellerin. Ich empfand viele Aspekte dieser Tätigkeit als positiv, vor allem, daß sie mir wertvolle neue Erfahrungen vermittelte. Immer wieder staunte ich, zum Beispiel, über die Unbekümmertheit, mit der Kinder berichteten, daß sie das Wochenende bei dem einen oder anderen Elternteil verbracht hatten. Die Familie, einst das geheiligte Symbol der Normalität, war nicht mehr eine Voraussetzung dafür, daß ein Kind der Norm entsprach. Es hieß nicht mehr ›Vater ist der Größte‹, sondern ›im Hier und Heute leben‹. Die Anpassung an andersartige Lebensstile machte keine Schwierigkeiten, doch daß ein Elternteil tot war, war etwas, worüber man weiterhin mit Unbehagen sprach.

Ich suchte weiter nach Informationen, doch das Ergebnis war entmutigend. Bei Freud stieß ich auf die Bedeutung der Vater-Tochter-Beziehung, auf seine Theorie, daß der erste Mann, auf den sich die romantischen Liebesgefühle eines Mädchens richten, der Vater ist, und die sexuellen Folgerungen. Doch welche Wirkung hatte das plötzliche Verschwinden eines Vaters? Wie wurden dadurch die Sexualität, das Verhalten, das Selbstbild beeinflußt?

Vergeblich suchte ich nach dem Buch, der Abhandlung, der grundlegenden Analyse, die dieses folgenschwere Kindheitstrauma, unter dem ein großer Teil der Menschheit litt, erhellte. Vor allem in den siebziger Jahren sind Unmengen der Öffentlichkeit zugängliche Bücher erschienen, welche die Menschen über sich selbst aufklärten: Bücher über die Familie, über Kinder geschiedener Eltern, über Mütter und Töchter – die Liste ist lang und beeindruckend. Doch obwohl der Markt mit dieser neuen Literaturgattung, genannt ›populäre Psychologie‹, überschwemmt wurde, verlief meine Suche erfolglos. Die wenigen Abhandlungen, die ich fand, waren kühl analysierend und befaßten sich vor allem mit dem Tod der Mutter. Das Buch, nach dem ich suchte, gab es nicht, und ich hatte das Gefühl, daß ich allein es vermißte.

Im Lauf der Zeit wurde ich durch meine Erfahrungen eines anderen belehrt. Es erfüllte mich immer noch mit leichtem Unbehagen, über den Tod meines Vaters zu sprechen, doch immer, wenn ich einer Frau begegnete, die ohne Vater aufgewachsen war – weil er gestorben war, von der Mutter geschieden wurde oder sie verlassen hatte –, und wir genug Vertrauen zueinander faßten, um darüber zu reden, dann trafen sich unsere Blicke in sofortigem Einverständnis: ein tiefsitzender Kummer verband uns.

Die meisten Frauen haben einen Mann geliebt und verloren. In unserem Fall war dieser Mann der Vater, der erste Mann, den wir geliebt hatten. Er hatte uns zum ersten Mal in unserem Leben vermittelt, wie wunderbar es für ein weibliches Wesen ist, von einem Mann geliebt zu werden. Durch sein Verschwinden hatte er uns gelehrt, wie wenig man sich der Liebe sicher sein kann. Ob er gestorben war oder uns verlassen hatte – wir fühlten uns im Stich gelassen. Trotz oder vielleicht wegen dieses Verrats blieb er in uns; eine unbezwingliche Macht, ein idealisierter Maßstab, an dem alles andere gemessen und als mangelhaft empfunden wurde. Der Mann, der verschwunden war, begleitete uns durch unser ganzes persönliches Leben, und es war tröstlich, nun darüber sprechen zu können und festzustellen, daß es anderen genauso erging.

Nach mehreren Begegnungen mit Frauen, die ihre Väter verloren hatten, nahm die Idee Gestalt an, Beruf und persönliche Problematik miteinander zu verbinden. Seit einigen Jahren widmete ich mich ausschließlich meiner schriftstellerischen Tätigkeit; ich dachte mir Geschichten aus, berichtete über Fakten und interpretierte sie, lebte davon, daß ich von anderen Menschen erzählte. Doch das Thema, das mich innerlich am stärksten beschäftigte, hatte bisher keinen Autor gefunden. Es gab viele andere vaterlose Töchter, die sich wie ich fragten, was ihnen entgangen war, und sich an idealisierte Vorstellungen klammerten, die ihre Fähigkeit beeinträchtigten, ein glückliches Leben zu führen. Um über meine eigenen ungelösten Konflikte Klarheit zu gewinnen und um anderen dabei zu helfen, beschloß ich, das Buch, nach dem ich immer gesucht hatte, selbst zu schreiben.

Welche Verbindung bestand zwischen dem Verlust des Vaters und den Kräften, die das Wesen und Verhalten einer Frau bestimmen? Diese Frage führte mich zurück in Bereiche, die ich am liebsten nie wieder aufgesucht hätte.

Doch sie verhalf mir auch dazu, ein Trauma zu begreifen, dessen Auswirkungen allein in den Vereinigten Staaten das Leben von über fünfeinhalb Millionen Mädchen bestimmen.

Ich sammelte persönliche Erfahrungsberichte und Urteile von Experten, führte eine landesweite Befragung durch, die mich mit über fünfhundert der zahllosen erwachsenen Frauen in Kontakt brachte, die ihre Väter durch Tod, Scheidung oder Trennung verloren haben, und verschrieb mich voll der Erforschung jenes Themas, über das ich viele Jahre lang nicht einmal zu sprechen imstande gewesen war.

2

Das Forschungsobjekt:
Die Vater-Tochter-Beziehung

>»Mit einem Sohn kann man Spaß haben,
>doch einem Mädchen muß man Vater sein!«

In diesen zwei Zeilen drückte Oscar Hammerstein das größte Rätsel meines Lebens aus: die Unergründlichkeit der Vater-Tochter-Beziehung. Und in einem Artikel in *Esquire* fand ich folgende ironische Bemerkung über mein Dilemma: »Väter und Töchter sind ein tiefes, ewiges Geheimnis, das zu lösen nicht gut wäre.«

Ist die Liebe zwischen Vater und Tochter wirklich so unbegreiflich, so unerklärbar – etwas, das sich nicht in Worte fassen läßt? Kann man sie nur verstehen, wenn man sie selbst erlebt hat? Entspricht der Idealisierung des Mannes, der verschwunden ist, in der Realität eine magische Beziehung, die ich nie haben werde? Was bedeutet das: »Einem Mädchen muß man Vater sein?«

Als Kind suchte ich ständig nach einer Antwort. Ich beneidete die anderen Mädchen, die auf den Schößen ihres Vaters saßen. Ich wußte, daß mir etwas Gemütliches fehlte, etwas Tröstliches, etwas Schützendes und Beruhigendes. Im Kino sah ich, daß Scarlett O'Hara eine wunderbare Beziehung zu ihrem Vater hatte. Erst später, viel später erfuhr ich, daß nicht alles so harmonisch war, wie es aussah. Väter bestanden nicht nur aus Weisheit und Verständnis. Zu meinem Erstaunen stellten sie sich in den Berichten meiner Freundinnen sogar als Antihelden heraus. Vielleicht hatte ich nur deshalb eine so vertrauensvolle Beziehung zu meinem Vater aufrechterhalten können, weil er mir nicht beweisen mußte, daß mein Vertrauen zu ihm gerechtfertigt war. Ich begann, auf einer realistischeren Ebene nach Antworten zu suchen.

Was ist das Besondere an der Vater-Tochter-Beziehung? In letzter Zeit – reichlich verspätet – werden ganze Bücher über dieses Thema geschrieben. Und in diesem Buch wird diese Beziehung auf Grund der Entwicklungsstadien der Tochter analysiert. Doch wir können nicht untersuchen, welche Einflüsse das Fehlen des Vaters hat, ohne zu klären, welche Auswirkungen es hat, wenn ein Vater vorhanden ist. Die Antworten darauf sind nicht so klar wie die Kindheitsphantasien, die ich darüber hatte. In der Literatur finden wir traditionelle und moderne Antworten, die ebenso vielfältig und kontrovers sind wie die Psychologie selbst.

Ganz gleich, welchen Aspekt der Eltern-Kind-Beziehung wir betrachten – es ist sicher angebracht, mit Sigmund Freud zu beginnen. Obwohl viele seiner Theorien in Verruf geraten sind, gebührt Freud doch das Verdienst, bei der Untersuchung der Persönlichkeitsentwicklung den Begriff des Unbewußten eingeführt zu haben – einen Speicher vergessener Erfahrungen tief in unserem Innern, die weitgehend unser Verhalten bestimmen. Freud war der Ansicht, daß eine der wichtigsten dieser Erfahrungen das zwangsläufige sexuelle Verlangen des Kindes nach dem andersgeschlechtlichen Elternteil ist. Er berief sich dabei auf die klassische Mythologie und nannte dieses Phänomen den Ödipuskomplex.*

Die einzige Möglichkeit, ihn zu lösen, ist, ihn zu unterdrücken und sich dadurch auf gesunde Weise mit dem gleichgeschlechtlichen Elternteil zu identifizieren. Es fühlt sich sexuell zum Vater hingezogen und entwickelt so, ge-

---

* Einer griechischen Sage zufolge heiratete Ödipus, der die wahre Identität seiner Eltern nicht kannte, seine Mutter und tötete seinen Vater. Nach einer anderen Sage, in der Elektra den Tod ihres Vaters rächt, indem sie bei der Ermordung ihrer Mutter hilft, wird die weibliche Form des Ödipuskomplexes Elektrakomplex genannt.

mäß der Freudschen Psychoanalyse, sein weibliches Verhalten.

Anfangs nahm Freud an, daß die sexuelle Entwicklung bei Jungen und Mädchen auf gleiche Weise verläuft, doch später glaubte er wesentliche Unterschiede zu erkennen und korrigierte seine Theorie. Die Begründung dieser Unterschiede war es übrigens, die einen großen Teil der gegen ihn gerichteten Kritik hervorrief.

Freud teilte die sexuelle Entwicklung in klar abgegrenzte Stadien − ›die psychosexuellen Entwicklungsstadien‹ − auf und behauptete, der orale und später der anale Bereich seien die frühesten Quellen der Befriedigung oder Lust. Im Alter von drei oder vier Jahren entdecke das Kind die Genitalien als Lustquelle, und damit beginne das *phallische* Entwicklungsstadium.* Nach seiner Meinung war dieses Stadium für die Persönlichkeitsentwicklung sehr wichtig.

In dieser Phase spielt der Phallus eine Schlüsselrolle. Der Junge hört infolge von Schuldgefühlen und der daraus resultierenden Kastrationsangst auf, mit dem Vater um die Gunst der Mutter zu rivalisieren. Er gibt die ödipalen Wünsche nach der Mutter auf und identifiziert sich mit dem Vater und seiner Männlichkeit.

Bei Mädchen hingegen beginnt die phallische Phase mit der Entdeckung, daß sie wie ihre Mutter keinen Penis haben. Ihnen fällt also die schwierigere Aufgabe zu, ihr primäres Liebesverlangen von der Mutter auf den Vater zu übertragen. Wenn ihnen dies gelungen ist, *brauchen sie jedoch die starke Liebe zum Vater niemals völlig aufzugeben, weil sie keine Kastration fürchten müssen.* Sie identifizieren sich mit der Mutter und ihrer Weiblichkeit, indem sie entdecken, daß diese eine Möglichkeit ist, den Vater und andere Männer anzuziehen, und auf dieses Ziel richten sie

---

* Freuds männliche Voreingenommenheit ist unübersehbar. Das Wort *phallisch* ist vom griechischen *phallos* abgeleitet, der Bezeichnung für das männliche Geschlechtsorgan.

den Großteil ihrer Energien. Während die Erlangung von Männlichkeit die Unterdrückung starker Triebe erfordert, stellt Weiblichkeit eine erlernte Methode dar, diese Triebe zuzulassen. Natürlich müssen Mädchen ihr Verlangen nach dem Vater unterdrücken, doch längst nicht im gleichen Maß. Wenn sie erkennen, daß der Vater nicht sexuell auf sie reagiert, wenden sie sich anderen Männern zu.*

Freuds Ansichten über die weibliche Entwicklung fordern natürlich heftige Einwände heraus: Den Penisneid als Ursprung der Weiblichkeit hinzustellen und zu behaupten, daß die sexuelle Entwicklung an die Frau weniger Anforderungen stellt, offenbart eine geradezu beleidigende Voreingenommenheit. Außerdem glaubte Freud, Zivilisation entstehe durch die infolge der Kastrationsangst erfolgte Unterdrückung der Sexualtriebe, was die Schlußfolgerung zuläßt, Frauen seien weniger zivilisierte Wesen.

Tatsächlich war Freud der erste, der bestätigte, daß es sich bei seinen Theorien über die Weiblichkeit um Vermutungen handelte. Seine Ansichten könnten nur aufrechterhalten werden, schränkte Freud ein, wenn sich herausstellte, daß seine Erkenntnisse, welche auf einer Handvoll von Fällen beruhten, allgemeine Gültigkeit besäßen und repräsentativ wären.

Von Freuds Zeiten bis heute haben Psychoanalytiker die Bedeutung des Vaters bei der Formung der weiblichen Identität der Tochter bestätigt. Während die Rolle des Penisneides häufig bagatellisiert oder gar bestritten wird, sind sie der Meinung, *daß der Vater auf entscheidende Weise bei der Tochter die Entwicklung des Vertrauens in ihre Weiblichkeit beeinflußt*. In neueren Untersuchungen wird die Bedeutung des Vaters für die Entwicklung der geschlechtlichen Identität seiner Kinder betont. Er differenziert, mehr als die Mutter, seine Erwartungen, Einstel-

---

* Wie wir in einem späteren Kapitel sehen werden, gelingt es einem Mädchen, das ohne Vater aufwächst, nur schlecht, den Vater als Sexualobjekt aufzugeben. Er bleibt in ihren Phantasien der ideale, alles gebende Mann.

lungen, Aktivitäten und Reaktionen gemäß dem Geschlecht seiner Kinder, und in einem Bericht über diese Untersuchungen wird der Schluß gezogen: »Ein wesentlicher Teil der Entwicklung der Geschlechtsrolle beim Mädchen scheint die positive Akzeptierung seiner Weiblichkeit zu sein. Die besondere Beziehung des Vaters zu seiner Tochter ist offenbar sehr wichtig für die Entwicklung ihrer Geschlechtsrolle. Er kann die Bildung einer positiven weiblichen Identität fördern, indem er sie als weibliches Wesen behandelt und sie zu Verhaltensweisen ermutigt, die in unserer Gesellschaft als weiblich betrachtet werden.« Nach diesem Bericht betrachten Väter ihre Töchter als ›zarter und feinfühliger‹ als ihre Söhne, erkennen sie es ebenso an, wenn sie ›charmant‹ sind als wenn sie ›brav‹ sind. Und es wurde beobachtet, daß die Väter bei ihren Töchtern ›größeren Wert auf Hinwendung zu anderen Menschen legen‹.

Das von der patriarchalischen Gesellschaft erzeugte und aufrechterhaltene Image, wonach die Frau sanft, rezeptiv, warm und verständnisvoll, gefällig und hilfreich ist, wird von unseren Vätern geschaffen. Während die Mutter das Modell für Weiblichkeit darstellt, motiviert der Vater die Tochter, weibliches Verhalten zu imitieren. Um ihrem Vater, dem ersten Mann, den sie lieben, zu gefallen, sind Mädchen zutiefst daran interessiert, der gesellschaftlich anerkannten Vorstellung von Weiblichkeit zu entsprechen und dieses Bild zu vervollkommnen.

Daß der Vater die Tochter ermutigt, ihre weiblichen Qualitäten zu entwickeln, fördert natürlich ihre Sicherheit gegenüber Männern, ihre ›heterosexuelle Feminität‹, wie Signe Hammer es nennt. Die flirthafte Art und Weise, in der er auf ihre Attraktivität anspricht und bestätigt, daß er dafür empfänglich ist, gibt ihr das sichere Gefühl, bei der Entwicklung ihrer Weiblichkeit Fortschritte zu machen. Die Psychotherapeutin Marjorie Leonard schreibt darüber: »Es genügt nicht, daß die Mutter zur Identifizierung verfügbar ist. Das Mädchen braucht auch die Bestätigung des Vaters, daß er in ihr eine heranreifende Frau sieht, damit sie sicher sein kann, daß Männer ihres Alters dies ebenfalls anerkennen.«

Die Psychoanalytiker scheinen sich einig in der Überzeugung, daß der Vater auf entscheidende Weise dazu beiträgt, die weibliche Identität der Tochter zu formen. Da er der erste Mann ist, der auf ihre Reize anspricht, ist sein Vorhandensein von bestimmendem Einfluß auf ihr späteres Vertrauen in ihre Weiblichkeit. »Es ist für die Entwicklung des Mädchens überaus wichtig, ob ihr Vater ihr als Liebesobjekt zur Verfügung stand, ob er imstande war, ihr Zuneigung entgegenzubringen...«, schließt Leonard und fügt die bedeutsame Einschränkung hinzu: »...ohne sich von ihren Phantasien verführen zu lassen oder sie mit seinen kontraödipalen Gefühlen zu verführen.«

Das Inzesttabu – ob man es, wie die Freudianer, als Sieg der Vernunft über den Trieb, oder wie die Anhänger C. G. Jungs als eigenen Instinkt betrachtet – ist ein Teil des menschlichen Wesens. Primitive Gesellschaften sicherten sich durch komplizierte Rituale gegen den Inzest ab, und innerhalb der Familie besteht das Verbot auch noch in der heutigen Zeit. Sowohl Freud wie Jung glaubten, daß die Unterdrückung des Verlangens nach dem andersgeschlechtlichen Elternteil Kultur, Zivilisation und Kreativität hervorbrachte, doch obwohl Jung im Tabu einen menschlichen Instinkt sah, erkannte er nicht den unterschiedlichen Einfluß auf die beiden Geschlechter. Es ist jedoch eine Tatsache, daß Inzest im Leben von Mädchen eine weit größere Rolle spielt als bei Jungen. Wie weiter unten dargestellt, kommen sexuelle Aktivitäten zwischen Vater und Tochter in mehr Familien vor, als man denken würde.

Bei einer erst vor kurzem durchgeführten Befragung von 796 Collegestudenten stellte David Finklehor fest, daß über ein Prozent der Mädchen von ihren Vätern oder Stiefvätern sexuell mißbraucht worden war. Finklehor zog daraus den Schluß: »In der Gesamtbevölkerung haben etwa eine dreiviertel Million Frauen von achtzehn Jahren und darüber eine solche Erfahrung gemacht, und hinzu kommen jedes Jahr 16 000 weitere Fälle aus der Gruppe von Mädchen im Alter zwischen fünf und siebzehn Jahren.« Hingegen berichtete keiner der von Finklehor befragten männlichen Studenten, Inzest mit der Mutter begangen zu haben.

Obwohl es sich also nur um 1 Prozent der untersuchten Bevölkerungsgruppe handelt, scheint die Vater-Tochter-Beziehung allgemein von sexueller Spannung erfüllt, ganz gleich, ob diese zu entsprechenden Handlungen führt oder nicht. Liegt dies daran, daß, wie Freud meint, die Anziehungskraft, die das junge Mädchen auf den Vater ausübt, nie nachläßt? Muß er sein ganzes weiteres Leben lang die Verlockungen der jungen, vor seinen Augen aufblühenden Verführerin abwehren? Und kann er manchmal – in mindestens einem Prozent der Fälle – einfach nicht widerstehen?

Wenn der Vater, wie die meisten Experten glauben, auf entscheidende Weise dazu beiträgt, daß seine Tochter Vertrauen zu ihrer sexuellen Anziehungskraft entwickelt, und wenn seine männliche Anerkennung in ihr die Freude an ihrer Weiblichkeit weckt, dann dürfte es in der Tat schwerfallen, auf dem gefährlichen Grat, auf dem beide wandeln, das Gleichgewicht zu bewahren.

Wie soll der Vater einer solchen Versuchung widerstehen? In ihrer Untersuchung über Inzest treibende Väter stellen Judith Herman und Lisa Hirschman fest: »Sie betrachten die sexuelle Initiation ihrer Töchter als ihr patriarchalisches Recht.« Dr. Holly Barrett äußerte in einem Gespräch mit der Autorin: »Im allgemeinen ist der Vater bei der Verführung der aktive Teil. Die Tochter macht mit, um seine Anerkennung zu gewinnen.«

Zum Glück scheint Inzest zwischen Vater und Tochter nicht weitverbreitet zu sein. Doch er lauert ständig im Hintergrund, ein deutlich wahrnehmbarer Teil der Beziehung.

Hier der Vater – der ältere Mann, der Führer auf dem Weg zur Weiblichkeit; dort die Tochter – das junge Mädchen, begierig darauf, zu lernen, zu gefallen; beide reif für ein sexuelles Erlebnis, das jedoch durch ein allgemein akzeptiertes Tabu verboten ist.

Viele Theoretiker sind der Meinung, daß es der durch dieses Tabu hervorgerufene Konflikt Frauen so schwermacht, Liebe und Sexualität miteinander zu verknüpfen, daß die Vater-Tochter-Beziehung zu lebenslanger Verwirrung hinsichtlich des sexuellen Verlangens führt. Daraus könnte man den Schluß ziehen, daß Mädchen, die ohne Vater aufwuchsen, klar im Vorteil sind. Doch die Rolle des Vaters in der Familie geht natürlich über die eines Sexualobjektes hinaus.

Wie wir in einem späteren Kapitel sehen werden, tritt in der menschlichen Entwicklungsgeschichte der Vater als Familienmitglied erst seit relativ kurzer Zeit in Erscheinung. In vorgeschichtlichen Zeiten bestand die Familie aus der Mutter und den Kindern, und die Rolle des Mannes bei der Zeugung wurde nur sehr gering bewertet. Noch jüngeren Datums ist die Anerkennung des Vaters als *aktives* Mitglied der Familie.

Im Jahr 1954 schrieb Dr. O. Spurgeon English: »Die Frau kann sich, was Essen, Schlafen, Spielen und Ausscheidung betrifft, voll auf den Rhythmus (des Kindes) einstellen, ebenso auf seine emotionalen Bedürfnisse nach Berührung, Zärtlichkeit und Gesellchkeit. Vermutlich ist, psychologisch gesehen, auch der Mann imstande, diese Funktionen zu übernehmen, ebenso wie es der Frau möglich war, in den Bereich männlicher Tätigkeiten vorzudringen. Doch der Umstand, daß der Mann anatomisch und psychologisch nicht auf eine Weise funktioniert, die ihn in engen Kontakt mit dem Kind bringt, hat verhindert, daß er sich auf diesen Gebieten auch nur erprobt hat. Es erscheint auch unwahrscheinlich, daß er je diese weiblichen Pflichten beim Aufziehen der Kinder übernehmen wird.«

Für English ist der Vater für die Kinder der Vermittler

von Männlichkeit, für die Mutter eine äußerst wichtige Stütze und der Elternteil, welcher der Tochter beibringt, daß »die Zuwendung von Männern Prestige bringt und Freude macht«.

Die wenigsten Experten würden dem widersprechen, doch die Bedeutung des Vaters während der Kindheit wird erst in letzter Zeit richtig gewürdigt. Denn der Vater ist nicht nur der Mutter eine emotionale Stütze, sondern der männliche Elternteil besitzt den Schlüssel zu einem der wichtigsten Gebiete der emotionalen Entwicklung seiner Tochter.

Es ist der Vater, der sie ermutigt, ihre symbiotische Bindung an die Mutter aufzugeben; er ist es, der ihre starken, doch zögernden Unabhängigkeitsbestrebungen unterstützt; kurz, er vermittelt ihr, was es wert ist, ein eigenständiger Mensch zu sein.

Der Vater kommt von außen in die überaus enge Mutter-Kind-Beziehung. Und wenn er ein liebevoller, fürsorglicher Vater ist, dann führt er dem Kind allein durch sein Vorhandensein die positiven Aspekte der Individualität vor Augen. Seine Aufmerksamkeit und sein Interesse überzeugen das Baby, daß es auch, wenn es sich von der Mutter löst, ein in sich geborgener, lebensfähiger Mensch sein kann.

Der Vater ist für das Baby auch jemand, der von außen in seine vertraute Umgebung kommt. Im allgemeinen geht er außerhalb der Wohnung seiner Arbeit nach, und so repräsentiert er die gesellschaftliche Umwelt und stellt eine Brücke dar, die nicht nur von der Mutter weg, sondern auch in die äußere Welt hinein führt. Durch sein Beispiel macht er dem Kind klar, daß es möglich ist, als eigenständiger Mensch das Leben zu bewältigen.

So wird die Tochter durch den Vater aus ihrer symbiotischen Bindung an die Mutter befreit. Wenn das Mädchen in die ödipale Phase tritt, hilft ihr der Vater durch ermutigende Signale und Gesten, ihre Weiblichkeit zu entwickeln. Während ihrer ganzen Kindheit repräsentiert der

Vater, der aus der äußeren Welt der Arbeit und Gesellschaft heimkommt, für sie Wagemut, Disziplin und Verantwortung — alles Dinge, die, wie sie weiß, hoch bewertet werden. In der wichtigen Periode der Adoleszenz wird der Vater zum Spiegel ihrer sich entwickelnden Sexualität, und sie erkennt, daß er ihr weicheres, gefügigeres Wesen akzeptiert.

Von der frühesten Kindheit an werden die Einstellungen und Erwartungen eines Mädchens durch den Vater geformt. Aufgrund der machtvollen Position, die er in ihrem Herzen, in der Familie, in der Welt einnimmt, vermittelt er ihr auf subtile Weise eine Ahnung davon, wie sie einmal sein wird. Er vermittelt ihr jedoch eine doppelte Botschaft: die Vorteile der Autonomie und die Zuneigung, die er ihr für ihr Lächeln schenkt; die Freude, von der Mutter getrennt zu sein, und die Freude, wie die Mutter ein weibliches Wesen zu sein. Soll sie sich für Unabhängigkeit entscheiden, die zu schätzen der Vater ihr beigebracht hat, oder soll sie vor Unabhängigkeit zurückschrecken, weil der Vater sie lieber mag, wenn sie sich auf ihn stützt?

Viele Psychologen betrachten die doppelte Botschaft des Vaters als die Wurzel des weiblichen Konflikts: Ist Unabhängigkeit mit Weiblichkeit zu vereinbaren? Kann eine Frau produktiv und selbstsicher sein und trotzdem eine befriedigende Liebesbeziehung mit einem Mann haben? Ein Experte auf dem Gebiet der Vater-Tochter-Beziehung schreibt über den starken Einfluß, den der Vater darauf hat, wie die Tochter diese widersprüchlichen Aspekte ihres Selbst in Einklang bringt: »...Väter spielen eine ungemein wichtige Rolle bei der Sozialisierung sich ›emanzipierender‹ Töchter... Wenn die Väter der Zukunft die Überzeugung vermitteln, daß berufliches Engagement mit Weiblichkeit nicht unvereinbar ist, dann werden viel weniger Frauen Zweifel bezüglich der Vereinbarkeit ihrer sozialen und beruflichen Bestrebungen hegen.«

Es ist nicht erstaunlich, daß vieles davon Feministen Unbehagen bereitet. Da ist vor allem die problematische

Definition von Weiblichkeit. Gehören dazu wirklich, wie zwei angesehene Wissenschaftler schreiben: »... Wärme und Zuneigung und Feingefühl für die Bedürfnisse anderer. Die Fähigkeit, Gefühle zu verstehen und zu vermitteln, und das Bemühen, äußerlich attraktiv zu sein... Interesse und Vorliebe für häusliche, gesellschaftliche und fürsorgliche Aktivitäten?«

Feministen würden erklären, daß nichts von alldem typisch weiblich ist. Doch dies sind die Eigenschaften, die wir in unserer Gesellschaft Frauen zuzuschreiben pflegen; die Eigenschaften, die unsere Väter traditionsgemäß in unserer Kindheit und Jugend an uns als positiv empfunden und gutgeheißen haben.

Verschiedene feministische Autoren haben auch Anstoß daran genommen, daß der Vater als Erlöser betrachtet wird. Denn selbst wenn er uns zu Unabhängigkeit und Identität verhilft − von wem erlöst er uns denn? Doch nur von unserer Mutter. Dies als heldenhafte Tat zu betrachten, setzt voraus, daß unsere Mütter − Frauen wie wir selbst − minderwertig sind. Daraus folgt, daß weibliche Wesen minderwertig sind, und viele würden behaupten, daß die patriarchalische Gesellschaft gerne möchte, daß die Frauen genau dies als ein weiteres Charakteristikum von Weiblichkeit anerkennen.

»Ich habe immer den Eindruck gehabt, daß mein Vater meiner Mutter überlegen ist«, schreibt Judith Arcana. »Als Jugendliche entwickelte ich gegenüber meiner Mutter eine sehr kritische Einstellung, und ich sah den Unterschied zwischen meinen Eltern vor allem in intellektueller und politischer Hinsicht. Meine Mutter hielt ich für dumm und langweilig; mein Vater war belesen und über alles, was in der Welt geschah, immer gut informiert... Mein Vater schien seine Gefühle stets unter Kontrolle zu haben. Meine Mutter und ich waren ihm in dieser Beziehung unterlegen.« Um die Anerkennung des Vaters zu erlangen, versucht also das Mädchen eine Rolle zu übernehmen, die sie zu verachten gelernt hat. Um weiblich und beliebt zu sein, muß sie akzeptieren, daß sie von Natur aus minderwertig ist.

»Ob es sich um Märchen oder Fernsehsendungen handelt«, fährt Judith Arcana fort, » − all die lieben Pappis sind zugleich Patriarchen. Ob klug oder dumm − sie sind die Könige ihrer Familie. Wir betrachten sie als romantische Gestalten, ihre negativen Aspekte inbegriffen.«

Die Vater-Tochter-Beziehung scheint zugleich eine stark romantisch gefärbte Verbindung und eine Brutstätte von Konflikten zu sein. Wenn mein Vater am Leben geblieben wäre, wäre ich dann mehr oder weniger der Mensch, der ich heute bin? Wäre er mir ein guter Lehrer gewesen? Hätte er gegen mich gekämpft? Hätte er mich verführt? Hätte er meine Bewunderung ausgenützt, um seine patriarchalische Position zu festigen? Oder hätte er mich mit einem sicheren Gefühl dafür erfüllt, was es bedeutet, eine Frau zu sein?

Die Literatur, die es über dieses Thema gibt, läßt darauf schließen, daß alle diese Möglichkeiten mit dieser herrlichen Liebe, die hätte sein können und um die sich meine Phantasien immer wieder drehen, verbunden sind.

»... Papas Mädchen, das sich an seinen Gürtel klammerte und auf seinen Schuhen Foxtrott tanzte, kann nicht verwinden, daß Papa nicht mehr da ist. Wie konnte Papa, der klügste aller Männer, den man zum Präsidenten hätte wählen sollen, wie konnte mein Held sterben? Wie ist es möglich, daß er nicht mehr für mich da ist...«

Die Frau, die dies geschrieben hat, ist fünfundvierzig Jahre alt und beklagt den Tod ihres kürzlich verstorbenen Vaters.

Wie ist es für ein *kleines Mädchen,* seinen Vater zu verlieren, seiner Liebe beraubt zu werden? Wie wirken sich der erste Schmerz über den Verlust und die darauffolgende Kindheit auf seine Entwicklung zur Frau aus?

II. TEIL

Das Ausmaß des Verlustes

3

Ich habe nie um meinen Vater geweint:
Kinder und Trauer

Bevor man durch den Trauerprozeß gehen kann, muß man erfahren, daß jemand gestorben ist. Mir ist das erspart geblieben. Wie so viele Eltern waren die meinen bemüht, ihre Kinder vor den dunklen Seiten der Wirklichkeit abzuschirmen, und meine Mutter sagte mir: »Papa ist fortgegangen.« Die einzige nähere Angabe, die sie noch machte, war, daß er auf eine Schiffsreise gegangen sei.

Diese Täuschung hatte mannigfache Folgen, die ich gleich schildern werde. Doch die unmittelbare Wirkung war, daß mich jedes Mal, wenn ich in die Nähe eines großen Wassers kam, Hoffnung erfüllte. Sehnsüchtig starrte ich auf jeden See, jeden Fluß, jedes Meer und wartete darauf, daß das Schiff kam. Bestimmt machte es meine Mutter traurig, wenn sie das bemerkte, doch sie hielt es einfach für falsch, ein Kind mit der absoluten Endgültigkeit des Todes zu belasten. Eine ausgedehnte Schiffsreise schien ihr eine bessere Alternative zu sein als die erschreckende Wahrheit. Und so wartete und hoffte ich weiter.

Andere Kinder wußten besser Bescheid. Dies erfuhr meine Mutter, als ich mich eines Tages während des ersten Sommers nach dem Tod meines Vaters weigerte, spazierenzugehen. Weder sie noch meine Großmutter oder sonst jemand in dem Urlaubsort in den Catskills, wo wir ein paar Wochen verbrachten, konnten mich dazu überreden. Regungslos und störrisch saß ich in dem Stuckbungalow. Nach viel hysterischem Geschrei fand meine Mutter den Grund heraus: Ein Mädchen, das etwas älter als ich war — sie muß etwa fünf oder sechs gewesen sein — , sagte meiner Mutter, daß sie mich darüber aufgeklärt hätte, wo sich mein Vater wirklich befand. »Elyce dachte, er ist auf einem Schiff«, sagte sie. »Aber jeder weiß doch, daß er unter der Erde liegt.«

Um mich zum Aufstehen zu bewegen und meine Befürchtungen zu beschwichtigen, daß irgendwer ›auf meinem Vater herumging‹, erklärte meine Mutter, die Behauptung des Mädchens stimme nicht. »Papa liegt nicht unter der Erde. Er ist auf einer langen Reise.« Es ist anzunehmen, daß ich fragte, ob mein Vater zurückkommen würde, wohin er mit dem Schiff fahre und warum, doch an die Antworten kann ich mich nicht erinnern. Wie bei so vielen Dingen in dieser schwierigen Phase meines Lebens bin ich auf die Erinnerungen meiner Mutter angewiesen.

Freud schrieb über die ›Kindheitsamnesie‹: »Wie der Erwachsene behält das Kind nur in Erinnerung, was wichtig ist, doch das Wichtige ist im Gedächtnis durch etwas scheinbar Triviales dargestellt. Aus diesem Grund habe ich diese Kindheitserinnerungen *Deckerinnerungen* genannt.«

Dieser Begriff erscheint mir besonders interessant, weil ich aus dieser Zeit ein klares Bild im Gedächtnis behalten habe: »*Mein Vater hält mich im Vorzimmer unserer Wohnung an der Hand. Wir verabschieden uns von meiner Mutter, die mit dem Baby (meiner Schwester) beschäftigt ist. Mein Vater geht mit mir in den Central Park zum Ponyreiten, und ich freue mich sehr darüber, mit ihm auszugehen.*« Wenn mich, was oft geschieht, jemand fragt, ob ich mich an meinen Vater erinnere, dann steigt vor meinem inneren Auge dieses Bild auf. Meine Mutter meinte jedoch jahrelang, ich könne mich unmöglich an ihn oder an dieses Erlebnis erinnern, weil ich damals viel zu jung gewesen sei. Vor kurzem kam ich wieder darauf zu sprechen und fragte sie: »Ist er nicht mit mir zum Ponyreiten gegangen?« »Ja«, sagte meine Mutter, »an dem Tag, an dem er starb.«

Irgendwann zwischen dem Urlaub in den Catskills und dem Kindergarten gab es meine Mutter offenbar auf, mir vorzumachen, mein Vater sei auf eine weite Reise gegangen. Weder sie noch ich wissen genau, wann sie mir von seinem Tod erzählte, doch sie muß es wohl getan haben, denn ich kann mich erinnern, daß ich niemandem in der Schule sagen wollte, daß mein Vater tot war. Doch abgesehen von meinen Schamgefühlen bleibt es ein Geheimnis, wie weitgehend ich damals begriff, was der Tod bedeutete. Fest steht nur, daß ich wegen der Abneigung meiner Mutter, über dieses Thema zu sprechen, erst fünfzehn Jahre nach dem Tod meines Vaters um ihn zu trauern begann. Die unterdrückte Trauer wurde zu einem Sog, gegen den ich ankämpfen mußte, um eine Frau zu werden.

Joseph Palombo, eine hochangesehene Autorität, was die Auswirkungen des Verlustes eines Elternteils während der Kindheit betrifft, schreibt: »Vielleicht ist es weniger der Tod eines Elternteils, der traumatisierend wirkt, als die Reaktion des überlebenden Elternteils oder der Mangel an Einfühlungsvermögen bei der Übermittlung der Nachricht an das Kind.« Bei unserer Untersuchung der Auswirkungen des Vaterverlusts auf Frauen sagten 75 Prozent der Befragten, deren Väter gestorben waren, sie seien zum Zeitpunkt des Todes daran gehindert worden, ihre Gefühle zum Ausdruck zu bringen. Unterdrückte Trauer, etwas in jedem Fall Schädliches, ist deshalb ein wesentlicher Charakteraspekt einer vaterlosen Tochter, der bei Betrachtung der Frau, die sie geworden ist, besonders beachtet werden muß.

In diesem Buch werden wir immer wieder Frauen begegnen, bei denen der Umstand, daß sie zur Zeit des Verlustes ihre Gefühle nicht zuließen, dazu führte, daß sie in ihrem ganzen späteren Leben nicht imstande waren, Gefühle zuzulassen. Margaret, eine siebenunddreißig Jahre alte Therapeutin, ist sich dieses überaus negativen Aspektes des Vaterverlustes infolge ihrer Ausbildung und ihrer eigenen Erfahrung schmerzlich bewußt.*

---

* Wenn nichts anderes angegeben ist, wurden Name und Identität der Interviewten geändert, um ihre Privatsphäre zu schützen.

»Ich fühlte mich beiseite geschoben, als mein Vater ins Krankenhaus gebracht wurde«, berichtet sie. »Man sagte mir nur, daß er zu einer Routineoperation ins Krankenhaus muß, und dann war er weg. Ich durfte ihn nicht besuchen. Ich hatte keinen Kontakt mit ihm, außer telefonischen.« Die wegen eines durchgebrochenen Magengeschwürs vorgenommene Operation war erfolgreich, doch im Krankenhaus entwickelte sich eine Bauchfellentzündung, an der er starb. Vielleicht war es übersteigerte Einbildungskraft oder der Umstand, daß ihr Vater so plötzlich ins Krankenhaus mußte, doch als Margaret, die damals neun Jahre alt war, sah, wie er ›weggebracht‹ wurde, begriff sie ›irgendwie intuitiv‹, daß das Ganze nichts Routinemäßiges war.

Margaret, eine zurückhaltende, beherrschte Frau, die leise und nachdenklich sprach, war von großer Ehrlichkeit gegenüber sich selbst und feinfühlig gegenüber anderen. Obwohl es um ein für sie schmerzliches Thema ging, wollte sie darüber sprechen, und die Erinnerungen sprudelten nur so aus ihr hervor. »Diese Szene ist tief in mir eingeprägt: Ich sitze am Eßzimmerfenster auf dem Fußboden und sehe, wie meine Mutter ihn, der sonst immer selbst den Wagen fuhr, wegbringt. Als sie den Studebaker wendete, sah ich, daß er auf dem Beifahrersitz saß. Irgendwo in meinem Innern hatte ich ein − ein ganz, ganz schlimmes Gefühl. Ich spürte, wie schwach er war. Er war ein sehr stabiler Mensch, doch in diesem Moment kam er mir völlig kraftlos vor ... Es war das letzte Mal, daß ich ihn gesehen habe.«

Margarets Vater, der in Polen geboren und von Beruf Uhrmacher war, war ein Muster an Zuverlässigkeit. »Sein Leben war wohlgeordnet. Er war ein sehr starker, ruhiger, tatkräftiger Mensch. Die Wochenenden und Abende verbrachte er stets zu Hause und beschäftigte sich mit seinen zahlreichen Hobbys. Er mochte klassische Musik und schöne Dinge. Abends haben wir oft musiziert, alle vier gemeinsam, und an anderen Abenden haben wir Schach gespielt.« Mit seiner Ruhe und Stärke war Margarets Vater der Mittelpunkt der Familie, das Fundament, welches das Leben zu Hause trug.

Ein Gefühl der Hilflosigkeit erfüllte Margaret, als sie ihren Vater nicht im Krankenhaus besuchen durfte. »Es war eine ganz seltsame Zeit – ich war völlig isoliert. Sicher war es kein Zufall, daß ich krank wurde, als er ins Krankenhaus kam. Meine Knie schwollen an, und ich bekam Fieber, so daß ich im Bett liegen mußte.« Sie war immer noch krank, als ihre Mutter, nachdem sie zwei Wochen lang täglich zum Krankenhaus gefahren war, ihre beiden Kinder in ihr Bett holte. (Es kommt sehr häufig vor, daß Mütter dies tun, um ihren Kindern zu sagen, daß der Vater gestorben ist.) »Ich dachte, sie sei ins Krankenhaus gefahren, um ihn abzuholen, und sie würden gleich heimkommen. Das nächste, was ich weiß, ist, daß sie meinen Bruder und mich zu sich ins Bett rief. Wir krochen unter die Decke, und sie legte ihre Arme um uns und sagte mit ganz sanfter Stimme: ›Euer Vater ist jetzt im Himmel.‹ Mein Bruder, der vier Jahre älter als ich ist, begann zu schluchzen. Ich glaube, ich empfand in diesem Moment gar nichts. Mir war jedenfalls nicht nach Weinen zumute.«

Margaret hatte ihren Vater innig geliebt, und tiefer Schmerz hatte sie erfüllt, als er plötzlich ins Krankenhaus mußte, doch als sie erfuhr, daß er tot war, ›empfand sie gar nichts‹. Als Psychologin und praktizierende Therapeutin kann sie sich mit großer Klarheit an den Verdrängungsprozeß erinnern.

»Etwa zwei Wochen nach dem Tod meines Vaters ging ich wieder in die Schule. Auf dem Schulhof trat eine Klassenkameradin zu mir und sagte: ›Ach, es tut mir so leid, was passiert ist.‹ Ich hatte keine Ahnung, was sie meinte. Als ich sie fragte, sagte sie: ›Mit deinem Vater.‹ Da wurde mir klar, daß ich es irgendwo in meinem Innern weggeschlossen hatte, weil ich es nicht richtig fand, meine Gefühle zu zeigen.

Ich habe oft von ihm geträumt. Ich träumte, daß er von der Arbeit heimkam und daß ich hinausrannte und ihm entgegenlief. Und dann wachte ich auf und wußte, daß das nicht möglich war, und weinte.« Sie schwieg einen Moment. »Ich tu mir so leid, wenn ich an diese Zeit denke...

An unserem Leben zu Hause veränderte sich viel. Wir waren jetzt drei voneinander getrennte Einzelmenschen. Das war das wirklich Tragische an seinem Tod: Er trennte uns. Von diesem Tag an waren wir nie mehr offen zueinander; es war, als ob wir drei unsere Gefühle voreinander verbargen. Es gab keine Schach- und Musikabende mehr. Während eines großen Teils meiner Kindheit war immer diese schöne klassische Musik um mich gewesen, und nun hörte das auf. Alles änderte sich ganz plötzlich.

Ich reagierte auf das alles, indem ich mich völlig zurückzog. Es war, als ob ich an einem Schalter drehte, und ich weiß noch, wie mir klar wurde, daß ich mit all dem nur leben konnte, wenn ich zeitweise ganz allein war. Ich empfinde Alleinsein noch heute als etwas sehr Schönes. Ich verbringe viel Zeit in meinem Innern, in einer eigenen Welt.«

Nach dem Tod ihrer Väter kamen die meisten von uns befragten Frauen zu dem Schluß, daß es am besten sei, Gefühle für sich zu behalten. Die starke Unterdrückung von Emotionen rief das Gefühl hervor, von anderen Familienmitgliedern und im späteren Erwachsenenleben ganz allgemein von anderen Menschen getrennt zu sein. Margaret steht mit ihrem Bedürfnis, sich in eine ›eigene Welt‹ zurückzuziehen, nicht allein da; 72 Prozent der Frauen, die an unserer Untersuchung teilnahmen, gaben an, daß sie stark dazu neigen, »sich selbst zu beobachten und sich zurückzuziehen«. Töchtern geschiedener Mütter, solchen, deren Familien intakt geblieben waren, sowie Frauen, die um ihren verstorbenen Vater getrauert hatten, war Alleinsein bei weitem nicht so wichtig.

In Margarets Fall und in vielen anderen Fällen wirkte

sich das Bedürfnis nach Zurückgezogenheit hinderlich auf die Aktivität in der äußeren Welt aus. Wie die meisten vaterlosen Töchter scheute sie sich nicht davor, zu arbeiten, doch die Aussicht, einen Beruf ausüben zu müssen, bereitete ihr Unbehagen. Erst fünfzehn Jahre nach Beendigung des College beschloß sie, einen Beruf zu ergreifen, und begann mit ihrer Therapeutenausbildung. Sie war zu dieser Zeit bereits mit einem früheren Mitschüler verheiratet – »Ich war schon immer in ihn verknallt gewesen« –, und die Möglichkeit zu persönlicher Kommunikation, die ihr dieser Beruf bot, zog sie an. Sie selbst bezeichnet ihr starkes Bedürfnis nach Zurückgezogenheit und ihr gleichzeitiges Verlangen nach echter persönlicher Interaktion als einen paradoxen Zug ihrer Persönlichkeit. In Ausübung ihres neuen Berufes fand sie ›eine Welt, die zu ihrem Wesen paßte‹, und wenn sie anderen zuhörte, begegnete sie oft ihrer eigenen geheimen Problematik.

In einem Artikel mit dem Titel ›Das vaterlose Kind‹ erklären C. Janet Newman und Jeffrey S. Schwam das ›Paradoxon‹: »Eine häufige Folge des Verlustes ist die Entwicklung einer besonderen Fähigkeit, sich in andere Menschen, die ebenfalls Verluste erlitten haben, einzufühlen. Manchmal besteht das Motiv darin, sich mit solchen Leidensgenossen wegen der gemeinsamen Problematik zu verbünden.« Die Beschäftigung mit den Problemen anderer Menschen erleichterte es Margaret, an ihre eigenen heranzukommen.

»Während der Ausbildung«, erinnerte sie sich, »mußten wir an einer Gruppe teilnehmen, in der jeder von uns die Frage beantworten mußte: ›Wer bin ich?‹ Das erste, was ich sagte, war: ›Mein Vater ist gestorben, als ich neun Jahre alt war.‹ Es platzte einfach aus mir heraus – so etwas Wichtiges war es für mich! Daß ich verheiratet war, habe ich überhaupt nicht erwähnt... Ich glaube, heute würde ich eine andere Antwort geben.«

Zwischen dieser Gruppensitzung und unserem Interview weinte Margaret endlich um ihren Vater. Der Prozeß begann während eines vierwöchigen Reich-Seminars, an dem sie im Rahmen ihrer Ausbildung teilnahm. »Die schwierigen Übungen brachten mich schließlich dazu, zu schluchzen. Ich spürte, wie sehr er ein Teil von mir war und wieviel von mir so lange unterdrückt gewesen war. Mir wurde bewußt, daß ich nie getrauert hatte, richtig tief getrauert. Daß ich nie richtig von meinem Vater Abschied genommen hatte. Ich brauchte Hilfe, um diesen Mann, den ich seit meinem neunten Lebensjahr in mir herumgetragen hatte, herauszulassen.

Als ich von ihm Abschied nahm, war dies eine körperliche Erfahrung. Es geschah zu Hause — ich lag auf dem Fußboden und heulte und schrie, und mein ganzer Körper geriet in einen solchen Aufruhr, daß ich ins Badezimmer rennen mußte, weil ich fast kotzte.«

Über zwanzig Jahre, nachdem sie ihn in dem Studebaker hatte wegfahren sehen, nahm Margaret Abschied von dem ersten Mann, den sie geliebt hatte. Seit sie sich von dieser Last befreit hat, ist sie besser imstande, ihren Mann und ihren Sohn zu lieben. »Ich glaube, bevor ich da durchging, war meine Fähigkeit, zu leben und Gefühle zuzulassen, auf vielen Ebenen eingeschränkt. Es gibt im Körper eine Energie, die die Gefühle so niederhält, daß man keine Freude und keinen Kummer empfindet und an nichts Spaß hat. Jetzt kommt es viel seltener vor, daß ich einfach so dahinvegetiere. Ich habe längst nicht mehr solche Depressionen wie vorher. Ich muß mich nicht mehr vor den Menschen verstecken. Ich denke immer noch viel an ihn. Aber es nimmt mich nicht so stark mit wie früher.«

Nachdem Margaret ihre Trauer zugelassen hatte, erlebte sie eine Art Befreiung. Sie kann besser arbeiten und ist liebesfähiger. Doch die psychische Wunde, die der Tod ihres Vaters ihr zufügte, ist zwar verheilt, hat aber eine Narbe hinterlassen. Das kleine Mädchen, aus dessen Leben die Musik verschwand, ist mißtrauisch geblieben. »Ich muß immer die negativen Möglichkeiten einer Situation betrachten, bevor ich sie genießen kann. Ich überlege mir, was das Schlimmste ist, das passieren könnte, und erst wenn ich das Gefühl habe, damit fertigwerden zu können, kann ich weitergehen.

Manchmal, wenn mein Mann spät von der Arbeit heimkommt – im allgemeinen ist er sehr zuverlässig –, packt mich plötzlich eine schreckliche Angst, er könnte nie mehr wiederkommen. Und was mich am meisten erschreckt, ist, daß der bloße Gedanke, ihn zu verlieren, so grauenhaft ist. Seit ich das Baby habe, erfüllt mich manchmal der schreckliche Gedanke, daß nicht nur ich allein sein werde.«

Als mir Margaret von ihren Angstanfällen erzählte, krampfte sich mein Magen zusammen. Wie oft habe ich ähnliche Phantasien gehabt! Besonders seit wir ein Kind haben und Jeff Vater ist, muß ich oft daran denken, wie es wäre, wenn er sterben würde.

Obwohl Jeff im allgemeinen sehr zuverlässig ist, würde er selbst zugeben, daß Pünktlichkeit nicht seine Stärke ist. Ich habe mich damit abgefunden, und wenn wir ausgemacht haben, uns zu treffen, füge ich zu der vereinbarten Zeit immer eine halbe Stunde hinzu. Doch wenn diese dreißig Minuten verstrichen sind, wandern meine Gedanken unweigerlich zu dem, was ein Teil von mir als schreckliche Unvermeidlichkeit zu erwarten scheint: »Na ja, wahrscheinlich konnte er nicht weg«... tick tick tick... »Bestimmt ist er bei einer Besprechung aufgehalten worden«... tick tick tick... »Hoffentlich ist mit dem Wagen alles in Ordnung«... tick tick tick... »Ob die Polizei anruft oder in die Wohnung kommt, wenn ein Unfall passiert ist?... Wie werden sie's mir wohl beibringen?«

Diese krankhaften Vorstellungen tauchen nicht nur dann auf, wenn Jeff unpünktlich ist. Und ich bin nicht die einzige, die von ihnen befallen wird. In den Interviews, die ich im Rahmen unseres Projekts führen mußte, habe ich erfahren, daß solche Katastrophenphantasien bei vaterlosen Töchtern weitverbreitet sind, und auch in einschlägigen Büchern habe ich einiges darüber gefunden. In seinem ausgezeichneten Buch *In dir lebt das Kind, das du warst* schreibt Dr. W. Hugh Missildine: »Deine Kindheit beeinflußt alles, was du tust, alles, was du fühlst.« Er ist der Meinung, daß bei Kindern, die einen Elternteil verloren haben, dieser Verlust die Angst auslösen kann, daß alle geliebten Menschen sterben werden.

Die ständige Angst, verlassen zu werden, scheint eindeutig eine Folge von Verlusten in der frühen Kindheit zu sein. Bei Frauen, die den Trauerprozeß nicht voll durchlaufen haben, ist diese Angst besonders stark, und häufig äußert sie sich in Apathie, Depressionen oder Angst vor Liebe. Bei unseren Untersuchungen haben wir festgestellt, daß bei Frauen, die nicht um ihre Väter getrauert haben, die Angst, daß ihr Mann sterben wird, häufiger ist als bei Frauen, die den Trauerprozeß hinter sich gebracht haben. Diese Feststellungen lassen zusammen mit anderen neuen wissenschaftlichen Erkenntnissen darauf schließen, daß Trauer zur Zeit des Verlustes späteren Schmerz wesentlich mildert. »Von dem Moment an, da das Leben beginnt...«, schreibt die Sozialarbeiterin Lily Pincus, »hängt die menschliche Entwicklung davon ab, wie Verluste akzeptiert und bewältigt werden.«

Vor dreißig Jahren sagte meine Mutter ihrer drei Jahre alten Tochter, daß ihr Papa eine Weile fort sein würde, weil er auf eine weite Reise gegangen sei. Sie log mich an, und erst in den letzten Jahren ist mir klar geworden, daß diese Lüge in mir das Gefühl hervorrief, von meinen Eltern nicht genügend geliebt zu werden. Doch obwohl ich offen über diesen von meiner Mutter begangenen Betrug spreche, ist es nicht meine Absicht, sie anzuklagen oder sie als Missetäterin hinzustellen. Wenn man bedenkt, wie schwer sie selbst durch den Verlust getroffen wurde und daß sie der komplexen Realität des Todes mindestens ebenso ratlos gegenüberstand wie die Experten jener Zeit, dann hat sie ihr Bestes getan.

Allzulange hat man das unangenehme Thema Tod vermieden, und eine Folge davon ist, daß die für Psychohygiene zuständigen Fachleute sich erst in jüngster Zeit mit dem noch heikleren Thema ›Kinder und Trauer‹ beschäftigt haben. Die Ursachen und Folgen unterdrückter Trauer werden erforscht, und man hat erkannt, wie wichtig es ist, Kindern bei ihrer Trauerarbeit zu helfen.

Es gibt viele Faktoren, die zur Vermeidung von Trauer beitragen. An erster Stelle steht das stillschweigende, doch in unserem Kulturkreis allgemein anerkannte Übereinkommen, angesichts des Todes Gleichmut zu bewahren. Wer erinnert sich nicht, welche Tapferkeit Jacqueline Kennedy bei der Beerdigung ihres Mannes zeigte? Ihre Haltung, ihre Würde waren einfach bewundernswert! Auch Margaret hatte ein höchst einflußreicher Lehrer beigebracht, Gefühle nicht zu zeigen: ihr Vater. »Ich erinnere mich, daß er sehr freundlich war, aber er war nicht liebevoll. Ich wußte, er mochte mich sehr gern, und ich wünschte mir, er würde es zeigen. Oft habe ich meine Mutter gefragt: ›Warum umarmt und küßt mich Papa nie?‹ Darauf sagte sie immer: ›Das ist nicht seine Art.‹«

Als ich Margaret fragte, wie ihre Kindheit vor dem Tod ihres Vaters gewesen sei, sagte sie, sie sei ein geselliges Kind gewesen, lebhaft und heiter, mit vielen Freunden und Spielkameraden − die typische amerikanische Kindheit. Beinahe. Denn irgendwo in dem idyllischen Bild schien kaum erkennbar der Schatten eines Mädchens versteckt, dem sich aus all dem Zucker und Zimt nicht der sprichwörtliche Apfelkuchen zusammenfügte. Was daran zu fehlen schien, waren Liebesbeweise ihres vergötterten Vaters. »Irgendwas stimmte nicht«, sagte sie mir. »Denn obwohl meine Kindheit so sorglos und sonnig zu sein schien, hatte ich Übergewicht.«

Das sich entwickelnde Bild eines kleinen Mädchens, das trotz seines sorglosen Lebens von einem quälenden emotionalen Mangel erfüllt schien, führt wieder zu der Frage zurück: Warum empfand sie nichts, als sie vom Tod ihres Vaters erfuhr? Ihr Vater war zwar stark und stabil, eine

Säule des Familiengebäudes, die feste Basis des Lebens daheim, doch sein Unvermögen, seiner Tochter greifbare Liebe in Form körperlicher Zuneigung zu schenken, trug wesentlich zu ihrer Unfähigkeit bei, über seinen Tod zu trauern.

Lily Pincus schreibt: »Es kann sein, daß das unter Liebesmangel leidende Kind gelernt hat, die Angst vor dem Verlassenwerden und der Einsamkeit zu bewältigen, indem es Gefühle und Schmerzen geleugnet und dadurch Abwehrmechanismen für den Fall des schmerzlichsten Verlustes – den Tod eines Elternteils – entwickelt hat.« Es wäre sicher übertrieben, zu behaupten, daß Margaret in ihrer Kindheit keinerlei Liebe zuteil wurde, doch sie selbst meint, daß ihr damaliger Eßzwang dazu diente, die durch die mangelnden Zuneigungsbeweise ihres Vaters entstandene Leere zu füllen.

Hinzu kam, daß ihre Mutter nicht viel dazu beitrug, ihr über die noch viel schlimmere Leere, die durch den plötzlichen Tod ihres Vaters entstand, hinwegzuhelfen. Nachdem sie an jenem Morgen die Kinder zu sich ins Bett geholt und auf liebevolle Weise über den gemeinsamen Verlust informiert hatte, gab es keine weiteren Versuche mehr, den Schmerz gemeinsam zu bewältigen. Margaret mußte die schreckliche Realität der neuen familiären Situation allein durchleiden. Sie sah ihre Mutter nie weinen und zog daraus den Schluß, auch ihre eigenen Gefühle unterdrükken zu müssen.

Mit ihrer tapferen, gefaßten Haltung schützte Margarets Mutter sich selbst mindestens ebensosehr wie ihre Kinder. Der herzzerreißende Anblick ihres Kummers hätte sie noch viel verletzlicher gemacht.

In dem Buch *Widow,* einem persönlichen Bericht über die Situation einer Frau, die ihren Mann verliert, schreibt Lynn Caine über das Problem, die Kinder zu informieren: »Wäre ich imstande gewesen, hemmungslos in Tränen auszubrechen... so hätte das uns allen sehr gut getan. Wahrscheinlich hätten sie auch geweint, und wir hätten alle gemeinsam geheult ... Doch ich wandte, damals und später, all meine Kraft auf, um mich zusammenzunehmen. Ich hatte immer das Gefühl, wenn ich es mir erlaubt hätte, zu zerbrechen, dann hätte mich kein Mensch wieder zusammenfügen können.«

Um ihren eigenen Schmerz zu lindern und ihre Auseinandersetzung mit dem Tod hinauszuschieben, bemühte sich auch meine Mutter, nicht nur ihre Gefühle, sondern auch die Wahrheit zu verbergen. Doch trotz aller guten Absichten ist beides unmöglich. In ihrem Buch *Ein Kind verwaist* schreibt Erna Furman: »Kinder beobachten die Stimmungen und das Verhalten ihrer Eltern so genau und mit solcher Sensibilität, daß es nach unserer Erfahrung unmöglich ist, ihnen die Wahrheit zu ersparen oder sie darüber zu täuschen.«* So schlimm die Wahrheit sein mag, so herzzerreißend es für die Mutter sein mag, ihr Kind leiden zu sehen – die Folgen einer Täuschung sind viel schwerer und weitreichender. Wenn die Witwe ihren Kindern die Wahrheit vorenthält, bürdet sie ihnen eine weit schwerere Last auf: Zum Verschwinden des Vaters kommt noch das Gefühl, abgelehnt zu werden, auf unerklärliche Weise verlassen worden zu sein, die Enttäuschung darüber, daß die Mutter etwas verbirgt. Die Angst wird nicht gemildert, sondern vielfach verstärkt. »Aus irgendeinem Grund ist Papa verschwunden, und aus irgendeinem Grund sagt mir Mama nicht alles.« Das Kind muß nicht nur einen Verlust bewältigen, sondern zwei. Es ist nicht nur verlassen worden, es wird auch noch mißachtet.

Margaret wurde nicht nur von ihrer Mutter mißachtet, sondern auch von den Menschen ihrer Umgebung. »Alle taten so, als habe nur mein Bruder einen Verlust erlitten.« Der Eindruck, daß ›Jungens wichtiger sind‹, führte zu

---

* Dieses Buch ist das Ergebnis einer klinischen Untersuchung von dreiundzwanzig Kindern, die in der frühen Kindheit einen Elternteil verloren haben.

Zweifeln, ob sie überhaupt ein Recht habe, zu trauern.* Da Nachbarn und Verwandte ihrem Bruder und seinem Verlust soviel Aufmerksamkeit schenkten, überrascht es nicht, daß Margaret sich mehr und mehr zurückzog und isoliert fühlte.

»Ich machte aus meinem Bruder eine Vaterfigur«, sagt sie. »Und er verhielt sich wie ein Vater. Viele Jahre lang tröstete er mich, kümmerte sich um meine Erziehung und war der Mensch im Haus, an den ich mich um Rat wenden konnte. Meinen Groll und meine Eifersucht konnte ich mir bis vor kurzem nicht mal eingestehen.

Als ich etwa zwanzig war, sagte mir eine Cousine, sie habe in einem Koffer ein paar alte Familienfotos gefunden, darunter einige von meinem Vater, und sie finde, ich solle sie haben. Ich weiß noch, wie positiv ich das empfand, denn es war, als würde sie damit anerkennen, daß ich einen Verlust erlitten hatte. Als ich die Fotos meiner Mutter zeigte, sagte sie gleich: ›Die wird sicher dein Bruder gern haben wollen.‹ Wieder einmal nahm sie mir meinen Kummer weg.«

Margaret war neun Jahre, als ihr Vater starb, ein Alter, in dem sie besonders empfänglich für Botschaften der Umwelt und der Mutter war, die den Ausdruck von Trauer mißbilligten. Gemäß den von Freud postulierten psychosexuellen Entwicklungsstadien befinden sich Kinder zwischen sechs und zehn Jahren in der ›Latenzphase‹ und haben eine starke Abneigung dagegen, Zeichen von Verletzlichkeit zu zeigen. In der Latenzzeit steht für das Kind, das nicht mehr gänzlich von den Eltern abhängig ist, im Mittelpunkt, Beziehungen außerhalb der engeren Familie aufzubauen. Allmählich löst es sich von den bisher idealisierten Personen und kämpft darum, ein Gleichgewicht zwischen der Familie und gleichaltrigen Freunden, zwi-

---

* Kindern wird das Recht zu trauern aus vielerlei Gründen abgesprochen, was, wie wir im 12. Kapitel sehen werden, sehr schädliche Folgen haben kann.

schen sich selbst und anderen, zwischen Realität und Phantasie herzustellen. Wird das Kind in dieser Zeit mit einem traumatischen Verlust konfrontiert, so muß es seine wachsende Unabhängigkeit mit den kindlichen Ängsten, die es mit aller Kraft zu unterdrücken bemüht ist, in Einklang bringen. Oft verbirgt es bei Tag seine Verletzlichkeit und lebt sie in seiner inneren Phantasiewelt aus. Die Phantasie ist bei Kindern dieser Altersgruppe besonders rege, und Margarets Reaktion auf den Tod ihres Vaters – ihr Bedürfnis, sich zurückzuziehen, die häufigen Träume, in denen der Vater eine Rolle spielte – sind bezeichnend dafür.

Immer und immer wurde Margaret seit ihrem neunten Lebensjahr abgelehnt, lehnte sie selbst die heilende, befreiende Wirkung des Trauerns ab. In ihrem Verhalten bestimmt durch die Reserviertheit, die sie an Vater und Mutter beobachtet hatte, voller Konflikte bezüglich des ihrem Alter und Geschlecht entsprechenden richtigen Verhaltens und eingeschränkt durch die ihr auferlegten gesellschaftlichen Normen, trat sie in das Erwachsenenalter ein, ohne die größte Krise ihrer Kindheit bewältigt zu haben. Diese komplexe Tragik ist typisch für die meisten Frauen, deren Väter starben, als sie Kinder waren.

Die Folgen unterdrückten Trauerns sind mannigfaltig. Robert A. Furman schreibt in einem Aufsatz mit dem Titel ›Kindliche Trauermuster beim Tod eines geliebten Menschen‹: »Wenn ein Mensch nicht in der Lage ist, in seiner Kindheit Trauerarbeit zu leisten, kann es sein, daß er während seines ganzen Lebens von einer Traurigkeit erfüllt ist, für die er nie eine Erklärung findet.« Margaret bestätigte lachend, daß Dr. Furman recht hat, und deutete mit dem Finger auf sich: »Ich glaube, so ein Unglücksvogel war ich.«

Heimtückischer als die von Furman erwähnten und von Margaret erlebten unerklärlichen Depressionen ist eine chronische Apathie, in der sich unterdrückte Trauer häufig manifestiert. In extremen Fällen kann sich die Unfähigkeit zu trauern zu einer Unfähigkeit zu lieben entwickeln: »Der Tod des Vaters kann eine verzögerte Wirkung auf Kinder haben, wenn man ihnen nicht hilft, ihre dadurch ausgelösten Gefühle zum Ausdruck zu bringen. Eine Wirkung kann darin bestehen, daß das Kind Angst davor bekommt, zu lieben. Es fürchtet, daß ihm ein Mensch, den es zu lieben wagt, ebenfalls weggenommen werden könnte.« Ein Kind, das den Tod eines Elternteils erlitten und zugleich von dem anderen Elternteil gefühlsmäßig vernachlässigt wurde, kann in einem Zustand chronischer Indifferenz fixiert bleiben und aus zwanghafter Angst und Scheu vor Verbindlichkeit nicht imstande sein, sich Ziele zu setzen oder Beziehungen einzugehen.

Paula, eine fünfundzwanzig Jahre alte Hilfslehrerin, die an unserer Befragung teilnahm, schrieb: »Mein Vater starb, als ich fünf Jahre alt war, bei einem Autounfall, an dem die ganze Familie beteiligt war. Ich kann mich an nichts davon erinnern. Meine Mutter war vor und nach dem Unfall sehr von ihrer Arbeit in Anspruch genommen, und ich wurde hauptsächlich von meinen älteren Brüdern und Schwestern aufgezogen. Ich reagierte auf den Tod meines Vaters erst, als ich ein Teenager war, und ich glaube, ich habe mich bis heute nicht damit abgefunden. Mit dreiundzwanzig Jahren wurde mir klar, daß ich gegen meine Aggressivität und mein Gefühl der Hilflosigkeit etwas tun mußte, und so begann ich eine Therapie. Vor zwei Monaten ist mein Therapeut von hier weggezogen, und so wurde, ohne daß ich diese Entscheidung getroffen habe, die Therapie beendet. Es fällt mir sehr schwer, Menschen zu vertrauen, und so hat mir dies nicht gerade weitergeholfen.

Ich bekomme jedes Mal, wenn ich es zulasse, von jemandem abhängig zu werden, schreckliche Angst. Es ist ein ständiger Kampf. Der andere Mensch könnte mich verlassen oder sterben, und das wäre wieder sehr schmerzlich für mich. Ich bin soweit, daß ich mich selbst zu überzeugen versuche, daß ein gewisses Maß an Abhängigkeit nicht unbedingt schlecht ist. Aber ich habe mir nie vorstellen können, eine wirklich dauerhafte Beziehung zu haben, denn ich konnte mir nie vorstellen, soviel Vertrauen zu haben oder mich so eng zu binden. Es macht mir einfach zuviel Angst.«

Paulas selbstauferlegte Isolierung läßt darauf schließen, daß ihre Bindungsangst nicht nur der Angst entspringt, wieder verletzt zu werden, sondern auch dem ständigen Bedürfnis nach elterlicher Fürsorge, das aus ihrer Kindheit stammt. Scham wegen dieses kindlichen Bedürfnisses und die Unfähigkeit, ›irgendwem, ob Mann oder Frau, zu vertrauen‹, haben dazu geführt, daß sie sich äußerlich abweisend verhält, womit es ihr gelingt, sich von anderen Menschen und dem wahren Objekt ihrer Angst − ihren Gefühlen − zu distanzieren.

Neuere wissenschaftliche Erkenntnisse lassen keinen Zweifel daran, daß die Unterdrückung von Trauer weitreichende Folgen hat. Unbewältigtes Leid kann unerklärliche Traurigkeit auslösen, kann zur Errichtung von Abwehrmechanismen gegen emotionale Bindungen führen oder zur völligen Unterdrückung von Gefühlen.

Warum hat sich dann die Psychologie so spät mit den traumatisierenden Verlusten in der Zeit der Kindheit beschäftigt?

Freud sagte, der Tod des Vaters sei der größte Verlust, der einen Menschen treffen kann, und er hat nach dem Tod seines Vaters im Jahr 1896 begonnen, die *Traumdeutung* zu schreiben, die viele als sein größtes Werk betrachten. Doch obwohl er die starken Auswirkungen dieses Verlustes erkannte, führten seine Theorien über den Trauerprozeß zu der allgemeinen Überzeugung, Kinder könnten überhaupt nicht trauern.

Freud war jedoch auch einer der ersten, die sich, abgesehen von so vielen anderen tabuisierten Themen, mit der Todesproblematik beschäftigten. In *Trauer und Melancholie* (erschienen 1916) wurden zum ersten Mal die mit dem Tod und dem ›Objektverlust‹ verbundenen unbewußten Ängste untersucht.

Der Vater der Psychoanalyse war der Meinung, daß der Trauerprozeß mit der Lösung vom Liebesobjekt abgeschlossen wird, so daß der Überlebende frei ist, eine andere Liebesbindung einzugehen. Für Erwachsene ist das sicher ein realistisches Ziel. Doch ein kleines Mädchen, das seinen Vater verloren hat, kann Freuds Theorie zufolge nicht wie etwa eine Witwe eines Tages aus tiefer Verzweiflung auftauchen und seine Liebe auf einen anderen Mann richten. Da ein Kind sich nicht auf diese Weise von seinem Vater lösen kann, kann es nicht trauern.

Diese Theorie wurde in wissenschaftlichen Kreisen allgemein akzeptiert, und man befaßte sich kaum noch mit Kindern, die einen Elternteil verloren haben. Erst in den vierziger Jahren begann die Psychologie sich wieder mit den Reaktionen von Kindern auf den Tod zu beschäftigen. Den Anstoß dazu gab die Arbeit in einer englischen Klinik für Kriegswaisen, und man hat seither auf diesem Gebiet trotz vieler Kontroversen große Fortschritte gemacht.

Viele Experten sind weiterhin der Meinung, daß Kinder nicht trauern können, und zwar aus zwei Gründen: Sie sind nicht imstande, den Schmerz zu ertragen, und um den Schmerz zu vermeiden, klammern sie sich an die Beziehung zu dem verlorenen Elternteil, was die Trauerarbeit und die Ablösung unmöglich macht.

Andere Forscher vertreten gegenteilige Ansichten. »Die Auffassung, daß Kinder nicht lange Schmerz ertragen können, ist einfach unrichtig«, stellen Newman und Schwam fest. In Übereinstimmung mit den Furmans berichten sie, daß selbst sehr junge Kinder Kummer zulassen können, wenn sie dabei unterstützt werden. Außerdem kann die Internalisierung des verstorbenen Elternteils, wenn sie parallel zur Entwicklung des Kindes verläuft*,

---

* Newman und Schwam betonen, daß es für die Entwicklung wichtig ist, das Bild des verstorbenen Vaters lebendig zu erhalten. Wenn die Erinnerung auf frühkindliche Bedürfnisse fixiert bleibt, ist die Ablösung schwieriger.

dem Kind helfen, sich mit dessen Nichtvorhandensein abzufinden, was das Zulassen von Kummer nicht ausschließt. Ebenso wie der Erwachsene, der sich nur allmählich vom Liebesobjekt löst, braucht das Kind die erforderliche Zeit zur Trennung. Ein solches Kind, meinen Newman und Schwam, ist in der Adoleszenz imstande, die Lösung zu vollziehen. Umgekehrt hat ein Kind, das − mit oder ohne internalisiertes Vaterbild − seinen Kummer nicht zum Ausdruck gebracht hat, nicht einmal zu trauern begonnen, und die Folge davon kann sein, daß es Kummer und Vaterbild endlos in sich behält − so ähnlich wie den Mann, den Margaret ›in sich herumtrug‹.*

Ob ein Mädchen die Zurückweisung, die der Tod ihres Vaters, sein plötzliches Verschwinden, für sie bedeutet, jemals wirklich bewältigen kann, ist fraglich, doch wenn sie auf einfühlsame Weise durch den Trauerprozeß geführt wird, hilft ihr dies sicherlich, mit den Schwierigkeiten, die sie erwarten, umzugehen. Scham, Verwirrung, Pessimismus müssen das bereits düstere Bild nicht noch mehr verdunkeln.

Und als du fragtest, wohin er ging,
Sagten sie:
In den Himmel.
Und sie führten dich zu einem Feld voller Grabsteine und
   Blumen
Hier hat sein Körper gelegen
Sagten sie
Und du warst verwirrt
Denn nun gab es ihn zweimal
Und keinen davon für dich.

---

* Die Herzogin von Windsor, deren Vater starb, als sie noch ein Kind war, äußerte einmal, daß sie »in vielerlei Hinsicht einem Mann ähnelt«. Weitere Eindrücke über ihre vaterlose Kindheit finden sich im 13. Kapitel.

Die meisten von uns befragten Frauen, wie die Verfasserin des oben zitierten Gedichts, mußten, wie auch ich selbst, den Tod ihres Vaters bewältigen, bevor sie dazu ermutigt wurden, die mit seinem Tod verbundenen Emotionen zuzulassen. Wir wußten, daß unser Vater uns verlassen hatte, hatten aber keine Ahnung, warum. Und man hatte uns nicht ermutigt, auf seinen Verlust gefühlsmäßig zu reagieren. Erst seit wenigen Jahren wird der Tod nicht mehr unterschlagen, ist es Kindern erlaubt zu trauern.

»Selig sind, die da Leid tragen, denn sie sollen getröstet werden.« Die Meinung moderner Psychologen stimmt mit dieser Weisheit aus dem Neuen Testament völlig überein. Obwohl manche der Ansicht sind, daß Trauer die Folge des Verlustes jeder bedeutungsvollen Person oder Sache sein kann, möchte ich mich auf die Definition beschränken, die Erna Furman in *Ein Kind verwaist* anführt: »... Trauer ist die psychische Arbeit, die dem Verlust eines Liebesobjekts durch Tod folgt.«

Bereits gegen Ende des ersten Lebensjahres kann ein Kind sich nach einem anderen Menschen sehnen. Es richtet sein Bedürfnis, zu lieben und geliebt zu werden, so stark auf die Eltern, daß jede Trennung von der Mutter oder vom Vater es mit starker Sehnsucht erfüllt. Die ›psychische Arbeit‹ des Trauerprozesses geht jedoch weit über Sehnen hinaus, denn der Trauernde vermißt die abwesende Person nicht nur, sehnt sich nicht nur nach ihr, sondern er muß die schwierige Aufgabe vollbringen, sich von dem geliebten Menschen *für immer* zu trennen. Für ein Kind ist dies eine schreckliche Anforderung. Erna Furman schreibt darüber: »Nur in der Kindheit kann der Tod ein Individuum so vieler Möglichkeiten berauben, zu lieben und geliebt zu werden, und ihm eine so schwierige Anpassung abverlangen.«

Trauer, wie sie Erna Furman versteht, ist nicht möglich, ohne daß man *weiß,* daß jemand gestorben ist. Man muß es dem Kind sagen. Außerdem muß das Kind *begreifen,* was der Tod bedeutet. Sie schreibt in ihrer Untersuchung: »... Normal entwickelte, über zwei Jahre alte Kinder könnten im wesentlichen begreifen, was ›tot‹ bedeutet, wenn man ihnen mit diesem Ziel vor Augen geholfen hätte, sich ihre täglichen Erfahrungen nutzbar zu machen.«* Die natürliche Neugier, die, zum Beispiel, durch ein totes Insekt geweckt wird, bietet dem Erwachsenen eine ausgezeichnete Möglichkeit, selbst einem sehr kleinen Kind zu erklären, was ›tot sein‹ heißt.

Wenn man weiß, daß jemand gestorben ist, und begreift, was das bedeutet, kommt die schwierigste Vorbedingung für den Trauerprozeß: die Akzeptierung. Erst wenn ein Mensch die Endgültigkeit des Todes akzeptiert hat, kann er beginnen, zu trauern.

Diese Trauer ist qualvoll und erschöpfend, vielleicht das schmerzlichste Gefühl im menschlichen Erfahrungsbereich. Der Mensch, den wir geliebt haben, ist nicht mehr, und die Aussicht, angesichts einer solchen Leere das Leben fortzusetzen, erscheint unerträglich grausam. Befreiung können wir nur finden, wenn wir uns unserer Trauer ganz hingeben; wenn wir uns ihr nicht völlig überlassen, riskieren wir, dem Leben, das bleibt, dem Leben, das uns gehört – dem Leben, welches das kleine Kind erwartet –, nicht wiedergutzumachenden Schaden zuzufügen.

Es ist verständlich, daß der überlebende Elternteil bestrebt ist, das Kind vor so tiefen Emotionen zu bewah-

---

* Im Gegensatz zu Erna Furman sind zahlreiche Experten der Ansicht, daß Kinder erst mit drei Jahren imstande sind, zu begreifen, was ›tot‹ bedeutet. Joseph Palombo, der frühere Verwaltungsdirektor des ›Barr-Harris Center for the Study of Separation and Loss During Childhood‹ (am Chicago Institute for Psychoanalysis), meint, daß es besser ist, wenn die Mutter Wendungen wie ›fortgegangen‹ oder ›Er kommt nicht zurück‹ benützt, wenn sie dem ganz kleinen Kind erklärt, warum der Vater nicht mehr da ist. Diese Erklärung vermittelt nach Palombos Meinung die Endgültigkeit der Situation, ohne daß man sich einer Terminologie bedient, die über das Begriffsvermögen des Kindes hinausgeht. Da jedoch der Begriff ›Endgültigkeit‹ für das Kind ebenso unbegreiflich wie der Begriff ›Tod‹ ist, bin ich mit Erna Furman der Überzeugung, daß es besser ist, von Anfang an das Wort ›tot‹ zu verwenden.

ren, die Tragödie ungeschehen zu machen. Doch ein Kind reagiert ungemein empfindlich auf Veränderungen. Sein Überleben hängt engstens von der Stabilität seiner Umgebung ab. Veränderungen, vor allem in seiner unmittelbaren Umgebung, können unmöglich vor ihm verborgen werden. »Genau dies ist die Botschaft, die Märchen einem Kind vermitteln«, schreibt Bruno Bettelheim in seinem Kommentar zu dem Märchen *Kinder brauchen Märchen.* »Daß der Kampf gegen Schwierigkeiten im Leben unvermeidlich ist – daß man jedoch, wenn man vor unerwarteten und oft ungerechten Schwierigkeiten nicht zurückschreckt, sondern ihnen entschlossen entgegentritt, alle Hindernisse überwinden kann und am Ende als Sieger daraus hervorgeht.«

Nur sehr wenige von uns glauben mit Sicherheit sagen zu können, was mit dem verstorbenen Menschen geschehen ist, doch wir wissen, was sein Tod für uns bedeutet: Wir haben jemanden, den wir lieben, für immer verloren. Und diese Tatsache, die Tatsache des endgültigen Verlustes, muß dem Kind ehrlich klargemacht werden. Nur dann wird eine Tochter imstande sein, das Gefühl, mit dem sie das Verschwinden ihres Vaters erfüllt, in seiner ganzen Tiefe zu erleben.

Im Leben der vaterlosen Tochter wird es zahllose Gelegenheiten geben, bei denen sie die Leere, die ihr treuloser Geliebter hinterlassen hat, schmerzlich empfindet. Wenn ihr jedoch gestattet wurde, die Realität seines Todes bewußt zu empfinden, werden sie zumindest bei ihrer Entwicklung zur Frau Verständnis für ihren Verlust und die aus dem zeitgerechten Durchleben ihrer Gefühle gewonnene Kraft erfüllen.

Es kann nicht stark genug betont werden, wie wichtig die Rolle ist, welche die Mutter in dieser Hinsicht spielt. Sie muß nicht nur ihr(e) Kind(er) mit der schmerzlichen, unumstößlichen Wahrheit vertraut machen und (es) sie ermutigen, ihren Schmerz zum Ausdruck zu bringen; sie muß sich auch bemühen, das Bild des Vaters lebendig zu erhalten, das dem Kind später zu der Fähigkeit verhilft, sich von ihm zu lösen.

Unter Berücksichtigung neuester Forschungsergebnisse schreiben Newman und Schwam darüber: »Innere Einbildungskraft kann eine Form von Ichstärke darstellen und statt des verlorenen Objekts eine Quelle inneren Wachstums bedeuten... Damit dies der Fall ist, müssen der überlebende Elternteil und der Familie nahestehende Personen dem Kind gemäß seinem Alter und seiner Entwicklung ihre Erinnerungen an den Verstorbenen mitteilen. Diese Aufgabe des Erwachsenen nennen sie ›Trauerhilfe‹. Nach dieser Theorie kann das sich gleichzeitig mit dem Kind entwickelnde internalisierte Vaterbild eine positive Kraftquelle darstellen und die spätere Ablösung erleichtern.

Diese Aufgabe stellt für den überlebenden Elternteil natürlich eine große Belastung dar. In einer Zeit, da die Witwe oder der Witwer selbst einer tiefen seelischen Erschütterung ausgesetzt ist und Selbstvertrauen und Zuversicht geschwächt sind, muß sie oder er Kraft und Flexibilität aufbringen wie nie zuvor. Doch wie Erna Furman es ausgedrückt hat: »Dem Kind zu helfen, sein Gleichgewicht wiederzufinden, ist vielleicht das Tröstlichste, was die Mutter oder der Vater tun kann.«

Bei meiner Arbeit für dieses Projekt lernte ich eine Familie kennen, die gerade im Begriff war, Trauerarbeit zu leisten. Nachdem ich gelesen hatte, was die Experten zu sagen hatten und ich zu der Überzeugung gelangt war, daß man Kindern dazu verhelfen kann, den Verlust eines Elternteils bewußt zu erleben und zu bewältigen, bot sich damit eine Gelegenheit, zu überprüfen, ob all die Theorie sich in die Praxis umsetzen ließ – ob eine Frau meines Alters, die ihren Mann verloren hatte und für die Psychologie kein Geheimnis war, tatsächlich die Tabus, die bezüglich Kindern und Tod bisher geherrscht haben, durchbrechen konnte.

Mein Interesse war jedoch nicht rein akademisch. Denn abgesehen davon, daß dies eine Gelegenheit war, zu beobachten, wie jemand richtig mit Trauer umging, interessierte mich diese Familie wegen mehrerer beinahe phantastischer Übereinstimmungen: Es handelte sich um eine junge Frau, deren Mann im Mai 1980 an einer Herzkrankheit gestorben war; sie war mit einunddreißig Jahren Witwe geworden und Mutter von zwei kleinen Mädchen. Zumindest, was diese äußeren Umstände betraf, bestand eine starke Ähnlichkeit mit der Situation meiner Mutter vor dreißig Jahren. Doch diese Frau war meine Zeitgenossin, und vielleicht würden sie und ihr Schicksal, das so sehr dem meiner Mutter glich, mir ein etwas besseres Verständnis dessen, was ich erlebt habe, vermitteln. Geradezu frappierend war, daß die Frau auch noch Elise hieß.

An der Tür des hübschen Vorstadthauses begrüßten mich Sonia, die spanische Haushälterin, und die zweieinhalb Jahre alte Diana. Das kleine Mädchen war lebhaft und freundlich, nachdem sie die fremde Dame in ihrem Wohnzimmer eingehend gemustert hatte. Sie kam mir völlig ›normal‹ vor; abwechselnd scheu und ausgelassen, führte sie mir stolz vor, wie ihr der kleine Hund, der ihr nachlief, gehorchte. »Ihr Vater ist tot«, dachte ich, während ich sie beobachtete. »Ob sie es weiß oder begreift? Es ist so traurig...« Und dann durchzuckte mich der Gedanke: »Haben mich auch fremde Damen in meinem Wohnzimmer so angesehen?« Das Mitleid, das ich so verabscheut hatte, brachte ich jetzt diesem Kind entgegen. Ich bemühte mich, das Gefühl zu unterdrücken und Diana ebenso anzusehen wie irgendein anderes lockenhaariges kleines Kind. Doch ich war ja gerade deshalb hier, weil ihr Vater gestorben war, und mir wurde bewußt, daß ich, während ich sie beobachtete, nach den Jahren suchte, an die ich mich nicht erinnern konnte. Verbarg sich hinter ihrem fröhlichen Gekreisch ein heimlicher Kummer? Gab es irgendein Anzeichen dafür, daß ihr etwas fehlte? Ich entdeckte natürlich keins, und ich hätte Stunden damit verbringen können, sie zu beobachten, doch da kam ihre Mutter die gewundene Treppe herunter.

Elise war eine fröhliche, warmherzige Frau; hübsch, rundlich und liebenswürdig. Sie entschuldigte sich sofort dafür, daß das Haus noch nicht fertig eingerichtet war – was ich bemerkt hatte –, und erklärte, daß sie und Dave, ihr Mann, praktisch »vier Jahre lang hier kampiert hatten« und daß sie vorhabe, das Haus nach ihren Plänen einzurichten.

Dave war Rechtsanwalt gewesen und mit siebenunddreißig Jahren an einer angeborenen Krankheit, dem sogenannten Marfanschen Syndrom, gestorben. Elise hatte gewußt, daß sein Vater mit sechsunddreißig Jahren an dieser Krankheit gestorben war. Doch als Dave sich vor ihrer Heirat untersuchen ließ, hatte man bei ihm keine Anzeichen dafür festgestellt.

Ein Charakteristikum der Marfanschen Krankheit ist die Entwicklung eines Aneurysmas, einer Art Blase in der Aorta. Ein platzendes Aneurysma bedeutet gewöhnlich den sofortigen Tod, doch sein Wachstum kann, wenn es sorgfältig überwacht wird, chirurgisch in Schach gehalten werden. An einem Donnerstag Mitte April 1980 sagte man Dave bei einer der routinemäßigen Untersuchungen, die alle sechs Monate stattfanden, daß er ein Aneurysma habe, das so stark gewachsen sei, daß häufigere Kontrollen erforderlich seien. Am folgenden Dienstag mußte er schnellstens ins Krankenhaus gebracht werden, weil sich das Aneurysma deutlich vergrößert hatte. »Da irgend etwas mit seinen Blutplättchen nicht stimmte, konnte er nicht operiert werden«, berichtete Elise. »Aber sie haben ihn nicht aus dem Krankenhaus gelassen. Diese zwei Wochen Warten waren sehr schlimm für ihn. Es war furchtbar, fast unerträglich grausam.«

Im Gegensatz zu Margaret und vielen anderen, die man während der Krankheit von ihren Vätern absonderte, wurden Daves Töchter von Anfang an von den Ärzten und der Familie ermutigt, ihren Vater im Krankenhaus zu besuchen. Es fiel ihm schwer, die einundzwanzig Monate alte, lebhafte Diana im Zimmer zu ertragen, und er bat Elise, sie nicht mehr mitzubringen. Doch zwischen ihm und seiner älteren Tochter Cecile hatte sich eben eine enge Beziehung angebahnt, als er krank wurde, und es war für beide wichtig, sich oft zu sehen.

Sie hatten immer mehr Zeit zusammen verbracht und »waren an Samstagen und Sonntagen verschwunden« und in Parks und Museen gegangen. Dave war für seine ältere Tochter eine Quelle der Information und des Trostes, eine typische Rolle für einen Vater in jenem Stadium, in der ein Baby seine Mutter so sehr in Anspruch nimmt. Auch ich kann mich erinnern, daß mein Vater oft mit mir ausging, während meine Mutter mit dem Baby beschäftigt war.

»Ceciles letzter Besuch bei Dave war nicht erfreulich«, berichtete Elise. »Er sollte in zwei Tagen operiert werden und hatte große Angst. Er war sehr gereizt wegen all der Verzögerungen, und da er so ein großer, kräftiger Mann war und eine tiefe, rauhe Stimme hatte, hatte sein Zorn immer etwas Erschreckendes. Sie erinnert sich heute noch daran, wie wütend ihr Vater war, und lange dachte sie, er sei wütend auf sie gewesen. Die vorherigen Besuche waren sehr nett verlaufen, sie hatten im Bett miteinander geschmust und gescherzt, doch als ich merkte, daß dies ihre letzte Erinnerung war, wurde mir klar, daß ich etwas dagegen tun mußte. Schon damals, als es passierte, wußte ich, daß es wichtig war, mit ihr darüber zu reden.«

Elise wirkte während unseres Gesprächs am Eßzimmertisch so ruhig und beherrscht, daß ich bemerkte, sie sei offenbar auf diese überaus schwierige Situation gut vorbereitet gewesen. Sie sah mich überrascht an. »Noch während er in den Operationssaal gebracht wurde, hatten wir nicht den geringsten Zweifel, daß er wieder heimkommen würde«, sagte sie. »Wir waren uns völlig sicher, daß er gesund werden würde. Wir würden das durchstehen und dann unser Leben fortsetzen.

Ich war so unvorbereitet, daß ich, als die Ärzte mit düsteren Gesichtern aus dem Operationssaal kamen – die Operation hatte dreizehn Stunden gedauert – , nicht auf meine Eltern hörte und darauf bestand, allein bei ihm zu bleiben. Anscheinend merkten sie, wie ernst die Situation war, doch ich beruhigte sie und sagte, Dave würde bestimmt wieder in Ordnung kommen. Sie ließen mich zu ihm hinein, und es war entsetzlich; er war wie eine Maschine.

Meine Mutter überzeugte mich, daß es besser war, wenn sie auch dablieb, und wir fanden einen Platz zum Schlafen. Das letzte, woran ich mich erinnere, ist, daß die Schwester sagte, sie würde mich sofort holen, wenn er zu sich kam. Gegen fünf Uhr morgens schreckte ich aus dem Schlaf auf. Ich wußte, irgend etwas stimmte nicht – es war viel zuviel Zeit verstrichen. Meine Mutter holte eine Schwester, die uns sagte, daß er langsam aufwache und daß sie mich holen würde, wenn etwas schiefging. Seine Nieren arbeiteten nicht richtig, und sie befürchteten, daß Sauerstoff in sein Gehirn gelangen könnte. Da wußte ich Bescheid. Es dauerte nur noch ein paar Minuten, dann starb er.

Alle möglichen Leute riefen im Krankenhaus an und erkundigten sich, wie es ihm ging, und ich hatte nur den einen Gedanken – ich mußte zu Cecile und es ihr sagen.«

Und so drückte wieder eine junge Witwe ihr Kind im Bett an sich. »Ich sagte zu ihr ›Dein Papa ist gestorben‹, und sie sah mich ungläubig an. Und dann klammerten wir uns aneinander.« Elises Stimme wurde immer heiserer, und ihre Beherrschung geriet ins Wanken. In all den Stunden, die wir zusammen verbrachten und kaum über etwas anderes als den Tod ihres Mannes sprachen, war dies die Erinnerung, die sie am meisten schmerzte. Nach einer kurzen Pause fuhr sie fort.

»Eins der ersten Dinge, die Cecile zu mir sagte, als wir so dalagen und uns umarmten, war ›Ich brauche einen Stiefvater‹. Sie war am Tag zuvor mit einem Freund zusammen gewesen, der einen Stiefvater hatte. Er ist ein netter Junge, und ich glaube, sie hatten viel Spaß miteinander gehabt. Ich glaube, dann sagte sie ›Wenn du ihn mir wegnimmst, dann gib mir bitte einen Ersatz, bevor ich den Schmerz spüre.‹ Dann wurde ihr klar, welche unmittelbare Auswirkung der Verlust für sie haben würde: ›Wer wird jetzt mit mir ins Observatorium gehen?‹«

Nach dem ersten Schock drückte Cecile die Besorgnis aus, sie hätte möglicherweise irgendwelche ›Kräfte‹. Ihr letzter Besuch bei ihrem Vater war sehr unerfreulich verlaufen, und vermutlich hatte sie sich in ihrer Wut gewünscht, er würde sterben. Die widersprüchlichen Gefühle, die sie erfüllten – Trauer und Wut –, verwirrten sie, doch es war notwendig, daß sie beide zuließ.

Nach der psychoanalytischen Theorie ist Wut ein Abwehrmechanismus gegen die Hilflosigkeit, die der Tod eines geliebten Menschen hervorruft. Während Kummer passive Resignation bedeutet, ein Zustand, der für ein sieben Jahre altes Kind besonders unangenehm ist, ist Wut etwas Aktives, nach außen Gerichtetes. Cecile sprach in den ersten Tagen nach Daves Tod häufig über die ›Kräfte‹, die zu besitzen sie fürchtete, doch Elise versicherte ihr, daß es solche Kräfte nicht gebe; es sei nichts Schlimmes daran, wütend zu sein, doch sie habe mit ihrer Wut oder ihren wütenden Gedanken Dave nicht getötet. Als ich Elise fragte, ob sie Cecile davon habe überzeugen können, lächelte sie und sagte, sie glaube, sie habe es ihr ausreden können.

Es ist wirklich bemerkenswert, mit welcher Sensibilität Elise auf intuitiv richtige Weise diese schreckliche Situation bewältigte. Sie verbarg ihren tiefen Schmerz keineswegs und weinte oft vor ihrer Tochter, doch sie hatte die Geistesgegenwart, sie an allen Folgen des tragischen Verlustes teilhaben zu lassen, denn irgendwie war ihr klar, daß dies eine Erfahrung war, die sie Cecile nicht ersparen durfte. Am deutlichsten zeigte sich dies in der Woche nach Daves Tod.

»Ich war von Anfang an der Meinung, daß es wichtig war, Ceciles Freundinnen und Freunde einzubeziehen, und ich glaube, das war sehr gut für sie. Viele Mütter kamen zum Begräbnis und machten Kondolenzbesuche, und ich bat sie, immer ihre Kinder mitzubringen. Es war für diese Kinder wichtig, zu sehen, daß wir in Ordnung waren, ebenso wichtig wie für Cecile. Es wäre sehr schlecht gewesen, sie von ihren Freunden zu isolieren. Das Leben geht weiter, und ihre Freunde waren ein Teil davon.

Anfangs waren einige der Kinder verängstigt. Deshalb sagte ich ihnen ›Wir sind okay. Wir vermissen Ceciles Papa, aber wir sind okay.‹ Es war wirklich gut für Cecile, daß die Kinder kamen. Sie haben ebensoviel dazu beigetragen, ihr über das Ganze hinwegzuhelfen, wie ich. Ich glaube, es hat auch ihre Eltern beruhigt.«

Die ›intuitiven‹ Entscheidungen, die Elise traf, ihr psychologisches Bewußtsein und ihr natürliches Einfühlungsvermögen ersparten Cecile die zusätzliche schmerzliche Erfahrung, sich als etwas anderes als ihre Altersgenossen empfinden zu müssen und sich von diesen isoliert zu fühlen. Sie brauchte sich in der Schule keine Lügengeschichten auszudenken, mußte nicht das Gefühl haben, irgendein geheimnisvolles, schreckliches Geschehnis vor den anderen verbergen zu müssen. Ihre Freunde waren an ihrer Seite, stellten Fragen, teilten ihre Ängste. Einige von ihnen waren Kinder geschiedener Eltern, doch sie erkannten, daß Ceciles Situation eine völlig andere war als die ihre: Die ihr auferlegte Trennung war unwiderruflich. Da man ihren Freunden gestattete, ihren Verlust mit ihr zu teilen, nahmen sie auch an ihrem Schmerz teil und spendeten ihr Trost.

Als ich von diesen hilfreichen Freunden hörte, mußte ich an meine eigene Kindheit denken: Obwohl ich erst drei Jahre alt war, als mein Vater starb, und nicht Mitglied einer sozialen Gruppe von Gleichaltrigen war, muß ich doch einen konstruktiven Weg gefunden haben, dem durch den Tod meines Vaters hervorgerufenen Gefühl der Isolierung zu entgehen; anscheinend hat man mir auf irgendeine Weise geholfen, das Geschehnis soweit zu bewältigen, daß es nicht wie ein unheilvolles Geheimnis auf meinen Schultern lastete, als ich in die Schule kam. Cecile jedenfalls war von ihrer Mutter von dieser unnötigen Last befreit worden.

Plötzlich fiel mir Diana ein. Ich hatte mich so stark mit der älteren Tochter beschäftigt, die sich gleich mir an ihren Vater erinnerte, daß ich gar nicht danach gefragt hatte, wie ihre Schwester auf den Verlust reagiert hatte. Ich erkundigte mich bei Elise danach.

»Sie ging in dem Gewühl irgendwie unter«, antwortete Elise mit der für sie typischen Offenheit. »Ich habe mich völlig auf Cecile konzentriert, und ich fürchte, bei Diana habe ich einige Fehler gemacht. Ich wußte nicht, was ich ihr sagen sollte. Zuerst sagte ich ihr, Papa sei ›in die Heia gegangen‹, aber mir wurde sehr schnell klar, daß das nicht richtig war, denn erstens war es nicht wahr, und zweitens würde sie dann von jedem, der sagte, er würde in die Heia gehen, annehmen, er würde nie mehr wiederkommen. Nach ein paar Tagen sagte ich ihr, daß Papa gestorben war und nie mehr wiederkommen würde. Ich glaube nicht, daß sie damals verstand, was das bedeutete. Aber ich versuche jetzt oft mit ihr darüber zu sprechen.«

Ich mußte an meine jüngere Schwester Caren denken, die immer das Gefühl hat, daß ein großer Teil ihres Lebens ›im Gewühl verlorengeht‹. Man hatte seinerzeit angenommen, sie würde gar nicht merken, daß ihr Vater nicht mehr da war, da sie, als er starb, erst fünfzehn Monate alt war. Die starke Faszination, die Versteckenspielen auf sie ausübte, bewies jedoch deutlich, wie interessant Kinder es finden, wenn Menschen sich verstecken und wieder auftauchen. Schon ein Baby bemerkt und empfindet tief den Verlust eines geliebten Menschen.

Elise, die ihre Kinder sehr dazu ermuntert, sich verbal auszudrücken, fand es erstaunlich, wie viele Erinnerungen Diana an ihren Vater hat. »Als wir letzte Weihnachten in Mexiko waren − wo die ganze Familie jedes Jahr hinfährt −, kletterte Diana eines Morgens zu mir ins Bett und sagte: ›Hallo, Boobie.‹ (So nannte Dave mich manchmal.) Ich sah sie an und fragte lächelnd: ›Wer hat das gesagt?‹ Und sie sagte: ›Papa... Ich möchte, daß mein Papa zurückkommt.‹ Es war das erste Mal, daß sie sich so deutlich ausdrückte. Sie hatte schon öfter von ihm gesprochen, doch in Mexiko tat sie das dauernd. Vielleicht, weil er sich während dieses letzten Weihnachtsurlaubs das einzige Mal richtig um sie gekümmert hat. Kann sein, daß sie sich daran erinnert. Er ist oft mit ihr an den Strand gegangen und hat mit ihr gespielt.

Ich weiß nicht, ob sie begreift, was ›tot sein‹ bedeutet. Ich möchte, daß sie ihren Vater im Gedächtnis behält, aber sie muß sich auch damit abfinden, daß er für immer fort ist. Ich glaube, Sonia hat ihr einige merkwürdige Dinge erzählt. In Mexiko, zum Beispiel, deutete sie auf die Berge und fragte, ob ihr Papa hinter diesen Bergen sei. Deshalb ist es so wichtig, daß ich sie mit auf den Friedhof nehme, was ich schon ein paarmal getan habe. (Zum Begräbnis habe ich sie nicht mitgenommen. Ich fand, dafür war sie noch zu klein. Hoffentlich war das kein schrecklicher Fehler.) Sie nennt den Friedhof ›Papas Park‹. Ich finde das okay, aber ich sage ihr auch immer wieder, daß das ein Friedhof ist und daß man Menschen, wenn sie sterben, auf einen Friedhof bringt.

In letzter Zeit fragt sie mich immer wieder: ›Sind wir lebendig?‹ Dann antworte ich ihr: ›Wir sind lebendig. Ich bin lebendig, du bist lebendig, Cecile ist lebendig. Wir sprechen miteinander und lachen. Das können wir tun, weil wir lebendig sind.‹ Seit wir das letzte Mal in Mexiko waren, spricht sie soviel darüber, daß ich glaube, sie beschäftigt sich innerlich sehr viel damit. Immer wieder sagt sie: ›Ich kann mich an meinen Papa erinnern. Kannst du dich auch an meinen Papa erinnern?‹ Dann sage ich ihr, daß ich manchmal sehr traurig bin, weil ich ihn nie wiedersehen werde, und daß er mir sehr fehlt.

Als ich sie vor ein paar Tagen abends zu Bett brachte, sprachen wir darüber, und ich mußte weinen. Ich weiß nicht mehr, ob sie meine Wange streichelte oder ob ich mir das nur wünschte, doch ich sagte ihr, daß ich weinen müsse und daß ich sehr traurig sei. Manchmal frage ich mich, ob es sie nicht verwirrt, wenn sie ihre Mutter weinen sieht. Ich finde aber, sie soll wissen, was ich empfinde, und daß es okay ist, Gefühle zu haben.

Viel von dem, was ich ihr sage, wiederholt sie natürlich bloß. Neulich abends kamen wir auf Dave zu sprechen, und als ich sagte ›Manchmal sind wir sehr traurig...‹, da sah sie mich ganz bekümmert an und sagte ›Oh, ja‹. Aber sie plappert nicht bloß irgendwelche Dinge nach. Sie bemüht sich wirklich, mit dem Ganzen ins reine zu kommen. Mir ist aufgefallen, daß sie immer auf Dave zu sprechen kommt, wenn sie über Dinge redet, die ihr Angst machen. Vielleicht begreift sie noch nicht wirklich, was Tod bedeutet, aber sie weiß, daß es etwas sehr Kompliziertes ist.«

Plötzlich kam Diana ins Zimmer gerannt und verkündete, daß sie auf dem Klo gewesen war. Ihre Mutter strahlte vor Stolz und umarmte sie. Wir wurden von unserem ernsten Gespräch durch die ›normalen‹ Dinge abgelenkt, die in diesem Haus vor sich gingen, durch die Dinge, um die jede Mutter sich kümmern muß. Diese Mutter jedoch mußte ihre Töchter nicht nur auf ihrem Weg zur Unabhängigkeit und bei der Entwicklung ihrer Persönlichkeit unterstützen, sondern ihnen auch helfen, die Gefühle, die der schwere Verlust bei ihnen hervorgerufen hatte, zu integrieren. Es war eine ungeheure Aufgabe, doch da saß sie und lächelte und lobte Diana, weil sie auf die Toilette gegangen war.

Während Mutter und Tochter miteinander scherzten, fuhr draußen auf der Zufahrt ein Auto vor. Dianas fröhliches Kreischen verkündete, daß Cecile von der Schule heimgekommen war. Elise sprang auf, um ihre ältere Tochter an der Tür zu begrüßen, und das eben noch so stille Haus war voller Aktivität.

Nach einigen Worten über Klavierstunden und Pyjamaparties machte Elise mich mit Cecile bekannt. Sie erzählte ihr, daß ich den gleichen Vornamen hatte wie sie und daß auch mein Vater gestorben war, als ich noch ein kleines Mädchen war. Cecile zuckte zusammen, und ich begriff sofort, was sie mit Unbehagen erfüllte. Ihre Situation, ihr Schmerz waren persönliche Dinge, die eine Fremde nichts angingen. Und nun zuckte ich zusammen, denn Elise fuhr fort: »Elyce schreibt ein Buch über Mädchen, die ohne Vater aufgewachsen sind. Wenn du willst, kannst du mit ihr darüber sprechen. Aber nur, wenn du willst.« Cecile antwortete sofort. »Ich will nicht.« »Gut«, sagte ihre Mutter, »dann lauf nach oben und wasch dir die Haare.« Ich bemühte mich, ungezwungen zu lächeln, und Cecile verschwand.

Ich bin mir sicher, sie warf mir einen vorwurfsvollen Blick zu, bevor sie die Treppe hinauflief. »Warum willst du sowas tun?« sagte ihr Blick, und ich mußte mich gegen ein bei diesem Projekt immer wieder auftauchendes Berufsrisiko wehren: das Gefühl, daß ich ein widerlicher Eindringling bin, der Leute auffordert, sich unbestreitbar tragische Dinge ins Gedächtnis zu rufen und darüber zu reden. Warum nicht das Ganze ruhen lassen? Warum Leute bitten, ihre Dämonen heraufzubeschwören?

Meine Selbstvorwürfe wurden durch eine ruhige Frage unterbrochen. »Können wir uns nächste Woche noch einmal treffen?« sagte Elise. Sie habe es als sehr hilfreich empfunden, über ihre Zweifel und ihre Entscheidungen mit jemandem zu reden, der etwas davon verstünde. Wir vereinbarten ein weiteres Treffen, und meine eigenen Zweifel legten sich. In ihrer beruhigenden Art hatte Elise mir klargemacht, daß es nicht gut ist, Dämonen an finsteren Plätzen zu verstecken: Ein Gespenst hat weniger Macht, wenn noch andere Menschen im Zimmer sind.

Auch bei unserem zweiten Treffen zeigte Elise die Bereitschaft, alle meine Fragen offen zu beantworten. Sie sprach ausführlich darüber, wie sie selbst den Verlust bewältigt hatte (siehe 7. Kapitel), über den Schmerz, die Konflikte mit den Kindern, die Resignation, die sie manchmal heute noch befiel. Nein, leicht sei es wirklich nicht gewesen, aber andererseits habe sie in verschiedener Hinsicht sicher Glück gehabt. Als Tochter einer reichen Familie und Witwe eines jungen aufstrebenden Anwalts sei ihr finanzielle Unsicherheit erspart geblieben, für manche junge Frauen, die ihren Mann verloren haben, eine schwere zusätzliche Belastung.

Auch noch in einer anderen Hinsicht hatte Elise Glück – ihr Vater kümmerte sich sehr um sie und ihre Kinder. »Es ist unglaublich«, sagte sie. »Er ist mehr für uns da, als es Dave war. Ein Mann hat den Mädchen bestimmt nicht gefehlt.«

Obwohl man allgemein der Ansicht ist, daß ein Ersatzvater das Fehlen des biologischen Vaters weitgehend ausgleichen kann, waren die von uns befragten Frauen gegenüber Männern, die als Ersatzväter fungierten, erstaunlich indifferent – außer wenn es sich um Großväter handelte! Unter den Ersatzvätern schienen allein diese eine positive Rolle im Leben vaterloser Frauen gespielt und sie mit mehr Zuversicht und Selbstvertrauen erfüllt zu haben.

Elise erzählte über ihren Vater: »Er kommt jeden Morgen, bevor Cecile in die Schule geht – nur, um ihr einen Guten-Morgen-Kuß zu geben. Und wie Dave unternimmt er samstags immer etwas mit ihr. Diana hat ihn ein paarmal geneckt und ›Pappi‹ zu ihm gesagt, aber immer mit einem leisen Lächeln, als ob sie's besser weiß.

Ich habe wirklich großes Glück. Ich glaube nicht, daß den Mädchen irgend etwas entgeht, weil sie keinen Vater haben, denn solange mein Vater gesund ist, werden sie immer eine sehr positive männliche Person um sich haben. Manchmal glaube ich sogar, es wird für die Kinder und mich schlimmer sein, wenn *mein* Vater stirbt. Ich hoffe, daß das noch lange nicht der Fall sein wird. Wir hängen alle drei schrecklich an ihm.«

Elise schilderte weiter ihren Vater, einen sehr erfolgreichen Geschäftsmann, ›dynamisch‹, ›intelligent‹, ›großzü-

gig‹ und ›kreativ‹; ein Mensch, der sich von seinen beruflichen Aktivitäten jedoch nie so in Anspruch nehmen ließ,
daß er nicht genug Zeit für das ihm Wichtigste hatte, seine
Familie. Als sein einziges Kind hatte Elise ihr Leben lang
von der Liebe und Treue dieses Mannes profitiert, und
trotz allem, was sie durchgemacht hatte, erfüllte mich
Neid, als sie von ihrer starken Verbundenheit mit ihm
erzählte.

Es wäre wunderbar, wenn man vorhersagen könnte, daß
Cecile und Diana dank der Sensibilität ihrer Mutter den
Tod ihres Vaters vollkommen bewältigen werden. Jeder
Experte wäre sicher der Meinung, daß Elise alles getan hat,
um ihren beiden Töchtern eine gesunde emotionale Basis
zu verschaffen, auf der sie mit dem Tod ihres Vaters fertigwerden können. Sie haben gemeinsam geweint, Fragen
gestellt, ihre Verwirrung, ihre Wut, ihren Kummer verbali-
siert. Und ohne die geringste Morbidität hat man die Erinnerung an den Mann, der ihr Vater gewesen war, gefördert.

Es wäre sehr befriedigend, vorhersagen zu können, daß
diese vaterlosen Töchter ein Leben ohne psychische Probleme führen werden, doch solche Vorhersagen sind
natürlich unmöglich. Dieser Fall zeigt jedoch, daß es Möglichkeiten gibt, Kindern auf produktive Weise bei der
Bewältigung des Trauerprozesses zu helfen, und daß sich
die Mitglieder einer Familie nach einem solchen schmerzlichen Verlust verbünden können, statt sich voneinander
zu isolieren.

»Trauer endet nie«, sagt Erna Furman. Von entscheidender Bedeutung ist es, daß sie beginnt. Seit Anfang der
siebziger Jahre sind zahlreiche Bücher erschienen, die Kindern helfen sollen, mit dem Tod fertigzuwerden, und in
vielen Schulen werden auch Kurse über diese Thematik
angeboten. Doch am wichtigsten für ein Mädchen, das den
Verlust seines Vaters zu bewältigen hat, ist eine Mutter,
die auf richtige Weise auf die Bedürfnisse ihrer Tochter
eingeht.

Wenn der Vater eines Mädchens stirbt, verliert sie plötzlich den ersten Mann, den sie geliebt hat, und sie wird ihr Leben lang an dieser Zurückweisung zu tragen haben. Eine frühzeitige Akzeptierung ihres Verlustes ist von unschätzbarem Wert, ebenso wie Auswirkungen auf ihr Erwachsenenleben unvermeidlich sind.

4

Eine Inzestparodie:
Frauen, die ihren Vater nie kannten

Die Reaktion eines Kindes auf den Tod seines Vaters hängt weitgehend davon ab, wie alt es zur Zeit des Verlustes war. Die neunjährige Margaret war eben im Begriff, eine von ihren Eltern unabhängige Identität zu entwickeln; da es ihrem starken Drang nach Eigenständigkeit widersprochen hätte, wegen des realen, physischen Verlusts ihres Vaters zu trauern, wurde die in unserer Gesellschaft herrschende Tendenz, Gefühle zu unterdrücken, auf natürliche Weise verstärkt. Cecile war im Alter von sieben Jahren imstande, zu begreifen, was der Tod bedeutete, und doch jung genug, um für die sensible Unterstützung, die ihr ihre Mutter beim Trauern zuteil werden ließ, besonders empfänglich zu sein.

Ebenso wie das Entwicklungsstadium in starkem Maß die Reaktion des Kindes auf den Tod bestimmt, gibt es noch einen anderen Umstand, der das Kind von anderen vaterlosen Kindern unterscheidet. Das Mädchen, dessen Vater gestorben ist, als es ein Kind war, muß gegen das lähmende Gefühl der Leere ankämpfen, mit dem es der Umstand erfüllt, daß es ihn nie gekannt hat.* So sehr es sich bemüht, die tiefsten Winkel seines Gedächtnisses zu ergründen — es gibt kein Bild, das es heraufbeschwören

---

* In diesem Kapitel geht es um Mädchen, die jünger als zwei Jahre waren, als ihr Vater starb. Und wenn ich von Frauen spreche, die ihre Väter nie gekannt haben, meine ich nur solche, für die die Trennung unwiderruflich war, weil ihr Vater gestorben ist. In Fällen, in denen der Vater die Mutter verlassen hatte oder die Eltern sich hatten scheiden lassen, war ein späterer Kontakt mit dem männlichen Elternteil möglich, so daß der Verlust unter einer völlig anderen Perspektive zu betrachten ist. Darüber mehr im 6. Kapitel.

kann; keinen Mann, den es als Vater betrachten kann. Nur die eigene Existenz des Kindes beweist, daß es ihn gegeben hat. Kein Wunder, daß ich mich an die einzige Erinnerung, die ich an meinen Vater habe, ebenso klammere wie an jenem fernen Sonntagnachmittag an seine Hand.

Für Mädchen, die noch Kleinkinder waren, als ihr Vater starb, gibt es kein solches Verbindungsglied. Fotos und die sorgsame Unterstützung durch die Mutter bei der Aufrechterhaltung der Erinnerung können sehr hilfreich sein, doch gibt es erstaunlich wenig Mütter, die sich darum bemühen. Die Folge eines solchen frühen Verlustes ist ein Syndrom, das ein Angehöriger der American Psychoanalytic Association (APA), der sich mit Forschungen auf diesem Gebiet beschäftigt, ›Vaterhunger‹ genannt hat. Die Versuche, den fehlenden Vater neu zu erschaffen, werden zu einem ständigen Thema oder gar zum Leitgedanken im Leben des Kindes.

Meine Schwester Caren war fünfzehn Monate alt, als unser Vater starb, und durch sie habe ich erfahren, was für ein Trauma es ist, seinen Vater nie gekannt zu haben. Wir saßen in der gemütlichen, im ländlichen Stil eingerichteten Küche ihres Hauses, und sie erzählte mir: »Ich habe mich bis heute nicht damit abgefunden, daß ich ihn nie kennenlernen werde. Manchmal denke ich, wenn man mich hypnotisieren würde, dann könnte man vielleicht irgendeine Erinnerung an ihn hervorholen. Es ist einfach nichts da. So sehr ich mich auch zurückzuerinnern versuche − es ist nicht das mindeste da.« Sie war den Tränen nahe, und mir wurde klar, wieviel von ihrer Kraft sie für die ›Versuche, sich zu erinnern‹, aufgewendet hatte.

»Ich kann mich nicht mal erinnern, jemals deshalb geweint zu haben«, fuhr sie fort, » − als Kind, meine ich. Mir kam nie der Gedanke, daß er mich nicht kannte, und da alle immer sagten, daß ich ihm sehr ähnlich sah, dachte ich, wir würden uns bestimmt gut verstehen. Mama sagte immer, er lebt auf einem Stern, und so habe ich mir

vorgestellt, daß er von dort oben auf mich herunter-
schaut.«

Deshalb also hatte ich all diese Freitagabende damit verbracht, zu einem Stern hinaufzuschauen! Meine kleine
Schwester, die sich an nichts erinnern konnte, hatte mir
dazu verholfen, mein eigenes Verhalten besser zu verstehen. Tatsächlich habe ich über Carens Erinnerungsvermö-
gen oft gestaunt. Im Laufe unserer Unterhaltung wurde
mir klar, daß sie versuchte, der Vergangenheit Leben ein-
zuhauchen und den Mann, der verschwunden war, wieder-
zuerwecken.

Wann beginnt unser Gedächtnis eigentlich zu funktionieren? Diese Frage läßt sich nicht klar beantworten.
Sicher hilft uns unser Sprachvermögen, uns an unsere
Erfahrungen und Erlebnisse zu erinnern, indem wir über
sie sprechen, doch ein gutes Gedächtnis wird im allgemeinen nicht als eine besonders hochentwickelte geistige
Fähigkeit betrachtet. Freud war der Meinung, daß auch
Erinnerungen aus der frühkindlichen Zeit, die durch eine,
wie er es nannte, ›Kindheitsamnesie‹ blockiert sind, aus
dem Unbewußten wieder auftauchen können, manchmal
in Hypnose und häufig in unseren Träumen. Doch für
einen Menschen, der versucht, sich ein Bild von einem verlorenen Elternteil zu machen, sind Träume bestenfalls ein
Ersatz.

Der bekannte Kinderpsychologe Missildine schreibt:
»Es ist durchaus nicht ungewöhnlich, wenn ein Mensch,
der einen Elternteil verloren hat, sich in seinen Kindheitsphantasien einen stark idealisierten Elternteil erschafft. In
seiner Phantasie beseitigt der idealisierte liebevolle Elternteil alle Schwierigkeiten, anerkennt alle seine Bemühungen, gibt immer und in allem nach, ohne je Grenzen zu setzen oder zu bestrafen... Manche Mädchen, die ihren
Vater verloren haben, idealisieren ihn und weisen alle
Männer ab... weil sie ihren Ansprüchen nicht genügen.«

Caren, die ein Bild ihres Vaters heraufbeschwor und
ihm einen Platz in ihrer Welt zuwies, bestätigte diese Theo-

rie. »Wenn du mich fragst, wie ich ihn mir vorstelle«, sagte sie, »dann kommt mir das Wort ›vollkommen‹ in den Sinn: verständnisvoll, heiter, sehr liebevoll und fürsorglich, sehr sanft. Ich glaube, ich hatte immer das Gefühl, wenn er am Leben geblieben wäre, hätte er mich geliebt. Kein anderer Mensch hat mich je so geliebt, wie er mich geliebt hätte.«

Auch Margaret betonte, obwohl sie erwähnte, daß ihr Vater ihr seine Zuneigung nicht zeigte, seine wundervollen Eigenschaften und sah ihn als einen Menschen, der ruhig und stark war und das Fundament der Familie darstellte. Die von uns befragten Frauen, deren Väter gestorben waren, stellten ihren verstorbenen Elternteil durchwegs positiver dar als alle anderen Gruppen.* Und in jenen Fällen, in denen die Tochter zu jung gewesen war, um sich an ihren Vater zu erinnern, wurde die idealisierte Vorstellung häufig, wenn auch unabsichtlich, durch die Mutter und andere Angehörige verstärkt, die es für das Beste hielten, der Tochter *keinerlei* Bild des Verstorbenen zu vermitteln.

»Je älter ich werde, um so mehr denke ich an ihn«, sagte Caren, »weil ich als Kind nicht dazu ermutigt wurde, das zu tun. Alle sagten immer ›Ein Glück für Caren, daß sie ihn nie gekannt hat; sie weiß nicht, was sie verloren hat.‹ So erschuf ich mir natürlich einen Vater, der in überhaupt keinem Verhältnis zur Realität stand. Ich kann mich nicht einmal erinnern, je ein Bild von ihm gesehen zu haben, als wir Kinder waren.«

Hier fällt mir etwas ein, was Barbra Streisand gesagt hat, die ihren Vater in ihrer frühen Kindheit verlor. Sie berichtet über die Art und Weise, wie ihre Mutter mit diesem Problem umging, als sie ein Kind war: »Meine Mutter hat ihn nie erwähnt, nie von ihm gesprochen. Anscheinend dachte sie, wenn sie das Thema nicht zur Sprache bringt, merke ich nicht, daß mir etwas fehlt.«

Es war Caren eine große Hilfe, als sie erfuhr, daß eine so

---

* Siehe 9. Kapitel

berühmte Persönlichkeit* die gleiche Erfahrung wie sie gemacht hat. Ebenso tröstlich kann es sein, mit einem Freund oder einer Freundin über diese Erfahrungen zu sprechen. Während wir in unser Gespräch vertieft waren, erschien eine ihrer Nachbarinnen, mit der sie sich oft zu einer Tasse Kaffee traf. Leslie war ebenfalls eine Emigrantin aus New York City, eine sehr gebildete einunddreißig Jahre alte Frau, die es wie meine Schwester mit ihrem Mann in diese kleine ländliche Gemeinde verschlagen hatte. Leslies Vater starb, als sie noch nicht ein Jahr alt war.

»Auf den ersten greifbaren Beweis, daß ich wirklich einmal einen Vater gehabt hatte, stieß ich, als ich zum ersten Mal auf den Friedhof ging«, erzählte Leslie. »Ich war damals in der vorletzten Klasse der High School. Ich weiß noch, wie ich zu dem Grab ging; auf dem Grabstein lagen kleine Steine. Ich stand da und fragte mich, wie er wohl ausgesehen hatte. Am liebsten hätte ich das Grab geöffnet, um ihn zu sehen. Aber dann wurde mir klar, daß ja nur Knochen darin lagen.

Danach, als meine Mutter und ich auf das Taxi warteten – wir müssen im Büro gewesen sein, aber ich habe ein Bild von einem schönen, offenen Pavillon im Kopf –, hatte ich eine bizarre Phantasie: Der Friedhof war wunderschön, und ich sah mich, wie ich in einem weiten, weißen Gewand zwischen den Grabsteinen tanzte. Dann ging ich zu seinem Grab und masturbierte auf dem Grabstein, so ähnlich wie ich es immer zu Hause an der Schranktür tat. Dieses Bild hat mich jahrelang verfolgt. Ich glaube, ich habe meinen Vater in dieser Phantasie geheiratet.«

Nach einer kurzen Pause fuhr Leslie, die seit elf Jahren verheiratet war, fort: »Die sexuellen Bedürfnisse meines Mannes machen mich verrückt. Ständig streiten wir deshalb, denn manchmal erfüllt er mich mit dem Gefühl, eine Hure zu sein. Ich wünsche mir so, wir würden nur mitein-

---

* Siehe 9. Kapitel

ander schmusen, damit das kleine Mädchen in mir sich von einem Mann geliebt fühlen könnte. Das mag ich an einer Beziehung am liebsten: das Verspielte, Kleinmädchenhafte. Sex ist bloß eine unvermeidliche Folge davon.«

Leslies ambivalente Einstellung zu Sex erinnert an eine Erkenntnis von Vladimir Nabokovs Humbert Humbert. Voller Verzweiflung über seine Unfähigkeit, die Zuneigung seines geliebten ›Nymphchens‹ zu gewinnen, bemerkt er, daß »Lolitas Lächeln all sein Strahlen verliert und zu einem erstarrten kleinen Schatten seiner selbst wird«, als sie sieht, wie ein Vater mit seiner Tochter Zärtlichkeiten austauscht. Und er erkennt, daß Lolita klar geworden war, »daß selbst das miserabelste Familienleben besser war als die Inzest-Parodie«, die er ihr bieten konnte.

Schmusen, väterliche Zuneigung – das ist es, wonach die vaterlose Lolita sich sehnt. Sex mit einem älteren Liebhaber ist für sie, wie für Leslie und viele andere Frauen, die ihre Väter nie kannten, ein Ersatz, eine Parodie, eine ›unumgängliche Folge‹ ihres Strebens nach väterlicher Anerkennung.

Wie wir im 2. Kapitel gesehen haben, hängt das Vertrauen der Mädchen in ihre Weiblichkeit weitgehend von der Anerkennung ab, die ihnen von ihrem Vater zuteil wurde. Und dieses sexuelle Selbstbild ist die Folge eines allgemeinen körperlichen Selbstbildes, an dessen Formung der Vater ebenfalls beteiligt war. Wenn er nicht da war und deshalb nicht das Vertrauen seiner kleinen Tochter in ihr körperliches Selbst stärken konnte, dann entstehen in ihr häufig Zweifel an ihrer körperlichen Integrität. Später werden sie Teil ihrer Ambivalenz gegenüber Männern, Sex und ihrer eigenen Weiblichkeit. Dieses schlechte körperliche Selbstbild kann man manchmal an dem äußeren Erscheinungsbild erkennen, welches das Mädchen von sich vermittelt.

»In den letzten High-School-Jahren verwandelte ich mich in ein Scheusal«, sagte Caren. »Ich zog die schäbigsten Kleider an, die ich finden konnte, und lungerte auf der Straße herum – in schwarzen Strümpfen, in die ich absichtlich Laufmaschen reinmachte, und kurzen Röcken, mit dickem Make-up und zerzaustem Haar. Auf bewußter Ebene tat ich es, um *cool* zu wirken. Aber trotzdem wußte ich, daß ich schrecklich aussah.

Meine beste Freundin und ich gingen in Geschäfte und haben alle möglichen Sachen geklaut. Das war unsere gewohnte Beschäftigung nach der Schule. Ich glaube, ich hab's getan, weil ich die Sachen haben wollte. Ich wollte alles haben. Soweit ich zurückdenken kann, war das so – hatte ich das Gefühl, daß meine Kleider nicht hübsch genug sind und daß ich nicht so viel hatte wie die anderen Kinder. Schon in der vierten Klasse hab' ich Bleistifte und Markierstifte geklaut.«

»Ich bin immer noch sehr gierig«, fuhr sie fort, »aber heute äußert sich das mehr auf gesellschaftlich akzeptierte Weise. Ich bin in einem örtlichen Theaterverein, und ich muß ganz ehrlich sagen, daß die einzigen Momente, in denen ich sehr glücklich bin, die sind, wenn ich auf der Bühne stehe und die Leute über mich lachen und applaudieren.

Auch wenn ich nicht auf der Bühne stehe, brauche ich Applaus, aber eine andere Art. Ich möchte, daß mich jeder Mann, der mich kennenlernt, schön und unwiderstehlich findet. Anfangs möchte ich, daß sie mich auf nicht sexuelle Weise lieben, daß sie mich höchst amüsant, intelligent, gefühlvoll und schön finden. Daß sie *mich* lieben. Aber wenn mich dann der Mann nicht sexuell attraktiv findet, komme ich mir wie eine Null vor.

Ich glaube, man kann sagen, ich möchte, daß man mich als die vollkommene Frau betrachtet; zuerst das kleine Mädchen, und dann die unwiderstehliche Sexgöttin. Aber denk bloß nicht, daß ich irgendwie darauf eingehe! Das würde ich Cliff (ihrem Mann) nie antun. Ich möchte nur die Anerkennung spüren.«

Wie aus unseren Fragebögen hervorgeht, steht Caren weder mit ihren Phantasien noch mit ihrem starken

Bedürfnis nach Anerkennung, das diese Phantasien widerspiegeln, allein da. Die Frage, ob sie als ›vollkommene Frau‹ betrachtet werden möchten, bejahten Frauen, die jünger als zwei Jahre waren, als ihr Vater starb, häufiger als alle anderen Gruppen.

»Zu meinen Gunsten muß ich sagen«, fuhr Caren fort, »daß sich das alles durch die Therapie gebessert hat. Ich meine, ich finde mich nicht mehr so abscheulich – als junges Mädchen hielt ich mich ja für das Allerletzte. Ich bemühe mich auch, nicht mehr so gierig nach Bewunderung zu sein. Ich kümmere mich sehr um mein Äußeres und beginne wenigstens zu glauben, daß ich eine attraktive Frau bin. Allmählich erkenne ich auch, wie schwer Cliff es mit mir hat – er war es ja, der mit all dem fertigwerden mußte.

Ich arbeite daran, mich äußerlich ganz passabel zu finden, obwohl ich ja nicht gerade eine Wucht bin. Es fällt mir immer noch schwer zu akzeptieren, daß ich dünn bin, weil ich in mir diese komische Vorstellung herumtrage, rundlich zu sein. Ich weiß, es ist albern« (sie wiegt nicht mehr als hundertfünf Pfund), »aber das ist immer noch ein schwieriger Punkt. Ich weiß aber, wenn es mir gelingt, besser über mich zu denken, dann würde ich an andere nicht mehr so lächerliche Ansprüche stellen. Ich weiß, ich bin immer schrecklich auf andere Menschen angewiesen gewesen, und ich bemühe mich, das in den Griff zu bekommen.«

Nach jahrelanger Therapie hat Caren den Zusammenhang zwischen Vaterlosigkeit und Abhängigkeit von anderen Menschen begriffen. Und in der Zwischenzeit hat sie sich ihre schwierige Jugendzeit bei ihrer Berufswahl zunutze gemacht: Sie ist seit acht Jahren Bewährungshelferin und arbeitet hauptsächlich mit straffälligen Jugendlichen.

Wenn man Mädchen betrachtet, die ihren Vater nie gekannt haben, kommt einem als erstes eine unvollständige Lösung des Ödipuskonflikts in den Sinn, doch diesem

Stadium gehen andere voraus, in denen der Vater eine sehr wichtige Rolle spielt. Denn bevor das kleine Mädchen sich mit seiner sexuellen Identität auseinandersetzen muß, erwartet es von seinem Vater Unterstützung bei der Entwicklung seiner physischen Identität, die ihrerseits sämtliche Aspekte seines Selbstgefühls beeinflußt.

Bis zum Alter von drei Jahren ist Liebe stark mit der Befriedigung der körperlichen Bedürfnisse (die im allgemeinen durch die Mutter erfolgt) und der physischen Entwicklung verbunden. Beweglichkeit, Koordination, Vertrauen in die körperliche Integrität – dies alles gehört üblicherweise zur väterlichen Domäne.* Wenn er nicht da ist und dem Kind nicht helfen kann, seine natürlichen Ängste vor der zunehmenden körperlichen Unabhängkeit zu überwinden, kann ein Mädchen Zweifel an seiner körperlichen Lebensfähigkeit entwickeln. Das heißt nicht unbedingt, daß die körperliche Entwicklung durch das Fehlen des Vaters behindert wird – hier handelt es sich um eine frühkindliche Wachstumsphase, die nicht von einer emotionalen Bindung abhängt –, doch das Mädchen wird ohne Ermutigung und Unterstützung durch eine liebevolle männliche Person ein weniger starkes Vertrauen in seine körperlichen Fähigkeiten entwickeln, und diese Furchtsamkeit wird zu einem Teil seines allgemeinen Selbstgefühls. »Das Selbstbild hängt in erster Linie vom körperlichen Image ab«, schreibt die Kinderpsychoanalytikerin Selma Fraiberg.

Mangelndes Vertrauen in das körperliche Selbst – das sich bald auf die sexuelle Identifikation als kleines Mädchen auswirken wird – kann bei einem kleinen Mädchen, dem die Unterstützung des Vaters fehlt, zu einer ›narzißtischen Verletzung‹, einer unangemessenen Selbstliebe, füh-

---

* Die meisten in diesem Buch erwähnten Frauen sind vor der Entwicklung alternativer Lebensformen aufgewachsen. Deshalb wird die Stellung des Vaters innerhalb der Familie im Rahmen des traditionellen Rollenverhaltens betrachtet.

ren.* Ein gewisses Maß an Narzißmus, beruhend auf Selbstachtung, unabhängig von äußerer Bestätigung, wird als gesundes Persönlichkeitselement betrachtet. Ein kleines Kind, dessen körperliche Leistungen nicht anerkannt werden, kann kein innerliches Vertrauen entwickeln und in einen ungesunden Narzißmus verfallen, eine ständige Suche nach Selbstbestätigung durch die Bewunderung anderer. Nur Menschen und Dinge außerhalb von ihm können die mit dem ›Vaterhunger‹ verbundenen Zweifel und Unsicherheitsgefühle lindern.

Es ist bezeichnend, daß Caren schon als kleines Kind ›alles wollte‹. Ihre Bedürftigkeit wurde zeitweise durch gestohlene Bleistifte und Markierstifte gestillt. Als Jugendliche verlegte sie sich auf Ladendiebstähle, wodurch sie weiterhin äußere Objekte zu einer Quelle narzißtischer Befriedigung machte.

Dr. Irving Kaufman berichtete 1975 bei einer Podiumsdiskussion anläßlich der Jahresversammlung der APA: »Es gibt eine Kombination von Persönlichkeitsmerkmalen, die für Jugendliche, welche in frühkindlichem Alter wiederholt einen Objektverlust erlitten haben, typisch ist. Sie nehmen gegenüber der äußeren Welt eine habgierige, destruktive, gewissenlose Haltung ein und sind von einem Drang nach ständiger motorischer Aktivität zur Lösung ihrer Impulse beherrscht... Sie setzen Objektverlust mit Liebesverlust gleich.«

Warum hat Vaterlosigkeit so weitreichende Auswirkungen, obwohl doch traditionellerweise die Mutter als Quelle von Liebe und Fürsorge betrachtet wird? Der erste und höchst einleuchtende Grund ist, daß die Mutter sich, wenn der Vater stirbt, ebenfalls entfernt – entweder emotional oder physisch (wenn sie arbeiten gehen muß) oder beides. Wie Anna Freud bei ihren unschätzbaren Forschungen entdeckte, ist jedoch die Rolle des Vaters viel schwerer zu ersetzen.

---

* Narziß, eine Gestalt der griechischen Mythologie, war ein Jüngling, der sich, als er in einen Teich blickte, in sein eigenes Spiegelbild verliebte.

Das War Nursery in Hampstead, England war ein Wohnheim für Kinder, die bei den schweren Luftangriffen auf London während des Zweiten Weltkriegs ihre Eltern oder ihr Heim verloren hatten. Hier bot sich damals für Anna Freud eine einmalige Gelegenheit, die Auswirkungen zu studieren, die der Verlust der Eltern — sei es durch Abwesenheit, Krankheit, Verlassen oder Tod — auf Kinder hat.

Zu ihren wichtigsten Entdeckungen gehören die ernsten Folgen, welche die Trennung von der Mutter auf die Entwicklung eines Kindes hat. »Die Funktionen der Mutter bei der täglichen Versorgung des Kindes werden... von anderen ›mütterlichen‹ Personen übernommen. Das Kind, das nicht von der eigenen Mutter versorgt, betreut, gefüttert, gebadet und liebkost wird, wird also von anderen betreut und versorgt, die es als Ersatzmütter zu akzeptieren lernt. Es gibt jedoch niemanden, der dem Kind das Gefühl vermittelt, daß er die Funktionen übernimmt, die sein Vater infolge Abwesenheit, Krankheit oder Tod nicht erfüllen kann. Unpersönliche und unsichtbare Mächte — eine Organisation, ein Komitee, eine Regierung, eine Behörde — stellen die materiellen Mittel für das Aufziehen des Kindes zur Verfügung und bestimmen durch ihre Entscheidungen das Geschick des Kindes. Diese Mächte befinden sich außerhalb des Begriffsvermögens des Kindes und spielen in seinem realen Leben keine Rolle. *Es gibt also keinen Vaterersatz, der den Platz ausfüllen kann, den der wirkliche Vater nicht einnimmt.*« (Hervorhebung durch die Autorin).

In ihren weiteren Ausführungen über Vaterlosigkeit weist Anna Freud darauf hin, daß die Folgen während der Kindheit oft nicht in Erscheinung treten, doch »bei Jugendlichen beiderlei Geschlechts, die Straftaten begangen haben, wird von Jugendrichtern häufig das Fehlen des Vaters als entscheidender Faktor bei der asozialen Entwicklung des Kindes angeführt. Es ist allgemein bekannt, daß eine Ursache der Kriminalität von Jugendlichen in

Kriegs- und Nachkriegszeiten die Unvollständigkeit der Familie infolge des Kriegsdienstes des Vaters ist.«

Traditionellerweise ist es die Aufgabe des Vaters, dem Kind die äußere Welt zu veranschaulichen; die Welt der Möglichkeiten und Abenteuer, aber auch die zivilisierte Welt, in der Einschränkungen und die Zügelung primitiver Instinkte notwendig sind. Die Mutter mag ihr Kind die gesellschaftlichen Umgangsformen lehren, doch es ist diese Macht aus der äußeren Welt, der Vater, welcher die Strenge und Härte des gesellschaftlichen Lebens repräsentiert. Seine Fähigkeit, sich leicht in dieser äußeren Welt zu bewegen, beeindruckt das Kind, und indem es ihn nachahmt und ihn zufriedenzustellen versucht, gelangt es dahin, Disziplin ebensosehr zu schätzen wie Anmut.

Es besteht also ein enger Zusammenhang zwischen der Beherrschung der körperlichen Fähigkeiten und der Entwicklung von Selbstachtung und Disziplin. Auf allen diesen Gebieten spielt der Vater durch das Beispiel und die Ermutigung, die er gibt, eine entscheidende Rolle. Doch nirgends ist sein Vorhandensein wichtiger, wird sein Fehlen stärker empfunden als bei der psychologischen Aufgabe, auf der die ganze Entwicklung eines Kindes basiert: der Trennung von der Mutter. Ohne die Erkenntnis, daß es ein Selbst gibt, kann sich keine Selbstachtung entwickeln.

Der Prozeß, durch den das Kleinkind der Mutter entwächst und sein Selbst entwickelt, wird ›Individuation‹ genannt. In seinem ersten Lebensjahr war das Baby vor allem mit der Mutter verbunden. Jetzt kommt, wie Dr. Margaret Mahler, eine bekannte Kinderärztin und Psychoanalytikerin schreibt, »... das Vaterbild auf das Kind zu... ›von außen her‹ sozusagen... etwas herrlich Neues und Aufregendes, genau zu dem Zeitpunkt, da das Kind fieberhaft nach Ausdehnung strebt«. Der Vater wird zum ›Ritter in schimmernder Rüstung‹, zum Befreier von der Mutter und der Abhängigkeit, die sie repräsentiert hat. (Von besonderer Bedeutung ist der Umstand, daß Mädchen, im Vergleich mit Jungen, eine ›frühere und stärkere

Bindung zum Vater entwickeln< und schon im Alter von sieben Monaten, also in der Anfangsphase der Individuation, den Vater der Mutter vorziehen.)

In seiner Rolle als Befreier hilft also der Vater auch der Mutter, sich von ihrem Kind zu lösen, und dem Kind verschafft er die Unabhängigkeit, die es zugleich anstrebt und fürchtet. Er schiebt sich zwischen Mutter und Kind und unterstützt seine Tochter bei einem ihrer wichtigsten Entwicklungsschritte.

Sehr häufig sucht die verwitwete Mutter bei ihrem Kind die Unterstützung und Partnerschaft, die ihr von ihrem Mann zuteil geworden wäre. Statt das Kind in seiner eigenständigen Identität zu bestärken, vermittelt sie ihm ein starkes Bedürfnis nach Nähe. Um sich die Liebe der Mutter zu erhalten, bleibt dem Kind nichts anderes übrig, als sich zu fügen. Genau zu der Zeit, da die normalen Instinkte das Kind von der Mutter weglocken, verführt es die Mutter mit ihren Bedürfnissen zu gegenseitiger Abhängigkeit. Die Beziehung wird unangemessen eng, und das Kind gerät in eine schwierige Lage: einerseits wird es von einer überfürsorglichen und ängstlichen Mutter zurückgehalten; andererseits werden ihm emotionale Verantwortlichkeiten aufgebürdet, denen es in diesem Alter noch nicht gewachsen ist.

Die Frau ohne bewußte Erinnerung an ihren Vater hat ihre frühesten, ihre im psychologischen Sinn prägenden Jahre ohne väterliche Unterstützung verbracht. Da kein männlicher Elternteil da war, der ihre physische Entwicklung anerkannt hat, haben viele solche Mädchen ein verletztes Selbstgefühl und sind von einem nagenden Hunger nach Bestätigung erfüllt. Vielleicht war diese zwanghafte Bedürftigkeit während der Kindheit nicht wahrnehmbar und hat sich erst in der Adoleszenz manifestiert; das >Alles-haben-wollen< und das Fehlen des Repräsentanten der Außenwelt, des Vaters, führen in vielen dieser Fälle zu asozialem Verhalten, einer sowohl habgierigen wie undisziplinierten Haltung gegenüber der äußeren Realität. Häufig ist ein solches Kind, das von der Mutter aus der Symbiose in eine Partnerschaft hineingezogen wurde, ohne seine eigene Individualität zu erfahren, nie ein Kind gewesen.

Das kleine Mädchen, das keinen Vater hat, der seine ersten Schritte in Richtung Weiblichkeit bewundert, nähert sich der Entwicklung seiner sexuellen Identität mit einer schweren Belastung. Mit seinem aller Wahrscheinlichkeit nach angeschlagenen Selbstwertgefühl, in eine Rolle in der Familie gedrängt, der es nicht gewachsen ist, muß es nun die mit dem ödipalen Drama verbundenen schwierigen Probleme lösen.

In groben Umrissen dargestellt, sieht das ödipale Drama so aus: Das Kind fühlt sich stark vom andersgeschlechtlichen Elternteil angezogen; der gleichgeschlechtliche Elternteil wird zum Rivalen; das Kind erkennt allmählich, daß die Erfüllung seiner Wünsche unmöglich ist, und statt danach zu streben, der gleichgeschlechtliche Elternteil *zu sein,* strebt es danach, *wie* dieser Elternteil zu werden. So entwickeln sich aus Verlangen, Aggression, Frustration und Enttäuschung die sexuelle Identität des Kindes und die Struktur einer reifen Persönlichkeit.

Die Lösung des Ödipuskonfliktes – nach Ansicht der Freudianer das Sprungbrett zur Reife – ist für die vaterlose Tochter aus zwei Gründen nahezu unmöglich: Da der Vater schon vor Beginn des Dramas nicht da ist, erfolgt eine phantastische Idealisierung, und das auf dieser Idealisierung basierende ödipale Verlangen löst sich nicht auf, sondern verstärkt sich immer mehr. Das Mädchen wird in eine lebenslange Verbundenheit mit dem vollkommenen Geliebten hineingerissen, in eine leidenschaftliche Ergebenheit gegenüber dem Mann, der sie verlassen hat.

Zweitens bewältigt die Tochter die Tatsache, daß der Vater nicht ihr Geliebter werden wird, indem sie verschiedene Emotionen auf die Mutter richtet: Eifersucht, Rivalität, Schuldgefühle und schließlich Hinnahme. Doch statt mit der Mutter um die Zuneigung des Vaters zu konkurrieren, erkennt die vaterlose Tochter die Mutter als die alleinige Spenderin von Liebe an. Sie muß alle Feindseligkeit unterdrücken und darf gegenüber der Mutter nur positive Gefühle zulassen. Sie möchte den einen Elternteil, der ihr verblieben ist, zufriedenstellen und sich selbst überzeugen, daß diese überaus wichtige Bindung sicher ist. Indem sie sich an die Mutter bindet, identifiziert sie sich mit dem Vater, und auf diese Weise wird die Beziehung zu ihm, an der ihr soviel liegt, nach ihrer Meinung aufrechterhalten.

Die Dynamik, mit der die vaterlose Tochter das ödipale Drama bewältigt — Hinwendung zur Mutter, Identifizierung mit dem Vater — , scheint auf einen direkten Zusammenhang zwischen Vaterlosigkeit und Homosexualität hinzudeuten, und manche Experten sind tatsächlich der Ansicht, daß ein solcher Zusammenhang besteht. Es gibt jedoch stärkere Beweise dafür, daß Mädchen, deren Vater gestorben ist, ein viel stärkeres Bestreben haben, von Männern geliebt zu werden, als sie zu imitieren. Hinzu kommt, daß Witwen, im Gegensatz zu geschiedenen und aus anderen Gründen alleinlebenden Müttern, dazu neigen, das idealisierte Männerbild ihrer Töchter zu verstärken. Eine verwitwete Mutter wird dadurch, daß sie sich als hilflose Frau darstellt, die von einem Mann errettet werden möchte, zu einem Rollenmodell; sie verstärkt das Bedürfnis der Tochter nach Männern und wirkt dadurch bestimmend auf deren spätere heterosexuelle Entwicklung.

Bei der Auswahl ihres Mannes unterliegt die junge Frau, die sich an ihren Vater nicht erinnern kann, jedoch zwei Täuschungen. Erstens gibt es für sie diesen vollkommenen Mann, an den sie Erwartungen stellt, die kein Sterblicher erfüllen könnte. Und noch gefährlicher, weil selten erkannt, ist ihre Annahme, sie sei wirklich fähig, eine reife sexuelle Beziehung einzugehen. Denn tief in ihrem Innern verborgen sitzt die unterdrückte Aggression gegen die Mutter, die sie bis jetzt gegen das am leichtesten erreichbare Objekt gerichtet hat — gegen sich selbst. Wenn das

Interesse an Liebesbeziehungen erwacht, findet der Parasit, der an ihrem Selbstwertgefühl genagt hat, endlich den Weg nach außen, und auf die Mutter gerichtete unerfüllte Wünsche können sich in sadistische Beziehungen zu Männern verwandeln.

Ganz gleich, ob man bezüglich des Schemas der frühkindlichen Entwicklung ein Anhänger der Freudianischen Theorie ist oder nicht – über die Auswirkungen des Vaterverlustes auf ein kleines Mädchen ist man sich allgemein einig. Sie bestehen in einem niedrigen Selbstwertgefühl, Narzißmus und einer konfliktreichen Beziehung zur Mutter – und all dies zusammen ergibt eine unsichere weibliche Identität. Da ihnen die Unterstützung und Ermutigung durch den männlichen Elternteil gefehlt hat, als sie sich physisch vom weiblichen Elternteil zu lösen versuchten, sind Mädchen, deren Vater starb, bevor sie zwei Jahre alt waren, häufig von starken Selbstzweifeln erfüllt. So gierig sie nach Aufmerksamkeit und Bewunderung sind, wehren sie doch jeden Mann ab, der eine Liebesbeziehung mit ihnen eingehen möchte. Wie ein kleines Kind tastet sich so eine Frau in die Zukunft voran, die eine Hand ausgestreckt und mit der andern alle wegstoßend.

In Übereinstimmung mit der Fachliteratur zeigte unsere Untersuchung, daß Frauen, die sich an ihren Vater nicht erinnern, weitaus häufiger als jede andere Gruppe in der Kindheit konfliktreiche Beziehungen mit ihren Müttern hatten und daß diese Konflikte fortbestanden.

Auch meine Gespräche mit Caren und Leslie brachten weitere Aufschlüsse über diesen Zusammenhang zwischen frühem Vaterverlust und Aggressionen gegen die Mutter.

»Ich habe sie angebetet«, sagte Leslie. »Ich sah in ihr die unermüdlichste, hingebungsvollste, selbstloseste Mutter auf der Welt. Immer wollte ich sie zufriedenstellen, sie glücklich machen. Ich habe ihr versprochen, sie nie allein zu lassen.

Ich glaube, ich war der Meinung, daß irgendwie ich an ihrem schweren Schicksal schuld war — daran, daß sie sich so abplacken und jeden Tag zur Arbeit gehen mußte —, und deshalb war es meine Sache, ihr ein besseres Leben zu verschaffen. Zugleich wußte ich, daß das unmöglich war. Weil ich kein Mann war.

Manchmal denke ich, daß sie ihr Alleinsein hervorhob, daß sie nicht wollte, daß es irgendwer je vergaß. Es war mir unangenehm, daß sie allein in ihrem Bett schlief. Ich wünschte mir immer, sie hätte ein Doppelbett, so wie die Eltern der anderen Kinder. Und sie bat dauernd Verwandte, uns irgendwohin zu fahren. Als ob es uns unmöglich wäre, ohne einen Mann und ein Auto irgendwohin zu kommen. Ich glaube, sie ist nie auch nur auf die Idee gekommen, fahren zu lernen.«

Der Zusammenhang zwischen unterdrückten Aggressionen gegen die Mutter und Feindseligkeit gegenüber Männern wurde deutlich, als Leslie fortfuhr. »Ich glaube, ein Teil von mir verübelte es Mutter, daß sie nie wieder geheiratet hatte. Als ich älter wurde, wurde mir all die Wut bewußt, die ich ihr gegenüber empfand, aber ich wußte nicht, was ich damit tun sollte. Ich glaube, ich dachte, daß alles besser werden würde, wenn ich einen Mann hätte, aber ich muß zugeben, daß ich völlig das Interesse an einem Mann verliere, sobald er ehrliches Interesse für mich zeigt. Ich habe sämtliche Männer in meinem Leben wie den letzten Dreck behandelt. Ich muß immer das letzte Wort haben — irgendwie befriedigt mich das.

Ich nütze Männer oft aus. Vor allem, indem ich mich von ihnen irgendwohin fahren lasse. Es ist, als ob ich zu ihnen sagen würde: ›Eigentlich mag ich dich nicht, aber wenn du eine Menge nette Dinge für mich tust, dann überleg ich's mir vielleicht.‹

Manchmal frage ich mich, ob ich wohl je imstande sein werde, einen Mann wirklich zu lieben. Ich glaube, ich gestatte es mir nicht, weil es bedeuten würde, daß ich meinen Vater nicht mehr liebe. Ich habe ihn nämlich nie als

Sexualobjekt aufgegeben, und ich glaube, ich möchte mich gar nicht von ihm lösen. Wie kann ich also einen Mann sexuell auf reife Weise lieben?«

Leslies Frage zeigt, wie kompliziert das Dilemma eines vaterlosen Mädchens ist. Während die meisten Frauen, deren Väter gestorben sind, die Männer auf phantastische und nachteilige Weise idealisieren, klammert sich das Mädchen, das seinen Vater nie gekannt hat, mit ganz besonderer Leidenschaft an das Vollkommenheitsideal, das er repräsentiert. Verglichen mit diesem Bild werden alle späteren Beziehungen zu einem unzulänglichen Ersatz. Zugleich verwandelt sich häufig die Feindseligkeit gegenüber der Mutter in Feindseligkeit gegen Männer, und manchmal dienen sogar die moralischen Normen als Symbol, gegen das sich die Frustrationen richten, während der Vater, der Ritter in schimmernder Rüstung, außer Reichweite bleibt.

Caren ist sich über die Täuschung im klaren, zieht sie jedoch der Leere, welche die Alternative darstellt, vor. »Ich habe mich bis heute nicht von ihm gelöst«, murmelte meine Schwester. »Manchmal, wenn ich allein war, habe ich mich mit ihm unterhalten und sogar so getan, als ob ich mich von ihm verabschiede. Aber das war nicht ernst gemeint, denn es wirklich zu tun, würde mir Angst machen – Angst davor, mich mit der Realität abfinden zu müssen, daß ich ihn nie kennen werde, daß er nie wiederkommen wird, daß mein Leben sich nie ändern wird.«

Caren ist als Frau und Mutter ein angesehenes Mitglied der Gesellschaft; man bewundert ihren wachen Geist und ihren Humor, und sie führt kein schlechtes Leben. Doch vielleicht richtet sie, wie viele Frauen, die sich nicht an ihren Vater erinnern können, ihre ganze Energie darauf, Tag für Tag die Leere zu füllen, die ihr Vater hinterlassen hat.

Wie wir im 13. Kapitel sehen werden, hat die Welt in nicht geringem Maß von den unermüdlichen Bemühungen von Frauen profitiert, die versucht haben, im Rahmen ihrer Arbeit das ersehnte Vaterbild zu erschaffen. »Einer der wichtigsten Aspekte meiner Regiearbeit für *Yentl*«, sagt Barbra Streisand über den Film, dem sie Jahre ihres Lebens gewidmet hat, »war, daß sie mir die Gelegenheit gab, einen Vater zu erschaffen.« Tatsächlich ›erschuf‹ sie einen warmherzigen und gütigen, weisen und mitfühlenden Vater, einen Vater, wie wir alle ihn gern hätten. Noch bedeutungsvoller aber ist vielleicht, daß Barbra Streisand sich für diese Story entschied, weil die Geschehnisse darin durch den Tod des geliebten Vaters der Heldin ausgelöst werden: Um die Ehrfurcht vor Büchern und Gelehrsamkeit, die er ihr eingepflanzt hat, und damit ihn selbst in ihrem Innern ›lebendig‹ zu erhalten, trotzt die Hauptfigur dem Gesetz, der Tradition und sogar der Natur selbst.

Die Regisseurin und Hauptdarstellerin von *Yentl* wurde oft eines ähnlichen unnatürlichen Ehrgeizes bezichtigt, doch ihre harte Arbeit und ihr Engagement spiegeln die Bemühungen zahlreicher Frauen wider, die danach streben, die Leere auszufüllen, die ein Vater hinterlassen hat, von dem sie sich kein Bild machen können. Das Bild eines Vaters, der freiwillig aus dem Leben geschieden ist, wirkt sich noch viel nachteiliger aus: Die Tochter eines Selbstmörders richtet einen großen Teil ihrer psychischen Energie nicht darauf, ein Bild zu erschaffen, sondern es auszulöschen.

5

Ein Gesicht,
das nicht einmal ein Vater lieben könnte:
Töchter von Selbstmördern

Mein Vater starb, nachdem er ein dick belegtes Pastrami-Sandwich gegessen hatte. Ärzte, die schon damals den kausalen Zusammenhang zwischen Cholesterin und Herzinfarkt kannten, hatten ihn davor gewarnt. Ich habe mich oft gefragt, was wohl geschehen wäre, wenn er an jenem Abend im November 1950 nicht dieses Risiko eingegangen wäre. Wäre er am Leben geblieben und würde heute noch leben? Wäre mein ganzes Leben anders verlaufen? Warum aß er etwas, wovor man ihn ausdrücklich gewarnt hatte? Lag ihm so wenig am Leben? An mir?

Es gibt die Auffassung, daß der Tod immer eine Sache der eigenen Entscheidung ist, daß der Mensch stirbt, wenn er dazu bereit ist, und keinen Augenblick früher. Obwohl mein Vater bezüglich seiner Ernährung so unvorsichtig war, halte ich solche Theorien für Unsinn; doch eine Frau, die vier Jahre alt war, als ihr Vater an einem Herzinfarkt starb, sagte mir: »Ich glaube, er hat einfach aufgegeben. Er hatte genug vom Leben, und ich finde das nicht fair, denn für mich war es nicht genug.«

In Fällen von Selbstmord sind philosophische Erörterungen natürlich abwegig, da ja die Absicht außer Zweifel steht. (Obwohl man über die Gründe disputieren könnte. So schreibt A. Alvarez in seinem bahnbrechenden Buch über dieses Thema: »Ein wesentlicher Aspekt dieser Tat ist..., daß der Selbstmörder den Überlebenden zeigen will, wie schlimm alles ist.«) Während Töchter, deren Väter eines natürlichen Todes starben, das Schicksal, das sie ihres männlichen Elternteils beraubte, verfluchen können, muß das Kind eines Selbstmörders eine schwere Last tragen: *Es weiß, daß sein Vater sich dazu entschlossen hat, zu sterben... und es zu verlassen.* Nichts, nicht einmal seine Liebe zu ihm, konnte ihn dazu bewegen, am Leben zu bleiben. Die schrecklichsten Kindheitsphantasien – abgelehnt und verlassen zu werden – haben sich für dieses Kind verwirklicht, haben bestimmenden Einfluß darauf gewonnen, wie es sich selbst und die Welt wahrnimmt. Zwei bekannte Psychologieprofessoren bezeichnen den elterlichen Selbstmord als »...eine fast unbeschreibliche Tragödie, eine Tragödie, die über alle anderen Verluste, die ein Kind erleiden kann, weit hinausgeht«.

»Es ist doch wirklich die allerschlimmste Art von Ablehnung, oder?« Gena lachte nervös. Sie saß auf der anderen Seite des spärlich eingerichteten Wohnzimmers ihrer Schwester Lori, eine hübsche junge Frau, die ihre Attraktivität durch ihre Kleidung zu verbergen suchte. Die beiden Schwestern, zweiunddreißig und vierunddreißig Jahre alt, hatten sich bereiterklärt, an diesem Abend über ein Thema zu sprechen, das in ihrer ansonsten engen und guten Beziehung Spannungen hervorrief. Sie hatten mich am Telefon gewarnt, daß sie über das Ereignis, das vor achtundzwanzig Jahren ihr Leben zerbrach, nicht der gleichen Meinung waren. Nur über seine weitreichenden Auswirkungen waren sie sich einig.

»Ich hatte immer den Himmel verflucht, weil er uns so unbarmherzig weggenommen worden war«, sagte Gena. »Aber als ich dann herausfand, was wirklich passiert war – «

»Da war er plötzlich der ›gemeine Lump‹«, unterbrach Lori sie. Gena lehnte sich zurück, was sie während unseres Gesprächs immer wieder tat, und überließ das Wort ihrer älteren Schwester, die sich besser an das Ganze erinnerte. Schon nach ein paar Minuten war ich mir über ihre Rollen im klaren, und bald erkannte ich, daß diese Rollen ihnen halfen, das Wissen um die schreckliche Entscheidung ihres Vaters zu bewältigen.

Lori und Gena waren in dem Glauben aufgezogen worden, daß ihr Vater, ein wenig bekannter Schriftsteller, an einer Kinderlähmung gestorben war, die er sich zugezogen hatte, als er nach dem Zweiten Weltkrieg für die Regierung Public Relation in Japan betrieb. »Er ist nicht damit fertiggeworden«, sagte Lori, die damals vier Jahre alt gewesen war. »Eine der wenigen klaren Erinnerungen, die ich an ihn habe, ist, daß er im Schlafzimmer neben dem Bett saß und nicht aufstehen konnte. Da saß er auf dem Fußboden und konnte einfach nicht aufstehen. Es war schrecklich. Er war ein sehr aktiver Mensch. Und dann wachte er eines Morgens auf und war gelähmt.« Die Familie kehrte in die Vereinigten Staaten zurück und zog zu den Großeltern mütterlicherseits. Die Kinder sahen ihren Vater nur, wenn er am Wochenende aus dem nahen Krankenhaus zu Besuch kam. »Das ist meine einzige Erinnerung an ihn«, sagte Gena mit ihrer dünnen Stimme. »Ich weiß noch, wie er, mich auf dem Schoß, in seinem Rollstuhl saß und Bier trank. Ich habe immer gern daran zurückgedacht, wie es war, auf Papas Schoß zu sitzen... Ich glaube aber, er war Alkoholiker.«

Lori nahm ihn sofort in Schutz. »Er war nicht das, was man unter einem Alkoholiker versteht«, korrigierte sie ihre Schwester und berichtete weiter. »Als er nach zwei Jahren Krankenhaus seinen Arm und sein Bein noch immer nicht bewegen konnte, ging er nach Florida — angeblich, um einen Roman zu schreiben. Aber ich glaube, er wußte ganz genau, was er wollte. Meine Großmutter sagt, er hat sich zwei Jahre zugestanden, um wieder laufen zu lernen.

Jedenfalls, ich weiß noch, wie der Telefonanruf kam. Ich war erst sechs, aber ich erinnere mich ganz genau. Wir waren im Haus unserer Großeltern, und es war diese Tageszeit, zu der es langsam finster wird und man noch nicht das Licht angemacht hat. Ja, das ist das Gefühl, das ich habe, es war sehr dunkel.«

»Ja, ich kann mich erinnern — alle haben geweint«,

sagte Gena. »Ich weiß nicht mehr, ob deshalb, weil jemand gestorben war oder weil unsere Mutter nach Florida fahren mußte und wir traurig waren, weil sie uns verließ.«

»Ich kann mich nicht erinnern, daß alle geweint haben. Ich weiß nur noch, daß es dunkel war«, korrigierte Lori ihre Schwester. »In der Schule mußten wir immer kleine Aufsätze über unsere Familie schreiben«, sagte sie in leicht sarkastischem Ton. »Und eines Tages sagte die Lehrerin zu mir: ›Dein Vater kann nicht an Kinderlähmung gestorben sein, Liebling.‹ Als ich nach Hause kam, sagte ich: ›Mama, man stirbt nicht an Kinderlähmung. Woran ist er wirklich gestorben?‹ ›An Nierenversagen‹, sagte sie.«

»Ja, daran kann ich mich erinnern. Daß mein Vater an Nierenversagen gestorben ist«, sagte Gena.

Ich merkte, wie wütend die beiden über ihre damalige Naivität waren. Man hatte sie belogen, und es fiel ihnen leichter, darüber wütend zu sein, daß man ihnen die Wahrheit vorenthalten hatte, als über die Wahrheit selbst.

»Mit sechzehn war ich völlig konfus, der typische rebellische Teenager«, sagte Lori. »Es warf mich völlig um, als ich hinter die Wahrheit kam.

Eines Tages stöberte ich in ein paar alten Sachen in der Garage meiner Großmutter herum (sie hatte alle möglichen tollen Dinge aus den zwanziger Jahren), und als ich irgendwelche alten Papiere durchsah, fand ich diesen Totenschein – den Totenschein meines Vaters. Darin stand als Todesursache ›Selbst zugefügte Schußverletzung‹. Ich drehte total durch.«

Lori erzählte niemandem von ihrer Entdeckung, nicht einmal Gena, zu der sie eine sehr enge Beziehung hatte. »Ich wollte dir kein Trauma zufügen«, erklärte sie ihrer jüngeren Schwester.

»Du hast aber oft dunkle Andeutungen gemacht«, sagte Gena und wandte sich zu mir. »Wenn wir miteinander stritten, sagte sie oft: ›Es gibt Dinge in dieser Familie, von denen du nichts weißt.‹ Ein paar Jahre vergingen, und als wir eines Tages miteinander redeten, da sagte ich – ich weiß nicht, was mich dazu brachte, mir war vorher nie auch nur der Gedanke gekommen – ›Nana hat mir gesagt, daß er sich umgebracht hat.‹ Es ging mir plötzlich durch den Kopf, und ich sprach es aus. Es war richtig unheimlich. Ich kann bis heute nicht begreifen, wie ich auf diesen Gedanken kam. In meiner Kindheit hatte ich ihn mir immer als einen wundervollen, liebevollen Vater vorgestellt.« Sie lachte spöttisch. »Ich meine, ich habe in meiner Phantasie immer Zuflucht bei ihm gesucht. Denn wenn er nicht auf so schreckliche Weise von uns genommen worden wäre, dann hätte er mich doch geliebt. Und so stellte ich mir immer vor, wie ich auf seinem Schoß sitze und er mich an sich drückt und mir sagt, wie sehr er mich liebt.« Sie lachte wieder.

»Als ich dann dahinterkam, daß er Selbstmord begangen hatte, zertrümmerte das natürlich meine Phantasien. Plötzlich mußte ich erkennen, daß er mich *verlassen* hatte. Ich fühlte mich schrecklich verletzt und abgelehnt. Ich konnte das Bild von dem wundervollen Vater, der mich so sehr liebte, nicht mehr aufrechterhalten. Ich dachte nicht mehr ›Warum bist du mir weggenommen worden‹, sondern ›Warum, zum Teufel, hast du mir das angetan?‹ Trotzdem muß ich immer noch dauernd an ihn denken. Es ist einfach wunderbar, sein Bild heraufzubeschwören, wenn ich mich selbst bedaure. Immer, wenn mir etwas schrecklich wehtut oder wenn ich über etwas traurig bin, denke ich daran, wie sehr er mich geliebt hat, und welche Qualen er erlebt haben muß, um so etwas zu tun.«

»Tut mir leid, daß ich das sagen muß«, unterbrach sie Lori, »aber ich habe im Grunde nur negative Erinnerungen an meinen Vater. Da ist dieser Morgen, an dem er mit Kinderlähmung aufwachte, und ein anderes Mal war er betrunken und sagte gemeine Dinge zu meiner Mutter.

Ich muß aber eine positive emotionale Beziehung zu ihm gehabt haben, denn ich weiß noch, wie er, als er im Krankenhaus war, im Rahmen des Therapieprogramms, Keramikbecher für uns alle machte. Ich war damals etwa sieben Jahre, und als ich einmal mit meiner Cousine auf meinem Bett saß, da stieß sie meinen Becher vom Bett, und er zerbrach. Er zerbrach in lauter kleine Stücke, und es war, als hätte sie die Bindung zu meinem Vater zerbrochen.

Ich habe das Gefühl, daß ich ihm sehr ähnlich bin. So unstabil er in emotionaler Hinsicht war – er hatte einen starken Drang zu experimentieren, zu forschen. Ich glaube, er war immer auf der Suche nach irgendwelchen höheren Dingen im Leben, und den gleichen Drang habe ich auch.

Meine Mutter ist unglaublich pragmatisch. ›Was man nicht sehen kann, gibt es nicht. Das einzig Wichtige sind Geld, Sicherheit, Macht.‹ Mein Vater war ein Künstler, und er wurde von Kräften angetrieben, wie sie eben in Menschen sind, die mehr intuitiv und künstlerisch veranlagt sind. Ich glaube, ein großer Teil meiner Quälerei hätte verhindert werden können, wenn er dagewesen wäre, denn er hätte mein Verlangen zu malen bewundert. Von meiner Mutter habe ich mein Leben lang immer bloß gehört: ›Malen ist doch nichts Besonderes!‹«

Die beiden Schwestern kannten die Kräfte gut, die ihren einunddreißig Jahre alten Vater in den Selbstmord getrieben hatten. Doch sie waren der Meinung, daß auch ihre Mutter schuld daran war.

»Ich glaube, ich war immer wütend auf sie, weil sie ihm nicht mehr beigestanden hat«, fuhr Lori fort. »Natürlich gebe ich ihr rational nicht die Schuld für das, was er getan hat, aber ich habe das Gefühl, daß sie ihn emotional im Stich gelassen hat. Als sie ihn heiratete, hat sie in ihm eine romantische Gestalt gesehen, gut aussehend, dynamisch. Doch es ging über ihre Kräfte, ihm in der Realität beizustehen.«

Beide Schwestern waren sich einig, daß die zweite Heirat ihrer Mutter mehr ihren Bedürfnissen entsprach. »Sie hat so bald wie möglich geheiratet«, sagte Gena vorwurfsvoll, » – einen Mann, den wir haßten. Er ist aggressiv und dominant und kritisiert ständig an allen herum – ein Mann, der keine Kinder haben sollte. Wir haben geweint, als sie heirateten.

Wir zogen in sein großes elegantes Haus mit Swimmingpool, und die Misere begann. Es war ein wundervolles Haus, aber es gab einfach keine Liebe. Langsam zogen wir uns zurück, und Lori und ich wurden einander zu Eltern.«

»Ich wurde richtig rebellisch«, sagte Lori. »Mit dreizehn jagte meine Mutter mich um den Tisch herum. Ich war ständig in Schwierigkeiten, trieb mich herum, nahm Drogen; es war ein dauernder Kampf.

Ich war dürr wie eine Bohnenstange und in meiner Entwicklung gegenüber gleichaltrigen Mädchen weit zurück, was meinen Kummer noch vergrößerte. Ich hatte das Gefühl, daß es in dem Haus keinerlei Liebe gab, und es hätte mir sehr geholfen, sie von jemand Außenstehendem zu kriegen. Aber das schien nicht möglich zu sein. Als ich die Wahrheit über meinen Vater erfuhr, war das wie eine offizielle Erlaubnis für mich, ein Beatnik zu werden. Ich war sowieso auf dem Weg dahin, und diese Sache hat mich der großen Masse noch mehr entfremdet.«

Trotz ihres Hangs zum Außenseitertum ging Lori aufs College, verließ es aber im letzten Jahr. In den folgenden Jahren hatte sie ›eine Million Jobs‹, beschäftigte sich mit Buddhismus, heiratete, wurde geschieden, heiratete wieder und bekam ein Baby.

»Bei allem, was ich tat, war ich immer sehr unglücklich, weil es Dinge waren, die ich tun *sollte*. Deshalb habe ich nie ernsthaft erwogen, einen künstlerischen Beruf zu ergreifen – man hatte mir eingetrichtert, so etwas nur als Hobby zu betrachten.

Doch als Chris geboren wurde, fügte sich alles auf die richtige Weise. Ihr Vater und ich verstanden uns nicht, und ich stellte ihn vor die Wahl, zu einem Therapeuten zu gehen, um mit unseren Problemen ins reine zu kommen, oder uns zu trennen. Ich wollte auf keinen Fall, daß Chris sich in ihrer Familie so schlecht fühlt wie ich in meiner.

Thommy zog aus, und die beiden sehen sich einmal in der Woche, und ich gehe ganztags zur Schule und mache meine Ausbildung als Graphikerin.

Seit ich meine Tochter habe, bin ich nicht mehr so sehr auf ein wildes Leben aus. Ich tue alles, um soviel wie möglich für sie da zu sein, und ich weiß, daß das eine Menge damit zu tun hat, daß ich meinen Vater so früh verloren habe.«

Gena, die nur zwei Jahre jünger als Lori war (es gab auch noch einen älteren Bruder, der, wie die Schwestern es ausdrückten, »nach Kanada abgehauen war«) hatte noch nicht ganz akzeptiert, daß sie erwachsen war. Sie wußte nicht so recht, was sie mit ihrem Leben anfangen sollte, und hatte ein paar Jahre als Näherin gearbeitet, doch es war, wie sie sagte, »nichts, was sie gern tat«.

Sie wohnte nur ein paar Blocks von Lori und Chris und besuchte sie oft. Lori hatte versucht, sie dazu zu überreden Graphik zu studieren. »Ich habe mich für Kunst immer interessiert«, erklärte sie, fast als wolle sie ihre Unentschlossenheit verteidigen, »aber ich weiß nicht, ob ich mich so sehr dafür interessiere, daß ich noch einmal zur Schule gehen möchte.« Es war eine rhetorische Frage.

»Ich habe mich ein bißchen als Schauspielerin versucht. Ich habe einen Agenten, aber bis jetzt sind keine Angebote gekommen. Natürlich bin ich eine Dilettantin, aber vielleicht kann ich einen Beruf draus machen. Ich glaube, ich bin im Moment in einer Art Krise, was meinen weiteren Weg betrifft. Das Problem ist, daß ich keine Ahnung habe, was ich tun soll.«

Nachdem Lori sie ein paarmal daran erinnert hatte, daß sie noch keine vier Jahre alt war, als ihr Vater starb und deshalb »zu jung gewesen sei, um sich an ihn zu erinnern«, »zu jung, um eine Beziehung zu ihm zu haben«, wurde Gena merklich unsicher und bezeichnete sich als »unglaublich schüchtern«, »zurückgezogen«, »ängstlich Männern gegenüber«. Als sie von ihrer Jugend erzählte, zögerte sie, ein eindeutiges Wort wie ›rebellisch‹ zu benützen und entschied sich für das sanftere, weniger mutige ›frech‹.

»Während meiner High-School-Zeit bin ich vielleicht viermal mit Jungen ausgegangen. Ich wollte mit Jungen einfach nichts zu tun haben. Natürlich war ich ein paarmal verknallt, aber ganz im geheimen. Ich hatte viel zu große Angst. Als ich mit der High School fertig war, gingen wir nach Europa, weil mein Stiefvater dort eine Arbeit bekam, und das war eine Erleichterung für mich, denn es erlöste mich von dem ganzen Stigma der High School.

Doch als ich zurückkam, hatte ich keinerlei Freunde, niemanden, mit dem ich reden konnte. Ich hatte zu allen den Kontakt verloren. Allmählich fing ich an, Beziehungen mit Männern einzugehen, aber es war alles nur ganz oberflächlich. Es hat ein paar Jahre gedauert, bis ich zu einer richtigen Beziehung imstande war.«

Als ich Gena, die nie geheiratet hatte, fragte, ob sie heute befriedigende Beziehungen mit Männern habe, wurde sie nervös und gab schließlich ihre Unsicherheit zu, konnte aber die Ursache nicht nennen.

Schließlich sagte sie: »Ich glaube, ich habe unrealistische Erwartungen, wie eine Beziehung sein sollte. Ich meine, ich war immer unglaublich schüchtern, und ich bin's auch heute noch. Lange Zeit habe ich keinem Mann erlaubt, mir nahezukommen; ich wollte nicht mal mit ihnen reden – solche Angst hatte ich. Obwohl ich heute viel mehr Selbstvertrauen habe, gibt es nur sehr wenige Männer, mit denen ich eine Beziehung haben möchte.«

Diese Abneigung, sich auf einen Mann oder einen Beruf einzulassen, ist bei Töchtern von Selbstmördern nichts Ungewöhnliches – sie entspringt ihren unklaren Schuldgefühlen. Etwas, was sie getan oder nicht getan haben, könnte zu der Entscheidung ihres Vaters, sich umzubringen, beigetragen haben, und deshalb betrachten sie das Engagement für einen anderen Menschen oder eine Sache als gefährlich.

58 Prozent der Frauen, deren Väter sich umgebracht

haben, ›fühlten sich verantwortlich für ihren Tod‹ (gegenüber 23 Prozent der Frauen, deren Väter auf andere Weise gestorben sind). Außerdem ergab unsere Untersuchung, daß Töchter von Selbstmördern häufiger als alle anderen Gruppen geschieden waren und daß sie stärker dazu neigten, ›sich oft schuldig zu fühlen‹. Interaktion mit anderen Menschen erscheint ihnen als bedrohlich, weil diese für sie negative Folgen hatte.

»Meine ganze Einstellung zum Leben ist zurückhaltend«, berichtete Gena. »Ich gehe nicht gern Risiken ein, und eine Beziehung mit jemandem zu beginnen, bedeutet natürlich ein Risiko. Ich arbeite hart daran, gegen diese Tendenz in mir anzugehen, denn sonst komme ich nie irgendwie weiter.

Ich glaube, wenn man so unbefriedigt ist, dann erwartet man von allen Menschen und auch von der Arbeit, daß sie diese innere Leere füllen. Aber weil man so große Erwartungen hat, kneift man ständig.«

Lori, die ihrer Schwester mit großem Ernst zugehört hatte, wurde plötzlich sanfter, fast wehmütig. »Ich erinnere mich, daß ich als Kind eine Freundin in der Nachbarschaft hatte, deren Vater so war, wie ich mir einen Vater immer gewünscht habe, und ich war schrecklich neidisch auf sie. Ich beobachtete die beiden dauernd, und es tat schrecklich weh. Es war wie in ›Vater ist der Beste‹ — er nannte sie sogar ›Prinzessin‹.

Es ist ganz merkwürdig. Manchmal denke ich daran, daß viele Menschen ein viel schwereres Leben hatten als ich. Aber der Gedanke, daß ich diese Art von Beziehung, diese Vater-Tochter-Beziehung in diesem Leben nie kennenlernen werde, ist furchtbar. Es ist wie eine ständige Behinderung.«

Die einzige Möglichkeit, den Tod eines Menschen zu bewältigen und zu akzeptieren, ist schwere, schmerzliche Trauerarbeit. Wie wir jedoch gesehen haben, werden Kinder meistens vor ihrem Kummer ›bewahrt‹. Bei einem

Kind, dessen Vater Selbstmord begangen hat, ist dieser Schutzschild besonders stark, denn er besteht nicht nur aus der falschen Einstellung der Mutter, sondern auch aus uralten Mythen, gesellschaftlichen Vorurteilen und Angst vor Bestrafung durch höhere Mächte.

In seinem Vorwort zu dem Buch *Survivors of Suicide* schreibt Professor Edwin S. Shneidman: »Es ist wahrscheinlich keine Vereinfachung, zu behaupten, daß es in unserer Kultur im Grunde nur zwei Arten von Trauer, Kummer und wiederaufbauenden Verhaltensweisen gibt: 1) jene, die sich auf Todesfälle infolge von Herzinfarkten, Krebs, Unfällen und Katastrophen und dergleichen beziehen und 2) solche, die mit dem stigmatisierenden Tod eines geliebten Menschen durch Selbstmord zusammenhängen.«

Die Überlebenden haben heute nur noch selten darunter zu leiden, daß ihr Angehöriger eine ›Todsünde‹ begangen hat, doch Selbstmord bedeutet für eine Familie immer noch Schande. Sie müssen nicht nur lernen, mit einem Toten zu leben, sondern auch mit einem schrecklichen Geheimnis, das mit Schuld, Schande und tiefer Verwirrung verbunden ist. In einem Zustand religiöser und/oder gesellschaftlicher Ächtung wird die bereits schwierige Aufgabe des Trauerns durch eine Gesellschaft, die eher dazu neigt, zu verurteilen als Hilfe zu leisten, noch mehr erschwert. Nur wenn der Überlebende die Ursache des Todes schnell unter den Teppich kehrt, kann er auf Mitgefühl hoffen. Und das seines Vaters beraubte Kind wird das Opfer des sogenannten ›Familienmythos‹. Dieser macht es zusammen mit anderen besonderen Faktoren, die mit dem Selbstmord eines Vaters zusammenhängen, dem Kind fast unmöglich, seine Trauer auf natürliche Weise zum Ausdruck zu bringen und sich dadurch von der Belastung durch den Selbstmord zu befreien.

Wir haben in den vorhergehenden Kapiteln gesehen, wie ungemein wichtig es ist, daß die Mutter ihren Kindern hilft, den Tod des Vaters zu bewältigen. Wenn sie offen ihre Gefühle zeigt und bezüglich der Todesumstände ehrlich ist, so ist dies für die Kinder sehr förderlich. Da Selbstmord jedoch als Schande betrachtet wird, sind Mütter in dieser Hinsicht selten aufrichtig.

Der Familienmythos hat den expliziten Zweck, die Tatsache des Selbstmordes zu verheimlichen. Die Tat selbst wird selten erwähnt, und in den meisten Fällen bemüht man sich, auch den Verstorbenen zu verbergen. Der depressive, introvertierte und aller Wahrscheinlichkeit nach von Feindseligkeit erfüllte Mensch, der sich umgebracht hat – und den die Tochter gekannt hat –, wird durch das idealisierte Bild eines Menschen ersetzt, den ein verhängnisvolles Schicksal ereilt hat. Dieses idealisierte Bild entspricht nicht dem Bild, das die Tochter sich bewahren möchte. So tragen die widersprüchlichen Vaterbilder – der Vater, an den sie sich gern erinnern möchte, der Vater, an den sie sich erinnern soll, und der Vater, an den sie sich tatsächlich erinnert – noch mehr zu ihrer großen Verwirrung bei.

Dem Kind, das über seine Erinnerungen nicht einmal sprechen darf, weil sonst die tabuisierte Wahrheit erwähnt werden könnte, bleibt kaum etwas anderes übrig, als sich in seine eigene, isolierte Welt unverbürgter Erinnerungen zurückzuziehen. Dort bemüht sich die Tochter, die widersprüchlichen Eindrücke, die ihr vermittelt werden, in Einklang zu bringen. Natürlich grämt sie sich, doch dank dem Familienmythos ist ihr nicht ganz klar, um wen. So führt der Familienmythos zu Isolation und Verwirrung, welche wiederum das Mädchen mit tiefer Unsicherheit bezüglich all seiner Wahrnehmungen erfüllen können.

Viele Töchter von Selbstmördern entwickeln der Fachliteratur zufolge Lernschwierigkeiten und Pseudodebilität, weil ihre Fähigkeit zu lernen und zu wissen in Frage gestellt wird – denn ›Wissen‹ ist für sie etwas Verbotenes. Andere, wie Gena, sind in ihrer Handlungsfreiheit durch eine abnorme Schüchternheit eingeschränkt und leiden als Erwachsene unter Mißtrauen in ihre Fähigkeit, Entscidungen zu treffen. Wie kann jemand irgend etwas, und seien es die alltäglichen Realitäten, trauen, wenn das wichtigste Ereignis seiner Kindheit derart von Geheimnissen und Mißverständnissen umgeben ist?

»Ich weiß nicht, was ich glauben soll«, schrieb eine sechzig Jahre alte Frau als Antwort auf unseren Fragebogen. »Als ich sieben Jahre alt war, herrschte eines Morgens schreckliche Aufregung im Haus, und niemand sagte mir, was los war. Mein Vater hatte sich die Kehle und die Pulsadern mit einem Fleischermesser durchgeschnitten, doch mir sagte man bloß, ich soll ruhig sein und kein Theater machen.

Als ich ein paar Tage später die Blumen auf dem Sarg sah, wurde mir klar, daß Papa tot war, daß er nicht mehr zu uns zurückkommen würde. Mein Vater war für immer fortgegangen, doch niemand hat je versucht, mir etwas zu erklären oder mich zu trösten – niemals. Bis heute, dreiundfünfzig Jahre später, hat es in meinem Leben keinen Tag gegeben, an dem ich frei von Kummer war, an dem ich mich nicht schrecklich hilflos gefühlt habe. Ich hatte eine Menge verschiedene Jobs, bin mehreren Religionsgemeinschaften beigetreten, war verheiratet, habe mich scheiden lassen und hatte viele Liebhaber. Niemals, zu keiner Zeit, hatte ich das Gefühl, daß alles in Ordnung ist.«

All die Verwirrung und Isolation, all die vergeblichen Bemühungen des Mädchens zu begreifen, was geschehen war, führten zu einer Schwächung seines Selbstwertgefühls. Als es dann erkannte, was passiert war, verfestigten sich die Zweifel an seinem Wert.* »Er hat mich nicht genug geliebt, um am Leben bleiben zu wollen – ich war es ihm nicht wert.« Das ist der Schluß, den ein Mädchen aus dem Selbstmord seines Vaters zieht. Der erste Mann, den es liebte, hat sich entschieden, es zu verlassen. Es ist

---

* Nur sehr wenige der von mir interviewten Frauen konnten sich genau erinnern, auf welche Weise sie erfuhren, daß die Todesursache Selbstmord war. Vielleicht führt gerade die Geheimnistuerei nach dem Tod dazu, daß die meisten Kinder sie ›erraten‹.

klar, welche Auswirkungen dies auf seine Fähigkeiten hat, sich als liebenswerte Frau zu betrachten, doch es gibt Abwehrmechanismen, vor allem zwei, die ihm helfen, das tiefe Gefühl der Ablehnung zu integrieren.

Die erste Abwehrstrategie ist Schuldbewußtsein. Wie wir im 3. Kapitel gesehen haben, ist es nicht ungewöhnlich, daß Kinder sich einbilden, sie seien auf irgendeine Weise am Tod eines Elternteils schuld, ganz gleich, auf welche Weise er gestorben ist. Cecile sprach, wie wir uns entsinnen, von ihren ›Kräften‹, und daß sie die Verantwortung für den Verlust übernahm, half ihr, das Gefühl der Hilflosigkeit und Ablehnung nach dem Tod ihres Vaters leichter zu ertragen. Ähnliches berichten Albert C. Cain und Irene Fast in einer Studie über fünfundvierzig Kinder von Selbstmördern: »Zu spätes Heimkommen vom Spielplatz, ein schlechtes Zeugnis, schlechte Tischmanieren..., sogar ›eine schwere Erkältung‹ wurden als Grund dafür genannt, daß ein Elternteil Selbstmord beging. Ganz offensichtlich lindern Schuldgefühle bei Kindern den Schmerz, den sie wegen des Verlustes empfinden.«

Viele Kinder von Selbstmördern sind überzeugt, der Selbstmord eines Elternteils sei die Folge einer von ihnen begangenen Unterlassungssünde. Sie wachsen in dem Glauben auf, daß sie den Selbstmord nicht nur verursacht haben, sondern daß sie ihn hätten verhindern können. »Wenn ich ihm doch bloß zugehört, mehr mit ihm gesprochen hätte, für ihn dagewesen wäre«, klagte eine Frau, die ich interviewte. So sehr ihre ›Nachlässigkeit‹ sie belastet – sie trägt darin immer noch leichter als an dem Glauben, ihr Vater habe sie verlassen, weil er sie nicht liebte.

Schuldgefühle sind natürlich ein zweischneidiges Schwert. Sie können dem Mädchen helfen, den Verdacht, es sei nicht geliebt worden, abzuwehren, doch sie können auch sein Selbstwertgefühl verletzen. Wenn sie schuld am Tod ihres Vaters ist, dann braucht sie sich weniger als Opfer zu betrachten, aber wie liebenswert ist sie dann? Bemüht, das Gefühl der Ablehnung und ihre Schuldgefühle zu mildern, bedient sie sich des zweiten bei Töchtern von Selbstmördern beobachteten Abwehrmechanismus, der Identifizierung.

Freud betrachtete die Trauerarbeit als erfolgreich beendet, wenn der Trauernde imstande war, sich von dem Verstorbenen zu lösen. Doch Mädchen, deren Väter sich umgebracht haben, wollen sich nicht von ihrem Vater lösen oder um ihn trauern. Denn solange er durch sie lebt, haben sie weniger Anlaß zu Schuldgefühlen, gibt es weniger Beweise dafür, daß sie von ihm abgelehnt wurden.

Identifizierung äußert sich vor allem darin, daß sich die Mädchen bemühen, sich wie Erwachsene zu verhalten. »Wir wurden einander Eltern«, sagten Lori und Gena. »Ich wurde der kleine Mann im Haus«, berichtete eine andere Frau.

Eine gefährlichere Folge der Identifizierung mit dem toten Elternteil ist die Beschäftigung mit Selbstmord. Diese Beschäftigung ist nicht unbegründet, ». . . bei Kindern von Selbstmördern besteht statistisch ein größeres Risiko, daß sie Selbstmord begehen, als bei anderen Menschen«. Doch ob die Henne oder das Ei zuerst da war, ist unwichtig; wesentlich ist, daß die Kinder von Selbstmördern sich dieses Zusammenhangs bewußt sind — die anfängliche Abwehr des Gefühls der Ablehnung kann sich zu einer Identifizierung mit dem selbstzerstörerischen Verhalten des Vaters entwickeln. Durch Identifizierung mit dem Vater, der sich umgebracht hat, kann der Verlust anfangs geleugnet werden, doch schließlich fällt das Kind genau den Vermutungen zum Opfer, die es zu leugnen versuchte: daß es wertlos und schlecht ist und vom Vater abgelehnt wurde. Wenn sich der Kreis geschlossen hat und die Tochter sich mit ihrem vermeintlich nicht liebenswerten Selbst konfrontiert sieht, wenn sie von ihrer Ähnlichkeit mit dem Vater überzeugt ist, dann kann es sein, daß die Tochter von einem unwiderstehlichen Drang zur Selbstzerstörung befallen wird, der bis zum Selbstmord führt.

Ich bin nicht liebenswert
+ Ich bin wie mein Vater, der sich umgebracht hat

Ich muß mich selber zerstören ›

Man muß bedenken, was hier alles zusammenkommt: Die Allgegenwart des Familienmythos, der Mangel an Unterstützung durch die Gemeinschaft, der Isolation, Desillusionierung und Unsicherheit hervorruft, das Bemühen des Kindes, sein Gefühl der Ablehnung zu leugnen, indem es zuerst die Verantwortung für den Verlust übernimmt und dann die Verantwortung *und* den Verlust durch Identifizierung leugnet. Bei diesem Überbau von Leugnen, Verwirrung und Schuldbewußtsein ist es nicht erstaunlich, daß es Kinder von Vätern, die sich umgebracht haben, nur selten gelingt, erfolgreich Trauerarbeit zu leisten. Bei der Tochter eines Selbstmörders – die von dem ersten Mann, den sie geliebt hat, vorsätzlich verlassen wurde – kann das Bedürfnis, die Ablehnung zu leugnen, so stark sein, daß sie zum äußersten Mittel greift, die Trennung zu leugnen: sie stellt die Beziehung zu ihrem Vater wieder her und beweist ihre Liebe zu ihm, indem sie sich mit ihm im Tod vereint.

Zum Glück ist dies eher die Ausnahme als die Regel, doch die durch den Selbstmord des Vaters zugefügte innere Verletzung kann die verschiedensten psychischen Probleme verursachen: Entwicklungshemmung, quälende Schüchternheit, neurotische Unfähigkeit, in persönlicher oder beruflicher Hinsicht Verpflichtungen einzugehen, sowie schwere Formen selbstzerstörerischen Verhaltens.

Während Lori ihrem Kind zuliebe bestrebt schien, ›alles zusammenzuhalten‹, befand sich Gena mit ihren zweiunddreißig Jahren immer noch auf der Suche – nach Selbstvertrauen und nach einer Entscheidung, was sie mit ihrem Leben anfangen sollte.

Madeleine, eine neunundzwanzig Jahre alte Frau, mit

der ich während des Sommers 1981 mehrere Tage verbrachte, personifizierte praktisch sämtliche bekannten Reaktionen auf den Selbstmord des Vaters und lebte ständig im Schatten dieses Verlustes: seiner Abruptheit, der Beschuldigung gegen sie und des Urteils über ihren Wert, die er ausdrückte, und der Prognose bezüglich ihrer Zukunft, die er darstellte.

Madeleine, das erste von drei Kindern, war in einem vornehmen Viertel von Boston geboren und aufgewachsen. Ihr Vater, ein geselliger, extrovertierter Mensch, war Arzt; ihre Mutter, ein Muster an Charme und Tüchtigkeit, versorgte voll Ruhe und Gelassenheit den Haushalt. Beide stammten aus vermögenden Familien.

Madeleine stellte ihre Kindheit in rosigem Licht dar: »eine eng verbundene Familie«, »sehr glücklich und privilegiert«, »ein Landhaus im Sommer, Ferien auf den Bermudas... Materiell gab es nichts, was mir fehlte, und meine Eltern waren sehr liebevoll. Ich kann mich wirklich an nichts Unangenehmes erinnern, wenn ich an meine Kindheit denke. Ich ging auf eine der besten Schulen im ganzen Land, eine Privatschule für Mädchen. Mein Studium fiel mir nicht ganz so leicht, aber wenn ich arbeitete und lernte, kam ich gut voran.

Ich war eine sehr ehrgeizige Sportlerin, immer beliebt, Klassensprecherin, ein perfektes Mädchen; kontaktfreudig, hübsch, mit einem süßen Gesicht − alles in allem ein gesundes, gut angepaßtes Kind. Mit meinem Vater verstand ich mich sehr gut. Ich glaube, wir beide waren uns sehr ähnlich, und wegen dieser Ähnlichkeit unserer Charaktere hingen wir sehr stark aneinander. Ich habe mich immer sehr gefreut, wenn er von der Arbeit heimkam. Es war immer das gleiche: Er machte die Haustür zu, hängte seinen Mantel und seinen Hut in den Schrank in der Diele − nach seinem Tod mußte ich oft an diesen Schrank denken −, und ich lief ganz aufgeregt hinaus, um ihn zu begrüßen.

Ich kann mich nicht genau erinnern, was wir an den Abenden machten, außer... an einige Gelegenheiten, bei denen er sich über mich ärgerte oder böse auf mich war. Aber das ändert nichts an meinen warmen Gefühlen für ihn.

Einige Male wollte er, daß ich aufstehe und mit ihm rede – ich muß damals acht oder neun gewesen sein und war zu müde. Er schrie mich an und schlug mich, und meine Mutter stellte sich zwischen uns. Er wurde richtig wütend und schrie: ›Sie ist zu müde, um auch nur mit mir zu reden.‹ Einmal rannte er mir sogar mit einem Kaminbock nach, doch meine Mutter beruhigte ihn.

Ich glaube, ich habe ihn oft provoziert. Ich war ein sehr ungezogenes Kind. Wenn er mich bat, irgend etwas nicht zu tun, zum Beispiel mit dem Fuß gegen die Drahtgittertür in unserem Landhaus zu treten, dann tat ich es immer wieder, und er wurde wütend und verprügelte mich. Und ich war natürlich schockiert.

An eins kann ich mich sehr gut erinnern – wie er spät nachts in mein Zimmer kam, wenn ich Alpträume hatte. Er setzte sich mit ganz ernster Miene auf mein Bett und sprach mit mir über den Alptraum, ganz sanft und lächelnd, und beruhigte mich. Dabei hatte ich in Wirklichkeit gar keine Alpträume. Ich wollte nur, daß er zu mir kam und mit mir redete.«

Solche widersprüchlichen Erinnerungen – an einen strengen, strafenden und einen gütigen, tröstenden Vater – sind bei Töchtern von Selbstmördern sehr häufig.* Madeleine, zum Beispiel, wußte, daß ihr Vater sehr emotional und jähzornig war, doch sie nahm ihn in Schutz und behauptete, an seinen Wutausbrüchen schuld gewesen zu sein. Eine idealisierte Vorstellung aufrechtzuerhalten, war für sie weniger schmerzlich, als sich mit ihrem Groll und

---

* Von den Frauen mit verstorbenen Vätern, die ich befragte, hatten nur die Töchter von Selbstmördern stark negative Erinnerungen an ihren männlichen Elternteil.

ihrem damaligen Gefühl, vom Vater abgelehnt zu werden, auseinanderzusetzen.

Madeleine, die mit ihrem Sommerkleid und ihren Sandalen gar nicht wie ein Kind aus einer reichen Familie wirkte, schien sich wirklich gern an ihre Kindheit zu erinnern, und die negativen Erlebnisse mit ihrem Vater vertuschte sie schnell mit Rationalisierungen. Doch ihre Stimmung änderte sich abrupt, als wir auf den Tod ihres Vaters zu sprechen kamen.

Nach langem Schweigen erzählte sie weiter:

»Ich erinnere mich, daß er eine Weile nicht heimgekommen war – so zwischen zwei Tagen und zwei Wochen. Meine Mutter sagte mir immer wieder, er müsse arbeiten. Doch ich wußte, daß irgendwas nicht stimmte. Eine düstere Stimmung herrschte im Haus. Es mußte irgendwas Schlimmes passiert sein. Ich weiß nicht genau, nach wie vielen Tagen meine Mutter von seinem Tod erfuhr.

Mit kaum hörbarer Stimme erklärte sie: ›Er hatte sich in einem Hotelzimmer mit Medikamenten und Alkohol umgebracht.‹

Ich weiß noch, in der Nacht, bevor man mir sagte, daß er gestorben war, hatte ich geträumt, daß er in der Küche herumging und tot war und daß ich ein Spiegelei briet und es an seine Stirn klatschte, um ihn wieder zum Leben zu erwecken.

Als sich am nächsten Tag all diese Leute in unserem Wohnzimmer versammelten, fragte ich dauernd: ›Wo ist mein Vater? Wo ist mein Vater?‹ Aber die Leute wichen dem Thema aus. Schließlich gingen unser Hausarzt und meine Mutter mit mir ins Schlafzimmer, und der Doktor sagte mir, daß mein Vater tot war. Ich drehte mich zu meiner Mutter um und sagte: ›Was ist, wenn ich weine, wenn ich älter bin?‹ Und sie sagte: ›Hm, das wäre in Ordnung.‹

Ich weiß, wie ich auf die Idee kam, damit warten zu müssen, denn mein Vater war sehr emotional gewesen. Er hatte viel geweint, andere umarmt, viel geschrien.

Später an diesem Tag rief ich meine beste Freundin an

und sagte: ›Mein Vater ist gestorben.‹ Sie sagte: ›Was?‹ Da schrie ich: ›Du hast doch gehört. Mein Vater ist gestorben.‹ Dann knallte ich den Hörer auf die Gabel und warf mich auf das Bett meiner Eltern und schrie und strampelte und heulte. Und damit hatte sich's. Es war das letzte Mal, daß ich geheult habe.

Man sagte mir, daß er an einem Magenleiden gestorben war. Doch ich kann mich gut erinnern, daß ich zu einer Freundin sagte: ›Also, ich glaube nicht, daß er an einer Magensache gestorben ist, denn die haben Krankenhäuser, in denen man so was in Ordnung bringen kann. Nein, ich glaube nicht, daß es der Magen war.‹ Bei allem, was man mir sagte, spürte ich die Verwirrung und Unklarheit, die dahinter steckte. Ich konnte einfach nicht glauben, daß es wahr war.«

Was Madeleine mit ihren zehn Jahren vor allem verwirrte, war die Plötzlichkeit, mit der ihr Vater gestorben war. »Ich fragte mich, warum mir niemand gesagt hatte, daß er sterben würde, damit ich etwas dagegen hätte tun können.

Beim Begräbnis habe ich nicht geweint. Ich kann mich aber erinnern, daß mich, als wir nach Hause zurückfuhren, jemand nach dem Weg fragte und daß ich darauf ganz stolz war. Und dann hat eine andere Frau im Auto an meiner Stelle geantwortet, und ich wurde wütend. Ich hab' gestrampelt und geschrien und hätte diese Frau am liebsten umgebracht. Das war natürliche verdrängte Wut, und die ist heute noch in mir. Ich bin furchtbar wütend auf ihn, weil er uns verlassen hat und uns nicht gesagt hat, was er vorhatte.«

Trotz der gegenteiligen Erklärungen der Erwachsenen erkannte Madeleine intuitiv, daß ihr Vater selbst seinem Leben ein Ende gesetzt und sie aus eigenem Entschluß verlassen hatte. Die Machtlosigkeit ihrer Situation, ihre Unfähigkeit, dies zu verhindern oder darüber zu sprechen, führte bei ihr zu jahrelangem gesellschaftlich nicht akzeptiertem Verhalten.

Ihre anfängliche Reaktion auf die Zerstörung ihres

›glücklichen, privilegierten Lebens‹ bestand jedoch darin, das Ganze einfach zu verleugnen. Wie Lori und Gena und viele andere in dieser Situation fühlte sie sich verpflichtet, die Rolle des Vaters zu übernehmen. Sie gab gewissermaßen ihre Kindheit auf und wurde erwachsen.

»Mir wurde klar, daß ich die Älteste im Haus war und meiner Mutter helfen mußte. Ich erinnere mich, daß ich das Gefühl hatte, die Familie zusammenhalten zu müssen, daß ich stärker als meine Mutter sein und mich um sie kümmern mußte. Ich machte mir große Sorgen um sie. Sie wurde noch magerer, als sie es schon gewesen war, und ich tat alles, damit sie sich besser fühlte. So wurde ich der kleine Mann im Haus. Und ich glaube wirklich, daß ich ihr auf diese Weise über das Ganze hinweggeholfen habe.

Natürlich kam ich in der Schule in ziemliche Schwierigkeiten und wurde dauernd wegen diesem und jenem ins Büro der Direktorin bestellt. Ich glaube, ich habe absichtlich in der Klasse Unruhe gestiftet, damit ich zur Direktorin geschickt wurde und mich bei ihr ausheulen konnte. Aber nicht wegen meines Vaters – ich habe eine Menge andere Dinge gefunden, wegen denen ich heulen konnte. Ich war eben meinem Vater immer sehr ähnlich – sehr emotional.«

Weniger als ein Jahr nach dem Tod ihres Mannes heiratete Madeleines Mutter wieder. »Ich habe ihn angebetet. Die Umstellung ging ganz glatt, und in unserem Haus entwickelte sich alles zum besten. Er zog zu uns, meine Mutter war glücklich, und wir waren wieder eine Familie. Es war ein Mann im Haus. Es war, als hätte man mir eine Last von den Schultern genommen.«

Doch das war ein Irrtum. Zwei Monate später »begannen die Probleme. Wenn ich heute daran denke, habe ich das Gefühl, daß meine Mutter und ich um die Zuneigung meines Stiefvaters konkurriert haben. Hinzu kam, daß ich meine Mutter nicht mehr zu beschützen brauchte. Irgendwie hatte ich meine Mutter an diesen Mann verloren – ›an diesen *anderen* Mann‹, hätte ich fast gesagt.«

Nachdem Madeleine ihre Rolle an ihren Stiefvater abgegeben hatte, war sie allein mit ihren Gefühlen — ihrer Wut, ihrer Verwirrung, ihrem Schuldbewußtsein. Als phantasievolles Kind dachte sie sich ein Ritual aus, um ihre Isolierung zu gewährleisten.

»Ich mochte mich von niemandem berühren lassen. Wenn es jemand tat, wischte ich mich ab. Wenn meine Mutter mich küßte, wischte ich mir das Gesicht ab. Das ging jahrelang so. Heute noch wische ich mich ab, wenn mich ein Fremder auf der Straße berührt hat.

Ein Mädchen in der Schule merkte, was ich tat, und sie rannte mir nach und betaschte mich mit ihren Händen am ganzen Körper. Ich rannte ins Bad, um es wegzumachen. Ich kam mir beschmutzt vor. Ich fühlte mich so verletzt, daß ich mich von allen Menschen absonderte. Ich dachte, wenn mich jemand berührt, dringt er in mich ein, und ich wollte nicht, daß jemand in mich reinkriecht.

Außerdem wurde ich sehr abergläubisch. Jeden Abend sagte ich bestimmte Gebete auf, und auch im Aufzug unseres Hauses und an jeder Straßenecke. Ich blieb stehen und sprach ein stummes Gebet für alle Lebenden und Toten. Im Aufzug stellte ich mich in jede Ecke und dann in die Mitte. Einmal bemerkte das mein Stiefvater und versuchte mich davon abzuhalten. Wir stiegen zusammen aus, und dann rannte ich wieder hinein und machte die Tür zu, damit ich mein Ritual beenden konnte. Das fing an, als ich elf war, und ging so bis zu meinem vierzehnten oder fünfzehnten Lebensjahr. Aber es war nichts im Vergleich zu den anderen Dingen, die ich durchmachte.

Es war einfach schrecklich für mich, daß er gestorben war. Und daß ich nichts gewußt hatte — als ob ich ihn hätte dazu bringen können weiterzuleben, wenn ich gewußt hätte, wie sehr er litt. Vielleicht hätte er sich nicht umgebracht, wenn ich mich mehr um ihn gekümmert hätte. Wenn ich nicht mit dem Fuß gegen diese Tür getreten hätte, dann wäre er nicht so wütend geworden und hätte mich nicht geschlagen, und wir wären besser miteinander ausgekommen, und er hätte mich geliebt und sich nicht umgebracht.

Meine Mutter sagte mir immer, daß ich sein Lieblingskind war. Ich glaube, er hat mich geliebt. Aber wie konnte er sich bloß umbringen, wenn er mich geliebt hat?«

Diese Bekenntnisse sprudelten nur so aus ihr heraus, und als sie fertig war, waren wir beide völlig erschöpft. Obwohl mir die Symptome vertraut waren, bewegte mich diese Beichte tief – diese noch heute tiefsitzende Überzeugung, daß der Ungehorsam eines zehnjährigen Kindes ihren Vater in solche Verzweiflung getrieben hatte, daß er sich umbrachte, und der damit verbundene Glaube, sie hätte seine tragische Tat verhindern können, wäre sie »nicht zu müde gewesen, um mit ihm zu reden«.

Um sich noch mehr zu isolieren, verfiel Madeleine auf ein weiteres Ritual: Fressen. Die zwanghafte Nahrungsaufnahme, mit der sie begann, als sie in der siebenten Klasse war, diente verschiedenen Zwecken: Das Fressen stellte ein Schutzpolster zwischen Madeleine und den anderen dar, es dämpfte ihre Wut, und es machte es ihr unmöglich, weiterhin mit ihrer schlanken, attraktiven, wiederverheirateten Mutter zu konkurrieren.

Doch ihre Mutter machte sich Sorgen um sie. Um ihr zu helfen, befolgte sie einen Rat des Hausarztes und besorgte ihr Schlankheitspillen. Und auf diese Weise verfiel Madeleine einer anderen Sucht.

Bevor sie jedoch richtig drogensüchtig wurde – das geschah mit etwa zwanzig Jahren –, begann sie wie so viele Jugendliche, die unter starken Deprivationsgefühlen leiden, zu stehlen. Sicher tat sie es nicht aus Verlangen nach irgendwelchen materiellen Dingen; ihr ging es darum, sich etwas zu nehmen, an sich zu reißen.

»Zur gleichen Zeit, als ich Schulsprecherin war, stahl ich Geld aus den Schränken anderer Schülerinnen. Einmal berief die Direktorin eine Versammlung ein und sagte: ›Da gibt es eine schwerkranke Person, die solche Dinge tut. Sie soll sich doch bitte melden, damit wir ihr helfen können.‹

Ich weiß noch, daß ich nach der Versammlung mit all den anderen Mädchen im Flur stand und sagte: ›Ich hoffe sehr, daß sich diejenige meldet.‹ Zugleich wußte ich, daß ich es immer wieder tun würde, daß ich mit zitternden Händen in den Waschraum rennen und Geld aus ihren Portemonnaies nehmen würde. Aber ich wurde nie erwischt. Bei all den furchtbaren Dingen, die ich tat – Lügen, Stehlen, Betrügen...« (ihren Vater in den Tod treiben?) »...wurde ich nie erwischt. Einfach unfaßbar.«

Eine Woche vor der Abschlußfeier in der High School lief Madeleine von zu Hause weg. »Ich sollte bei der Feier eine Rede halten, und ich wußte, daß ich das nicht durchstehen würde. Ich wog 116 Pfund und kam mir so fett und häßlich und widerlich vor, daß ich weglief. Meinen Eltern hinterließ ich eine Nachricht, daß ich nach Oregon wollte. Dort hatte ich einen Freund.

Ein paar Wochen später bekam ich einen Brief von meiner Mutter, in dem sie schrieb, sie meine, sie müsse mir etwas über meinen Vater sagen: Er habe Selbstmord begangen. Stellen Sie sich das vor – bis dahin hatte sie nie auch nur eine Andeutung darüber gemacht! Ich war damals neunzehn. Natürlich wußte ich es zu dieser Zeit schon – ich kann mich nicht erinnern, wann und auf welche Weise ich es erfahren hatte, aber ich wußte es. Doch meine Mutter hatte es mir nie gesagt.

Ich glaube, mein Weglaufen hatte ihr klargemacht, daß ich nicht mehr ein und aus wußte, und sie wollte mich zurückholen. Aber es war zu spät. Ich hatte diese Sache in mir, und es war mir unmöglich, meine Einstellung mir selbst gegenüber zu ändern.«

Obwohl der Brief ihrer Mutter angeblich wirkungslos war, kehrte Madeleine nach Hause zurück. Doch der Selbstmord blieb ein tabuisiertes Thema, und Madeleines Versuche, offen darüber zu reden, schlugen fehl.

»Ich wohnte zu Hause und besuchte vier Monate lang eine Schwesternschule. Wieder war ich Klassensprecherin, und mit dem Lernen kam ich sehr gut voran. Aber die andern waren für mich alle Idioten. Wie war es möglich, daß meine Leistungen so gut waren, wo ich doch so dumm war? Also machte ich Schluß mit der Schule und bekam eine Stellung in einem Kaufhaus, wo ich mich bis zur Abteilungsleiterin hinaufarbeitete. Ich begann Drogen zu nehmen, begann zu trinken und in dem Kaufhaus wie ein Rabe zu klauen. Ich war Abteilungsleiterin und klaute jeden Tag Waren im Wert von hundert Dollar.«

Ohne erwischt zu werden, verließ sie Boston und besuchte ein Jahr lang ein College, wo es mit Männergeschichten, Alkohol und Drogen weiterging. Das ›freie Leben‹, das sie führte, war eine Illusion – in Wirklichkeit war sie völlig in der Identifikation mit dem Mann gefangen, der sie verlassen hatte. Allein mit den wirren Eindrücken von seinem Tod, belastet mit der quälenden Frage, wie weit sie dafür verantwortlich war, bemühte sie sich, mit ihrem Verhalten ihre Loyalität zu beweisen: mit Drogen und Alkohol, mit ihrer Labilität und ihren selbstzerstörerischen Aktionen versuchte sie, es ihrem Vater gleichzutun und auf diese Weise die Beziehung zu ihm aufrechtzuerhalten.

»Ich nahm haufenweise Betäubungsmittel und fragte mich, wie viele ich wohl in einer Nacht vertragen konnte. Einmal dachte ich mir ein Experiment aus – ich nahm am ersten Abend eine Tablette, am zweiten Abend zwei, dann drei, vier, fünf... Nichts geschah. Ironischerweise – na ja, ironisch ist vielleicht nicht das richtige Wort – ist mein Vater, glaube ich, an einer Überdosis Seconal gestorben.«

Ihr selbstzerstörerisches Verhalten steigerte sich immer mehr: Sie aß hemmungslos, nahm hohe Dosen Speed, um sich zu erbrechen und dadurch abzunehmen, sowie Halluzinogene und ließ sich auf sinnlose sexuelle Abenteuer ein. »Ich glaube, im Grunde bin ich ein sinnliches, geiles kleines Weib. Wenn ich zu jener Zeit einen Mann anziehend fand, bin ich einfach mit ihm ins Bett gegangen, aber ich habe mir nichts anderes erwartet, als umarmt und gestreichelt zu werden. Danach hatte ich ein ganz starkes Bedürfnis. Und nach dem Sex habe ich immer unheimlich gefressen.«

Dann lernte sie Pedro kennen, einen Lateinamerikaner, der ihr mehr bot als Sex: Drogen, soviel sie wollte, kriminelle Abenteuer und vor allem die völlige Ablösung von ihrer Mutter, die mit ihr Schluß machte, als sie sich mit ihm einließ. Bestärkt in ihren Schuldgefühlen, unternahm sie alles, um sich selbst zu bestrafen – und sich durch die äußerste Bestrafung mit ihrem Vater zu vereinigen.

»Wir fuhren per Anhalter im ganzen Land herum, verübten Einbrüche und Betrügereien. Einmal ließ ich mich in einem Geschäft anstellen, und als der Geschäftsführer nicht da war, kam Pedro herein und ›überfiel‹ mich und räumte die Kasse aus. Ich sperrte den Laden zu, rief die Polizei an, und wir zogen weiter.

Einmal brach ich sogar in das Haus von Freunden ein. Ich wußte, daß sie nicht daheim waren, und so brachen wir ein, tranken sämtliche Flaschen leer, stahlen ihre Kamera und hauten ab.«

Sie erzählte das alles in einem Ton, als seien es Dinge, die jemand anderer erlebt hatte. Ebenso kühl und sachlich berichtete sie von dem Vorfall, der ihren Ausflug in die Kriminalität beendete.

»Bald nachdem wir nach New Haven zurückgekommen waren, sprang ich von einem Zug. Ich war stockbesoffen und total stoned, und im Krankenhaus schickten sie eine Psychiaterin zu mir. Sie war dick und jung, und ich glaube, ich haßte sie, weil ich auch dick und jung war. Als sie andeutete, ich hätte vielleicht einen Selbstmordversuch unternommen, habe ich sie rausgeschmissen.

Dann schickte mir der Doktor, der für mich zuständig war, anscheinend ein sehr kluger Mann, einen anderen Arzt, der meinen Vater gekannt hatte: einen Psychiater. Er sah meinem Vater sehr ähnlich und redete furchtbar nett mit mir. Ich habe mich unsterblich in ihn verliebt und ihn in den nächsten drei Jahren hin und wieder gesehen, bis er aus der Gegend wegzog.

Als er mir sagte, daß er fortgehen wollte, habe ich mindestens vier Stunden geheult. Ich hab's nicht mal geschafft, von seiner Praxis zu mir nach Hause zu fahren. Ich bin aus dem Bus ausgestiegen, hab' mich hingesetzt und geheult. Ich bin mir sicher, ich hab' um meinen Vater geheult, aber das war mir damals nicht klar. Ich dachte bloß: ›Warum heule ich so um diesen Menschen? Das ist ja, als ob mein Vater gestorben ist.‹

Ich kann den Tod und meinen Vater immer noch nicht in Zusammenhang bringen. Ich kann nicht direkt um ihn weinen. Aber ich kann mich mit dem, was er durchgemacht hat, identifizieren, mit dem inneren Aufruhr und der Verwirrung und dem Selbsthaß, und damit, daß er von der Ungeheuerlichkeit des Lebens überwältigt worden ist.«

Solange Madeleine in der unerschütterlichen Überzeugung beharrte, genauso zu sein wie ihr Vater, konnte sie nicht um ihn trauern, denn sie ließ ihn nicht sterben. Er wütete durch sie weiterhin gegen die Ungerechtigkeiten des Lebens. Nur in ihrer Beziehung zu dem Psychiater hatte sie einem Menschen erlaubt, freundlich zu ihr zu sein. Doch sie hatte es abgelehnt, ihn regelmäßig zu sehen, wie er vorschlug, weil sie sich das, wie sie sagte, ›nicht gönnte‹.

»Wenn ich einen Mann sehe, der weiß und gebildet ist und aus ähnlichen Verhältnissen stammt wie ich, dann denke ich sofort: ›Verpiß dich.‹ Ich verhalte mich abweisend und feindselig und komme mir häßlich und vulgär vor. Die einzigen Männer, mit denen ich umgehen kann, mit denen ich mich gut fühle, sind ›Straßennigger‹ oder Lastwagenfahrer oder Bauarbeiter. Bei denen weiß ich, wie ich sie nehmen und mit ihnen reden muß und wie ich sie rumkriege. Ich glaube, irgendwie hab' ich etwas von einem Flittchen an mir, und ich genieße das richtig. Bei Männern mit meinem Bildungsstand und aus meiner Gesellschaftsschicht stoße ich auf die erwartete Ablehnung. Und ich habe auch das Gefühl, daß ich sie nicht verdiene, daß ich es nicht wert bin, daß ein Mann mich liebt und bei mir bleibt. Wenn ich mir Männer aussuchen würde, die wie mein Vater sind, dann würden sie wahrscheinlich sterben oder mich verlassen wie mein Therapeut.«

Es ist durchaus möglich, daß Madeleine dadurch, daß sie exotische Männer bevorzugt, ihrem Vater treu bleiben will. Denn durch die Fremdartigkeit eines Mannes ist eine zeitlich begrenzte Beziehung in den meisten Fällen vorherbestimmt, und wenn der Mann sehr exotisch ist, dann ist er, wie ein Experte meint, ›wie ihr Vater unerreichbar‹.

»Sex ist für mich immer mit Scham verbunden gewesen. Das war einer der Gründe, warum es mit dem Jungen in Oregon nicht geklappt hat. Er war sehr süß und romantisch, und ich kam mir neben ihm immer ganz ordinär vor. Wenn wir miteinander geschlafen haben, dann hab’ ich, um mich abzulenken, immer die Augen zugemacht und an etwas Ekelhaftes gedacht. Zum Beispiel an diesen widerlichen Automechaniker, den ich kannte.

Aber wenn ich mit Männern schlafe, mit denen alles so ist, wie ich’s mir vorstelle, dann schäme ich mich immer, sobald sie zur Tür raus gehen. Natürlich tut’s immer weh, wenn sie fortgehen. Und so fang ich zu fressen an. Zur Zeit kenn’ ich einen, mit dem es immer sehr schön ist, wenn ich zu ihm gehe, und danach verschwindet er aus meinem Leben, bis ich das nächste Mal bei ihm aufkreuze. Ich weiß, ich sollte lieber mit ihm Schluß machen – dann wäre ich glücklicher... und schlanker. Ehrlich, Männer haben mir immer bloß wehgetan, und ich hab’ das satt.«

Die Beziehung mit Pedro ging bald nach der Geburt ihres Kindes auseinander. »Wir lebten seit ein paar Jahren in New Haven, und der Psychiater war schon lange weg. Ich war schwanger und lebte von Sozialhilfe, und Pedro fand das prima. Einmal, nachdem ich das Baby gekriegt hatte, verprügelte er mich, als wir besoffen waren, und ich dachte: ›Hast du das nötig? Tiefer kann man nicht sinken – ein Mann prügelt dich durchs ganze Zimmer.‹ So wäre es wahrscheinlich immer weiter gegangen, doch bald danach kam ich dahinter, daß er auch unser Kind geschlagen hatte, und da hatte ich genug. Endlich brachte ich es fertig, ihn zu verlassen.

Lange Zeit danach war ich der Meinung, daß es mein Recht ist, den Belastungen als alleinlebende Mutter zu entfliehen, indem ich ausgehe und mich betrinke und mit einem Mann ins Bett gehe. Ich habe mit unzähligen Männern geschlafen, alle aus dieser Kneipe, in der hauptsächlich Schwarze verkehren. Aber dieser Schmerz ging nicht weg. Und irgendwann kam ich dann an einen Punkt, wo ich wußte, daß ich etwas tun mußte.«

Madeleine war ein Jahr vor unserem Interview zu den Anonymen Alkoholikern und den Overeaters Anonymus gegangen. Sie besuchte immer noch oft die Versammlungen, manchmal zwei an einem Tag. Als ich sie fragte, ob die Mitgliedschaft ihr Leben verändert habe, antwortete sie kategorisch: »Sie hat mein Leben nicht verändert. Sie hat mir das Leben gerettet.

Ich weiß, daß ich noch ziemliche Kämpfe vor mir habe, aber ich bin an einem Wendepunkt angelangt. Seit ich dort mitmache und nicht mehr trinke und keine Drogen nehme und nicht mehr zuviel esse, habe ich erkannt, daß es mit Männern bestimmte Probleme gibt, die immer wieder auftauchen, und daß es nicht genügt, einfach keine Drogen zu nehmen und nicht zu trinken. Ich muß diese Sache mit meinem Vater lösen, wenn ich davon loskommen will.

Ich muß mich an ihn erinnern, und ich muß diese Schritte hinter mich bringen, die nötig sind, um richtig um einen Menschen trauern zu können. Ich muß die Wut und den Kummer zulassen und echt akzeptieren, daß er tot ist.«

Obwohl Madeleine sich endlich zu einer Therapie entschlossen hat, ist ihre Aufgabe ungemein schwierig, weil ihre Mutter, mit der sie sich allmählich versöhnt, es weiterhin ablehnt, sich mit dem Tod ihres ersten Mannes auseinanderzusetzen. »Hin und wieder bringe ich die Sache zur Sprache, aber sie will einfach nicht darüber reden. Ich glaube, mein Bruder trägt viel dazu bei, ihre Schuldgefühle wachzuhalten. Ich meine, ich bin zwar vor zehn Jahren abgehauen, und man betrachtet mich als das schwarze Schaf der Familie, aber wenigstens tue ich jetzt endlich etwas für mich. Aber mein Bruder, der übrigens schwer drogensüchtig ist, ist für sie wie eine Wunde, die nicht heilen will.«

Ich merkte, daß Madeleine unruhig wurde. Wir hatten verbotenes Territorium betreten: die Rolle, die ihre Mutter bei dem Ganzen spielte. Sie bestand darauf, uns wieder ihrem eigenen Leben zuzuwenden. »Ich habe mich damit abgefunden, daß wir beide nie imstande sein werden, darüber zu reden. Es ist in unserer Familie ein richtiges Tabu, und sogar mit Ihnen über sie zu sprechen, ist mir sehr unangenehm.«

Sie erzählte mir einen Traum, den sie vor kurzem gehabt hatte. »Es war in einem alten Operationssaal mit einem Zuschauerraum, und sie brachten ihn auf einer Tragbahre zu mir herein. Er war tot und ganz mit Gaze umwickelt. Ein paar frühere Freundinnen von mir saßen auf dem Balkon, und so fühlte ich mich sicher. Auf dem Rücken hatte ich einen Rucksack, und ich ging zu ihm und fing an, ihn anzuschreien und mit den Füßen aufzustampfen. ›Du hast mich verlassen. Ich war ein kleines Mädchen, das eben seinen Vater liebgewonnen hat, und du hast mich einfach verlassen, und deshalb bin ich wütend auf dich.‹ Ich war so zornig und empört, daß meine Schultern zitterten und der Rucksack runterfiel. Das ist alles, woran ich mich erinnere. Als ich aufwachte, war die Wut noch in mir, aber ich hab' mich gut dabei gefühlt − endlich, nach zwanzig Jahren.

Wissen Sie, ich glaube, ich dachte immer, daß ich gegen meine Mutter kämpfen muß. Daß ich sie bestrafen muß. Auf diese Weise konnte ich eine sehr rosige Beziehung zu ihm aufrechterhalten. Und ich brauchte mich nicht von ihm zu lösen.

Es tut mir weh, mich von ihm zu lösen. Immer wenn ich ein kleines Mädchen mit seinem Vater sehe, beneide ich es, weil es seinen Papa hat. Ich glaube, eine Frau, die, während sie aufwuchs, gelernt hat, mit einem Mann umzugehen, die weiß, wie es ist, von einem Mann geliebt zu werden, ist gegenüber unsereinem, der das nie gehabt hat, klar im Vorteil. Es ist, als ob uns etwas Wichtiges fehlen würde.

Aber das hat nicht bloß meine Beziehungen zu Männern beeinflußt. Sein Tod ist für mich wie ein Tintenklecks auf einem Blatt Löschpapier. Er hat sich in alle Bereiche meines Lebens ausgebreitet. Sein Tod hat sich auf alles andere ausgewirkt. Es ist so ähnlich wie ›vor Christi Geburt‹ und ›nach Christi Geburt‹.«

Das Wissen, daß der erste Mann, den sie geliebt hat, eine unüberbrückbare Kluft zwischen sich und ihr geschaffen hat, quält die Tochter eines Selbstmörders und beeinträchtigt stark ihr Selbstvertrauen und ihr Vertrauen zu anderen Menschen. Natürlich gibt es eine Möglichkeit, sich wieder mit dem Vater zu vereinigen, doch diese Alternative wird von den meisten, selbst wenn sie sie erwägen, verworfen.

Die Tochter eines Mannes, der sie verlassen hat, ohne sich umzubringen, wird von dem Gedanken gequält, daß etwas in ihrem Leben nicht abgeschlossen ist. Auch sie hat durch seine Entscheidung ihren Vater verloren, doch ihr bleiben Handlungsmöglichkeiten, die sie ebensosehr beschäftigen.

6

Keine Liebe, keine Trauer...
Trennung und Scheidung

Wenn der Vater eines Mädchens stirbt, dann hat es unwiderruflich den ersten Mann verloren, den es geliebt hat. So sehr sie sich auch bemühen mag, ihn in ihren Phantasien lebendig zu erhalten, die Beziehung ist zuende, und sie wird einen großen Teil ihrer psychischen Energie dafür aufwenden, seinen Verlust zu kompensieren.

Ein Mädchen, das den Vater infolge einer Trennung oder Scheidung verloren hat, ist nicht mit einer solchen Endgültigkeit konfrontiert. Sie wird eher grübeln als trauern. Ihr Vater ist am Leben, und wenn sie sich sehr darum bemüht, wird er vielleicht zurückkommen. Wenn nicht zu Mutter, dann vielleicht zu ihr.*

Wie stark die Hoffnung nach Wiederversöhnung ist – vorhanden ist sie stets bei Töchtern getrennt lebender Väter –, hängt von den Umständen ab, unter denen der Vater die Mutter verlassen hat. Bei Mädchen, zum Beispiel, die ihren Vater nie kennengelernt haben, tauchen das Bedürfnis und die Neugier im allgemeinen erst auf, wenn sie erwachsen sind. Ein Mädchen hingegen, das eine aktive

---

* Wenn in diesem Buch von ›Töchtern von Geschiedenen‹ die Rede ist, dann meine ich Fälle, in denen die Väter nach der Scheidung aus dem Leben der Mädchen verschwunden sind. Es liegt auf der Hand, daß die Frauen, die sich entschlossen haben, an unserer Befragung teilzunehmen, in ihrer Kindheit keinen männlichen Elternteil hatten. Für jene, die nach der Scheidung weiterhin eine aktive Beziehung zu ihren Vätern hatten, stellte sich nicht das Problem einer Wiederaufnahme der Beziehung. Viele Frauen dieser Gruppe hatten sogar bessere Beziehungen zu ihren Vätern, nachdem die Streitereien der Eltern aufgehört hatten, so daß eine Wiederaufnahme der elterlichen Beziehung das letzte war, was sie sich gewünscht hätten.

Beziehung zu seinem männlichen Elternteil hatte, wird die Wiedervereinigung schon in jüngerem Alter anstreben.

Lee, eine Frau in den Dreißigern, die leitende Angestellte bei einer Werbeagentur war, gehörte zur ersten Kategorie. Sie schilderte mir einen Vorfall, der sich ein Jahr vor unserem Gespräch zugetragen und einen Kummer in ihr geweckt hatte, von dem sie bis dahin nichts geahnt hatte.

Sie war zu Besuch bei Freunden, die zwei kleine Töchter hatten, und lag am Swimmingpool, als das fröhliche Geschrei der beiden Mädchen einen düsteren Akkord in ihr zum Klingen brachten. »Sie spielten mit ihrem Vater — glücklich, kreischend vor Freude —, und da stieg eine tiefe Wehmut in mir auf. Mir wurde plötzlich klar, daß diese kleinen Mädchen ein völlig anderes Leben vor sich hatten als ich. Sie werden erfahren haben, wie es ist, von einem Mann umarmt, geküßt und geliebt zu werden. Ich habe das als Kind nie erlebt!«

Lees Eltern lernten sich kennen, als ihre Mutter, die schon über vierzig war, in einem Hotel arbeitete. Sie verbrachten eine Nacht zusammen. »Meine Mutter sagte immer, er hätte etwas in ihren Drink getan« —, und neun Monate später kam Lee zur Welt. Eine turbulente Kindheit, die sie teils bei der Mutter, teils in Pflegeheimen verbrachte, bürdete ihr soviele emotionale Belastungen auf, daß das Fragen nach ihrem biologischen Vater für sie nur von peripherer Bedeutung waren. Dies ist anfangs häufig der Fall, wenn der Vater die Mutter vor der Geburt des Kindes verlassen hat. Die Tochter einer unverheirateten Mutter verbringt ihre Kindheit meistens in unstabilen Verhältnissen. Im Alter von zehn Jahren fand Lee sich zögernd damit ab, daß sie von nun an ganz mit einer Mutter zusammenleben würde, die sie kaum kannte. Bald darauf begann sie Fragen nach ihrem Vater zu stellen.

»Als ich in die sechste Klasse ging, erfuhr ich, daß meine Eltern nicht verheiratet gewesen waren, aber erst ein paar Jahre später sagte mir meine Mutter Näheres darüber. Sie sagte, mein Vater sei Schriftsteller gewesen, und ich fand das sehr interessant, weil ich damals die Schulzeitung herausgab und Journalismus etwas Faszinierendes für mich war.

Sie ging mit mir in die Bücherei, und ich las einige Bücher von ihm. Ich erinnere mich, daß ich tiefbeeindruckt war und mir dachte, daß er ein wundervoller Mensch sein muß. Ich fragte mich, was ich wohl von ihm geerbt hatte – diese Frage hatte ich mir schon immer gestellt – und malte mir aus, wie es wäre, ihn zu treffen. Zum Beispiel erwog ich, zu einem Schriftstellerkongreß zu gehen und einfach auf ihn zuzutreten, ohne ihm zu sagen, wer ich bin – einfach um ihn zu sehen. Natürlich kann man nicht auf jemanden zutreten und sagen ›Hallo, ich bin deine Tochter‹. Ich wüßte nicht einmal, wie ich es beweisen könnte.

Einmal suchte ich ihn aus einem Verzeichnis von Schriftstellern des zwanzigsten Jahrhunderts heraus, und was da über seine Abstammung stand, machte mir klar, woher ich mein Aussehen habe, zum Beispiel meine grünen Augen.

Erst im letzten Jahr habe ich mich ernsthaft bemüht, ihn zu finden. Ich dachte mir ›Was habe ich zu verlieren? Er muß achtundsiebzig oder neunundsiebzig Jahre alt sein. Ich brauche ihm nicht einmal zu sagen, wer ich bin.‹ Ich war tief enttäuscht, als ich erfuhr, daß es zu spät war. Er war gestorben.«

Lee behauptete, daß sie rein verstandesmäßig daran interessiert gewesen sei, ihren Vater kennenzulernen. Doch eine mit ihr befreundete Therapeutin hatte ihr erklärt, die sich immer wiederholenden enttäuschenden Beziehungen zu Männern würden sie Lügen strafen. Sie sah mich mit den von ihrem Vater geerbten grünen Augen zuerst abweisend und dann trotzig an, als sie mir erzählte, was ihre Freundin gesagt hatte. »Sie meinte, ich würde nie mit einem Mann glücklich sein, bevor ich nicht diese... diese Sache mit meinem Vater gelöst habe. Ich würde ständig auf Anerkennung aus sein, weil ich sie von meinem Vater nicht bekommen habe. Aber mein Vater kann doch gar nichts gegen mich gehabt haben. Er hat doch nicht einmal gewußt, daß es mich gibt.«

Töchter, die die Trennung miterlebt haben, verspüren den Wunsch nach Aussöhnung früher. Selbst wenn die Eltern ständig miteinander gestritten haben, träumt die Tochter geschiedener Eltern von einer magischen Wiedererweckung der Liebe, die doch ihre Eltern anfangs vereint haben muß: jener Liebe, denkt sie schuldbewußt, die *sie* zerstört hat, als sie zur Welt kam. Ihr Vater hat doch nicht nur ihre Mutter, sondern auch sie verlassen, und es scheint ihr undenkbar, daß er nicht eines Tages einsehen wird, daß er falsch gehandelt hat. Wie wir bei unserer Untersuchung feststellten, dauert es bei Töchtern geschiedener Eltern in der Regel mindestens ein Jahr, bis sie sich eingestehen, daß der Vater für immer fortgegangen ist.

Megan, eine zweiundvierzig Jahre alte Psychologin, die sieben Jahre alt war, als ihre Eltern sich scheiden ließen, leugnete den größten Teil ihrer Kindheit die schmerzliche Entscheidung ihres Vaters. Sie bestätigte, daß sie gehört hatte, wie ihre Eltern stritten, wie ihre Mutter ihrem Vater Vorwürfe wegen anderer Frauen machte, und ihren frühen Erinnerungen zufolge war ihr Vater ein ›unzuverlässiger, rätselhafter Mann‹ gewesen. Doch als er eines Tages — ohne jede Erklärung — verschwand, wartete sie sechs Monate lang auf ihn und fragte sich, wo er wohl war. Dann begann sie ihn zu verleugnen, doch auf eine besondere Weise: Sie träumte nicht von seiner Rückkehr, sondern machte ihm diese unmöglich. Mit siebeneinhalb Jahren entschied Megan, daß ihr Vater tot war. Das sagte sie ihren Freundinnen in der Schule, und das sagte sie sich selbst.

Ungläubig und ein wenig unwillig hörte ich Megan zu. Während ich mit der schrecklichen Tatsache fertigzuwerden versuchte, daß ich meinen Vater für immer verloren hatte und dies vor meinen Schulkameradinnen zu verheimlichen suchte, stellte sie bewußt diese Endgültigkeit her. Während ich mir in meiner Mädchenzeit geheimnisvolle Treffen ausmalte, machte sie sich selbst jede Hoffnung zunichte. Doch wenn sie ihren Vater begraben hatte, konnte sie ihn auch wiedererwecken – und das tat sie. Megan beschloß, sich auf die Suche nach dem Mann zu machen, der sie verlassen hatte.

»Als ich etwa achtzehn bis zwanzig Jahre alt war, gab es eine Zeit, in der ich einfach nicht imstande war, mich von Männern, mit denen ich befreundet war, zu trennen. Ich konnte nicht einfach ›Gute Nacht‹ zu ihnen sagen. Einmal habe ich einen Jungen in meine Wohnung eingesperrt, weil ich schreckliche Angst hatte, ich würde ihn nicht wiedersehen, wenn er ging. Das hatte natürlich verheerende Folgen, und mir wurde klar, daß ich meine Gefühle überhaupt nicht mehr unter Kontrolle hatte. Ich mußte etwas gegen meine Angst, meine Aggressionen tun.

Ich weiß nicht, was ich da ausagierte, warum ich so unwiderstehlich von gutaussehenden, zurückhaltenden Männern angezogen wurde, warum ich so eine furchtbare Angst vor jeder Art von Trennung hatte, aber ich machte damals eine Therapie und sprach dabei immer mehr über meinen Vater. Es stellte sich heraus, daß er für mich sehr lebendig und mein Bedürfnis, ihn kennenzulernen, sehr stark war.

Ich hatte keine Ahnung, wo er war, und eigentlich wußte ich kaum etwas über ihn. Schließlich fragte ich meine Mutter nach ihm. Sie meinte, er sei vielleicht nach Chicago gegangen, wo seine Familie lebte, und sie sagte mir den Namen seiner Schwester. Ich rief seine Schwester – meine Tante – an und sagte ihr, daß ich kommen würde. Sie sagte mir nichts über meinen Vater, und ich hatte keine Ahnung, was mich erwartete.

Ich fuhr mit dem Zug nach Chicago, und als er in den Bahnhof einfuhr, stand er da – genauso, wie ich ihn in Erinnerung hatte: ein gutaussehender, wunderschöner, gutgekleideter, altersloser Mann. Es war unfaßbar, daß er nach so langer Zeit immer noch der gleiche war, als sei inzwischen überhaupt nichts geschehen. Es war ein furchtbarer Schock.

Ich stieg in seinen Wagen, und wir fuhren zu ihm nach Hause. Ich hatte nie darüber nachgedacht, doch ich nahm an, daß er allein lebte und nur für mich da sein würde, daß er sich ganz mir widmen würde.

Ich saß also in seinem neuen Cadillac — der völlig zu der Vorstellung paßte, die ich von ihm hatte —, und kurz bevor wir bei ihm zu Hause ankamen, rückte er damit heraus, daß er verheiratet war und zwei Söhne hatte. Ich hatte es nie auch nur für möglich gehalten, daß er ein neues Leben begonnen hatte.

Plötzlich wurde ich schrecklich wütend, und diese Wut platzte aus mir heraus — warum er mich in all diesen Jahren nie angerufen habe?... Mir nicht einmal eine Geburtstagskarte geschrieben habe? Als er mir ein paar Fotos zeigte, die er seit der Zeit, als ich klein war, bei sich trug, explodierte ich. Er beruhigte mich, indem er mir sagte, wie sehr er meine Mutter geliebt habe, daß er mit keiner anderen Frau so schöne Zeiten erlebt habe. Es war wundervoll, daß er das sagte, aber es ließ natürlich meine unterdrückten Schuldgefühle wieder hochkommen. Meine Eltern hatten sich einmal geliebt, und dann hatten sie sich nicht mehr geliebt. Hatte das etwas mit mir zu tun? Wenn ich eine bessere, eine hübschere Tochter gewesen wäre, vielleicht wäre ich ihm dann mehr wert gewesen — vielleicht wäre er dann bei uns geblieben.« (Es war erstaunlich, wie häufig ich bei meinen Interviews mit Töchtern geschiedener Eltern dieses Argument hörte: Wenn die Tochter nur hübscher gewesen wäre, dann wäre der Vater geblieben.)

Verständlicherweise fühlte sich Megan im Heim ihres Vaters und seiner Familie nicht wohl. Statt Hoffnung und Versöhnung schien ihre Anwesenheit ungute Erinnerungen heraufzubeschwören. Wie zur Bestätigung ihrer destruktiven Kraft begannen ihr Vater und seine Frau miteinander zu streiten.

»Am ersten Morgen wurde ich durch lautes Geschrei geweckt. Mein Vater kam herein und sagte, wir würden das Haus verlassen. Er erklärte mir nichts, doch ich war sicher, der Streit ging um mich. Ich hatte es wieder getan.

Wir fuhren in ein Motel. Es war schrecklich. Ich meine, er hat nicht versucht, mich zu verführen oder so, aber er schien sich einer Frau gegenüber nicht anders verhalten zu können, als mit ihr zu flirten. Und ich war noch nie so lange allein mit einem Mann zusammen gewesen, schon gar nicht mit einem Fremden, der mein Vater war. Zum Glück dauerte es nur zwei Tage. Dann brachte er mich zu seiner Schwester.

Dort blieb ich zwei Wochen. Er blieb ein paar Tage und war sehr liebevoll und nett; dann verschwand er, kam wieder, verschwand. So ging es ständig hin und her zwischen Nähe und Distanziertheit, Freundlichkeit und Kühle. Ich ertrug die Nähe nicht, und ich ertrug die Trennung nicht. Das Ganze lief darauf hinaus, daß ich erkannte: Ich konnte ihm nicht vertrauen. Er war nicht so, wie ich ihn mir als Mensch wünschte, und er konnte nicht gutmachen, daß ich all die Jahre keinen Vater gehabt hatte.

Er brachte mich zum Flughafen, und im Flugzeug weinte ich. Ich glaube, als ich nach Los Angeles zurückkam, hoffte ich trotz allem, daß er mir schreiben würde, aber er hat's nie getan.«

Das Treffen mit ihrem Vater führte also zu keiner magischen Wiedervereinigung, und es hatte auch keine heilende Wirkung. Doch irgendwo in ihrem Innern, in jenem Teil, mit dem sie die Realität wahrnahm, ließ Megan ihren Vater los. Die Geheimnisse, die ihn umgaben, hatten sich, aus der Nähe betrachtet, als unlösbar erwiesen, und allmählich hörte er auf, für sie ein Maßstab zu sein, den sie an alle anderen Männer anlegte (ein Status, den die meisten verstorbenen Väter nie verlieren).

Als sie ihre Phantasien aufgab, fiel es ihr leichter, Männer loszulassen. Sie sperrte sie nicht mehr ein, und sie fühlte sich nicht mehr vor allem von Männern angezogen, die sich ihr zu entziehen versuchten. Zwei Jahre, nachdem sie ihren Vater kennengelernt hatte, lernte sie den Mann kennen, den sie heiratete.

»Er sah sehr gut aus, doch er war sehr sanft und sensibel, liebevoll und in seinen Gefühlen konstant; nicht einen Tag heiß, und am nächsten Tag kalt.

Mein Vater kam zur Hochzeit. Er war arbeitslos und geschieden. Inzwischen war mir klar geworden, daß er mir nichts zu bieten hatte, daß er jemand war, der immer nur nahm und nichts gab, ein Mensch, der immer am Rand einer Katastrophe lebte. Irgendwie widerte er mich an.«

Es war das letzte Mal, daß Megan ihren Vaer sah. Ihre Ehe, die sie unbewußt eingegangen war, um ihren Vater zu bestrafen, dauerte nur zweieinhalb Jahre. Megan hatte sich von ihrem Vater gelöst, doch nicht ihr Bedürfnis nach einem Vater verloren.

»Als ich mit neunzehn Jahren nach Chicago fuhr, sagte ich mir, daß ich ihn nur kennenlernen wollte, doch in Wirklichkeit erhoffte ich mir, daß er sich um all die Dinge annehmen würde, um die sich nie ein Mann bei mir gekümmert hatte. Als ich Steve heiratete, entschied ich mich für einen Mann, der völlig anders war als mein Vater. Vielleicht glaubte ich, dadurch erreichen zu können, daß er sich wie ein Vater verhalten würde. Außer seiner Sensibilität fand ich an ihm anziehend, daß seine Eltern fünfunddreißig Jahre verheiratet waren. Ich wollte unbedingt jemanden heiraten, der ein stabiles, intaktes Elternhaus hatte. Ich hatte eben mit meinem Psychologiestudium begonnen und war zu einigen Erkenntnissen gekommen. Doch natürlich beherrschte mich dieses Bedürfnis, umsorgt zu werden. Steve war ein guter Partner, ein guter Mensch, aber er war nicht sehr stark.

Außerdem verdiente er nicht viel. Er war Künstler, und obwohl wir immer genug hatten, um zurechtzukommen, machte es mir Angst, so zu leben.

Auf einer anderen Ebene war es mir unerträglich, so sehr auf ihn angewiesen zu sein. Kurz bevor ich ihn verließ, hatte ich *Sex and the Single Girl** gelesen und das hat mich ziemlich beeinflußt. Es wurde mir schrecklich wichtig, selbst für mich zu sorgen, selbständig zu sein. Es ist mir furchtbar, das zugeben zu müssen, aber ich glaube, irgendwie hat es mich auch befriedigt, jemanden zu verlassen, statt verlassen zu werden. Natürlich wollte ich ihm nicht bewußt wehtun, aber ich glaube, ich mußte es tun, um das Gefühl zu haben, den Ablösungsprozeß in der Hand zu haben.«

Nach zwei Jahren tauschte Megan ihre zweifelhafte Unabhängigkeit gegen eine neue Ehe ein. Jack war wesentlich älter als sie und bezeichnenderweise Arzt. »Es gibt für mich keinen Zweifel, daß ich in ihm eine Vaterfigur sah. Er hat mir ein Gefühl der Sicherheit gegeben. Da er älter und Arzt war, schienen alle Voraussetzungen dafür gegeben, daß er mich umsorgen würde.« Nach fünfzehn Jahren, in denen sie zwei Kinder bekamen, wurden sie geschieden. Trotz seines Berufes war Jack auch nur ein Mensch, der in seiner schwarzen Tasche eine schwierige Kindheit und seine eigenen Probleme mit sich herumtrug. Er hatte kein Mittel gegen Megans Leiden.

Als ich Megan bat, ihre gegenwärtige Beziehung zu schildern, holte sie tief Luft. »Wenn mir der Gedanke kommt, daß er nicht so an mir hängt, wie ich das möchte, gerate ich in unglaubliche Wut. Wissen Sie, ich habe vieles begriffen, als ich mich damit abfand, wie mein Vater in Wirklichkeit ist, aber der Schmerz darüber, daß er uns verlassen hat, hat nicht nachgelassen. Manchmal glaube ich, mich zu umsorgen, ist eine unlösbare Aufgabe. Ich habe neun Jahre Therapie gemacht, aber ich fürchte, mit diesen Problemen werde ich immer zu kämpfen haben: Ich möchte, daß ein Mann ganz für mich da ist, aber vor zu viel Nähe schrecke ich zurück. Es ist enttäuschend für mich, daß ich nicht geheilt wurde, daß es so etwas wie Heilung nicht gibt.

* Zu Helen Gurley Browns Gedanken über den Tod *ihres* Vaters, siehe 13. Kapitel

Ich glaube, wenn das erste Vertrauen und Geborgenheitsgefühl eines Kindes zerstört wird, verbringt man den Rest seines Lebens damit, nach Sicherheit zu suchen, und es gibt nichts im Leben, was hundertprozentig sicher ist.«

Der wichtigste Unterschied zwischen Töchtern verstorbener Väter und Töchter geschiedener Väter ist, daß für letztere die Möglichkeit einer Wiedervereinigung besteht. Ich bedaure den Umstand, daß ich nie auch nur die Chance hatte, meinen Vater kennenzulernen, doch eine falsche Hoffnung ist ebenso frustrierend wie eine absolute Unmöglichkeit. Eine bittere Pille ist schwer zu verdauen, ganz gleich, ob man sie in Stücken oder als Ganzes schluckt. Die Tochter eines verstorbenen Vaters weiß, daß ihr nichts übrig bleibt, als sich mit dem bitteren Geschmack in ihrem Mund abzufinden; die Tochter geschiedener Eltern hofft, daß man ihr eine andere Pille gibt.

Patty, eine stattliche, imposante Frau, die Liv Ullman ähnlich sah, hegte immer noch diese Hoffnung. Es war zwanzig Jahre her, seit ihr Vater mit seinem neuen Sportwagen davonfuhr, wie er das schon so oft getan hatte. Sie war völlig sicher gewesen, daß er zurückkommen würde.

> Wenn ich gewußt hätte, daß es das letzte Mal war, daß ich meinen Vater sah, dann hätte ich ihm wenigstens nachgeschaut. Doch ich blieb im Wohnzimmer stehen, und er ging zur Tür und schloß die Tür sorgsam und leise hinter sich und verschwand aus meinem Leben.*

Mr. Stoke war Nachtclub-Entertainer, und sein Beruf brachte es mit sich, daß er eine ungewöhnliche Arbeitszeit hatte. Seine Frau und seine Kinder hatten sich daran gewöhnt, und für Patty war dies sogar ein Vorteil, denn ihr Vater war tagsüber zu Hause.

---

* Aus einer von Patty verfaßten Geschichte

»Ich habe immer mehr an ihm gehangen als an meiner Mutter. Nach meiner Geburt versorgte er mich, denn meine Mutter mußte im Krankenhaus bleiben. Er war es, der mit mir einkaufen ging – sogar meinen ersten Büstenhalter. Er brachte mir Klavierspielen bei, er ging mit meinem kleinen Bruder und mir ins Kino, und er gab die schönsten Geburtstagspartys im Block. Alle drängten sich danach, zu unseren Partys zu kommen.« Sie lächelte trotz der Tränen, die ihr in den Augen standen. Ein verschnörkeltes, intarsienverziertes Klavier beherrschte das ansonsten spärlich eingerichtete Zimmer, in dem wir saßen.

Doch die Familie des Klavierspielers mußte sich nicht nur mit einer ungewöhnlichen Arbeitszeit abfinden. Soweit Patty zurückdenken konnte, war ihr Vater immer wieder verschwunden – manchmal für drei Tage, manchmal für drei Monate. Nicht, wie sie dunkel ahnte, aus Gründen, die mit seiner Arbeit zusammenhingen, sondern weil er Affären mit anderen Frauen hatte. »Er war eben einfach so«, erklärte sie. »Seit seinem achten Lebensjahr ist er immer wieder von zu Hause weggelaufen.« Ein paarmal während unseres Interviews nannte sie ihn mit kaum verhüllter Bewunderung einen ›Zigeuner‹.

»Meine allererste Erinnerung ist, daß meine Mutter und ich heimkamen, und auf dem Gartenweg lagen mehrere zusammengeknüllte Dollarscheine, die wie Krümel zur Hintertür führten. Das bedeutete, daß Papa zu Hause war. Es war eine Gewohnheit von ihm, uns auf diese Weise mit Geld oder Geschenken zu überraschen. Meine Mutter hatte sich damit abgefunden. Ihr Vater war genauso gewesen.

Eines Abends (ich muß etwa sechs gewesen sein) lag mein Vater unten auf der Couch, und meine Mutter packte oben seinen Koffer. Ich wußte, was das bedeutete: Papa würde für eine Weile verschwinden, und ich würde mit Mutter, zu der ich keine so enge Beziehung hatte, allein sein. Ich ging hinunter und sagte zu meinem Vater ›Papa, ich komme mit‹. Er meinte, das würde schwierig sein, aber um mir keine klare Antwort geben zu müssen, sagte er, ich solle raufgehen und meine Mutter fragen.

Sie war natürlich in einem schrecklichen Zustand und den Tränen nahe. Ich sagte: ›Ich möchte mit Papa mitfahren.‹ Und sie sagte, das ginge nicht, er würde wohin fahren, wo er mich nicht brauchen könne. Ich rannte die Treppe rauf und runter, vom einen zum andern, und schließlich begann ich zu heulen und konnte einfach nicht mehr aufhören. Sie schrien mich an und schüttelten mich.

Das Endergebnis war, daß er diesmal nicht wegfuhr. Man beschloß, daß er in Zukunft gleich nach der Arbeit wegfahren würde. Und das tat er dann auch – er hörte um zwei Uhr morgens mit der Arbeit auf und kam einfach nicht nach Hause.

Die meiste Zeit war er natürlich da. Aber es gab immer kleine Anzeichen, die uns verrieten, daß er bald wieder verschwinden würde. Einmal, zum Beispiel, hörte er meiner Mutter zuliebe zu rauchen auf, und als ich ihn ein paar Monate später mit einer Zigarette sah, da wußte ich: ›Aha, es ist bald wieder soweit, bereite dich darauf vor.‹«

Ich fragte Patty, wie sich ein kleines Mädchen auf ein solches Verschwinden ›vorbereitet‹. Wie bereitet sie sich darauf vor, auf diese Weise von ihrem geliebten Vater zurückgewiesen zu werden? Mit kindlicher Stimme antwortete sie: »Das gehörte einfach zum Leben: Papa kam und Papa ging.

Ich weiß noch, wie meine Mutter eines Abends, als wir zusammen beteten, sagte: ›Und einen Kuß für Papa, wo immer er auch ist.‹«

Da Patty all das gewohnt war, war sie nicht besonders bestürzt, als diese Trennungen bald nach ihrem vierzehnten Geburtstag zur Scheidung führten. »Es schien ein ganz logischer Schritt. Es wurde nie mit uns darüber gesprochen, aber ich merkte, daß die Streitereien und das Geschrei immer schlimmer wurden, und so war ich nicht der Meinung, daß die Scheidung viel an der gewohnten Situation ändern würde, außer daß es nicht mehr soviel

Krach geben würde. Ich nahm an, daß ich ihn mindestens ebenso oft wie bisher sehen würde. Auf die Idee, daß er uns für immer verlassen könnte, bin ich überhaupt nicht gekommen.

Ich habe ihn nach der Scheidung nur zweimal gesehen. Einmal erschien er mit seiner neuen Freundin und ihren zwei Kindern, stellte mir einen Scheck aus und ging wieder. Das andere Mal holte er mich zu einer Spazierfahrt mit seinem neuen Coupé ab.«

Obwohl es Patty mit achtunddreißig Jahren immer noch schwerfällt, zu akzeptieren, daß ihr Vater für immer fortgegangen ist – »Papa ging fort, Papa kam zurück« –, hat sie wenig unternommen, um ihn zu finden. Sie nimmt an, daß er eines Tages wiederkommen wird – »Das hat er immer getan.« Nur einmal, im Alter von sechzehn Jahren, versuchte sie, ihn ausfindig zu machen.

»Immer wenn mein Vater fort war, war ich allein, völlig allein. Als Teil einer Familie fühlte ich mich nur, wenn er da war. Als es schließlich so aussah, als ob sein Verschwinden sich diesmal von den anderen Malen unterschied, ging ich zum Polizeirevier und machte eine Vermißtenmeldung. Der Beamte schrieb alle Daten auf und füllte eine Menge Formulare aus, und dann stellte sich heraus, daß mein Vater wahrscheinlich absichtlich verschwunden war. Plötzlich zerriß der Beamte all die Papiere und warf sie in den Papierkorb. ›Wenn er nicht gefunden werden will, dann können wir Ihnen nicht helfen‹, sagte er. Und da das Finanzamt hinter ihm her war, hatte er natürlich seine Spuren gut verwischt. Niemand, nicht einmal meine Mutter, wußte, wo er hingegangen war. Als ich ihr sagte, daß ich ihn gern sehen und mit ihm reden würde, meinte sie, ich solle doch von ihm träumen. Durch eine Cousine erfuhr ich einmal, daß er in Georgia war, aber was half mir das? Nein, ich habe mich nie angestrengt, ihn zu finden.

Natürlich habe ich meine Phantasien. Einmal, als er mir seinen Gutenachtkuß gab, sagte er ›Warum kannst du nicht hübsch sein, so wie deine Mutter?‹ *Das habe ich nie vergessen.* Ich bin mir immer häßlich vorgekommen. Das tue ich heute noch. Und manchmal denke ich, wenn er mich heute sehen könnte, dann würde er merken, daß ich doch nicht so häßlich geworden bin. Ich stelle mir vor, wie ich in eine Bar gehe, in der er spielt, und wie er sagt ›Wer ist diese hübsche Frau?‹ Und dann würde es ihm klar werden: ›Oh, das ist meine Tochter!‹ Und vielleicht würde er dann einsehen, daß ich nicht so übel bin, daß er uns verlassen mußte.

Schauen Sie, meine Hautfarbe stimmt überhaupt nicht«, fuhr die Frau mit ihren auffallenden roten Haaren fort. »Ich habe ein ganz helle Haut, und er als Mexikaner hat eine dunkle. Aber ich sehe genau wie er aus, ich habe das gleiche Gesicht.« Mit plötzlicher Begeisterung holte sie ein paar Fotoalben, um mir die Ähnlichkeit zu beweisen. Während ich mir die Fotos ansah, vergaß ich einen Moment, was sie mir zeigen wollte und bemerkte ein wenig gedankenlos, daß sie ihrer Mutter sehr ähnlich sehe. »Sagen Sie das nicht! Ich habe doch *sein* Gesicht – sehen Sie denn nicht?« Ich versuchte meinen Schnitzer wiedergutzumachen, indem ich ihre Ähnlichkeit mit ihrem Vater bestätigte. Es ärgerte mich ein wenig, wie abhängig sie von der Anerkennung dieses einmalig unzuverlässigen Menschen war.

»Zwischen zehn und zwanzig«, sagte sie später, »hatte ich ein sehr schlechtes Selbstbild. Ich war ein richtiges Mauerblümchen, und wenn mal eine Beziehung mit einem Jungen anfing, hatte ich dauernd Angst, verlassen zu werden. Ich klammerte mich fest und bekam hysterische Anfälle, wenn die Beziehung zuende zu gehen schien.

Mit achtzehn nahm ich an einem Schauspielkurs teil, und eine Aufgabe, die wir bekamen, bestand darin, daß man zwei Minuten auf der Bühne stehen und einen Satz sagen durfte. Ich stand da und sah, wie mein unsichtbarer Vater über die Bühne ging und an der Tür stehenblieb. Mein Satz lautete ›Geh nicht.‹ Das ging mir so nahe, daß ich mich fast nicht hinaustraute.«

Die Angst, daß ihre Befürchtungen sich bewahrheiten könnten, führte schließlich bei Patty zu einer Abwehrhaltung. Bis zu ihrem fünfunddreißigsten Lebensjahr hatte sie sich nur viermal auf eine emotionale Bindung eingelassen, und es war jedes Mal schiefgegangen: nach der Beziehung zu ihrem Vater hatte es zwei kurze Ehen gegeben – beide mit Männern, die sie ›kalt und abweisend‹ nannte – und eine sehr enttäuschende Liebesaffäre. Um sich vor weiteren Enttäuschungen zu schützen, ließ sie sich auf überhaupt keine Beziehung mehr ein.

»Nach allen drei Trennungen wurde ich schwer krank. Ich nahm stark ab, konnte einfach nichts essen und hatte starke Atembeschwerden. Ich glaube, es ist ziemlich klar, daß ich einfach nicht mehr atmen wollte. Daß ich nicht leben wollte.

Heute lasse ich keinen zu nahe an mich heran. Ich bin mit acht Männern befreundet, damit ich genug Männer in Reserve habe. Die Hälfte davon sind über fünfzig, die andere Hälfte in den Zwanzigern. Bei älteren Männern und bei viel jüngeren habe ich das Gefühl, das Ganze unter Kontrolle zu haben. Lange Zeit hatte ich Beziehungen mit verheirateten Männern, weil in diesem Fall das Ende schon feststeht und man sich deshalb keine Sorgen zu machen braucht.

Natürlich habe ich immer noch diesen Märchenprinz-Komplex – daß einer mich genügend lieben wird, um immer bei mir zu bleiben. Ich rede mir ein, daß ich darauf warte, und daß ich, wenn ich *ihn* finde, eine anständige Frau werden und wieder an die Liebe glauben werde.

Aber zuerst möchte ich sehr, sehr stark sein. Ich möchte beruflich auf so festen Beinen stehen, daß meine persönliche Sicherheit garantiert ist. Niemand darf mehr imstande sein, mir den Boden unter den Füßen wegzuziehen. Diese Macht werde ich keinem Mann mehr zugestehen. Deshalb suche ich mir bewußt Männer aus, die andere unattraktiv finden – damit ich mir deshalb keine Gedanken machen muß. So bin ich in Sicherheit.«

Vielleicht ist Patty vor anderen Männern in Sicherheit. Vielleicht wird sie niemandem erlauben, sie zu lieben, bis der Mann, der immer zurückkam, dies wieder tut. Nach ihren Ehen hat sie jedes Mal wieder den Familiennamen ihres Vaters angenommen: »So bin ich leicht zu finden.« Und manchmal bildet sie sich ein, daß er trotz allem, was geschehen ist, auf der Suche nach ihr ist, daß er eines Tages wie in *Stella Dallas* zum Fenster hereinschaut.

Vor kurzem war ein Kater, den sie elf Jahre hatte, verschwunden. »Ich drehte völlig durch, schlug Plakate an und schickte Tierärzten ausführliche Beschreibungen und Fotos. Ich war völlig von dem Gedanken besessen, ihn zu finden. Jemand meinte, daß ich das alles vielleicht tat, weil ich mich nicht genug bemüht hatte, meinen Vater zurückzuholen.«

»Dazu ist es doch nicht zu spät«, sagte ich. »Warum machen Sie sich nicht wieder auf die Suche nach ihm?«

»Ich weiß nicht. Ich glaube, ich möchte nicht dahinterkommen, daß er gar kein Interesse an mir hat.«

Bald nach unserem Interview überlegte Patty sich's anders. Sie machte ihren Vater ausfindig und telefonierte mit ihm. Obwohl er ›mißtrauisch und zurückhaltend‹ reagierte, versprach er ihr zu antworten, wenn sie ihm einen Brief schrieb. »Es ist total verrückt«, sagte sie zu mir. »Ich habe wieder einen Vater.«

Seit ihrem ersten, verständlicherweise unangenehmen Telefongespräch, führen sie einen regen Briefwechsel und planen sogar, sich zu treffen. Vielleicht werden Patty und der Mann, der sie verlassen hat, wieder zusammenfinden; vielleicht wird Pattys Vater sogar sagen: »Sieh mal an, was für eine hübsche Frau!«

Zu einer Zeit, da die Scheidungsrate schwindelnde Höhen erreicht, ist man dabei, gründliche Untersuchungen über die Bedeutung des Vaters für die Entwicklung seiner Kinder durchzuführen. In oft dramatischen Auseinandersetzungen kämpfen Männer vor Gericht um das Sorgerecht.

Noch vor wenigen Jahren war das nicht so. Wenn Eltern geschieden wurden, bedeutete das meistens, daß die Kinder ohne Vater aufwuchsen – doch wußten sie immerhin, daß er am Leben war, daß es ihm vielleicht sogar gutging.

Als ich Patty sagte, daß mein Vater tot sei, platzte sie heraus: »Ach, das ist viel leichter! Wenn er gestorben wäre, hätte ich mich nicht so verraten gefühlt!«

Deidre S. Laiken schreibt im Vorwort zu ihrem Buch *Daughters of Divorce:* »Obwohl der Tod des Vaters die Tochter in vielfacher Weise von ihrer Familie trennt, ist eine Zeit der Trauer vorbehalten – einem Ritual, das es leichter macht, den Verlust zu akzeptieren. Bei einer Scheidung wird dem Kind die traditionelle Trauerzeit nicht zugestanden, und die Unfähigkeit, uns mit einem Verlust, mag er nun endgültig sein oder nicht, zu versöhnen, macht es für viele von uns viel schwieriger und verwirrender, damit fertigzuwerden.«

Leider wurde weniger als der Hälfte der Frauen unserer Scheidungsgruppe sofort gesagt, daß ihre Väter die Familie für immer verlassen hatten – gegenüber 77 Prozent der Frauen, deren Väter gestorben waren. Doch wir mußten auch feststellen, daß die überwältigende Mehrheit der Töchter von verstorbenen Vätern nie ermutigt wurden, zu trauern, ja, daß sie sogar, wenngleich stillschweigend, entmutigt wurden. In beiden Fällen wird dem Kind also nicht klar und ehrlich die Wahrheit gesagt, noch wird es dabei unterstützt, seine Gefühle zum Ausdruck zu bringen.

Niemand kann behaupten, daß die eine Art, den Vater zu verlieren, leichter zu ertragen sei als die andere, daß diese Art des Verlustes besser zu bewältigen sei als jene. Im Gegensatz zu dem Mädchen, dessen Vater gestorben ist, besteht für die Tochter geschiedener Eltern die Möglichkeit, daß der Vater zurückkehren wird. Diese Hoffnung, genährt durch gelegentliche Geburtstagskarten und Besuche, stachelt das Mädchen zu Phantasien an und hält es in einem einsamen Zustand der Ungewißheit.

Sogar in unserem angeblich aufgeklärten Zeitalter fällt

es dem Mädchen schwer, die Endgültigkeit des Verlustes zu begreifen, wenn ihm Erwachsene nicht auf einfühlsame Weise zu diesem Verständnis verhelfen. Es ist es gewohnt, die Eltern streiten zu hören, und vielleicht hat es sich damit abgefunden, daß der Vater manchmal nicht da ist. Wenn ihm aber nichts erklärt wird, was unglücklicherweise die Regel ist, dann ist ihm die Endgültigkeit einer Scheidung unklar, und es glaubt, daß der Vater nur ungewöhnlich lange abwesend ist.

Wie wir gesehen haben, kann Kummer nur aufgelöst werden, wenn dem Menschen, den man verloren hat, die Liebe entzogen wird. Wie kann man aber von einem Kind erwarten, daß es sich von einem Elternteil löst, der am Leben ist! Selbst wenn das Familienleben eine Qual war, hofft das Kind auf Versöhnung und Wiederherstellung der Harmonie – Papa wird heimkommen und er und Mama werden sich wieder lieben. Dadurch würde die Tochter von ihrem Verlust und von ihren Schuldgefühlen befreit werden. Kein Wunder, daß soviel psychische Energie in die Hoffnung auf Vaters Rückkehr investiert wird (außer wenn, wie in Megans Fall, die Tochter diese Hoffnung aufgibt, indem sie in ihrer Phantasie den Vater sterben läßt – eine Maßnahme, deren Radikalität beweist, wie schwer es einem Kind fällt, sich damit abzufinden, daß der Vater anderswo weiterlebt).

Die ansonsten schädlichen Schuldgefühle wirken sich auf den Wunsch nach Versöhnung positiv aus. Wie wir in den vorhergehenden Kapiteln gesehen haben, glauben Kinder, die zugleich ichbezogen und verwirrenden Ereignissen hilflos ausgeliefert sind, häufig, für Geschehnisse verantwortlich zu sein, die in Wirklichkeit außerhalb ihrer Macht liegen. Indem es die Verantwortung für die sein Selbstwertgefühl untergrabende Scheidung übernimmt, stärkt das Kind sein schwankendes Machtgefühl und sieht eine Möglichkeit, seine Macht einzusetzen: Wenn es mächtig genug war, die Scheidung zu bewirken, dann kann es die Eltern vielleicht auch wieder zusammenbringen. Natürlich gelingt das nur selten. Doch das Schuldbewußtsein des Kindes verstärkt nicht nur sein Machtgefühl, es fordert schließlich auch einen hohen Preis. Wenn es sich für das Fortgehen des Vaters verantwortlich fühlt, dann muß es auch akzeptieren, daß es nicht gut genug war, daß es ihm nicht soviel wert war, seinetwegen zu bleiben.

Der Zusammenhang zwischen dem Verlust eines geliebten Menschen und dem Selbstwertgefühl entsteht in den ersten Tagen unseres Lebens. Wenn wir zur Welt kommen, ist unser Überleben völlig von einem anderen Menschen abhängig. Das einzige, was uns wichtig ist, ist die Befriedigung unserer Bedürfnisse; wer sie befriedigt, ist relativ unwesentlich. Unsere Welt besteht aus uns selbst und den Menschen, die unsere Bedürfnisse erfüllen, und so ist unser Selbstwertgefühl eng mit der Wertschätzung anderer verbunden. Das ›Ich‹, das der Mittelpunkt ist, erkennt allmählich seine völlige Abhängigkeit von anderen und zugleich die Unsicherheit seiner Existenz ohne sie. Das Selbstwertgefühl des Kindes ist deshalb untrennbar mit der Beständigkeit seiner Bezugspersonen verbunden. Wenn sie es verlassen, ist es wertlos. Die natürliche Folge ist die Angst, verlassen zu werden – ein Teil des menschlichen Wesens –, und ihr entspringt das dringende Bedürfnis nach Wiedervereinigung, wenn man verlassen worden ist.

Ist Tod die Ursache des Verlustes, dann hat der Trauerprozeß den Sinn, den Trauernden von seiner Bindung zu befreien, damit er – weil Liebe sich immer ein Objekt sucht – jemand anderen lieben und sich mit ihm vereinigen kann. Wenn man jedoch weiß, daß das Objekt noch am Leben ist, dann wird die Ablösung, die erforderlich ist, um jemand anderen lieben zu können, ständig verhindert, nicht nur in der Phantasie, sondern auch in der Realität. Der Vater steht als Liebesobjekt zur Verfügung, und der Drang nach Wiedervereinigung ist unwiderstehlich; wenn er nicht zurückkommt, wenn das Streben der Tochter nach Wiedervereinigung fehlschlägt, dann ist das Mädchen als Tochter und als weibliches Wesen ein völliger Versager.

Voll Verzweiflung wendet sie sich dem einzigen Menschen zu, der sonst noch ihren Wert bestätigen kann: der Mutter – die ebenfalls nicht geliebt werden kann.

Eine von Dr. E. Mavis Hetherington durchgeführte Untersuchung über weibliche Jugendliche ergab, daß das Selbstwertgefühl von Töchtern geschiedener Eltern niedriger ist als das von Töchtern intakter Familien oder verwitweter Mütter. Durch Solidarisierung mit der Wut der Mutter haben sie auf Kosten ihres eigenen Selbstbildes den Wunsch nach Versöhnung verdrängt. Deidre S. Laiken schreibt über diese Form von Selbstverleugnung: »Sich mit der Mutter zu vereinigen bedeutet, unser natürliches und notwendiges Verlangen nach dem Vater aufzugeben... Niedriges Selbstwertgefühl ist eine natürliche und ganz klare Folge der Fusion mit dem Elternteil, der verlassen wurde...«

Diese Identifizierung, die bei den meisten Töchtern geschiedener Eltern erfolgt, hat noch zwei andere weitreichende Auswirkungen auf die Entwicklung des jungen Mädchens. Erstens kann es sein, daß es die Verbitterung und das Mißtrauen ihrer Mutter gegenüber Männern übernimmt. Und es wagt es nicht, auf einem Gebiet, auf dem die Mutter gescheitert ist, erfolgreich zu sein. Da es ihren Vater verloren hat, ist es auf die beständige Zuneigung ihrer Mutter stark angewiesen, und sie in dieser Hinsicht zu übertreffen, würde bedeuten, die Entzweiung mit dem ihr verbliebenen Elternteil zu riskieren.

Das Mädchen, das von seinem Vater verlassen wurde, ohne daß dieser gestorben ist, erfüllen bei seinem Eintritt ins Erwachsenenalter ständige Zweifel, und es schwankt zwischen Sehnsucht und Wut. Wenn die Tochter geschiedener Eltern sich gestattet, einen anderen Mann zu lieben – was bei ihrer angelernten Feindseligkeit gegenüber Männern ohnedies schwierig ist – muß sie sich von ihrem ersten Liebesobjekt lösen, eine erschreckende Aussicht. Doch nur wenn sie sich von ihm löst, ist sie frei, einen anderen zu lieben. Sie sucht verzweifelt nach Sicherheit, die sie jedoch nie erfahren hat. Sie hat das starke Bedürfnis, sich mit ihrer Mutter zu identifizieren, doch verstärkt das ihr Gefühl der Wertlosigkeit und entmutigt sie, Erfolg anzustreben, wo ihre Mutter scheiterte.

Sie sehnt sich nach einem Mann und mißtraut allen Männern; sie hält sich für stark genug, das Ende einer Ehe herbeigeführt zu haben, und für zu schwach, um einer Beziehung gewachsen zu sein. Sie bemüht sich, liebenswert zu sein, und scheut sich vor Nähe. Ein inneres Schlachtfeld, das dem äußeren Schlachtfeld gleicht, das ihre Kindheit geprägt hat... Das Mädchen, dessen Vater sich von der Familie getrennt hat, ist sich nur in einem sicher: der erste Mann, den es geliebt hat, hat es verlassen.

Verständlicherweise fällt es der verlassenen Tochter schwer, sich damit abzufinden, daß es keine Wiedervereinigung gibt. Ob der Vater gar nicht von ihrer Existenz wußte, wie in Lees Fall, oder ob ihm nichts daran lag, eine Beziehung aufrechtzuerhalten, wie in Megans und Pattys Fall – es ist unwahrscheinlich, daß sie die Sicherheit, die sie erstrebt, bei ihm finden wird. Irgendwie ahnt sie das, während sie ihn ausfindig zu machen sucht oder auf seine Rückkehr wartet. Unfähig, sich von ihm zu lösen, indem sie eine Beziehung zu einem anderen Mann eingeht, richtet sie häufig ihre Energien auf ein akzeptableres Sicherheitssymbol: Geld. Einen anderen Mann zu lieben, würde bedeuten, sich damit abzufinden, daß ihr Vater sie für immer verlassen hat, doch finanzielle Sicherheit ist etwas Unpersönliches und zugleich sehr Wichtiges; hier bietet sich ihr ein Feld, auf dem sie nach Unabhängigkeit und Sicherheit streben kann, ohne ihren Vater aufgeben zu müssen.

Bei unserer Untersuchung bezeichneten 42 Prozent der verlassenen Töchter (ein höherer Anteil als bei allen anderen Gruppen) finanzielle Sicherheit als die ›stärkste treibende Kraft‹ in ihrem Leben. Dies liegt nicht nur daran, daß sie als erwachsene Menschen das Bedürfnis nach Sicherheit haben, sondern es entspringt einer der ersten Folgen des Vaterverlustes in der Kindheit: der Verschlechterung der finanziellen Lage. Abgesehen von jenen Fällen, in denen die Familie wohlhabend und finanziell unabhängig war, führte der Vaterverlust im allgemeinen zu finanziellen Problemen. Und wenn Scheidung die Ursache des Verlustes war, drückte das Eintreffen oder Ausbleiben der monatlichen Schecks oft aus, wieviel dem Vater an seiner früheren Frau und seinen Kindern lag.

Tatsächlich ist bei Kindern geschiedener Eltern einer der frühesten Eindrücke die sich auf alle Lebensbereiche auswirkende Macht des Geldes: Oft war es der Anlaß zu Streitigkeiten; es konnte Ablehnung wiedergutmachen, Wunden zufügen und heilen, das verlassene Kind mit dem beruhigenden Gefühl erfüllen, daß es doch geliebt wurde. »Geld ist nicht alles, was es zu sein scheint«, schreibt Deidre S. Laiken. »Es ist viel, viel mehr.«

Der feministischen Bewegung wird oft zugutegehalten (oder vorgeworfen), den Frauen ihre Fähigkeit, Geld zu verdienen, bewußt gemacht zu haben, doch die Gruppen von Frauen, von denen hier die Rede ist, bedurfte keiner solchen Bewegung, um sie dazu zu motivieren. (Die meisten der von uns befragten Frauen wuchsen vor den sechziger Jahren auf.) Schon sehr früh im Leben erkannten sie die Macht des Geldes und die Tatsache, daß der Vater den Schlüssel zu dieser Macht besitzt. In einer Gesellschaft, in der traditionellerweise die Männer in wirtschaftlicher Hinsicht die Vormachtstellung besaßen, nahmen diese Frauen mit ihrer Entschlossenheit, finanzielle Unabhängigkeit und Sicherheit zu erlangen, die feministische Bewegung vorweg. Ansonsten von Zweifeln und Widersprüchlichkeiten zerrissen, zeigten sie eine einzigartige Entschlossenheit, sich nicht mehr, wie ihre Mütter, als unqualifiziert für eine gutbezahlte Arbeit zu erweisen.

»Ich wollte nie jung heiraten«, sagte Lee, die mit achtunddreißig Jahren Inhaberin einer gutgehenden Werbeagentur und unverheiratet ist. »Die ganze Zeit, die ich mit meiner Mutter zusammenlebte, war ich voll verantwortlich für den Haushalt. Ich putzte, bügelte, kaufte alle Lebensmittel ein, kochte... alles. Als ich mit achtzehn Jahren auszog, hatte ich ehrlich das Gefühl, eine Ehefrau gewesen zu sein! Ich habe schwer gearbeitet, um das zu werden, was ich heute bin, und der Gedanke, zu heiraten und von einem Mann abhängig zu sein, ist mir zutiefst zuwider.«

Und Patty sagte mir nach drei enttäuschenden Beziehungen ganz offen: »Ich würde nicht einmal daran denken, mich zu verlieben, bevor ich finanziell abgesichert bin.«

Eine ähnliche entschiedene Einstellung trat in vielen Interviews und Fragebögen zutage. Nur 20 Prozent der befragten verlassenen Töchter erhielten eine ständige finanzielle Unterstützung von ihren Vätern, und um diese Unterstützung zu erreichen, bedurfte es oft demütigender Auseinandersetzungen vor Gericht oder von den Müttern eingereichter Klagen. Häufig führten diese Auseinandersetzungen zu dem festen Entschluß, unabhängig von einer Beziehung zu einem Mann Sicherheit zu erlangen. Im allgemeinen war es eine auf Geld aufgebaute Sicherheit. Doch manche, wie zum Beispiel die neunundvierzig Jahre alte Bernice, suchen Sicherheit auf einer höheren Ebene.

»Mit achtzehn Jahren konvertierte ich zur römisch-katholischen Kirche«, schrieb sie in einer Antwort auf den Fragebogen. »Ich tat dies, weil es mir gefiel, intelligente, freundliche, nicht bedrohliche Männer ›Vater‹ zu nennen. Ich mochte den italienischen Namen für den Papst: ›Il Papa‹. Es gefiel mir, wie Jesus von ›unserem Vater im Himmel‹ sprach. Als Katholikin fühlte ich mich weniger vaterlos.«

Bernice traf ihren Vater nie und wußte so gut wie nichts über ihn. Ihre Mutter, die er verlassen hatte, als sie ein kleines Kind war, lehnte es ab, irgendwelche ihn betreffenden Fragen zu beantworten. Es durfte nicht über ihn gesprochen werden, und er sollte im Leben der Tochter keinerlei Rolle spielen. Nur eine Ausnahme gab es. »Meine Mutter sagte mir, daß er uns verlassen hatte, weil er enttäuscht war, daß ich ein Mädchen war. Er interessierte sich sehr für Genealogie und hatte sich einen Jungen gewünscht, der für den Fortbestand seines Namens sorgen würde...«

Bernice wuchs in der Hoffnung auf, daß ihr Vater irgendwann einmal Verbindung mit ihr aufnehmen würde. Als sie einunddreißig war, erfuhr sie, daß er vor kurzem gestorben war, und erst zu diesem Zeitpunkt begann sie zu akzeptieren, daß er nie mehr wiederkommen würde. »Aber ich bin immer noch nicht frei von meinen Gefühlen − ein paarmal habe ich beim Ausfüllen des Fragebogens geweint. − Das Schlimmste ist, daß ich ihn leicht hätte treffen können, denn nach seinem Tod fand ich heraus, daß er gar nicht weit von mir wohnte.«

Bernice hat ihren Verlust kompensiert, indem sie ihren Vater in sich am Leben erhielt. Außer ihrem Übertritt zum Katholizismus, bei dem der Begriff ›Vater‹ eine große Rolle spielt, neigte sie dazu, sich hinsichtlich ihrer Interessen − wie Lesen und Fotografieren − mit ihrem Vater zu identifizieren. Wie so viele andere, hat sie den Schmerz über ihren Verlust gelindert, indem sie sich einige Charakteristika ihres Vaters in ihre eigene Identität einverleibte.

Bernice hat es abgelehnt, ehrgeizige berufliche Ziele zu verfolgen − vielleicht, weil ihre Mutter das gern gesehen hätte − und Sicherheit in einem religiösen Glauben gesucht. Trotzdem gab sie eine ganz realistische Antwort, als ich sie fragte: »Was würden Sie an einem Ehepartner am meisten fürchten?«

»Ich fürchte manchmal«, antwortete sie, »daß meinem Mann nicht klar wäre, wie wichtig ein Vater für ein Mädchen ist. Er sollte auf der Welt der Mann für sie sein, den sie respektieren und bewundern, an den sie glauben kann.

Es sollte einen Orden für gute Väter geben. Sie sollten von unserer Regierung ebenso geehrt werden wie Soldaten.

Einem Kind das zu geben, was es braucht, ist eine mindestens ebenso patriotische Tat wie das Töten eines Feindes.«

Wenn der Vater eines Mädchens die Familie verläßt — ganz gleich, zu welcher Zeit in ihrem Leben und aus welchen Gründen — vermittelt er ihr laut und klar die Botschaft, daß sie ihm nichts wert ist. Vor allem, wenn er keinen Versuch unternimmt, die Beziehung aufrechtzuerhalten, muß seine Tochter die schwierige Reise mit der Last antreten, abgelehnt zu werden und schuldig zu sein.

Der Mann und die Frau, die ihre Eltern sind, haben sich einst geliebt und tun dies nun nicht mehr. Statt dessen haben sie gekämpft, einander verletzt und Böses zugefügt. Die Frage der Schuld erhebt sich, und für die Tochter steht das Urteil fest: *sie* ist die Schuldige. Sie war schlecht, sie war nicht hübsch genug, forderte zuviel, wirkte allein durch ihre Existenz zerstörerisch. Daß der Vater die Tür hinter sich zuschlug ist für sie Beweis genug.

Um ihre Schuld gutzumachen, versucht sie, eine Versöhnung herbeizuführen. Sie ist überzeugt, ihre zerstörerischen Kräfte auch konstruktiv einsetzen zu können. Als ihre Appelle nicht beachtet werden, die Versöhnung abgelehnt wird, verbündet sie sich mit der Mutter. Aus diesem Bündnis bezieht sie die einzige Bestätigung ihres Wertes, obwohl es ihr Selbstwertgefühl schwächt. Der Pakt mit der Mutter schützt sie vor dem Wunsch nach Versöhnung und bestätigt sie in ihrem Zorn gegen die Männer und gegen sich selbst.

Verlassene Töchter sind voller unterdrückter Aggressionen, die sich häufig in einer starken Entschlossenheit äußern, Erfolg zu haben, Sicherheit und Unabhängigkeit zu erlangen. Während das Mädchen, dessen Vater gestorben ist, ständig von Kummer erfüllt ist, verharrt das Mädchen, dessen Vater die Familie verlassen hat, in seinem Schmerz.

Ob beeinflußt durch die absolute Endgültigkeit des Todes oder durch die einer Scheidung folgende falsche Hoffnung − die Weiblichkeit vaterloser Töchter wurde durch Liebesverlust geprägt. Vielleicht würde der Vater zurückkommen, vielleicht war dies völlig unmöglich − der Vater war fort, und nach dem anfänglichen Schmerz über den Verlust harrte die schwierige Aufgabe, ohne ihn aufzuwachsen.

Ob Rechtfal: danit die post: und Fanghisteredes, Tour-
oder durch die ruder Schöngürs folgende falsche Hoffnung
die Wahrheit; vaterloser Fischer wurde durch Lie-
bewollungagrey Vrleidurwurde der Vater zu der kommen, vielleicht war die wolle unnogrich. – der Vater war
tom, und nach dem anplucken aus mancholer den Ver-
...unte dieses bedenke Anpachot ohne Einschränktwache-
sen.

III. TEIL

Leben ohne Vater

7

Mutter verwitwet – Tochter geschieden:
Die Mutter als Familienoberhaupt

Heutzutage würde man uns ›Schlüsselkinder‹ nennen. Wenn meine Schwester und ich von der Schule heimkamen, setzten wir uns eine Weile vor den Fernseher, machten unsere Hausaufgaben und bereiteten dann das Abendessen zu. Mama kam gegen halb sieben, erschöpft von einem ganzen Tag Büroarbeit, gereizt von dem Gedränge in der U-Bahn. Sie hatte Hunger und war froh, wenn ihr Essen fertig war.

Wir fürchteten sie ein wenig, wenn wir hörten, wie sie die Tür aufsperrte, und hofften, daß sie nicht allzu schlecht gelaunt war. Manchmal – es war wie ein Geschenk – lächelte sie und war freundlich, doch meistens war sie nervös und gereizt und, wie uns schien, ein wenig vorwurfsvoll – waren nicht wir die Ursache, daß sie arbeiten gehen, um einen Platz kämpfen, sich durch die Menschenmassen drängen mußte? An jenen Abenden, an denen die Lammkoteletts perfekt gelungen waren, noch warm und nicht angebrannt, wenn sie in die Küche trat, erfüllte uns deshalb eine tiefe Erleichterung wenn wir sie mit dem gewohnten Kuß begrüßten.

Meine Schwester und ich waren uns klar darüber, welch ›schweres Leben‹ unsere Mutter hatte, und auch darüber, welchen Anteil wir daran hatten. Während andere Kinder Mütter mit spitzengesäumten weißen Schürzen hatten, die sie nach der Schule mit Milch und Keksen erwarteten, hätten wir es deshalb als undankbar empfunden, auch nur einen solchen Wunsch zu hegen. Unsere Mutter arbeitete schwer, um uns zu versorgen, und offen gesagt konnte ich sie mir nie mit irgendeiner Art von Schürze auch nur vorstellen.

Ab meinem zwölften Lebensjahr, als Mazie uns verließ und Großmutter nur ein oder zwei Mal in der Woche herüberkam, war ich als die ältere Tochter für die Hausarbeit zuständig. Wie ich schon erwähnte, hatte meine Selbständigkeit ihre Vorteile, vor allem den, daß ich mich, soviel es mir gefiel, ›herumtreiben‹ konnte, doch allgemein betrachtet war Verantwortung das Motto meiner späten Kindheit und meiner Teenagerjahre: sowohl im Sinn von Schuld wie im Sinn von Pflicht. Von Schuld war natürlich nie die Rede; ich kann mich nicht entsinnen, daß man jemals sagte: »Wenn ihr Kinder nicht wärt, hätte eure Mutter ein leichteres Leben.« Nein, das drückte man subtiler aus, etwa mit beiläufigen Bemerkungen wie: »Sei nachsichtig mit ihr – sie muß euch Mutter und Vater sein« oder »Du weißt doch, wie das ist; sowie ein Mann erfährt, daß eine Frau zwei Kinder hat, verliert er das Interesse.«

Da wir nicht auf den Kopf gefallen waren, war es uns bald klar: Wir waren die Ursache der Fünftage-Arbeitswoche, wir mußten ernährt und gekleidet werden, wir waren es, die potentielle Ehemänner vertrieben. Kein Wunder, daß sie nervös und gereizt war – war es deshalb nicht unsere Pflicht, ihre Wutausbrüche hinzunehmen, ihre Forderungen zu erfüllen, uns alle Mühe zu geben, sie zufriedenzustellen?

Eine Frau, deren Vater im Krieg fiel, als sie drei Monate alt war, schrieb mir: »Eine meiner frühesten Erinnerungen ist, wie ich in meinem Kinderbett liege und Mama im finsteren Schlafzimmer weinen höre. Später als ihre Trauer sich legte, befiel sie eine Art Besessenheit. Ich war das Kind ihres geliebten Mannes, also mußte ich in jeder nur denkbaren Weise perfekt sein – hübsch, reinlich, absolut gehorsam und intelligent. Die ersten achtzehn Jahre meines Lebens hatte ich das Gefühl, ein Andenken zu sein, und sonst gar nichts. Wenn ich irgendeinen Fehler machte, dann sagte sie Dinge wie ›Was würde bloß dein armer Vater dazu sagen?‹ Ständig hatte ich das Gefühl, daß ich nach einem unmöglichen Maßstab beurteilt wurde – sie verglich mich als Kind ständig mit dem Erinnerungsbild, das sie von einem erwachsenen Menschen in sich trug.«

Wir waren Kinder, von denen man eine Menge erwartete. Unsere Väter hatten wir durch Tod oder Scheidung verloren; unsere Mütter verloren viele von uns an ihren Kummer, ihre Arbeit, ihre Enttäuschung und Verbitterung. Eines Tages, während wir uns der Aufgabe hingaben, erwachsen zu werden, verloren wir auch noch unsere Kindheit.

Wie mag das alles wohl für unsere Mütter gewesen sein? Oder wie mag das für die über fünf Millionen Frauen in den Vereinigten Staaten sein, die heute ihre Kinder ohne männliche Unterstützung aufziehen? Wenn ich heute an die Angst zurückdenke, die meine Jugend überschattete, an meine Wut, an mein verzweifeltes Bemühen, sie zufriedenzustellen, dann kann ich endlich *ihren* Kampf, *ihre* ständigen Sorgen nachvollziehen. Und mir wird klar, daß wir unmöglich eine vaterlose Kindheit aus der Perspektive der Tochter begreifen können, ohne uns zuerst mit der Perspektive der anderen Hauptperson zu beschäftigen: der Frau, der die ganze Verantwortung zufiel.

Meine Mutter war ein Kind in den verrückten zwanziger Jahren, ein Teenager während der Wirtschaftskrise und eine junge Frau während des Zweiten Weltkriegs. Sie half ihren Eltern, in New York lebenden Einwanderern, in ihrem Süßwarenladen, wurde als die Schönheit der Familie bewundert, war eine gute Schülerin und schwärmte für Ronald Colman. Der Plan, sie aufs College zu schicken, was bei einem Mädchen ihrer Intelligenz nahelag, wurde schnell wegen der fehlenden finanziellen Mittel aufgegeben. Aber das war nicht so wichtig, denn für ein Mädchen mit ihrem Aussehen würde es nicht schwer sein, einen tüchtigen Mann zu finden, der ihr alles bieten würde, was sie sich wünschte: ein Heim, eine Familie, sozialen Aufstieg. Ihre Kinder würden natürlich ein College besuchen, und sie würde bis an ihr seliges Ende in einem gemütlichen Haus am Stadtrand leben.

Selma mit ihrem impulsiven Wesen erfüllte jedoch nicht die Erwartungen, die man in ein junges jüdisches Mädchen der Arbeiterklasse setzte, und enttäuschte dauernd ihre Eltern, indem sie sämtliche Bewerber abwies. Dieser Optiker war zu klein, dieser Anwalt drückte sich nicht gewählt genug aus — keiner war ihr gut genug. Sie hatte bestimmte Vorstellungen von einem Mann, von denen sie nicht abging. Sie war Brautjungfer bei der Hochzeit ihrer jüngeren Schwester und dann bei der ihres jüngeren Bruders, heiratete selbst jedoch nicht.

Auch als sie sich dem ›kritischen‹ Alter von dreißig Jahren näherte, ohne daß sich irgendwelche Aussichten boten, blieb sie fest in ihrem Glauben, daß ihre ›ganz besonderen‹ Erwartungen sich erfüllen würden. Doch dann kam der Krieg, und die in Frage kommenden Männer wurden rar. Deshalb hatte ein Pole, Besitzer eines Obst- und Gemüsegeschäfts und einige Jahre älter als sie, der ihr mit einer Entschlossenheit, die der ihren mindestens gleichkam, den Hof machte, schließlich Erfolg. Er war nicht Ronald Colman, kein Arzt und nicht einmal Amerikaner, doch er war stark und selbstsicher und hatte immer nette Überraschungen parat. Zur Freude — und Erleichterung — aller heiratete Selma.

Nach vier Jahren, in denen sie zwei Töchter gebar, starb ihr Mann an einem schweren Herzinfarkt, und Selma stand mit einem fünfzehn Monate alten Baby und einem dreijährigen Kind allein da.

Ich habe die Geschichte viele Male gehört und kenne die Namen und Mängel sämtlicher Bewerber und die Vorzüge, mit denen mein Vater, obwohl er ein so aussichtsloser Kandidat war, das Herz meiner Mutter gewann. Doch erst vor kurzem ist mir klar geworden, mit welcher Angst ihr Verlust sie erfüllt haben muß. Heute, da ich fünfunddreißig und Mutter eines kleinen Kindes bin, weiß ich, daß man mit fünfunddreißig viel jünger ist, als ich gedacht hatte, und meine Mutter war auf das Leben einer alleinstehenden Mutter viel weniger vorbereitet als wir in unserer heutigen Zeit, da wir in jeder zweiten Zeitschrift einen Artikel über dieses Thema lesen. 1950 rechnete eine Frau nicht damit, eine Familie erhalten zu müssen; sie war nicht dafür ausgebildet, und sie konnte es sich nicht vorstellen. Sie rechnete damit, geheiratet und versorgt zu werden. »Ich war fest entschlossen, mich mit keinem Soldaten einzulassen«, hat meine Mutter mir gesagt, »weil ich keine Witwe sein wollte.«

Zweifellos ist die Bitterkeit meiner Mutter seit langem mit Ironie vermischt. Doch es gab viele Fragen, die ich ihr gern gestellt hätte, Fragen, die sich mir, während ich an meiner Untersuchung arbeitete, immer stärker aufdrängten: Wie war es für sie gewesen?

Während des größten Teils meines Lebens hatte ich nicht wissen wollen, wie sie gelitten hatte und ob sie den Tod meines Vaters leichter ertragen hätte, wenn sie nicht die Last von zwei kleinen Kindern hätte tragen müssen. Ich hatte immer den Verdacht gehabt, daß sie, wenn wir nicht gewesen wären, über ihren Kummer hinweggekommen wäre und sich ein ganz neues Leben hätte aufbauen können, mit einem neuen Mann und einer neuen Familie — frei von den zwei auf sie angewiesenen kleinen Wesen, die sie an ihren Verlust erinnerten und ihren Schmerz verstärkten. Ich hatte sie jedoch nie gebeten, diesen Verdacht zu bestätigen, und mir selbst hatte ich solche Überlegungen nur selten gestattet — bis sich herausstellte, wie wichtig ihre Einstellung für die Entwicklung meiner eigenen war.

Wie so oft setzte ich mich ihr gegenüber an den kleinen Tisch voller Kaffeetassen und Zigaretten und begann tapfer: »Wie alt warst du, als mein Vater starb?« Ich merkte, wie unsicher und zögernd es klang. (Warum konnte ich ihn nicht ›Papa‹ nennen? Warum blieb mir das Wort in der Kehle stecken?)

»Moment.« Sie zog an ihrer Zigarette. »Es war im November 1950... zwei Tage nach meinem fünfunddreißigsten Geburtstag. Wir waren zur Feier an diesem

Wochenende im Kino gewesen und hatten uns *Boulevard der Dämmerung* angesehen. Ich weiß noch, daß ich schrecklich geheult habe.«

Während sie die Ereignisse schilderte, die zu seinem Tod führten, wurde mir klar, daß mein Vater sich schon fast während ihrer ganzen Ehe seines schlechten Gesundheitszustandes bewußt gewesen war, denn er hatte seinen ersten Herzinfarkt eine Woche nach meiner Geburt gehabt. (Meine Mutter erwähnte dies, bemühte sich aber keinen zu starken Zusammenhang zwischen seiner Krankheit und seiner Enttäuschung darüber, daß er keinen Sohn bekommen hatte, herzustellen.) Trotz der Warnungen seines Arztes hatte er weiterhin täglich viele Stunden in seinen Obstgeschäften (während ihrer Ehe hatte er noch einen zweiten Laden erworben) gearbeitet, Kisten geschleppt und sich um alle Angelegenheiten gekümmert. Sonntags, an dem einen Tag, den er sich zur Erholung zugestand, war er immer mit mir in den Park gegangen. Er hatte mich, wie mir meine Mutter versicherte, sehr geliebt. Und da er ein noch relativ junger Mann war – sein genaues Alter wußte meine Mutter nicht! –, kümmerte er sich nicht um den wiederholten Rat des Arztes, sich zu schonen.

»Wie immer ging er an den jüdischen Feiertagen auch in diesem Jahr in die Synagoge, doch an Yom Kippur kam er ewig nicht heim, was sehr ungewöhnlich war. Es war fünfzehn Stunden her, seit er zum letzten Mal etwas gegessen hatte. Als ich ihn fragte, warum er so lange geblieben war, sagte er: ›Gott schreibt in sein Buch, wer noch ein Jahr lang leben soll, und so habe ich beschlossen, bis zum Schluß zu bleiben.‹«

Mein Vater muß geahnt haben, daß er bald sterben würde. Obwohl er sich den Anordnungen seines Arztes widersetzte, wußte er, wie schwerkrank er war. Doch trotzdem schleppte er Kisten. Trotzdem aß er das Pastrami-Sandwich.

»Ich hab ihn angeschrien, als ich sah, daß er dieses Sandwich aß«, erzählte meine Mutter weiter. »Dann hatte er keine Lust, an dem Abend noch mit mir auszugehen, und so ging ich zu der Party, zu der meine Schwester uns eingeladen hatte, und Papa ging zu Norman (meinem Onkel), um den Abend bei ihm zu verbringen.

Wir hatten noch nicht mal unsere Mäntel ausgezogen, als ich ans Telefon geholt wurde. Es war Norman. Er sagte, wir sollen sofort nach Hause kommen – Hy fühle sich nicht gut und hätte Magenschmerzen. Ich konnte nicht glauben, daß er meinte, wir sollen heimkommen, bloß weil Hy Magenschmerzen hatte, aber er ließ nicht locker. Natürlich fuhr ich sofort nach Hause, obwohl ich keine Ahnung hatte, wie ernst es war.

Als ich heimkam, war der Doktor bei ihm, und er lag im Bett und hatte anscheinend ziemliche Schmerzen. (Ich weiß wirklich nicht, warum sie ihn nicht sofort in ein Krankenhaus gebracht haben.) Ich hatte aber immer noch nicht die geringste Ahnung, daß er im Sterben lag. Ich hielt seine Hand und sagte ihm, daß alles gut werden würde. Noch bevor der Sauerstoff kam, war er tot.«

Ich hatte nie gewußt, daß sie seine Hand hielt, als er starb. Meine Vorstellungen von dem, was meine Mutter durchgemacht hatte, waren bisher ziemlich verschwommen gewesen, und nun sah ich alles klarer. Mir wurde bewußt, daß sie wie so viele andere junge Frauen, die plötzlich Witwe werden, *nie daran gedacht hatte, daß so etwas passieren könnte.* »Ich war die restliche Nacht in einem mehr oder weniger hysterischen Zustand. Und dann war ich drei oder vier Monate lang wie betäubt.

Meine Mutter blieb während der *Schiwa*-Woche bei mir, und alle waren natürlich sehr mitfühlend. Das Wichtigste war mir, aus der Wohnung auszuziehen und mir eine andere in der Nähe meiner Schwester zu suchen, damit ich näher bei der Familie war und in eins der Geschäfte gehen konnte, die ich entgegen den Rat meines Anwalts unbedingt behalten wollte. Ich hatte absolut keine Ahnung, wie man ein Geschäft führt; die einzige Arbeit, die ich je gemacht hatte, war Büroarbeit gewesen. Doch ich war mir völlig sicher, daß ich es schaffen würde. Ich hatte ja oft im Geschäft meiner Eltern geholfen.

Ich kann nicht sagen, daß wir vor einer finanziellen Katastrophe standen — dein Vater hatte uns zwei Lebensversicherungen und die beiden Geschäfte hinterlassen —, aber es stellte sich heraus, daß es Schulden gab, von denen ich nichts gewußt hatte. Wie gesagt, es drohte keine Katastrophe, aber es gab auch keine Zweifel, daß ich arbeiten mußte, um uns durchzubringen, und so zogen wir etwa einen Monat nach seinem Tod um, und ich fing an, im Geschäft zu arbeiten.«

Ihr Pragmatismus und die Schnelligkeit, mit der sie sich offenbar den praktischen Dingen zuwandte, die getan werden mußten, überraschten mich. Der Schmerz wegen ihres Verlustes schien sie weniger gelähmt zu haben, als ich gedacht hatte.

»Eines Tages bekam ich Schmerzen in der Brust«, fuhr sie fort, »und der Arzt riet mir, im Bett zu bleiben. Er dachte, es sei mein Herz. Doch das ging schnell vorbei, und ich kümmerte mich weiter um das Geschäft und versorgte die Kinder. Viele Freunde, mit denen wir uns oft getroffen hatten, zogen sich zurück, und ich widmete mich ganz den Kindern und dachte überhaupt nicht an irgendein Privatleben. Meine Kinder wurden mein Leben. Meine Kinder und das Geldverdienen. Meine Kinder waren mein ganzes Leben, aber das brauche ich dir ja nicht zu sagen.«
Nein, dachte ich.

Ich stellte die naheliegendste Frage: »Hattest du Ressentiments gegen uns?« Ohne einen Moment nachzudenken, verneinte sie. »Findest du, daß du viel für uns geopfert hast?« Wieder antwortete sie ohne Zögern. »Ja.«

Sie erzählte mir von den verschiedenen Männern, die sie ›sofort‹ geheiratet hätten, wenn nicht die Kinder gewesen wären. Und von den Vorschlägen, die man ihr machte, die Kinder aufzugeben, damit sie wieder ein gesellschaftliches Leben führen könnte. Es war natürlich ein unmöglicher Gedanke, aber ich konnte mich des Gefühls nicht erwehren, daß sie von mir Anerkennung dafür erwartete, daß sie uns behielt. Nein, von Ressentiments könne keine Rede sein, aber große Opfer habe sie schon gebracht.

»Nach einer Weile kam ich dahinter, daß die Jungens im Geschäft mich hemmungslos bestahlen, Quittungen fälschten, mich wegen Lieferungen hinters Licht führten. Das Geschäft war rund um die Uhr geöffnet, und natürlich konnte ich nicht die ganze Zeit da sein. So mußte ich es schließlich verkaufen und mir eine Arbeit als Sekretärin suchen. Mit meinem Gehalt und der staatlichen Hilfe für Witwen mit unversorgten Kindern kamen wir ganz gut zurecht. Ich wollte dir und Caren das Beste zukommen lassen: Klavierstunden, Tanzunterricht. Die Hebräisch-Schule konnte ich mir nicht leisten, doch ich traf mit der Synagoge eine Vereinbarung, euren Unterricht abzuarbeiten, indem ich Theateraufführungen inszenierte.«

Seit ich alt genug war, um es zu begreifen, bin ich meiner Mutter dankbar dafür gewesen, daß sie es uns auf diese Weise ermöglichte, die Hebräisch-Schule zu besuchen. Ich denke gern an die Proben an den Wochenenden zurück, bei denen die Kinder sich um meine Mutter, die Regisseurin, versammelten, und irgendwie gelang es mir immer, in den Purim- und Chanukkahstücken eine Hauptrolle zu bekommen.

Es war tatsächlich so, daß sie beharrlich und entschlossen das Beste für uns anstrebte. Während andere Kinder alleinerziehender Mütter in Y camps geschickt wurden, verbrachten wir unsere Ferien in Camps privater Institutionen, und statt schulgeldfreier City Colleges besuchten wir teure Universitäten. Sie erfüllte uns unsere Wünsche, und wenn sie sich in Schulden stürzen mußte.

Während unseres Gesprächs versuchte ich sie immer wieder dazu zu bringen, über *ihre* Ansichten, *ihre* Gefühle, *ihre* Erfahrungen zu sprechen. Nicht als Mutter, sondern als Frau. Doch alle ihre Erinnerungen drehten sich um uns: unsere Erziehung, unsere Ausbildung, unsere Bedürfnisse. Ich suchte in ihr die Frau, doch die Frau ist die Mutter. Eine Mutter ist nicht imstande, Ressentiments zuzulassen, denn derartige Gefühle widersprechen ihrem tiefsten Verständnis von Mutterschaft. Von Aufopferung jedoch kann sie sprechen, denn dies ist etwas, was dem mütterlichen Wesen entspricht.

»Natürlich wäre es ohne Kinder leichter für mich gewesen, wieder zu heiraten. Es wäre idiotisch, sich das nicht einzugestehen. Bestimmt hätte ich wieder geheiratet... Aber ich habe nie bedauert, daß ich es nicht getan habe.«

»Wie war es unmittelbar nach seinem Tod?« Ich unternahm einen neuen Versuch. »Warst du froh, daß du die Kinder hattest? Haben sie deinem Leben einen Sinn gegeben — waren sie für dich etwas, wofür es sich lohnte, morgens aufzuwachen?« Elise, die junge Witwe, die ich früher in diesem Buch erwähnt habe, hatte das gesagt; ebenso verschiedene Experten, die sich mit Witwenschaft beschäftigt haben.

»Ja, das glaube ich schon«, antwortete meine Mutter zögernd, als sei ihr dieser Gedanke noch nie gekommen. »Ich war froh, etwas zu haben, wofür ich leben konnte. Aber es war nicht leicht, euch Vater und Mutter zu sein — ich habe mich dabei sehr allein gefühlt. Schreib das in dein Buch — das Schwerste für eine alleinlebende Mutter ist, keinen Gefährten zu haben.«

Die Unklarheit, die meine Mutter hinsichtlich Details an den Tag legte, und ihre Unfähigkeit, die persönlichen Gefühle zu schildern, mit der sie die Tragödie erfüllte, waren sehr frustrierend für mich. Doch mir war auch klar, daß sie den Mann, über den ich soviel wissen wollte, nur fünf Jahre gekannt hatte und keine zweiunddreißig Jahre. Sein Tod, ihre Trauer, ihr Schmerz, ihre Empfindungen, als sie plötzlich ohne ihn dem Leben gegenüberstand — all dies war für sie Teil einer sehr fernen Vergangenheit. Real waren für sie der Kampf, unsere Ausbildung, ihre Einsamkeit.

Elise, eine Frau, deren Mann erst wenige Monate vor

unserem Treffen gestorben war, hatte den Übergang zwischen Schock und Hinnahme erst vor kurzem bewältigt. Die Realität einer Witwe und alleinlebenden Mutter war ihr noch neu. Bei einem unserer Gespräche (von dem Teile im 3. Kapitel wiedergegeben sind), berichtete sie, wie es für sie war, sich an das Leben einer Witwe zu gewöhnen.

»Am schlimmsten war es anfangs zur Mittagszeit. Zu dieser Zeit waren wir immer alle zusammen gewesen. Wir hatten gehorcht, ob wir seinen Wagen hörten − er fuhr einen Porsche, und es war deshalb ein ganz besonderes Geräusch −, und Diana (ihre zweijährige Tochter) geriet vor Freude, daß Papa heimkam, ganz außer sich. Wenn wir nach seinem Tod andere Sportwagen hörten, hatten wir beide fast reflexartig das Gefühl, er komme gleich zur Tür herein.

Es war qualvoll, mit den Kindern allein zu essen. Deshalb versuchte ich es zu vermeiden. Schon sehr früh. Ich mochte auch nicht kochen. In dieser Zeit habe ich jede Einladung, essen zu gehen, angenommen. Erst vor kurzem habe ich wieder angefangen, zu kochen und zusammen mit den Mädchen zu essen.

Die Wochenenden waren auch schrecklich. Stellen Sie sich vor, als ich Cecile sagte, daß Dave gestorben ist, war ihre erste Frage, wer denn nun am Sonntag mit ihr spazierengeht. Ich habe mich immer bemüht, zusammen mit meinen Eltern oder mit Freunden etwas zu unternehmen, weil es anfangs wirklich furchtbar war.

Es kommt heute noch vor, daß irgendwas passiert, und ich denke: ›Das muß ich Dave erzählen . . .‹ In der Zeit, als ich am traurigsten war, habe ich manchmal gespürt, wie er mich umarmt und mir mit seiner großen Hand auf den Rücken klopft. Ganz deutlich habe ich das gespürt. Er war so ein Riesenmann. Niemand konnte einen so umarmen wie Dave.

Verstandesmäßig ist mir natürlich klar, daß er nie zurückkommen wird. Und irgendwie möchte ich, daß ich dieses Gefühl, daß er mir fehlt, nie verlieren. Aber es soll nicht so stark sein, daß es mich davon abhält, zu leben.

Ich glaube, es hat mir geholfen, daß ich die Kinder hatte. Zuerst gab es Tage, an denen ich am liebsten im Bett liegengeblieben wäre. Aber wegen der Kinder konnte ich mir das nicht erlauben. Ich mußte aufstehen, das Leben mußte weitergehen. Ich mußte ihnen helfen, und das hat mir geholfen.«

Schon als kleines Kind empfand ich es als ziemlich sonderbar, daß unsere Familie nur aus weiblichen Wesen bestand. Alle anderen hatten einen Vater, der arbeitete, und eine Mutter, die daheim war. Ein wenig Trost boten die lustigen Eskapaden von Ascotts *Little Women,* doch selbst die konnten sich um Mutters Knie scharen, um sich die Briefe anzuhören, die ihr Vater nach Hause schrieb. Auf alle Aspekte des Lebens wirkte sich der Umstand aus, daß wir anders, unvollständig waren – eine kastrierte Familie.

Meine Schwester Caren erinnert sich: »Ohne Mann fühlten wir uns nie wie eine wirkliche, eigenständige Familie. Wir waren etwas Merkwürdiges – eine Familie, die nur aus Frauen bestand. Ich weiß noch, wie ich mir immer einen Bruder wünschte. Wenn wir wenigstens einen Mann in der Familie gehabt hätten, hätte das alles geändert. Dann hätten wir uns nicht so sehr von der übrigen Welt unterschieden.« Tatsächlich stellten wir im Rahmen unserer Untersuchung fest, daß vaterlose Mädchen, die Brüder hatten, eher als Mädchen aus Familien ohne Mann das Gefühl hatten, aus einer ›wirklichen Familie‹ zu stammen.

»In unserer Nachbarschaft«, fuhr Caren fort, »gab es ein Mädchen, dessen Mutter tot war. Ich beneidete sie manchmal, weil sie wenigstens einen Vater hatte. Irgendwie wurde das gesellschaftlich eher akzeptiert.«

Viele Frauen, die ohne Vater aufwuchsen, erinnern sich, daß sie sich als Kind als andersartig und inadäquat empfanden. Zum großen Teil liegt das daran, daß Männer in unserer Gesellschaft höher bewertet werden als Frauen. Eine Familie ohne männliches Oberhaupt wird als Abweichung betrachtet. Noch in den achtziger Jahren, in denen in fast 17 Prozent aller amerikanischen Familien das Oberhaupt eine Frau ist, wird gerade dies als Beweis für den Zusammenbruch der Familie angeführt. Deshalb ist es für alle Frauen, die mit dem Stigma der Vaterlosigkeit aufwuchsen, sicher sehr interessant, daß der Vater als Familienmitglied geschichtlich betrachtet ein relativ neues Phänomen ist.

»Tatsache ist, daß die früheste menschliche Familie aus einer Frau und ihren Kindern bestand«, schreibt Elizabeth Gould Davis in *Am Anfang war die Frau.* »Vaterschaft und die Idee einer beständigen Partnerschaft tauchen in der menschlichen Geschichte erst sehr spät auf... In der ursprünglichen indo-europäischen Sprache gibt es nicht einmal ein den Vater bezeichnendes Wort...« Zahlreiche Forschungsergebnisse weisen darauf hin, daß sogar die physiologische Rolle des Vaters bei der Zeugung lange Zeit mißverstanden wurde. Die Frau wurde nicht nur als Versorgerin der Kinder, sondern als ihre alleinige Erzeugerin betrachtet – ein Glaube, der bei verschiedenen primitiven Kulturen noch heute besteht.*

Es bestehen verschiedene Meinungen darüber, zu welcher Zeit der Mann Teil der Familie wurde, doch es herrscht Übereinstimmung, daß seine früheste Rolle die eines Versorgers und Beschützers war. In dieser Hinsicht übernahm er in relativ kurzer Zeit die Führung und wurde zum Rückgrat der Familie. Ob diese in wirtschaftlich guten Verhältnissen oder in Armut lebte, hing von ihm ab. Aber wie steht es mit der Rolle des Vaters bei der Erziehung der Kinder? Elizabeth Gould Davis nimmt einen höchst extremen Standpunkt ein, wenn sie schreibt:

...Das einzige, was bei vaterlosen Familien nicht in Ordnung ist... ist nicht, daß sie vaterlos sind,

---

* Die Autorin zählt die schwarze Bevölkerung Amerikas zu den Gruppen, bei denen ›die volle Verantwortung für die Kinder der Mutter zufällt‹. Tatsächlich hatten im Jahr 1980 42 Prozent der schwarzen Familien ein weibliches Oberhaupt.

sondern daß die Mütter von der Gesellschaft nicht unterstützt und geachtet werden. In einer normalen, wohlgeordneten, frauenzentrierten Gesellschaft wäre das nicht der Fall. *Der Vater ist für das Glück und für die Entwicklung eines Kindes überhaupt nicht erforderlich...* * Doch in unserer patriarchalischen Gesellschaft wird eine Frau ohne Mann verachtet, und ihre Kinder werden entweder bemitleidet oder scheel angesehen. Also ist es allein unser patriarchalischer Sittenkodex, der einen Vater im Haus fordert – nicht die Natur oder das Wohlbefinden des Kindes.

Für Davis ist der Vater als Oberhaupt der Familie eine ›Perversion der natürlichen Ordnung der Dinge‹, und seine Beteiligung an der Erziehung der Kinder hält sie für ›unnötig‹.

In unserer heutigen Gesellschaft herrscht die gegenteilige Meinung. Und die meisten Feministen sind nicht gegen, sondern für eine Beteiligung des Vaters an der Erziehung, denn wie auch in diesem Buch immer wieder bewiesen wird, hat er einen starken Einfluß auf die psychologische Entwicklung seiner Kinder. Das Kind braucht ihn, um ausgeglichene Ansichten über sich selbst und seine Welt zu gewinnen. Übrigens gibt es Hinweise darauf, daß das Interesse des Mannes, sich der Familie anzuschließen, einem natürlichen Bedürfnis entsprang, ›an der zärtlichen und liebevollen Beziehung teilzuhaben, die er zwischen Frauen und ihren Kindern beobachtete‹.

Ob der Vater ein natürlicher Teil der menschlichen Familie ist oder nicht, ist für uns eine rein akademische Frage. Daß er notwendig ist, daß man es als äußerst unnatürlich empfindet, keinen Vater zu haben, steht fest.

Von wesentlicherer Bedeutung für unsere Fähigkeit, unseren vaterlosen Status zu akzeptieren, waren die Hal-

---

* Hervorhebung der Autorin

tung und die innere Kraft der Mutter. Ihre Fähigkeit, ihr Geschick zu bewältigen, bestimmte die unsere. »Ob Tod oder Scheidung die Ursache des Vaterverlustes ist oder ob der Vater nicht bekannt ist... die Beziehung der Mutter zum Kind ist im allgemeinen der entscheidende Faktor dafür, in welchem Maß die zukünftige Entwicklung des Kindes« normal oder pathologisch verläuft.« In Übereinstimmung mit dieser Expertenmeinung gestanden mir viele Frauen, daß sie bei der Schilderung ihrer kindlichen Empfindungen Unsicherheit erfüllte: War es der Verlust des Vaters oder die Reaktion der Mutter darauf, was sie mit einem Gefühl der Unvollkommenheit erfüllte? Offenbar ist es unmöglich, eine klare Unterscheidung zu treffen.

Was erweist sich in einer Familie ohne Vater als lebenswichtig? Untersuchungen deuten darauf hin, daß eine aktive Mutter, eine energische Frau, die Kraft, Stabilität und Kontinuität vermittelt, das Wohlbefinden ihrer Kinder eher fördert als eine passiv hinnehmende Frau. Die Aufrechterhaltung eines finanziell und emotional sicheren Familienlebens ist von größter Bedeutung.

> Mutter Hubbard, wißt ihr, war alt: da von niemand anderem die Rede ist, dürfen wir annehmen, daß sie allein war; eine Witwe – eine freundlose, alte, einsame Witwe. Doch verzweifelte sie? Setzte sie sich hin und weinte, oder las sie einen Roman, oder rang sie Hände? Nein! Sie ging zum Küchenschrank.

Die meisten unserer Mütter waren durch die Umstände gezwungen, bald zum Küchenschrank zu gehen. Meine Mutter kümmerte sich schnell um praktische Dinge, doch zuerst gab es eine Zeit des Kummers, der Wut, der Einstellung auf das Leben als alleinstehende Mutter. Es sind diese drei oder vier Monate des ›Betäubtseins‹, wie meine Mutter es nannte. Doch auch in dieser Zeit sind die Kinder da.

Die ihres Mannes beraubte Mutter hat einen Geliebten, einen Verbündeten, einen Freund verloren. Auch im Fall einer Scheidung kommt es meistens zu einer Isolierung und einer Änderung des sozialen Status. Häufig lösen sich Freundschaften auf, die sie gemeinsam mit ihrem Mann hatte. Sie ist jetzt eine alleinstehende Frau und, was Einladungen zu gesellschaftlichen Anlässen angeht, nicht sehr gefragt. Mit ihrem Mann hat sie auch ihren gesellschaftlichen Status verloren. Bis sie sich einen neuen Platz in der gesellschaftlichen Szene errungen hat, wird sie sich wahrscheinlich schrecklich allein fühlen. Doch da sind auch noch die Kinder.

Und so muß sich die nun allein für sie zuständige Mutter in dieser Zeit, da sie voll davon in Anspruch genommen ist, ihren Verlust zu bewältigen, um ihre Versorgung kümmern. Sie, die die Unterstützung ihres Mannes und häufig ihrer Freunde verloren hat, muß einen Weg finden, ihre Familie zu versorgen. Gerade wenn ihr Selbstwertgefühl auf einem Tiefpunkt ist, steigen die an sie gestellten Anforderungen. Obwohl sie selbst in übertragenem Sinn Eltern brauchen würde, muß sie die Rolle einer Mutter und eines Vaters übernehmen.

Während 80 Prozent der Mütter der von uns befragten vaterlosen Frauen arbeiteten, taten dies nur 37 Prozent der in intakten Familien lebenden Mütter. Die Mütter übernahmen also die Verantwortlichkeiten beider Elternteile. Und da sie zur Arbeit gingen, mußten sie natürlich einige Aspekte ihrer Mutterschaft vernachlässigen.

Unsere Mütter erwarteten uns nach der Schule nicht mit Milch und Plätzchen; sie kochten uns keine Hühnersuppe, wenn wir die Masern hatten. Sie hatten nicht soviel Zeit wie andere Mütter, uns zu beruhigen und zu trösten, mit uns zu spielen, uns bei den Hausaufgaben zu helfen. Gewöhnlich tat dies jemand anders – eine Großmutter oder eine Haushälterin. Und wenn unsere Mütter von der Arbeit heimkamen, waren sie hungrig und müde.

Aus verschiedenen Fallstudien geht hervor, daß die Mutter nachsichtiger ist, wenn der Vater nicht da ist. Doch wenn es überhaupt keinen Vater gibt, wenn die Mutter ihre

Kinder nur nach einem schweren Arbeitstag sieht, dann ist die Nachsicht eine Folge ihrer Erschöpfung; sie braucht eher eine Bezugsperson als ein Kind, und sie reagiert auf ihre Kinder, als seien sie Erwachsene. An uns, ihre Töchter, stellt sie damit viel zu hohe Anforderungen. »Der Mutter, die sich bemüht, Vater zu sein, fällt es schwer, Mutter zu sein«, schreibt Bernard Malamud.

Unsere Untersuchung zeigt, daß vaterlose Töchter weniger Zeit allein mit ihren Müttern verbrachten als andere Mädchen. Es wurde ihnen weniger Zuneigung zuteil, doch zugleich hatten sie das Gefühl, daß ›zuviel von ihnen erwartet wurde‹. Sie wuchsen mit dem Gefühl auf, daß ihre Mütter, weil sie so schwer arbeiteten, nicht genug Zeit für sie hatten. Da ihre Mütter so wenig für sie da waren, ist es kein Wunder, daß vaterlose Töchter, wenn sie erwachsen sind, weit weniger als andere Frauen der Meinung sind, eine gute Beziehung zu ihrem weiblichen Elternteil zu haben.

Doch welche unmittelbaren Auswirkungen hatte der neue Status der Mutter als alleinstehende Frau? Wie wird unsere Entwicklung dadurch beeinflußt, daß die Mutter nun Oberhaupt der Familie ist — wie stellen wir uns darauf ein?

Einerseits klammern wir uns an sie, als hänge unser Überleben von ihr ab. Doch in einer psychoanalytischen Untersuchung über Mädchen, die ihren Vater verloren haben, wurde festgestellt, daß »ein Pendant zur Vater-Idealisierung die Geringschätzung des verbliebenen Elternteils ist... In sämtlichen Fällen folgte dem Tod oder dem Fortgang des Vaters eine Abwertung der Mutter unterschiedlichen Grades.« Also brauchen wir offenbar jemanden, gegen den wir feindselige Empfindungen ›unterschiedlichen Grades‹ richten können.

Wir sind aus verschiedenen Gründen wütend auf die Mutter. Das Gefühl der Hilflosigkeit, das den für ein Kind so unerträglichen Kummer begleitet, wird in gewissem

Maß durch Wut gemildert. Auf den Vater können wir nicht wütend sein, denn er ist nicht mehr da, und wir neigen dazu, ihn zu idealisieren. Die Mutter ist also das naheliegendste Ziel, und wir schieben ihr die Schuld an diesen schmerzlichen Ereignissen zu. Sie ist mindestens ebenso schuldig wie wir. Was vielleicht noch unverzeihlicher ist und unsere Wut noch mehr anfacht, ist die Tatsache, daß die Mutter sich als machtlos erwiesen hat. Sie konnte weder den Fortgang des Vaters verhindern, noch unseren oder ihren eigenen Schmerz lindern. Sie ist mindestens ebenso machtlos wie wir.

Unser Überleben hängt jedoch davon ab, daß wir unsere Wut unterdrücken. Die Mutter ist alles, was uns geblieben ist. Um unsere Ängste und Aggressionen zu bezwingen, gehen wir ein enges Bündnis mit ihr ein. Wir beschließen, brav zu sein, ihr zu helfen, alles zu tun, um diese Wut, die sie dazu bewegen könnte, uns ebenfalls zu verlassen, zu verdrängen.

Vaterlosigkeit scheint ein verfrühtes Erwachsenwerden zur Folge zu haben, das als ›Pseudounabhängigkeit‹ oder ›Pseudoreife‹ bezeichnet wird. »...Der Verlust des Ehepartners scheint... das Bedürfnis nach Regression hervorzurufen«, schreibt Lily Pincus, »doch der Verlust eines Elternteils weckt das Bedürfnis, sich weiterzuentwickeln, Reife und Stärke zu erlangen.« Vor allem, wenn die Tochter einer alleinstehenden Mutter ein Einzelkind oder das älteste Kind ist, neigt sie dazu, sich selbst, wie Madeleine es ausdrückte, zum »kleinen Mann im Haus« zu ernennen. Wenn sie ein braves, hilfsbereites Mädchen ist, dann wird die Mutter sie nicht verlassen.

Wenn dann im Lauf der Zeit die Unzufriedenheit der Mutter wächst, drückt das Erwachsenenverhalten der Tochter Entschlossenheit aus, nicht so zu sein wie die Mutter.

Die Mutter ist ein Mensch, der verlassen wurde. Sie ist verletzlich und die meiste Zeit unglücklich. In den meisten Fällen hat der Verlust ihr Selbstwertgefühl verletzt.

Obwohl die Tochter nicht wie sie sein möchte, sieht sie in der Mutter natürlicherweise ein Rollenmodell. Sie identifiziert sich also am meisten mit einem Menschen, der von Kummer oder Scheitern gezeichnet ist. Da sie nicht das gleiche Geschick erleiden will, lernt sie, Beherrschung höher zu bewerten als Emotionalität, Tapferkeit höher als Verletzlichkeit.

Die frühe Aneignung von Erwachsenenverhalten erfüllt für sie zwei wichtige Zwecke: Indem sie nett und hilfsbereit ist, bewirkt sie, daß die Mutter mit ihr zufrieden ist und bei ihr bleibt. Und mit ihrer Stärke versucht sie der Identifizierung mit jemandem zu widerstehen, dessen niedriges Selbstwertgefühl ihr eigenes bedroht.

Trotz der klaren Nachteile dieser unnatürlichen Reife sind zahllose Erforscher der weiblichen Psychologie, von Alfred Adler bis Gail Sheehy, der Ansicht, daß diese frühe Aneignung von Erwachsenenverhalten auch positive Folgen hat — darunter die frühe Entwicklung von Kompetenz und Führungsqualitäten. Außerdem wird dadurch, daß die Tochter die Mutter in der Rolle des Geldverdieners sieht, ihre Überzeugung gestärkt, daß es Frauen in der Welt draußen zu etwas bringen können. Vielleicht hat ein Autor recht, wenn er meint: »Scheidung oder Tod können einer Tochter die Gelegenheit bieten, erwachsen zu werden.«

Es scheint ein enger Zusammenhang zwischen Vaterlosigkeit und leistungsorientiertem Verhalten zu bestehen.* Doch der Preis für all das Verdrängen und Posieren ist hoch: das Kind unterdrückt seine Verletzlichkeit, und zurück bleibt ein tiefsitzender Groll gegen die Mutter, die es durch ihre Bedürftigkeit gezwungen hat, diese Verletzlichkeit zu verleugnen.

Natürlich ist die Tochter in höchstem Maß verletzlich. Infolge aller möglichen Fehler und Mängel, mit denen sie sich behaftet glaubt, hat sie keinen Vater mehr. Und durch

---

* Auf diesen Zusammenhang wird im 13. Kapitel ausführlich eingegangen.

ihre bloße Existenz hat sie ihre Mutter in finanzieller und sozialer Hinsicht in Schwierigkeiten gebracht. Sie ist – und das ist für ein Kind das Quälendste – anders als die andern Kinder. Kein Wunder, daß sie von dem Wunsch beherrscht ist, schnell erwachsen zu werden, denn wie soll sie sich als Kind die Grundlagen zum Aufbau eines Selbstwertgefühls schaffen?

Infolge der Erwartungen der Mutter und der eifrigen Bereitschaft der Tochter, sie zu erfüllen, ist die Beziehung zwischen einer alleinstehenden Mutter und ihrer Tochter kaum eine Mutter-Kind-Beziehung. Beide sind, aus verschiedenen Gründen, daran interessiert, daß die Tochter das Verhalten eines Erwachsenen annimmt. Es ist klar, daß dieses unnatürliche Gebaren einen starken Einfluß auf ihre Beziehung hat.

Über diese Beziehung ist in letzter Zeit viel geschrieben worden.* Wenn wir dem, was wir darüber lesen, Glauben schenken können, dann hassen heranwachsende Töchter ihre Mütter. Ob sie schwach und unfähig sind oder fordernd und dominant – sie vermitteln ein Bild von Weiblichkeit, das starke Abneigung hervorruft. Wir wenden uns von ihnen ab, um uns von diesem Bild zu distanzieren.

Die Abneigung gegen unsere Mütter wird, so behauptet man, vor allem durch die Rolle hervorgerufen, die unsere Väter ihr zugeteilt haben. Der Vater ist der Schöpfer, die Mutter das ausführende Organ. Er ist der Herr, sie das selbstlose Werkzeug seines Willens. So sehr wir uns auch bemühen mögen, sie als Rollenmodell nicht anzuerkennen – wir sind doch, ebenso wie sie, Frauen. Die Botschaft, von Freud bis Friday, ist klar: Wir setzen unsere Mütter mit uns gleich. Deshalb hassen wir sie – und uns selbst. Und so wird dieser weibliche Selbsthaß auf unentrinnbare Weise verewigt.

---

* Das bekannteste Buch über dieses Thema, *Wie meine Mutter,* wurde von Nancy Friday geschrieben, die selbst ohne Vater aufwuchs.

Wenn jedoch die Mutter das Oberhaupt der Familie ist, dann ist sie weder passiv noch unfähig. Vielleicht streicht sie uns nicht die Butter aufs Brot, aber sie sorgt dafür, daß das Brot auf den Tisch kommt. Als Berufstätige ist sie ein lebensfähiges Mitglied der Gesellschaft, ein strahlendes Beispiel dafür, was eine Frau leisten kann. Doch erfüllt uns, ihre Töchter, ihr Beispiel mit Kraft? Nur indirekt. Wird unser Frauenbild dadurch positiv beeinflußt? Nein. Denn wir wissen ganz genau, daß sie sich für diese neuerworbene Unabhängigkeit nicht frei entschieden hat. Sie wäre viel lieber verheiratet. Und bei unserer Untersuchung haben wir festgestellt, daß das negative Bild überwiegt: Die von uns befragten vaterlosen Töchter setzten wesentlich niedrigere Erwartungen in Frauen als aus intakten Familien stammende Töchter.

»Meine Mutter ist völlig kaputtgegangen«, klagten viele der Frauen, die ich interviewte. »Ohne Mann hatten wir nie das Gefühl, eine richtige Familie zu sein«, sagte meine Schwester Caren. Während das Vaterbild ungetrübt blieb, vermittelte der tägliche Kampf der Mutter den bleibenden Eindruck, alle Frauen seien schwach und unfähig. Dies geht deutlich aus der folgenden Tabelle hervor:

	Vaterlose Töchter	Kontrollgruppe
Meine Mutter hat so schwer gearbeitet, daß sie keine Zeit für mich hatte	32%	6%
Sie hat mir viel Liebe gegeben	41%	67%
Enge Freundschaften mit Frauen sind mir sehr wichtig	69%	90%
Ich setze sehr hohe Erwartungen in Frauen	39%	53%
Ich setze sehr hohe Erwartungen in Männer	53%	53%

Viele von uns versuchten die Nichtverfügbarkeit und Bedürftigkeit der Mutter zu kompensieren, indem sie die Rolle des ›kleinen Mannes im Haus‹ übernahmen. Indem wir das Verhalten von Erwachsenen nachahmten, überzeugten wir uns selbst, für alles verantwortlich zu sein, und was vielleicht noch wichtiger war — wir wehrten damit jede mögliche Ähnlichkeit zwischen uns und unseren Müttern ab: Wir waren nicht schwach, nicht bedürftig, wir besaßen keine typisch weiblichen Fehler.

Erst als wir biologisch erwachsen waren, begriffen wir, wie entstellend unsere Maskierung war. Das verdrängte Kind in uns strebte unbeholfen nach Anerkennung, und zugleich suchten wir verwirrt und voller Zweifel nach unserer weiblichen Identität.

Während die vaterlose Tochter ihrer Mutter als Gefährtin zur Seite steht, versucht sie stets eine gewisse Distanz zu ihr zu bewahren. Um einerseits sicherzustellen, daß die Mutter bei ihr bleibt und sich andererseits nicht mit der Verletzlichkeit der Mutter zu identifizieren, schafft sie sich eine äußerliche Unabhängigkeit, auf der ihr Selbstwertgefühl beruht. Wie wir im 6. Kapitel gesehen haben, führt die Identifizierung mit der Mutter zu einer Verminderung des Selbstwertgefühls. Deshalb leugnet die Tochter geschiedener Eltern ihre Verletzlichkeit besonders stark, was sich später in ihrem Streben nach Erfolg äußert.

Innerlich ist die vaterlose Tochter jedoch von tiefer Hilfsbedürftigkeit erfüllt. Wie wir bei unseren Untersuchungen feststellten, fühlt sie sich weniger ›abhängig‹ als die Frau, die ohne Vater aufwuchs, doch sie neigt weniger dazu, sich als ›unabhängig‹ zu bezeichnen. Töchter geschiedener Eltern neigen etwas mehr als Töchter von Witwen dazu, sich als ›selbstbewußt‹ zu bezeichnen, doch Frauen, die *mit* Vätern aufwuchsen, tun dies häufiger als die beiden Gruppen vaterloser Frauen.

Der Konflikt zwischen Abhängigkeit und Unabhängigkeit, unter dem heute soviele Frauen leiden, ist bei den

Frauen, die ohne Väter aufwuchsen, besonders stark. Denn sie führen diesen inneren Kampf seit ihrer Kindheit und kennen erzwungene Unabhängigkeit aus erster Hand – aus dem Leben ihrer Mütter.

Wenn die Frauen, die ich interviewte, berichteten, wie es war, in einer Familie aufzuwachsen, deren Oberhaupt die Mutter war, kamen sie häufig auf die Themen Anderssein und Pseudounabhängigkeit zu sprechen. Auch aus dem nachfolgenden Bericht ist immer wieder die unterdrückte Stimme des Kindes herauszuhören.

Hillary, die Frau, die sich daran erinnern konnte, wie sie in ihrem Kinderbett lag und ihre Mutter weinen hörte, war drei Monate alt, als ihr Vater starb. Als ich sie kennenlernte, war sie achtunddreißig, und sechs Jahre Therapie hatten ihr, wie sie sagte »das Leben gerettet«, nachdem sie schwer drogensüchtig gewesen war. Sie war im Schatten eines Helden aufgewachsen, dem sie, obwohl sie ihn nie kennengelernt hatte, nachstreben sollte.

»Ich wuchs in einer sehr großen, eng verbundenen Familie auf, die noch nicht lange zuvor nach Amerika eingewandert war. Meine Mutter und mein Vater gehörten zu der ersten hier geborenen Generation. Mein Vater war in der Familie meiner Mutter ebenso beliebt wie in seiner eigenen, und nach seinem Tod trauerten alle viele Jahre um ihn.

Er nahm an der Landung der Alliierten in der Normandie teil. Soviel ich erfahren konnte, wurde sein Panzer während der Ardennenoffensive von einer Granate getroffen.

Meine beiden Großväter haben mich abgöttisch geliebt, und bis ich etwa drei Jahre alt war, hatte ich nicht das Gefühl, irgend etwas zu entbehren. Wenn hin und wieder, als ich ganz klein war, ein Verwandter etwas über ›meinen Vater‹ sagte, konnte ich mir darunter kaum etwas vorstellen.

Das änderte sich, sobald ich mit Kindern, die nicht der Familie angehörten, zu spielen begann. Sie stellten mir immer die Frage ›Was macht dein Vater?‹ Und wenn ich sagte, daß er im Krieg gefallen ist, dann merkte ich ganz genau, daß sie mir das Gefühl gaben, anders als sie zu sein. Sie neckten mich mit dieser unbewußten Grausamkeit von Kindern. ›Was – du *hast* keinen Vater. Das ist aber merkwürdig.‹

Zur gleichen Zeit, als ich drei oder vier war, gelang es meiner Mutter, die Leiche meines Vaters in die Heimat überführen zu lassen. Ich weiß noch, wie man mir ein eigens gekauftes neues Kleid und schwarze Lackschuhe anzog und wie wir zum Bahnhof fuhren, um den Sarg abzuholen: eine lange schwarze Kiste, in eine amerikanische Fahne gehüllt. Züge pfiffen, Männer mit gleichgültigen Gesichtern luden die ›Überreste‹ aus, wie sie das nannten, und meine Mutter und meine Großmütter weinten schrecklich.

Mein Großvater nahm mich auf den Arm und sagte ›Da drin liegt dein Vater.‹ Mein Vater – in einer Kiste.

Von da an hatte ich zwei oder drei Mal in der Woche Alpträume. Meistens träumte ich, daß ich in einer Kiste eingesperrt war und keine Luft kriegte, oder daß dieser Mann, den ich nicht kannte, aus der Kiste stieg und mich zu fangen versuchte. Als ich meiner Mutter von diesen Träumen erzählte, wurde sie wütend und sagte, mein Vater hätte mir nie etwas Böses getan.

Vielleicht hätte der Tod meines Vaters nicht eine so starke Wirkung auf mich gehabt, wenn meine Mutter ein anderer Mensch gewesen wäre. Verschiedene Verwandte hatten mir erzählt, daß sie schon als junges Mädchen merkwürdig unflexibel gewesen war und daß für sie alles eine ganz bestimmte Ordnung haben mußte. Ein Grund, warum sie meinen Vater so liebte, war, daß er die Verantwortung für ihr ganzes Leben übernahm. In den zwei Jahren, die sie verheiratet waren bevor er an die Front kam, hatte sich ihr ganzes Leben um ihn gedreht. Als er fiel, warf sie das völlig um.

Mindestens zehn Jahre lang war sie wegen seines Verlusts zutiefst verbittert. Vor allem war es ihr schrecklich, arbeiten gehen zu müssen. Ich erinnere mich, daß sie und meine Großmutter jahrelang darüber jammerten, daß mein Vater so jung gestorben war. Sie sprachen in fast bösem Ton darüber. Sie waren deshalb sehr wütend, hätten es aber nie Wut genannt. Wenn die Sprache auf meinen Vater kam, fingen sie mit patriotischen Phrasen an, redeten von der Pflicht, die ein Mann gegenüber seinem Land erfüllen müsse, und sagten, sie seien sicher, daß Gott ihm einen besonderen Platz im Himmel gegeben hätte.

Immer, wenn ich irgendwelche Fragen nach meinem Vater stellte, hörte ich bloß, er sei der wunderbarste Mensch auf der Welt gewesen, und ich dachte immer: Wenn er so ein wunderbarer Mensch war, warum haben ihn die Deutschen dann umgebracht?

Meine Mutter war ganz versessen darauf, daß ich in jeder Hinsicht perfekt war. Ich hatte auch das Gefühl, es wäre ihr lieber gewesen, wenn ich ein Junge wäre, weil ich dann meinem Vater ähnlicher gewesen wäre. Ihr höchstes Lob war ›Du bist genau wie dein Vater, wenn du das tust‹. Bis zum heutigen Tag spricht sie von ihm, als sei er nur übers Wochenende verreist und würde bald zurückkommen.

Dieser ganze Druck, unter den sie mich setzte, hatte zur Folge, daß ich mit einem ziemlichen Mangel an Selbstwertgefühl aufwuchs. Es war unglaublich schwer, ihren Erwartungen zu entsprechen, und so steigerte ich mich in die Phantasie hinein, daß vielleicht ein Irrtum passiert war. Ich redete mir ein, daß mein Vater noch am Leben war, daß irgendwelche geheimnisvollen Leute einen falschen Mann in diese lange Kiste gelegt hatten. Vor allem, als ich in die Schule kam und die andern Kinder mich aufzogen, weil ich keinen Vater hatte, flüchtete ich mich in diese Phantasien. Erst als ich zehn Jahre alt war, gab ich die Hoffnung auf, daß er zurückkommen würde.

Seit meinem fünften Lebensjahr hatte ich ein Lieblingsspielzeug, ein weißes Pferd, etwa dreißig Zentimeter hoch.

Es war schon ziemlich schäbig, und meine Mutter versuchte immer wieder, es wegzuwerfen. Eines Tages beschloß ich, es lieber anständig zu begraben. Ich grub im Garten ein Loch, legte das Pferd zusammen mit einem militärischen Abzeichen meines Vaters in eine Schuhschachtel, wickelte die Schachtel in eine amerikanische Fahne und vergrub sie. Von diesem Tag an wußte ich, daß er wirklich tot war und nicht mehr heimkommen würde. Ich glaube, damals haben die Alpträume aufgehört.

An die Stelle meiner Sehnsucht nach seiner Rückkehr trat eine Leidenschaft für Militärgeschichte. Ich verschlang sämtliche Bücher über alte Schlachten, die es in der Bibliothek gab — wobei ich dem Zweiten Weltkrieg sorgsam aus dem Weg ging. Ich glaube, dieses ungewöhnliche Interesse brachte mir den Ruf ein, eine Rebellin zu sein. In meiner Kleinstadt-High-School beschäftigten sich Mädchen nicht mit solchen Dingen.

Auf dem College schrieb ich eine Menge Arbeiten über militärgeschichtliche Themen, doch meine Professoren versuchten mich davon abzubringen, dieses Gebiet zu meinem Beruf zu machen (was ihnen gelang — ich verließ das College, um zu heiraten).

Als die Antikriegsbewegung entstand, war ich sofort dabei. All die Erinnerungen an meinen Vater stiegen wieder auf, und ich war fest entschlossen, zu verhindern, daß andere Frauen das gleiche Leid durchmachen mußten wie meine Mutter. Jedes Mal, wenn ich mitmarschierte, marschierte ich für meinen Vater, ganz bewußt. Doch erst als ich meine Psychotherapie machte, mit Mitte zwanzig, konnte ich endlich um ihn weinen, um diesen toten Helden, den ich nie gekannt habe.«

Hillary hatte in ihrer Kindheit versucht, einen Toten wieder zum Leben zu erwecken. Während ihre Mutter Perfektion von ihr verlangte, machten ihre Altersgenossinnen ihr ihre Unvollkommenheit bewußt, und so sah sie keine andere Möglichkeit, als zu versuchen, ihren Vater zurückzuholen oder zumindest genau wie er zu sein. Ihre Mutter und ihre Schulkolleginnen sagten ihr im Grunde das gleiche: Du bist nicht gut genug.

Ihre jahrelangen schweren Depressionen hat sie inzwischen überwunden. Ihr Problem jedoch nicht bewältigt. Sie ist zum zweiten Mal verheiratet, und da sie es satt hat, ›nur Hausfrau zu sein‹, hat sie begonnen, einen Roman zu schreiben. »Es geht darin um das Problem«, sagte sie mir, »warum Männer töten und Frauen trauern. Ich versuche jetzt, aus einem großen Haufen Mist ein bißchen Gold zu machen.«

Jenseits des Atlantik, in Deutschland, hatte etwa zur gleichen Zeit, als Hillary zur Schule ging, ein anderes vaterloses Mädchen Probleme wegen ihres Andersseins. Olga, ebenfalls ein Einzelkind, verlor ihren Vater, weil ihre Eltern sich scheiden ließen. Anfangs besuchte er sie jede Woche, später sah sie ihn nur noch selten.

»Damals war es ein Makel, wenn die Eltern geschieden waren. Es war noch keine so weitverbreitete Sache, und für ein Einzelkind war es besonders schwer.

Alle meine Klassenkameradinnen sprachen dauernd über ihre Väter und prahlten über ihre Berufe, über ihre neuen Autos und ihre Erfolge. Deshalb sagte ich ihnen, daß mein Vater ein sehr erfolgreicher Geschäftsmann sei und daß er einen großen amerikanischen Wagen habe, was damals ein Statussymbol war. Ständig dachte ich mir neue Geschichten über ihn aus, um zu beweisen, wie großartig er war.

Eines Tages wartete er völlig überraschend nach der Schule in einem alten, schäbigen Volkswagen auf mich. Ich tat, als würde ich ihn nicht sehen und ging zusammen mit einer ganzen Schar von Klassenkameradinnen an ihm vorbei. Er hatte mich noch nie von der Schule abgeholt.

Zu meinem Entsetzen fuhr er mir nach. Er dachte, ich hätte ihn nicht gesehen. Nach diesem Vorfall wurde ich in der Schule dauernd aufgezogen. Die andern Kinder nannten mich eine Lügnerin, und einige sprachen nicht mehr mit mir.

180

Ich habe meinen Vater sehr geliebt und immer gehofft, daß meine Eltern wieder zusammenkommen würden. Es gab eine Zeit, da wollte er zu meiner Mutter zurück, aber sie wollte nichts davon wissen. Er machte immer eine Menge Versprechungen, und ich habe ihm immer geglaubt, aber meine Mutter nicht. Meine Mutter und ich hatten sehr viel Streit miteinander, weil ich so viel Vertrauen zu ihm hatte.

Einmal hat er mir gesagt, daß er mir zu Weihnachten Skier schenken wird, und ich habe mich darauf verlassen und mich auf einen Skiausflug vorbereitet, doch meine Mutter sagte: ›Glaub ihm nicht, bevor du sie siehst.‹ Da ging ich auf sie los und sagte, sie hätte keine Ahnung, und wenn er sagt, ich kriege was von ihm, dann kriege ich's, aber ich hab' die Skier natürlich nie bekommen.

Dann, als ich dreizehn war, hat er wieder geheiratet und ist fortgezogen, und seither habe ich ihn kaum gesehen. Wenn ich ihn sehe, dann nur, weil ich mich darum bemüht habe, und er verhält sich immer ziemlich gleichgültig, als ob ich eine Belastung für ihn bin, etwas, das ihn an seine kaputtgegangene Ehe erinnert.

Meine Mutter hat nie gern über ihn gesprochen, und wenn, dann nur negativ. Sie hatte nicht viel Achtung vor ihm. Und ich dachte immer, wenn sie ihm doch nur eine Chance geben würde...

Als ich sechzehn war, verliebte ich mich in einen Jungen und wartete acht Jahre darauf, daß er mich fragte, ob ich ihn heiraten will. Es war eine Katastrophe; die Ehe dauerte nur ein Jahr. Er haßte einfach alles an mir und wollte mich völlig verändern, und ich habe mir alle Mühe gegeben. Eine gute Frau und Mutter zu sein, war mir das einzig Wichtige. Ich hätte alles für ihn getan. Deshalb war ich einverstanden, als er wollte, daß wir in zwei Betten schlafen. Und als er wollte, daß wir nur noch einmal in der Woche Sex haben, hatten wir nur noch am Sonntagmorgen Sex. Es war fast, als ob Sex etwas Schmutziges für ihn war, aber ich hab' mich bemüht, auf alles einzugehen, was er wollte. Ich wollte nicht, daß unsere Ehe kaputtging. Schließlich sagten mir alle, einschließlich seines Psychotherapeuten, ich solle mit ihm Schluß machen. Doch obwohl ich wußte, daß sie recht hatten, wollte ich mich nicht scheiden lassen. Schließlich wurde mir klar, daß es keine andere Wahl gab, aber ich brauchte ziemlich lange, um darüber hinwegzukommen.

Meine Mutter war inzwischen nach Amerika gegangen, und so tat ich das auch. Ich bekam in einem Hotel Arbeit als Sekretärin und arbeitete mich sehr schnell in eine leitende Stellung hoch. Es war ein sehr guter, hochbezahlter Job.

Ich bin emotional sehr unsicher, aber ich lasse mich nicht unterkriegen. Der Umstand, daß meine Eltern geschieden waren, hat mir viel Kraft gegeben, weil ich schon bald auf eigenen Beinen stehen mußte. Meine Mutter war berufstätig, und so mußte ich allein mit meinen Problemen fertigwerden. Sie hatte keine Zeit, sich meine kleinen Sorgen anzuhören. Ich war schon sehr früh selbständig, und das hat mich in verschiedener Hinsicht sehr stark gemacht. Schon mit dreizehn Jahren habe ich angefangen, zu jobben und Geld zu verdienen. Ich weiß, finanziell kann ich mich immer über Wasser halten, aber was Beziehungen angeht, bin ich sehr unsicher. Dabei ist es mir viel wichtiger, einen Mann zu haben als eine gute Stellung. Ich bin nie aus freien Stücken eine Karrierefrau gewesen.«

Wir sprachen miteinander in dem luxuriösen Heim des Mannes, mit dem Olga heute zusammenlebt. Sie hatte bereitwillig ihre Stellung aufgegeben, als ihr klar wurde, wieviel er ihr bedeutete.

»Ganz gleich, was ich tue — ich tue es immer hundertprozentig. Ich habe das Gefühl, perfekt sein zu müssen, ob beruflich oder in einer Beziehung, aber beides zusammen geht offenbar nicht, weil dann das eine oder andere leidet. Und eine Beziehung zu haben, ist mir viel wichtiger.

Ich habe aber schreckliche Angst, verletzt oder verlassen zu werden. Vielleicht wird er mich bald langweilig finden und sich eine Jüngere suchen. Ich habe eine sehr negative Einstellung. Es ist, als ob ich immer mit dem Schlimmsten rechne, damit es, wenn es dann wirklich passiert, nicht so wehtut.«

Als Olga dies sagte, gingen mir andere Aussprüche durch den Kopf. »Ich habe immer das Gefühl, die negativen Möglichkeiten einer Situation betrachten zu müssen, bevor ich sie genießen kann«, hatte Margaret gesagt. (3. Kapitel)

»Eine mögliche Folge des Vaterverlustes ist, daß das Mädchen nicht zu lieben wagt«, hat Dr. Gilbert Kliman gesagt. »Sie fürchtet, wenn sie sich traut, einen anderen Menschen zu lieben, könnte ihr dieser ebenfalls weggenommen werden.«

Der Schock des Vaterverlustes wirkt bei Frauen wie Olga das ganze Leben lang nach und erfüllt sie mit dem Gefühl, daß auf Männer kein Verlaß ist.

»Ich glaube, da meine Mutter nie über meinen Vater sprechen wollte, weiß ich nur sehr wenig über Männer. Ich habe ihn immer verteidigt, und ich habe heute noch die Tendenz, alle Männer zu idealisieren. Ich möchte Jim heiraten und tue, was ich nur kann, damit diese Beziehung gutgeht.«

Olgas feste Entschlossenheit, Beziehungen aufrechtzuerhalten, dürfte eine unmittelbare Folge davon sein, daß ihre Mutter zu wenig tat, um ihre Ehe aufrechtzuerhalten. Während Hillarys Mutter ein Bild schuf, dem nachzueifern unmöglich war, schuf Olgas Mutter eine Leere, die ihre Tochter immer noch verzweifelt zu füllen trachtet. In beiden Fällen hat die Reaktion der Mutter auf den Vaterverlust die Einstellung der Tochter gegenüber sich selbst entscheidend geprägt.

Cindy, die weder Selbstmordgedanken noch Angst hat, keinen Mann zu kriegen, ist vielleicht ein typischeres Beispiel einer Frau, die eine alleinstehende Mutter hatte. Sie ist eine ausgeglichene, attraktive junge Geschäftsfrau, an der sich deutlich zeigt, auf welch subtile und doch entscheidende Weise unsere unverheirateten Mütter uns beeinflußt haben.

Als Cindy sieben Jahre alt war, kam ihr Vater bei einem Autounfall ums Leben. Er war Lehrer gewesen, ein gütiger, geduldiger, gebildeter Mann, mit dem seine ältere Tochter viele schöne Stunden verbracht hatte, in denen er ihr vorlas und sie zuhörte.

»Nach seinem Tod war meine Mutter nur noch ein Schatten ihrer selbst. Das Ganze hat sie schrecklich mitgenommen. Sie war immer sehr sanft gewesen, als er noch lebte, und ihre Ehe war gut. Sie hat ihn sehr geliebt und war offenbar sehr abhängig von ihm. Die ersten zwei Jahre nach seinem Tod war sie kaum für meine (jüngere) Schwester und mich da. Die Folge war, daß ich die Starke in der Familie wurde. Mit acht Jahren traf ich in der Familie die meisten Entscheidungen.

Meine Mutter wurde immer gereizter und abweisender. Sie mußte sofort arbeiten gehen, und wenn sie heimkam, war sie erschöpft und schlecht gelaunt. Ich weiß noch, wie ich ihr einmal, als ich neun Jahre alt war, einen Gutenachtkuß gab und sie mir sagte, ich soll sie nicht so küssen. Seither gab es zwischen uns nichts Körperliches mehr, außer wenn sie mich schlug. Heute möchte sie mich manchmal umarmen und auf die Wange küssen, aber dann stehe ich da, als ob ich aus Holz wäre.

Schon als wir noch ganz klein waren, verlor sie leicht die Geduld und schlug uns. Als sie wieder heiratete, wurden Prügel mit Gürteln und Kleiderbügeln eingeführt – durch meinen Stiefvater. Meine Schwester und ich sind am Anfang sehr auf ihn zugegangen, aber es war sehr schwer mit ihm auszukommen. Er war arbeitssüchtig und arbeitete sechzehn, achtzehn Stunden am Tag. Und mit Kindern konnte er nichts anfangen.

Er war mit der Rute aufgezogen worden, in einer strengen Methodistenfamilie im Mittelwesten, und er kümmerte sich kaum um uns. Wir aßen nicht mit ihm zusammen und wurden einfach auf die Seite geschoben, und meine Mutter tat nichts dagegen.

In den zwei Jahren, die sie verheiratet waren, bekamen sie einen Sohn. Mein Stiefvater war ganz vernarrt in ihn und überhäufte ihn mit Liebe und Geschenken.

Er und meine Mutter hatten Auseinandersetzungen, bei denen sie sich richtig prügelten, vor allem er sie. Manchmal rief sie nach mir und bat mich, ihr zu Hilfe zu kommen. Mitten in der Nacht wachte ich auf, weil sie schrie: ›Er bricht mir den Arm. Komm und hilf mir.‹ So hatte ich, obwohl sie verheiratet war, immer noch das Gefühl, sie bemuttern zu müssen.

Das ging aber nur zwei Jahre so, dann starb er. Er arbeitete so schwer, daß er sein Herz ruinierte. Ich erinnere mich noch an die Nacht, in der mir gesagt wurde, daß er tot war. Ich weinte, denn an einem Elternteil hängt man nun mal, egal ob man den Menschen mag oder nicht. Doch trotzdem war ich froh. Ich hatte deshalb ein schlechtes Gewissen, aber ich konnte das Gefühl einfach nicht unterdrücken.

Meine Mutter mußte also arbeiten gehen, um ihre drei Kinder zu erhalten, und wegen der Autorität, die ich in der Familie entwickelt hatte, gab es eine Menge Konflikte. Als junges Mädchen tut man eine Menge verrückte Dinge, und eine Mutter muß einen deshalb bestrafen, aber ich hatte vor ihr überhaupt keinen Respekt.

Ich weiß noch, wie wir uns nach einem neuen Haus und einem neuen Wagen umsahen, und wie ich entschied, welches Haus wir kauften und welchen Wagen wir kauften. Ich hätte mir eine starke Mutter gewünscht, zu der ich hätte aufblicken können, aber bei meiner Mutter konnte ich das einfach nicht.

Ich konnte ihr nichts anvertrauen, weil ich immer Angst hatte, sie würde wütend werden. Das alles führte dazu, daß ich mit Erwachsenen nichts zu tun haben wollte. Ich entwickelte eine Abneigung gegen alle Autoritätspersonen. Wenn ein Erwachsener im Zimmer war, verhielt ich mich einfach so, als ob er nicht da war. Ich verstand mich nur noch mit Gleichaltrigen.

Ich will damit nicht sagen, daß ich schrecklich rebellisch wurde. Es gab Jugendliche, die waren viel rebellischer als ich. Aber es war in den sechziger Jahren, in der Hippie-Zeit, als ich fünfzehn war, und die Leute, denen ich mich anschloß, waren ein ziemlich lockerer Haufen. In der Schule hielt ich mich aber an die Regeln und lehnte mich nicht auf.

Aber ich war auf eine gewisse Art gespalten und bin es immer noch: in das Kind und in die Autoritätsperson. Ich hätte eine Mutter gebraucht, die mir sagte, was ich tun soll, aber ich hatte keine, und so stellte ich ziemlich hohe Anforderungen an mich selbst. Doch daß ich immer alles unter Kontrolle haben muß, hemmt meine kindliche Seite. Manchmal wünsche ich mir sehr, ich könnte dieses Bedürfnis, mich um alles zu kümmern, aufgeben, aber ich stehe ständig unter dem Druck, für alles verantwortlich zu sein.

Als ich mit der High School fertig war, wußte ich, daß ich mich nicht darauf verlassen konnte, daß jemand anderer für mich sorgen würde und daß ich einen Beruf ergreifen mußte, mit dem ich mich durchbringen konnte. Ich hatte eine ganz gute künstlerische Begabung, und nach dem College jobbte ich bei Schallplattengesellschaften, und als ich dann vor ein paar Jahren genug Beziehungen hatte, gründete ich meine eigene Firma für graphisches Design.

Ich brauche gewisse Annehmlichkeiten im Leben, und ich bin sehr ehrgeizig. Ich bin bereit, für den Lebensstil, den ich mir wünsche, selbst aufzukommen, und das ist gut so, denn aus irgendwelchen Gründen finde ich immer Männer mit sehr wenig Ehrgeiz anziehend — den Typ sensibler Künstler ohne besondere Ambitionen. Ich versuche sie immer ein bißchen anzustupsen und ihnen Ideen zu vermitteln, wie sie beruflich weiterkommen können, aber es kommt nie viel dabei heraus.

Ich glaube, wenn mein Vater am Leben geblieben wäre, dann würde es mir leichter fallen, einem Mann zu zeigen, daß ich ihn liebe. Ich glaube, dann wäre ich weicher und femininer. Aber mir blieb nichts anderes übrig, als diese innere Stärke zu entwickeln, die mich aggressiver und maskuliner macht, als ich eigentlich sein möchte. Manchmal sehe ich, wie meine Freundinnen diese Liebe ausstrahlen, einen weichen Aspekt ihres Wesens, den ich einfach nicht habe. Ich glaube, ich würde mich mehr lieben, wenn ich mehr Liebe von meinem Vater bekommen hätte, aber er war ja leider nicht da. Meine Mutter hat mich bestimmt geliebt, das weiß ich, aber sie hatte ein so schweres Leben.«

Wenn ein Mädchen den Vater verliert, dann verliert es auch die Mutter. Die Folge davon ist, daß das Kind eine seinem Alter unangemessene Reife entwickeln muß. Wie schon erwähnt, hat es seine Vorteile, schon früh unabhängig und selbständig zu werden, doch geht dabei der Mut verloren, sich verletzlich zu zeigen. Wir müssen stark, tüchtig, ja perfekt sein, um die Bürde, die uns vaterlosen Töchtern auferlegt wurde, tragen zu können.

Was kann die Mutter tun, um uns diese Bürde leichter zu machen? Sie kann uns ihrer Liebe und unseres Wertes versichern. Sie kann, indem sie dafür sorgt, daß wir eine positive Einstellung gegenüber unserer Weiblichkeit entwickeln, verhindern, daß wir uns benachteiligt fühlen, weil es keinen Mann im Haus gibt.

Die Anerkennung der vaterlosen Familie hängt stark davon ab, wieweit es den Frauen gelingt, ihre Position innerhalb unserer Gesellschaft zu verbessern. Solange wir nicht als den Männern gleichwertig anerkannt sind, solange wir selbst uns nicht als ihnen gleichwertig betrachten, wird die Mutter sich in ihrer Rolle als Oberhaupt der Familie unsicher fühlen, als Opfer von Verantwortlichkeiten, die sie nicht will und denen sie sich nicht gewachsen fühlt. Deshalb ist es nicht erstaunlich, daß viele verwitwete und geschiedene Frauen eine Wiederverheiratung anstrebten, um wieder eine ›richtige Familie‹ herzustellen. Sie glaubten, ihre Funktion als Mutter nur dann wieder wirklich erfüllen zu können, wenn sie uns einen ›Vater‹ verschafften. Und natürlich waren sie überzeugt, daß sich dies auch für die Tochter positiv auswirken würde.

8

Den Platz räumen für den neuen Vater: Stiefväter

Es war einmal eine Stiefmutter, die in allerlei Märchen ihr Unwesen trieb und ihrer unglücklichen Stieftochter das Leben zur Hölle machte und sie manchmal sogar umbrachte. Wir alle haben sie in unserer Kindheit kennen und fürchten gelernt. Neueren Zeugenaussagen zufolge scheint die Dame jedoch das Opfer von Verleumdungen gewesen zu sein.

Untersuchungen über Stiefeltern haben gezeigt, daß Stiefmütter Stiefvätern nur wenig darin nachstehen, zu Kindern befriedigende Beziehungen aufzubauen. Und einer der Gründe für die niedrigere Erfolgsrate ist »... der in unserer Kultur bestehende Mythos, welcher die Stiefmutter verunglimpft«.

Nach Angaben der amerikanischen Volkszählungsbehörde hatten in den USA im Jahr 1980 rund sechs Millionen Kinder – drei Millionen Mädchen – einen Stiefelternteil. Da Männer häufiger als Frauen eine neue Ehe eingehen, kann man davon ausgehen, daß etwas weniger als die Hälfte dieser Stiefelternteile Männer waren. Bezüglich dieser Männer erbrachten auch die angestellten Untersuchungen positive Ergebnisse. Eines davon lautete: »... Die Feststellungen deuten darauf hin, daß Stiefväter eher imstande sind, zu ihren Stiefkindern ausgezeichnete Beziehungen herzustellen als Stiefmütter. Dies stimmt mit den Ergebnissen aller anderen Untersuchungen auf diesem Gebiet überein.«

Stiefväter scheinen insofern im Vorteil zu sein, als sie gegen keine Vorurteile anzukämpfen haben. Doch wie dem auch sein mag, die Ergebnisse unserer Untersuchung waren in dieser Hinsicht alles andere als positiv. Was die Interaktion zwischen Stiefvater und Stieftochter betrifft, so sind die Beziehungen laut unserer Umfrage durchaus nicht ›ausgezeichnet‹. Vielleicht liegt dies daran, daß wir nicht die Stiefväter, sondern die Stieftöchter nach ihrer Meinung gefragt haben. Von den von uns befragten Frauen, deren Mütter sich wieder verehelichten (38% der Gesamtzahl), berichteten jedenfalls 61% über sehr negative Beziehungen zu ihren Stiefvätern.

Diese häufige negative Bewertung war auffallend, ebenso der Umstand, daß die Antworten der meisten Stieftöchter auf unsere Fragen mit denen jener Frauen, die nie Stiefväter hatten, übereinstimmten. Möglicherweise wurde ihre Einstellung nicht durch den Stiefvater geprägt, sondern durch das Nichtvorhandensein des biologischen Vaters. Aus diesem Grund haben wir sie in diesem Buch in die Kategorie der ›vaterlosen Töchter‹ eingereiht. Dennoch gibt es einige spezifische Einstellungen und Verhaltensmuster, durch die sich diese Frauen von jenen, deren Mütter nicht wieder heirateten, unterscheiden, und die darauf schließen lassen, daß das Auftauchen des Stiefvaters sie ihren Verlust noch stärker empfinden ließ.

Sicherlich waren viele von uns erfreut, als die Mutter wieder ausging. Daß sie wieder am gesellschaftlichen Leben teilnahm, empfanden wir als Fortschritt und Erleichterung. Vielleicht würde sie ›jemanden kennenlernen‹ — einen Mann, der sie heiraten und die Familie wiederherstellen würde. Vielleicht würde sich alles wieder normalisieren. Doch wenn die Mutter uns eines Tages mitteilte, daß sie einen neuen Mann gefunden hatte, betrachteten wir das als keine so gute Neuigkeit.

Die ambivalente Einstellung der Tochter gegenüber ihrem neuen ›Vater‹ ist verschiedenen Faktoren zuzuschreiben, die wir in diesem Kapitel genauer untersuchen wollen. Die anfänglichen Schwierigkeiten sind vielleicht eine Folge davon, daß wieder einmal von ihr erwartet wird, passiv etwas hinzunehmen, das ihr Leben dramatisch

190

verändern wird. Die Abneigung verstärkt sich, wenn das neue Familienoberhaupt seine Stellung zu festigen sucht und die Mutter, die froh ist, wieder einen Mann zu haben, sich bereitwillig seinen häufig nicht sehr klugen Anordnungen unterwirft.

Cindys Bemerkungen über ihren Stiefvater — »er konnte mit Kindern nichts anfangen«, »er verstand nicht, mit uns umzugehen« — geben genau die Einstellung wieder, die die von mir interviewten Frauen immer wieder äußerten. Durch negative Erfahrungen wurde diese Einstellung in vielen Fällen bestätigt.

»Wir haben geweint, als sie heirateten«, sagten Lori und Gena übereinstimmend. Obwohl ihr zukünftiger Stiefvater sie mit Geschenken überhäufte und sie aus einer Wohnsiedlung auf einen Landsitz holte, stand ihre Meinung über ihn von Anfang an fest: »Wir haben ihn sofort durchschaut. Wir mochten ihn nicht.«

»Wenn ich an die Zeit in diesem schönen Haus — es war wirklich ein wundervolles Haus — zurückdenke, dann habe ich keine einzige angenehme Erinnerung. Es gab nichts als Spannung, Gereiztheit, dunkle Schatten. Es gab einfach keine Liebe. Wir wurden ständig ermahnt, bestraft, kritisiert. Ich würde es nicht gerade Kindesmißhandlung nennen, aber er hat uns oft verprügelt.

Einmal, als er mich mit Schlägen durchs Zimmer trieb, bekam ich Angst und sagte ›Willst du mich umbringen?‹, und er sagte ›Du würdest staunen, wieviel der menschliche Körper aushalten kann‹. Er war ein unglaublich aggressiver Mensch.«

Wie bei Cindy wunderte ich mich, wo die Mutter der beiden gewesen war, wenn er sie mißhandelte. Als ich sie fragte, sagten sie etwas ähnliches wie Cindy.

»Unsere Mutter hatte ganztags gearbeitet, mit drei Kindern am Hals — ein völlig freudloses Leben. Und dann hat sie plötzlich einen reichen Mann gefunden, der sie heiraten wollte und in der Lage war, sie bestens zu versorgen. In dieser Hinsicht hat er sich völlig von unserem wirklichen

Vater unterschieden und viel mehr ihren Vorstellungen entsprochen. Der ganze Glanz, das große Haus, die Aussicht, nicht mehr arbeiten zu müssen – das alles hat sie angezogen.

Aber daß sie nicht mehr arbeiten mußte, bedeutete nicht, daß sie für uns da war. Ich meine, sie kochte für uns, sie erfüllte ihre Pflichten, aber sie hat uns nie in Schutz genommen, wenn Harvey auf uns losging. Ich glaube, es hat ihr nie sehr viel an uns gelegen, und so war sie mit allem einverstanden, um ihr herrliches neues Leben weiterführen zu können.

So schlimm es war, unseren Vater zu verlieren – ich glaube die Beziehung – oder Nichtbeziehung – zu unserem Stiefvater war für uns noch viel verheerender. Ich weiß nicht, was Lori und ich getan hätten, wenn wir nicht einander gehabt hätten. Es war wesentlich besser für uns gewesen, mit unserer Mutter in einer winzigen, billigen Wohnung zu hausen. Ich weiß wirklich nicht, ob eine negative Beziehung besser ist als gar keine Beziehung.«

Wie wir im 5. Kapitel gesehen haben, führte Gena viele ihrer Störungen auf den Selbstmord ihres Vaters zurück. Doch bei unserer Untersuchung stellte sich heraus, daß Frauen, deren Mütter noch einmal heirateten, das Leben skeptischer betrachten als andere Frauen. Sie haben sich häufiger einer Psychotherapie unterzogen als Frauen, deren Mütter unverheiratet blieben, und die Therapie war bei ihnen weniger erfolgreich als bei allen anderen Gruppen.

Mädchen, die Stiefväter hatten, gingen früher sexuelle Beziehungen ein als andere Mädchen, und sie ›verliebten sich‹ auch in einem früheren Alter (siehe Tabelle auf S. 213), doch sie bezeichneten sich als Erwachsene weniger häufig als andere Gruppen als ›vertrauensvoll‹. Es ist klar, daß sie sich früher als andere Mädchen von zu Hause lösen mußten; doch da sie für eine Beziehung noch nicht reif waren, fand bei ihnen eine noch stärkere Desillusionierung statt.

June, ein achtzehn Jahre altes Mädchen mit einer überaus skeptischen Einstellung ist ein gutes Beispiel dafür, wie früh die Desillusionierung einsetzen kann. Schon bei der Schilderung ihrer einzigen Erinnerung an ihren biologischen Vater tritt ihre Skepsis zutage: »Mein erster Eindruck, der bis heute meine Vorstellung von ihm bestimmt, war, daß er wie ein Ausländer aussah«, sagte sie.

»Meine Mutter, die Japanerin ist, und mein Vater, ein Amerikaner, wurden geschieden, als ich zwei Jahre alt war. Wir lebten in den Vereinigten Staaten, und da meine Mutter es sich nicht leisten konnte, mich bei sich zu behalten, schickte sie mich zu meiner Tante und meinem Onkel nach Japan. Natürlich kann ich mich an sehr wenig aus dieser Zeit erinnern, aber ich weiß noch, wie mich eines Tages ein Ausländer besucht hat. Ich hatte große Angst vor ihm, weil ich noch nie jemanden gesehen hatte, der so aussah. Ich war damals etwa vier Jahre alt, und ich erinnere mich, daß er mir eine große Puppe mitbrachte. Ich war noch so klein, daß die Puppe größer war als ich. Ich bekam Angst und fing zu weinen an, und so mußte er gehen. Das ist die einzige Erinnerung, die ich an ihn habe. Ich bin mir nicht mal sicher, ob man mir gesagt hat, daß der Mann mein Vater war.

Als ich sieben war, kam meine Mutter nach Japan, um mich zu sich nach New York zu holen. Ich weiß noch, es war eine ganz große Sache für mich, nach Amerika zu gehen.

Ich glaube, meine Mutter hat sich alle Mühe gegeben, mir alles wegen der Scheidung zu erklären, aber ich habe es wohl nicht richtig begriffen. Wir kamen in New York sehr spät am Abend an, und da wir beide sehr müde von der Reise waren, schliefen wir bis zum Morgen durch. Meine Mutter schlief noch tief, als mich Geräusche aus dem Wohnzimmer weckten. Dann sah ich einen Mann. Ich dachte, es ist ein Einbrecher, und so weckte ich meine Mutter und sagte: ›Mami, da ist ein Räuber!‹ Aber sie sagte bloß: ›Unsinn, das ist dein neuer Vater‹, und schlief wieder ein. Auf diese Weise habe ich meinen Stiefvater kennengelernt.

Es war ganz merkwürdig, Als ich in Japan lebte, hatte ich nie das Gefühl gehabt, mutterlos oder vaterlos zu sein, denn ich hatte ja meine Tante und meinen Onkel, und die waren für mich wie Mutter und Vater. Ich meine, ich wußte natürlich, daß es eine richtige Mutter und einen richtigen Vater gab. Irgendwo. Aber in Japan haben alle damit immer sehr geheimnisvoll getan. Sie haben über meine Mutter gesprochen, aber kaum über meinen Vater. Eine Scheidung ist in Japan etwas ganz Schlimmes.

Als ich also Ray kennenlernte, habe ich ihn wohl als meinen neuen Vater betrachtet, und nicht als einen Stiefvater. Ich war ja erst sieben Jahre alt.

Er mochte Kinder nicht. Weder er noch meine Mutter mochten Kinder, und das Ganze war sehr schwer für sie. Sie hatten keine Kinder, und dann war plötzlich dieses siebenjährige Kind in ihrem Leben. Ich glaube, das hat sie völlig durcheinander gebracht. Kein Wunder, daß wir uns nicht besonders gut verstanden haben. Und es war sehr schwer für ihn, die Verantwortung für ein Kind zu übernehmen. Ich hatte also zu keinem von den beiden eine gute Beziehung. Mit Gary hingegen (ihrem Vater) wäre ich, glaube ich, sehr gut ausgekommen. Er ist heute irgendwo in Europa, und ich bin sicher, eines Tages werde ich ihn kennenlernen.

Manchmal stelle ich mir in meiner Phantasie diese Begegnung vor: im Hintergrund Streichmusik, und Tochter und Vater stürzen einander weinend in die Arme und lieben sich vom ersten Moment an. Ich meine, das wäre schön, aber mit der Wirklichkeit hat es nichts zu tun. Es ist leicht möglich, daß er mich überhaupt nicht sehen will — weil er Schuldgefühle hat oder weil er nicht an die Vergangenheit erinnert werden will. Und ich möchte mich ihm nicht aufdrängen. Vielleicht werde ich mal versuchen, ihn kennenzulernen, ohne ihm zu sagen, wer ich bin.

Aber ich bin sehr froh, daß ich heute so bin wie ich bin,

und ich glaube, das hat eine Menge damit zu tun, daß ich keine enge Beziehung zu meinen Eltern hatte. Ich konnte mich auf niemand anderen verlassen und mußte alle Antworten in mir selbst suchen. Ich glaube, mein Vater wäre warmherziger gewesen als Ray oder meine Mutter, und dann hätte ich nicht die Chance gehabt, so unabhängig und selbständig zu werden.

Als ich jünger war, habe ich mir natürlich oft jemanden gewünscht, und da ich ein Einzelkind war und keine Schwestern oder Brüder hatte und bloß einen Hund... aber mit einem Hund kann man natürlich nicht reden, und so habe ich immer nach Freunden gesucht.

Andererseits habe ich mich immer als einen Einzelgänger betrachtet. Ich habe Angst davor, mich offen und verwundbar zu zeigen. Ich lasse mich nicht gern verletzen, und ich bin empfindlich. Ich glaube, in meinem Innern habe ich Angst davor, abgelehnt zu werden. Ich bin überhaupt nicht selbstsicher. Warum, weiß ich nicht.

Ich glaube, daß ich keine enge Beziehung zu meinen Eltern hatte, hat viel dazu beigetragen, daß ich so geworden bin. Deshalb hatte ich dieses dauernde Bedürfnis nach Anerkennung und Freundschaft – aber wenn sich etwas in dieser Richtung entwickelt hat, dann wollte ich es nicht mehr. Ein Teil von mir möchte glauben, daß es daran liegt, daß ich stark und unabhängig sein will. Aber vielleicht will ich keine Freundschaften, weil ich Angst habe, mich verletzlich zu zeigen, Ablehnung zu riskieren. Immer wenn ich versucht habe, meinen Eltern etwas Persönliches über mich zu sagen, sie um einen Rat zu fragen oder ihnen von einem Schwarm zu erzählen, haben sie sich über mich lustig gemacht und gesagt ›Ach, wie dumm von dir‹.«

Man kann sich vorstellen, wie mißtrauisch jemand wie June, die eine abweisende Mutter, keinen Vater und einen indifferenten Stiefvater hatte, gegenüber anderen Menschen ist. Doch dieses Mißtrauen ist bei Frauen, deren Mütter wieder geheiratet haben, nichts Ungewöhnliches. Unsere Untersuchung ergab, daß es 47 Prozent der Frauen, die Stiefväter hatten, schwerfiel, Männern zu vertrauen – gegenüber 38 Prozent der Frauen, die einen Vater gehabt hatten oder deren Mütter nicht wieder geheiratet hatten. Außerdem fühlten sich Töchter mit Stiefvätern doppelt so häufig wie andere Frauen gegenüber Angehörigen des gleichen Geschlechts unsicher. Besonders stark war diese Unsicherheit bei Töchtern von geschiedenen Müttern, die wieder geheiratet hatten.

Offenbar führen der Umstand, daß es der geschiedenen Mutter nicht gelungen ist, den Vater zu halten, sowie ihr späteres Versäumnis, eine vielleicht gestörte Beziehung zwischen der Tochter und dem Stiefvater in Ordnung zu bringen, zu einer stark gestörten Mutter-Tochter-Beziehung, die wiederum eine allgemeine negative Einstellung gegenüber Frauen zur Folge hat. Aus Junes Äußerungen geht hervor, daß diese negative Einstellung am deutlichsten bei der Suche des Mädchens nach ihrer weiblichen Identität zutage tritt.

»Ich betrachte mich nicht als Frau«, erklärte June. »Ich bestreite nicht, daß ich eine Frau bin, aber ich sehe mich nicht gern als Frau. Ich betrachte mich eher als Mensch. Denn wenn ich mich als Frau bezeichnen würde, hätte ich das Gefühl, mich zu begrenzen.

Frauen sind so komische Geschöpfe. Ständig wetteifern sie miteinander – um Männer, um die bessere Figur, um die bessere Hautbräune. In dieser Gesellschaft werden Frauen dazu erzogen, sich wie heimtückische Katzen zu verhalten, die ständig auf Männerfang sind. Für mich sind Frauen rivalisierende Flittchen. Sie sind nur auf eins aus: den anderen Frauen zuvorzukommen.

Meine Beziehungen mit Männern sind viel besser als meine Beziehungen mit Frauen. Mit Männern verstehe ich mich viel besser. Ich bin viel lieber mit Männern befreundet als mit Frauen. Natürlich ist es mir sehr wichtig, bei Männern gut anzukommen, und so mache ich wohl auch bei diesem Konkurrenzkampf mit, aber das liegt an meiner inneren Unsicherheit.

Aber eins können Sie mir glauben — in Wirklichkeit brauche ich keinen andern Menschen. Ich habe nur ein Ziel im Leben: glücklich zu sein. Der einzige Mensch, der mir wichtig ist, bin ich selbst — wenn ich glücklich bin, ist alles okay. Sicher ist das egoistisch, aber ... es erspart mir viel Ärger.«

Indem die junge Frau ihre Eigenständigkeit betonte und immer wieder Worte wie ›unsicher‹, ›verletzlich‹ und ›ängstlich‹ verwendete, strafte sie sich selbst Lügen. Tatsächlich haben Frauen mit Stiefvätern nicht nur sehr wenig Selbstvertrauen — sie sind auch von allen Gruppen am wenigsten gern allein.

Da June erst achtzehn Jahre war, war ihre Bitterkeit besonders erschreckend; man merkte ihr an, wie schwer es ihr fiel, sich trotz ihrer dicht unter der Oberfläche verborgenen Aggressivität äußerlich freundlich zu geben. Zum Teil mag ihre Jugend eine Erklärung für ihre Schärfe gewesen sein; ebenso der Umstand, daß sie immer noch mit ihrer Mutter und ihrem Stiefvater zusammenlebte — während unseres Gesprächs waren sie, wie so oft, verreist. Ihre Kindheitserfahrungen lagen weniger` weit zurück als bei den meisten Frauen, die sich an unserem Projekt beteiligten. Doch unabhängig vom Alter haben keine Fragen bei den Teilnehmerinnen soviel Aggressionen hervorgerufen wie die nach dem Stiefvater. Ob er sie mißhandelt oder gleichgültig behandelt hatte — sein Vorhandensein hatte eine stärkere negative Wirkung gehabt als die Abwesenheit des biologischen Vaters. Keine der von mir befragten Frauen war der Meinung, einen Vater bekommen zu haben, als die Mutter wieder heiratete.

Die Rolle des Stiefvaters in unserer Gesellschaft ist, wie die des Vaters, unklar. Gerade im Hinblick auf die Situation jedoch, in der ihm ein Platz zugewiesen wurde, ist Unklarheit etwas, das wir uns nicht leisten können.

Obwohl wir angeblich in einer fortschrittlichen Zeit leben, wird dem biologischen Vater zugestanden, nur ein

Minimum seiner Zeit der Interaktion mit seinen Kindern zu widmen. Er wendet für seine Kinder wesentlich weniger Zeit auf als für den Broterwerb. Allerdings beruht auf seiner Rolle als Ernährer der Familie seine wichtigste väterliche Funktion: dem Kind die Ablösung von der Mutter zu erleichtern. Er tritt von außen in diese symbiotische Beziehung, treibt einen Keil zwischen Mutter und Kind und verkörpert den Erfolg in der äußeren Welt.

Der Stiefvater hat keine so günstige Ausgangsposition. Er tritt in die bereits bestehende Familie, wird oft als Eindringling betrachtet, der gegen den Status quo verstößt, und weiß nicht recht, wie er sich beliebt machen soll. Die Stiefmutter bringt, wenn sie ihr Amt antritt, zumindest ein Image mit, dessen Widerlegung für sie eine erste Aufgabe darstellt. »Der Stiefvater muß dagegen ankämpfen, daß es keinen Mythos gibt«, wird in einem Buch festgestellt, » – gegen die stillschweigende Annahme, daß es seine Rolle ist, keine Rolle zu spielen. Er *hat* jedoch eine Rolle zu spielen... Die Schwierigkeit besteht darin, seine Position festzulegen.«

Die Familie ist ihres Oberhauptes beraubt, die Kinder müssen die vielfältigen Folgen des Vaterverlustes bewältigen, die Tochter wurde von dem ersten Mann verlassen, den sie geliebt hat. In diese Situation tritt der neue Ehemann. Für die Kinder ist er etwas viel Schlimmeres als ein Außenseiter: ein Eindringling.

Wie soll sich ein Stiefvater in dieser unangenehmen Lage verhalten? Wegen der hohen Zahl ›wiederhergestellter Familien‹ in unserer Gesellschaft hat man verschiedene wissenschaftliche Untersuchungen angestellt, um diese Frage zu beantworten. Aus diesen sowie aus Büchern, die sich mit dieser Thematik beschäftigen, geht hervor, daß das allgemeine Bild besser als erwartet ist. Dennoch sind Stieffamilien wesentlich größeren Belastungen ausgesetzt als ›Normalfamilien‹. Und obwohl der Stiefvater etwas besser bewertet wird als sein weibliches Gegenstück, scheint er weniger gut vorbereitet, unsicherer und mit größeren Vorbehalten gegenüber den Kindern in die neue Familie einzutreten als die Stiefmutter.

Wenn er schon verheiratet war und von seinen biologischen Kindern getrennt ist, sind die Vorbehalte gegenüber seinen Stiefkindern durchaus verständlich. Tatsächlich geht aus den Untersuchungen hervor, daß ein Mann, der noch nie verheiratet gewesen ist, den besten Stiefvater abgibt. Doch »die Belastung durch die Kinder ist ein immer wiederkehrendes Thema, wenn Stiefväter berichten. Fast alle ... hatten das Ausmaß des Unternehmens, die Vielfalt der Probleme unterschätzt«.

Frauen — selbst sehr stark an ihrer beruflichen Karriere interessierte — können einigermaßen abschätzen, was es bedeutet, Kinder zu versorgen, wenn sie in eine neue Familie eintreten. Männer können das infolge der Unklarheit, die bezüglich der Vaterrolle herrscht, im allgemeinen nicht. Wenn sie eine Frau mit Kindern zu heiraten beschließen, dann haben sie — vor allem, wenn sie nie Vater gewesen sind — einfach keine Ahnung, auf was sie sich einlassen. Deshalb geht der Stiefvater, ob er eigene Kinder hat oder nicht, meist ziemlich unsicher an seine neue Aufgabe heran. Zu der Furcht vor dem Unbekannten oder den Schuldgefühlen gegenüber den eigenen Kindern kommt der Mangel an Klarheit hinzu, was von einem Stiefvater erwartet wird.

Bei manchen Männern führt die Unklarheit ihrer Rolle zu einer Überreaktion: Sie machen sofort ihre Autorität geltend. Unsicher, was von ihnen erwartet wird, und meist mit Kindern konfrontiert, die sie auf die Probe stellen wollen, nehmen sie eine gebieterische, dominierende Haltung ein, wodurch sie nicht nur der potentiellen Beziehung, sondern oft auch den Kindern Schaden zufügen. Von dieser Art Aggressivität waren sicherlich viele der im Rahmen unserer Untersuchung geschilderten Stiefväter beherrscht.

Die andere weitverbreitete Methode, mit dieser unklaren Rolle umzugehen, besteht darin, sie völlig zu ignorieren. Man hat eine Frau geheiratet, die man liebt, und wenn sie

Kinder hat, so wird man sich eben passiv verhalten und sich ein paar Jahre lang mit ihnen abfinden, bis sie erwachsen sind und fortgehen. Junes Kindheit ist jedoch ein gutes Beispiel dafür, daß eine leere Hand für ein Kind ebenso schädlich sein kann wie eine zu starke Hand. In beiden Fällen fühlt sich die Tochter ungeliebt.

Natürlich ist der Stiefvater an der Disharmonie zwischen sich und der Stieftochter nicht immer allein schuld. Ruth Roosevelt und Jeannette Lofas stellen in ihrem Buch *Living in Step* fest: »Viele Stiefväter waren der Ansicht, daß ihre Stiefkinder sie daran hinderten, ihnen nahezukommen... Sie sperrten sich gegen Nähe und Wärme.« Unsere Untersuchung hat das bestätigt. In den meisten Fällen waren die Töchter gegen die Heirat der Mutter. Nur weniger als die Hälfte der von uns befragten Frauen war froh darüber, einen Stiefvater zu bekommen. Woher kommt diese Abneigung? Sie kann – wie bei Lori und Gena oder bei Cindy – ihre Ursache darin haben, daß der Mann, trotz aller Geschenke, nicht besonders nett war. Doch die Voreingenommenheit eines Mädchens gegen einen ›neuen Vater‹ hat meist ernstere Gründe. Seine Anwesenheit, die sie nicht will, erzürnt sie, vor allem, weil sie die Abwesenheit ihres wirklichen Vaters bekräftigt. Sie gewinnt keinen Stiefvater, sie verliert ihren wirklichen Vater ... noch einmal. Und diesmal wird sie vielleicht auch noch ihre Mutter verlieren.

Wie schon des öfteren erwähnt, ist ein wichtiger Aspekt des Vaterverlustes der Mutterverlust. Selbst wenn es der Mutter gelingt, eine aktive, gute Beziehung zu ihren Kindern aufrechtzuerhalten, sind diese doch ständig von der verzweifelten Angst beherrscht, sie zu verlieren. Wenn sie eine ernsthafte Beziehung zu einem Mann eingeht und ihrem Kind sagt, daß sie diesen Mann liebt und daß er bald zur Familie gehören wird, dann ist es ganz natürlich, wenn sich das Kind bedroht fühlt. Es verliert einen Teil von Mamas Zeit, einen Teil ihrer Aufmerksamkeit und Liebe

– alles Dinge, an die sich die Tochter inbrünstig klammert, weil sie für sie lebenswichtig sind.

Wenn ein Mädchen einen Stiefvater bekommt, ist also Verlust das Gefühl, das sie hauptsächlich empfindet. Als erstes verliert sie ihre Mutter. Außerdem erleidet sie einen Machtverlust. Kaum hat sie sich an die neue Familienkonstellation – in der sie wahrscheinlich eine Führungsposition eingenommen hat – gewöhnt, wird schon wieder von ihr verlangt, sich einer dramatischen Veränderung zu fügen, auf die sie keinen Einfluß hat. Sie hat keinen Einfluß auf den Fortgang des Vaters gehabt, und sie hat keinen Einfluß auf diese neue Entscheidung, die ihr Leben stark verändern wird.

»Wenn neue Beziehungen entstehen, lebt die Trauer wieder auf«, stellte Erna Furman bei einem Trauer-Symposion der American Psychoanalytic Association im Jahr 1980 fest. In den folgenden Kapiteln werden wir sehen, daß das zutrifft – daß Heirat und Mutterschaft den Schmerz über den Verlust des Vaters wiederaufleben lassen. Und es ist klar, daß diese alten Gefühle besonders stark aufgewühlt werden, wenn die Mutter wieder heiratet und die Kinder einen Stiefvater bekommen.

Die Heirat der Mutter macht deutlich, daß der Vater nie mehr wiederkommen wird. Wenn die Eltern geschieden sind, müssen Versöhnungsphantasien, wenn der Vater gestorben ist, die Hoffnung auf eine magische Wiedererweckung aufgegeben werden. Doch was ist mit der Liebe, die die Tochter für den verlorenen Vater empfindet? Wenn sie diesen neuen Mann als Vater akzeptiert, begeht sie dann nicht einen Verrat an ihrem wirklichen Vater? Wie kann sie sich mit der Mutter, die doch offensichtlich eine schändliche Untreue begeht, verbünden? Der Schmerz über den Verlust wird durch das Erscheinen des Stiefvaters nicht gemildert, sondern aufgewühlt und neu entfacht. Ihn anzuerkennen bedeutet, daß der wirkliche Vater nie wiederkommen wird.

Es gibt große Meinungsunterschiede darüber, auf welche Weise der Umstand, daß die Mutter schon einmal verheiratet war, die Akzeptierung des Stiefvaters durch die Familie beeinflußt. Studien, in denen festgestellt wird, daß neue Ehen von Witwen besser funktionieren, führen dafür als Gründe an, daß keine störende Einmischung durch den wirklichen Vater stattfindet und daß die Mutter eine positive Einstellung gegenüber Männern hat, die eine positive Einstellung der Tochter gegenüber dem Stiefvater bewirkt.

In den Studien hingegen, die zu dem Schluß kommen, daß die Kinder geschiedener Eltern dem Stiefvater gegenüber aufgeschlossener sind, wird die Ansicht vertreten, daß negative Erinnerungen an den wirklichen Vater dazu führen, daß dieser abgelehnt und der neue (und hoffentlich bessere) Vater eher akzeptiert wird. Die Experten sind sich also nicht einig, ob Tod oder Scheidung die Haltung des Kindes gegenüber dem Stiefvater günstiger beeinflussen. Unsere Untersuchungen deuten darauf hin, daß bei Mädchen, deren Väter gestorben sind, negative Gefühle leicht überwiegen.

Das kleine Mädchen, das an der Hochzeit seiner Mutter teilnimmt − ganz gleich, ob es vier oder vierzehn Jahre alt ist −, hat schon einmal erlebt, daß sein Vertrauen schwer erschüttert wurde. Aus Gründen, die es nicht begreift (oder nicht begreifen will), ist der erste Mann, den es geliebt hat, aus seinem Leben verschwunden. Ein Mensch, dem es zutiefst vertraut, hat es verlassen. Wenn es sieht, wie der Bräutigam seine Mutter küßt, möchte es gern glauben, daß die beiden glücklich bis zu ihrem Ende sein werden, doch der Schmerz und die Unsicherheit, die es in seinem Leben schon durchlitten hat, lassen es an einem Happy End zutiefst zweifeln.

Arm in Arm schreiten Mutter und Stiefvater lächelnd durch die Kirche, der Zukunft entgegen. Vielleicht winken die Neuvermählten der Tochter und bedeuten ihr, sich ihnen anzuschließen. Zögernd folgt sie ihnen, ohne auch nur einen Moment lang die Vergangenheit loszulassen.

Meine Mutter heiratete wieder als ich fünf Jahre alt war. Die Ehe dauerte sieben Monate. Ich nannte ihn ›Daddy‹, genoß es, seine große Hand zu spüren, wenn er mich über eine Straße führte, zitterte, wenn er mich anschrie, und bezweifelte, daß er lange bei uns bleiben würde. Ja, wir hatten einen neuen Nachnamen, eine neue Wohnung, sogar zwei neue Brüder, aber all dies Neue erschien unsicher, ohne Bestand. Abe und meine Mutter hatten oft Streit, vor allem wegen der Kinder, vielleicht auch wegen Geld, aber vor allem wegen der Kinder.

Es war schön, Ausflüge mit dem Auto zu machen, zu sehen, wie sie sich hin und wieder – wie im Kino – küßten. Aber soviel ich mich erinnere, hielt ich mich aus dem Ganzen irgendwie heraus und betrachtete es als etwas Vorübergehendes. Ich verhielt mich passiv, bemühte mich, nicht seinen Zorn zu erregen, zog mich in meine eigene Sphäre zurück, überzeugt, daß das Ganze bald in die Brüche gehen würde.

Die Szenen, die zum Ende führten, waren ziemlich lautstark. Tränen, Beschuldigungen, hysterisches Geschrei. Ich zog mich so weit wie möglich zurück und beobachtete das Ganze, bis es aus war.

Die Jungens und Abe zogen aus; ich mußte mir in der ersten Klasse peinliche Erklärungen ausdenken, warum ich einen anderen Nachnamen hatte als im Kindergarten, und meine Mutter fügte sich emotional zerstört und verbittert wieder in ihre Rolle als Versorgerin.

Wenn ich an diese Episode meines Lebens zurückdenke, dann finde ich es irgendwie erstaunlich, daß ich mit meinen fünf Jahren so wenig Hoffnung hatte. Ich glaube, daß ich Abe nicht besonders mochte, und ich bin mir sicher, er betrachtete mich als ziemliche Belastung. Ich kann mich nicht erinnern, daß ich mir direkt wünschte, daß die Ehe auseinanderging – ich wollte, daß Mama glücklich war, und wahrscheinlich mochte ich die Ausflüge mit dem Auto – aber meine Versuche, ein gutes Verhältnis zu meinem Stiefvater herzustellen, waren bestenfalls halbherzig. Ich erwartete nicht von ihm, daß er mich liebte; es hätte mir gereicht, wenn er mich toleriert und weniger seine Wut an mir ausgelassen hätte.

Während unseres Gesprächs sagte mir meine Mutter, sie habe ihn wirklich geliebt und sich sehr bemüht, eine gute Ehe zu führen und die Scheidung habe sie mit großer Enttäuschung und Angst vor Beziehungen erfüllt. Obwohl es mir gelungen ist, nicht allzu viel an den Teil meiner Kindheit zu denken, als Abe mein Stiefvater war, ist mir heute klar, wie erleichtert ich war, als er vorbei war, wie froh ich war, keine Hoffnung in ihn gesetzt zu haben, und wie sehr sich die Bedürfnisse einer Stieftochter von denen ihrer Mutter unterscheiden.

Terry, die zehn Jahre nach ihren Geschwistern als Tochter einer reichen Südstaatenfamilie zur Welt kam, war der Liebling ihres Vaters. »Er war ganz außer sich, als ich zur Welt kam«, sprudelte Terry hervor. »Er verbrachte unglaublich viel Zeit mit mir, was er mit meinen Brüdern und Schwestern nicht getan hatte, weil er, als sie klein waren, noch hart arbeiten mußte. Als ich zur Welt kam, war er ein sehr erfolgreicher Mann, sehr wohlhabend für sein Alter – er war vierzig –, mit einer eigenen Firma, einem großen Haus, einer schönen Frau.

Meine Mutter war sehr mit den älteren Kindern beschäftigt und ich hatte ein Kindermädchen, das mich den ganzen Tag versorgte. Als sie uns verließ, konnte ich's jeden Tag kaum erwarten, daß mein Vater heimkam. Ich weiß noch, wie ich immer seine Knie umklammerte, wenn er abends zur Tür reinkam.

Nach dem Abendessen trug er mich auf den Schultern zum Strand und kaufte mir ein Eis oder ein Buch. Jeden Abend vor dem Einschlafen las er mir Geschichten vor. Ich war eindeutig Papas Liebling.«

Terry sprach ohne jede Zurückhaltung; ihr Ton war frisch und temperamentvoll. Sie war eine äußerst attraktive, lebhafte, gescheite Frau. Mit ihren neunundzwanzig

Jahren war sie Direktorin einer Kleiderfabrik in einer Großstadt.

»Was für ein Mensch war Ihr Vater?« fragte ich.

»Sehr energisch, sehr stark, sehr männlich, sehr fröhlich. Alle sagen, daß er überaus humorvoll gewesen ist. Er war sehr liebevoll, sehr intelligent, sehr schlagfertig. Er war eindeutig die Stütze der Familie. Er hielt alle zusammen.«

Als Terry viereinhalb Jahre alt war, starb ihr Vater plötzlich an einem Herzinfarkt. »Und die ganze Familie fiel einfach auseinander. Mein älterer Bruder heiratete, meine Schwester heiratete, mein anderer Bruder ging zur Coast Guard, und die Jüngste, die vierzehn war, geriet in alle möglichen Schwierigkeiten.

Meine Mutter war der Verantwortung für fünf Kinder einfach nicht gewachsen. Sie hatte nie gearbeitet, hatte nie auch nur einen Scheck ausgestellt. Sie war wirklich schön, eine richtige Südstaatenschönheit. Der Typ Frau, der Vorhänge aufhebt, um Kleider draus zu schneidern. Man weiß nie, ob man nicht mal ein Ballkleid braucht. Meine Mutter hat mir nie irgendwas für's Leben beigebracht, außer wie man Blumen arrangiert.

Ich weiß noch, wie ich fünf Jahre alt war, ging meine Mutter dauernd zum Arzt, und ich verstand nicht, weshalb meine Mutter dauernd zum Arzt ging, und sie ging dauernd zum Arzt, weil sie einen Nervenzusammenbruch hatte. Und ich blieb allein mit dem Kindermädchen daheim.

Eines Tages spielte ich vor der Spielhütte, die mein Vater für mich gebaut hatte, und kniete mich auf einen Stein, und der Stein drang ganz tief in mein Knie ein. Ich starrte ihn an und dachte ›Mein Gott, es ist kein Mensch da, der dir hilft‹. Mein Kindermädchen war weit weg auf der andern Seite des Hauses, und meine Mutter war beim Arzt. Und ich zog den Stein heraus und sah ihn an und sagte zu mir ›Wenn ich mich mal erinnern will, wie's war, als ich fünf Jahre alt war — so war's‹. Ich habe mich einsam gefühlt, schrecklich einsam. Weil meine Mutter nicht richtig für mich da war.

Alle sagen, daß ich, nachdem mein Vater gestorben war, sechs Monate lang ununterbrochen geweint habe. Ich kann mich nicht dran erinnern, aber alle sagen, daß mich nichts und niemand davon abbringen konnte. Meine Mutter hat immer gesagt, daß sie nur deshalb wieder geheiratet hat, damit ich einen Vater habe.

Ich war etwa sechseinhalb, als sie Louis heiratete. Er war ein wirklich guter Mensch, ein sehr netter Kerl. Er hatte einen normalen, durchschnittlichen Beruf, er hatte ein durchschnittliches Einkommen, nichts im Vergleich zu meinem Vater, aber er war wirklich ein guter Mensch. Ich nannte ihn sofort ›Papa‹, und es sah so aus, als ob durch die Heirat meiner Mutter alles gut werden würde.

Er hat sich wirklich bemüht, mir ein guter Vater zu sein. Er kam in die Ballettschule, wenn ich dort bei Veranstaltungen auftrat, was meine Mutter nie tat, und er fuhr mich in die Schule und zu Kursen und holte mich wieder ab. Er war immer für mich da, wenn ich ihn brauchte; ich konnte mich auf ihn verlassen. Aber meine Mutter wollte nicht, daß ich mich gut mit ihm verstand. Sie war unglücklich in dieser Ehe, und sie wollte nicht, daß ich darin glücklich war.

Ich glaube, sie hatte bloß wieder heiraten wollen, weil sie allein nicht zurechtkam, und als dieser Mann auftauchte und sie heiraten wollte, hat sie deshalb Ja gesagt. Aber mit meinem Vater, fand sie, war er überhaupt nicht zu vergleichen.

Sie waren zwölf Jahre verheiratet und die ganze Zeit sehr unglücklich. Sie stritten ständig, und sie schliefen nicht miteinander – das wußte ich, seit ich sieben Jahre alt war. Tag für Tag hörte ich, daß mein Stiefvater impotent war, daß er kein richter Mann war, daß sie ihn bloß geheiratet hatte, damit ich einen Vater bekam.

Ich glaube, mir war klar, daß es nicht fair von ihr war, mir die Schuld daran zu geben, daß sie so unglücklich war.

Aber sie war meine Mutter! Und wenn er sie unglücklich machte, dann mußte ich eben versuchen, sie glücklich zu machen. Das tat ich, indem ich dasaß und mir anhörte, wie wundervoll mein richtiger Vater gewesen war und daß mein Stiefvater verglichen mit ihm einfach eine Null war.

Ich konnte keine Antipathie gegen ihn entwickeln, aber auch keine Zuneigung für ihn. Wenn meine Mutter mir dauernd erzählte, wie schrecklich er war, mußte ich doch einfach zu ihr halten. Irgend jemand *mußte* sie doch glücklich machen — mein Gott, sie brauchte doch Hilfe!

Als ich etwa zehn war, hatte sie wieder einen Nervenzusammenbruch. Es war nicht so, daß sie zusammenklappte und man sie in eine Klinik bringen mußte, aber es ging ihr furchtbar schlecht, und sie blieb ein paar Wochen im Bett.

An diesen Winter kann ich mich gut erinnern; er war schrecklich trübsinnig. Ich saß stundenlang an ihrem Bett, und sie jammerte ununterbrochen: ›Mein Leben ist zu Ende. Warum mußte mir das passieren?‹ Als ob sie total übergeschnappt wäre. Und ich hatte das Gefühl, daß ich daran schuld war. Sie war so unglücklich verheiratet, weil ich einen Vater brauchte.«

Terry befand sich in einem Konflikt, in den viele Mädchen geraten, deren Mütter eine neue Ehe eingehen: Sie traute sich nicht, sich gegen ihre Mutter zu stellen, obwohl sie ganz andere Bedürfnisse hatte als diese. Nur handelte es sich hier, verglichen mit anderen Fällen, um eine umgekehrte Konstellation: Sie mußte die Liebe ihres Stiefvaters zurückweisen, statt sie sich zu wünschen; sie mußte ihrer Mutter zuliebe so tun, als ob sie diesen Mann nicht mochte, und durfte sich nicht zu ihm hingezogen fühlen. Terry mußte sich ihrer Mutter unterwerfen und sich einen Vater versagen.

»Eines Tages, als ich ungefähr vierzehn war, waren er und ich allein in der Küche, und er umarmte mich aus irgendeinem Grund und sagte: ›Ich möchte, daß du weißt, daß ich dich liebe, als ob du meine eigene Tochter wärst.‹ Ja, das war's. Ich bin zusammengeklappt und hab' geheult.

Es war mir so wichtig, eine Beziehung zu ihm zu haben, weil er so ein guter Mensch war. Und plötzlich wurde mir klar, daß ich auf all diese Probleme meiner Mutter keine Rücksicht zu nehmen brauchte, und so schloß ich mit ihm Frieden. Ich ergriff nicht mehr die Partei meiner Mutter und kümmerte mich nicht mehr um ihre Wut.«

Nachdem Terry sieben Jahre lang mit ihrem Stiefvater zusammengelebt hatte, akzeptierte sie seine Liebe. Von diesem Tag an betrachtete sie ihn, wie sie mir sagte, nicht mehr als ›Stiefvater‹, sondern als ihren ›zweiten Vater‹.

Vier Jahre später starb er.

»Wenn er morgens zur Arbeit ging, weckte er mich immer, weil ich in die Schule mußte, doch an diesem Morgen weckte er mich nicht. Ich blieb liegen und wartete darauf, daß er hereinkommen und sagen würde ›Ich hab' verschlafen‹ oder irgendwas.

Doch dann kam meine Mutter in mein Zimmer und sah mich mit einem ganz merkwürdigen Blick an. ›Mit Papa stimmt irgendwas nicht‹, sagte sie. Da wußte ich, daß irgendwas passiert sein mußte, denn sie hatte ihn noch nie ›Papa‹ genannt. Ich stand auf und rannte in sein Schlafzimmer.

Als ich die Tür aufmachte, sah ich, daß er im Bett lag. Es sah aus, als ob er schlief, und ich sagte ›Papa, Papa.‹ Keine Antwort. Ich legte meine Hand auf ihn, und als ich keinen Atem spürte, sagte ich ›Mama, ich glaube, er ist tot. Du mußt den Arzt holen.‹

Doch sie war zu nichts imstande. Sie war im Nachthemd, und so ging sie ins Schlafzimmer und zog ihren Morgenmantel an, und dann ging sie in die Küche und fing an, Teller aus dem Schrank zu nehmen und einen nach dem andern abzuwischen, und dabei murmelte sie vor sich hin ›Oh, mein Gott, daß ich das noch einmal erleben muß‹. Und ich sagte ›Ich erlebe es ja auch‹.

Doch sie beachtete mich nicht und wischte weiter die Teller ab. Also ging ich zum Telefon und rief den Arzt und den Pfarrer an. Ich rief meinen Onkel an, ich rief meine

Brüder an, ich rief meine Schwester an. Ich regelte alles wegen dem Begräbnis. Ich rief in der Schule an und sagte, daß ich nicht kommen könne. Ich saß da und telefonierte. Ich behielt den Hörer in der Hand und machte einen Anruf nach dem andern.

Ich hatte das Gefühl, daß meine Mutter nach dem ersten Schock ganz froh war. Und meinen Schwestern und Brüdern war es egal, denn sie hatten nie mit ihm zusammengelebt. Ich glaube, sie waren sogar froh, daß das Ganze vorbei war, weil Mama jahrelang so unglücklich gewesen war und jetzt vielleicht die Chance hatte, wieder glücklich zu werden.

Niemand schien dran zu denken, daß auch ich die ganzen Jahre mit Louis zusammengelebt hatte und daß ich vielleicht anders empfand. Ich fühlte mich völlig allein in meinem Schmerz – das war das Schlimmste daran. Ich war die einzige, die jemanden verloren hatte.

Äußerlich tat ich so, als ob es mir wie den andern nichts ausmachte. Ich fraß alles in mich hinein, bis ich Magenschmerzen bekam, und mit achtzehn hatte ich ein Magengeschwür.

Glauben Sie mir, ich bin wirklich niemand, der sich gern selbst bedauert. Aber so weit ich zurückdenken kann, habe ich immer das Gefühl ›Wann wird diese Sache endlich in Ordnung kommen? Wann werde ich endlich ein normales Leben führen können?‹.«

Terry schwieg einen Moment und schien nachzudenken. »Ja«, sagte sie schließlich ein wenig niedergeschlagen, »so war das mit Louis. Einfach so im Schlaf.«

Ebenso wie mit viereinhalb Jahren nach dem Tod ihres Vaters war sie auch nach dem Tod ihres ›zweiten Vaters‹ allein gewesen. Die beiden Männer waren sehr verschieden voneinander gewesen, abgesehen von einem wesentlichen Aspekt: sie hatten sie beide geliebt, und sie hatten sie beide ›verlassen‹. Was sollte sie nach all dem von Männern halten?

»Es ist schwer für mich zu glauben, daß eine Beziehung

von Dauer sein kann«, erklärte sie in sachlichem Ton. »Man kann sich nie sicher sein. Zweimal habe ich so etwas erlebt!«

Trotz hysterischer Beschwörungen, daheim zu bleiben, ging Terry aufs College. Nach eineinhalb Jahren heiratete ihre Mutter wieder. »Der Mann war super – lustig und sehr liebevoll. Es war, als würde mir eine Last von den Schultern genommen. Ich brauchte mir keine Sorgen mehr um sie zu machen.

Natürlich nahm ich an der Hochzeit teil. Ich muß an allen Hochzeiten meiner Mutter teilnehmen. Es war wunderbar – endlich war wieder Leben im Haus. Alles war irgendwie abgestorben, als sie Louis heiratete, und jetzt, mit Charles, erwachte alles wieder zum Leben.«

Zehn Jahre später – sie lebte inzwischen selbst in einer unglücklichen Ehe, hatte aber mit ihrer Tüchtigkeit und Zähigkeit beruflich eine gewaltige Karriere gemacht – nahm Terry an Charles' Begräbnis teil. Er war nicht plötzlich gestorben, sondern nach einer langen Krankheit.

So schmerzlich es für sie war, einen weiteren ›Vater‹ begraben zu müssen – am schlimmsten war für sie an dieser Beerdigung, daß ihr Mann nicht dabei war. Wieder mußte sie allein Abschied nehmen. »Sie können sich nicht vorstellen, wie wütend ich war. Ich hatte keine Ahnung, daß ich so wütend sein kann.«

Über ihre inzwischen geschiedene Ehe sagte Terry: »Ich habe nie erwartet, daß eine Ehe bei mir gutgehen kann. Ich wußte, meine Ehe mit Bill würde auseinandergehen. Vielleicht habe ich ihn nur geheiratet, um mich auf die Probe zu stellen. Um festzustellen, wie ich mich verhalte, wenn meine Ehe schiefgeht. Schon als Kind war mir klar, daß ich nicht so sein wollte wie meine Mutter – daß ich nicht wie sie ohne Mann zugrunde gehen wollte. Vielleicht bin ich deshalb eine Ehe eingegangen, von der ich wußte, daß sie nicht gutgehen konnte, um zu beweisen, wie stark ich sein kann, wenn sie auseinandergeht.«

Ob der verlorene Vater ein guter Mensch war, ein außergewöhnlicher Mensch, ob er dominierend oder gleichgültig war — eines wissen die verlassenen kleinen Mädchen: auf Männer kann man sich nicht wirklich verlassen. Und negative Erfahrungen mit einem Stiefvater verstärken noch diese Einstellung.

Doch bald werden aus den Kindern junge Mädchen, Teenager. Sie beginnen, von Jungen Notiz zu nehmen, und Jungen nehmen Notiz von ihnen. Wie wirken sich die Enttäuschungen ihrer Kindheit auf ihre ersten Bekanntschaften aus? Wer sind diese Jungen, diese fremdartigen Wesen, und was können sie von ihnen erwarten?

9

Vater unser im Himmel ... oder anderswo: Mädchen und Jungen in der Adoleszenz

Bobby Budhias veränderte mein Leben. Oder falls das eine Übertreibung ist – er veränderte zumindest die Art und Weise, wie ich mich bis zu diesem schicksalhaften Nachmittag im Jahr 1959 selbst sah. Er, der junge blondgelockte Gott aus der sechsen Klasse, bemerkte mich.

Ernst und schüchtern, wie ich mit zwölf Jahren war, von tiefen Zweifeln hinsichtlich meiner äußeren Erscheinung erfüllt, hielt ich mich für außergewöhnlich unscheinbar. So ging ich an diesem Frühlingstag langsam und in meiner üblichen leicht gebeugten Haltung auf das Tor zu, hinter dem sich der Eingang der Schule befand. Es ist anzunehmen, daß ich mich mit all meiner Kraft bemühte, gleichgültig dreinzublicken, als mein Blick über die kleinen Schülergruppen hinter dem Tor schweifte, daß ich nach der kleinen Schar von Mädchen suchte, die mir Sicherheit verhieß, und in der ich wenigstens zeitweise meine Befangenheit ablegen konnte.

Ich hatte die zum Eingang hinaufführende Treppe noch nicht erreicht, als mein Blick seine Augen traf – und an ihnen hängenblieb. Sie waren blau, sehr blau, und sie lächelten, so schien es, mich an. Automatisch wandte ich den Kopf, um zu sehen, wen er wirklich mit diesem durchdringenden freundlichen Blick ansah, doch da war niemand. Ungläubig sah ich ihn wieder an und merkte, daß sein Lächeln tatsächlich mir galt. Und was noch unfaßbarer schien – er hatte offenbar auf mich gewartet.

Wie sich das Ganze weiterentwickelte, weiß ich nicht mehr, und ich habe auch nicht die leiseste Ahnung, was aus Bobby Budhias geworden ist, doch hoffe ich, daß alle seine Wünsche in Erfüllung gegangen sind. Dieses blauäugige freundliche Lächeln aber werde ich nie vergessen; es symbolisiert meine erste Begegnung mit den Menschen männlichen Geschlechts, Möglichkeiten, sein Selbstbewußtsein zu stärken.

Männer, Jungen waren etwas mir Unbekanntes, etwas Fremdartiges, Exotisches, das es nur außerhalb der Familie gab. Wie die meisten Mädchen meines Alters ärgerte ich mich oder kicherte ich, wenn ein besonders ›süßer‹ in meine Nähe kam, doch von einem Jungen begehrt zu werden, war für mich, die in einer Familie aufwuchs, deren Mitglieder alle nach männlicher Anerkennung strebten, von größter Wichtigkeit. Männliche Anerkennung hätte meinen Wert bestätigt, nicht nur als Mädchen, sondern als normaler Mensch.

Doch Männer und Normalität waren etwas mir Unbekanntes und deshalb Beängstigendes. Ich hatte immer geglaubt, ich sei ganz versessen auf gemischte Schulen – schließlich kam ich auf eine –, aber unbewußt hielt ich meine Gefühle auf Abstand. Als Eddie, die große Liebe meiner Teenagerzeit, die ich im ersten Kapitel erwähnt habe, um meine Hand anhielt, mußte ich feststellen, daß ich mich ihm gegenüber nicht öffnen konnte.

Wie die nachfolgende Tabelle zeigt, stellten wir bei unserer Untersuchung fest, daß sich Frauen, die ohne Vater

Durchschnittsalter:

	Stief-vater	Biologischer Vater	Kein Mann in der Familie
Erste Verabredungen mit Jungen	14,0	14,9	15,2
Zum ersten Mal verliebt	16,8	17,5	18,5
Erste sexuelle Erfahrung	18,0	19,9	19,2

oder Stiefvater aufwuchsen – Mädchen, denen Männer völlig unvertraut waren – später verliebten als alle anderen Gruppen.

Während Mädchen mit Stiefvätern ein starkes Bestreben zeigten, sich von der Familie zu distanzieren, hatten Mädchen aus gänzlich männerlosen Haushalten das starke Bedürfnis, zu Jungen Abstand zu halten. Das heißt nicht, daß sie männliche Gesellschaft ablehnten, denn sie hatten ihre ersten Verabredungen nahezu im gleichen Alter wie Mädchen ohne Vater und ihre ersten sexuellen Erfahrungen sogar etwas früher, doch eine emotionale Bindung gingen sie, um sich zu schützen, erst etwas später ein.

Jane, eine Erzieherin, die Mitte vierzig war, legte ihren Schutzpanzer schon in sehr frühem Alter an. Als sie vier Jahre alt war, erkrankte ihr Vater. Wie Terry war sie ein unerwartetes Kind, das dreizehn Jahre nach seinen Geschwistern zur Welt kam. »Ich glaube, meine Mutter würde sagen, ich war eine ›Panne‹, aber für meinen Vater war ich ein ›Kind der Liebe‹. Er und ich hatten eine wundervolle, liebevolle, ganz besondere Beziehung.

Als er krank wurde, beschloß meine Mutter, mich in ein Heim zu stecken, damit ich nicht all dem Leid und Kummer ausgesetzt war. Er hatte Krebs.

Ich empfand es als schrecklich, weggeschickt zu werden. Es war, als ob ich für etwas Furchtbares, das ich getan hatte, bestraft wurde. Ich kann mich gut erinnern, wie mein Bruder mich hinbrachte, und wie ich schrie und mich wehrte. Ich hatte keine Ahnung, warum ich weggeschickt wurde.

Nach einiger Zeit holten sie mich heim. Meine Schwester saß völlig zusammengebrochen in einem Sessel, und meine Mutter ging mit mir nach oben und sagte mir, daß mein Vater gestorben war. Ich hatte keine Ahnung, was das bedeutete – ich war vier Jahre alt – außer daß er nicht mehr da sein würde.

Meine sofortige Reaktion war ›Ich muß tapfer sein‹. Und auf dieser Basis funktionierte ich von damals bis vor

214

etwa einem Jahr. Ich wurde ein überangepaßtes Kind, das ständig Angst hatte, jemanden zu verlieren und sich nicht loszulassen traute. Obwohl ich in meinem weiteren Leben noch viele Menschen verlor, bewahrte ich immer meine Selbstbeherrschung.«

Aus Janes Schilderung der Jahre nach dem Verlust — sie verbrachte ihre Kindheit mit der launenhaften, große Ansprüche an sie stellenden Mutter in Trenton (ihr Bruder und ihre Schwester hatten, wie in Terrys Fall, bald nach dem Tod des Vaters das Haus verlassen) — ging deutlich hervor, daß sie in einem ständigen Konflikt lebte, der darin bestand, daß sie den Mann, der sie verlassen hatte, zugleich haßte und glorifizierte.

»Da ich keinen Vater hatte, hatte ich immer das Gefühl, anders zu sein als die anderen Kinder. Meine Mutter war zutiefst unglücklich über ihr Leben und wurde im Lauf der Jahre immer verängstigter. So wurde ich zur Mutter, zu einem Kind, das sich selbst großzog. Ich war verantwortlich für den Haushalt, für die Zubereitung der Mahlzeiten, für alles mögliche. Ich hatte nicht die Freiheit, einfach ein Kind zu sein. Ich wurde damit fertig, indem ich so tat, als ob es nicht wahr war, als ob ich ein Leben führte wie alle andern.

Jetzt erlaube ich mir zum ersten Mal, mir den Schmerz einzugestehen, den ich empfand. Und eine Menge Wut steigt in mir auf: Wo, zum Teufel, ist er gewesen? Warum war er nicht da? Ich weiß, ich hatte vier schöne Jahre, aber das war nicht genug.

Alle meine Angehörigen haben ihn als romantischen Helden geschildert, und so habe ich ihn mir vorgestellt — als einen wunderbaren, liebevollen Mann, der auf geheimnisvolle Weise aus meinem Leben verschwunden war. Die Wut war da, aber ich habe sie total unterdrückt. Man kann sagen, ich habe ihn völlig aus meinem Bewußtsein verdrängt.«

Der Konflikt zwischen Wut und Idealisierung führte zu einer verworrenen Einstellung gegenüber Männern und prägte diese während ihrer ganzen Jugend.

»Da waren all diese Beziehungen, die einfach nicht klappten. Am Anfang schien mit einem Jungen alles gutzugehen, und dann bekam ich Angst. Denn wenn irgendwas zu gut ist, dann verliert man es – stimmt's? So fing ich an, den Jungen, mit dem ich befreundet war, auf die Probe zu stellen, Anforderungen an ihn zu stellen, um sicher zu sein, daß er wirklich für mich da war, doch in Wirklichkeit habe ich es darauf angelegt, ihn zu vertreiben. Wenn er mich dann verlassen hat, konnte ich wütend sein. Dann konnte ich meine Abwehrhaltung teilweise aufgeben, denn wenn man allein ist, braucht man niemanden abzuwehren.

Die paar Jungen, die durchhielten und trotz meines Verhaltens bei mir blieben, habe ich verlassen. Ich wußte ja, daß nichts von Dauer sein konnte, und so habe ich selbst immer Schluß gemacht.

Dann, vor etwa zehn Jahren, als ich schon fünfundzwanzig war und wieder einmal eine gescheiterte Beziehung hinter mir hatte, sagte ich mir ›Jetzt hab' ich genug. Ich möchte so was nicht noch einmal durchmachen. Ich hab's satt, mich dauernd zu schützen, andere auf die Probe zu stellen, immer die Kontrolle über eine Beziehung haben zu müssen. Ich möchte leben‹. Und so bin ich in Therapie gegangen.«

Jane erkannte schließlich ihr zerstörerisches Mißtrauen gegenüber Männern, und nach zehnjähriger Therapie wurde ihr klar, daß die Ursache dieses Mißtrauens die Wut auf ihren Vater war. Doch der Preis für das Zulassen dieser Wut war hoch: Sie mußte den Verlust akzeptieren. Das tapfere kleine Mädchen mußte Abschied von seinem Vater nehmen.

Nur wenn wir die Vorstellung aufgeben, daß der Vater, den wir verloren haben, ein ›romantischer Held‹ war, können wir eine natürliche Einstellung gegenüber Männern entwickeln – Männern, wie sie in Wirklichkeit sind. Solange wir das nicht tun, verfolgen und vertreiben wir sie, zwingen wir sie dazu, eine Phantasievorstellung zu besiegen, die uns fernhält von erneuter Enttäuschung, erneutem Verlassenwerden, erneutem Schmerz.

In der Adoleszenz verhält sich die vaterlose Tochter noch linkischer als andere Mädchen dieses Alters. Da sie von dem ersten Mann, an dem sie ihre weiblichen Reize erprobte, ›zurückgewiesen‹ wurde, ist sie schon, bevor sie zum ersten mal tanzen geht, ein Mauerblümchen. Doch männliche Aufmerksamkeit, die ihr schließlich von gleichaltrigen Jungen zuteil wird, bedeutet ihr mehr als bloßes Bemerktwerden bei einer Teenagerparty. Sie ist der Schlüssel zu ihrem Selbstwertgefühl, das sie in ihrer Kindheit nicht entwickeln konnte.

Doch wie verhält man sich gegenüber Jungen? Wie zieht man sie an? Wenn der Vater, wie in der gesamten psychoanalytischen Literatur behauptet wird, von ausschlaggebender Bedeutung für die Entwicklung des sexuellen Verhaltens (bei Jungen und Mädchen) ist, dann ist das vaterlose Mädchen klar im Nachteil. Sie kann ihr Wissen aus Büchern und Filmen und den Erzählungen anderer beziehen, doch persönliche Erfahrungen fehlen ihr. Sie hatte nicht nur keine Gelegenheit, die überaus wichtige wechselseitige Beziehung mit dem Vater zu erleben, sondern auch die Mutter stand ihr nicht als Rollenmodell zur Verfügung. Sie hatte weder die Möglichkeit, im Rahmen einer funktionierenden Mann-Frau-Beziehung praktische Erfahrungen zu machen, noch diese aus nächster Nähe zu beobachten.

Die Auswirkungen dieses Erfahrungsmangels auf das Verhalten der vaterlosen Tochter hat E. Mavis Hetherington in einer ausgezeichneten Untersuchung dargestellt. Bei der Beobachtung dreier Gruppen heranwachsender Mädchen in einem Freizeitzentrum – Mädchen aus intakten Familien, Mädchen, deren Vater gestorben war und Mädchen, die ihren Vater infolge Scheidung der Eltern verloren hatten – stellte Hetherington deutliche Unterschiede in der Interaktion der Mädchen mit Männern fest.

Sie schreibt darüber: »Mädchen, die ohne Vater aufgewachsen waren, zeigten häufig im Umgang mit Männern unangemessene Verhaltensweisen. Mädchen, deren Vater gestorben war, zeigten gegenüber Männern starke sexuelle Ängste, Schüchternheit und Unbehagen. Mädchen, die ihren Vater durch Scheidung verloren hatten, zeigten Spannungen oder unangemessen selbstbewußtes, verführerisches oder manchmal promiskuöses Verhalten gegenüber gleichaltrigen und erwachsenen Männern... Mädchen, deren Vater gestorben war, zeigten eine wesentlich geringere Bereitschaft, mit männlichen Interviewern zu sprechen, und verhielten sich allgemein schweigsamer als alle anderen Gruppen. Mädchen, deren Eltern geschieden waren, zeigten sich eher bereit, mit männlichen als mit weiblichen Interviewern zu sprechen... Unsere Untersuchung deutet darauf hin, daß die Auswirkungen des Vaterverlustes bei Töchtern während der Adoleszenz zutagetreten und daß sie sich hauptsächlich als Unfähigkeit manifestieren, mit Männern auf angemessene Weise zu interagieren...«

Die Töchter verstorbener Väter drücken mit ihrer Schüchternheit und die Töchter geschiedener Eltern mit ihrer Aggressivität die Umstände ihres Verlustes aus. Beide Gruppen fühlten sich der Hetherington-Untersuchung zufolge gegenüber Männern unsicher, und die unterschiedliche Art, diese Unsicherheit zu bewältigen, spiegelte die Einstellung gegenüber ihrem Vater wider.

»Töchter von Witwen hatten oft überhöhte Vorstellungen von ihren Vätern. Dies kann sich darin äußern, daß nach ihrer Meinung kein anderer Mann einen Vergleich mit ihrem Vater aushält oder daß sie alle Männer als überlegen betrachten und sich ihnen gegenüber unterwürfig und furchtsam zeigen.« Daher die weitverbreitete Schüchternheit.

Möglicherweise agieren Töchter geschiedener Eltern durch ihr aggressives Verhalten gegenüber Männern die unterschwellige Feindseligkeit gegen ihren Vater aus – einen Mann, mit dem sie immer noch eine Beziehung haben könnten.

In Übereinstimmung mit anderen Forschern kam Hethe-rington weiter zu dem Schluß, daß die Angst vor Männern um so stärker ist, je früher die Trennung vom Vater erfolgte. Jane, zum Beispiel, die ihren Vater mit vier Jahren verlor – theoretisch inmitten der ödipalen Krise – blieb in einer ungelösten Bindung zu ihm stecken. Sie konnte weder ihre idealisierenden Vorstellungen aufgeben, noch sich ihre tiefe Enttäuschung eingestehen. Ihr späteres Verhalten in Beziehungen zu Jungen und Männern spiegelte ihre Fixierung auf den ungelösten Konflikt wider. Mit der Unbeholfenheit eines heranwachsenden Mädchens versuchte sie sich von ihrem Vater zu lösen: immer wenn ein Mann sie verlassen hatte, war sie imstande, ihre Wut zuzulassen, die Emotion, die zur Akzeptierung des Todes ihres Vaters führen würde.

»Es scheint der Zwang zu bestehen, immer wieder Beziehungen einzugehen, in denen das Objekt erneut verloren wird. Das Motiv ist jedoch nicht, den Verlust zu wiederholen, sondern die frühere Tragödie nachzuahmen und sie ungeschehen zu machen, indem man ihr ein glückliches Ende gibt.«

Ein glückliches Ende wäre zum Beispiel, wenn der Vater sieht, wie verloren seine Tochter ohne ihn ist, und zu ihr zurückkehrt. Und ein noch glücklicheres Ende wäre es, wenn die Tochter die wahre Ursache ihrer Enttäuschung erkennen und endgültig aufhören würde, ihren Vater als romantische Idealgestalt zu betrachten. Es ist schon für ein Mädchen mit einem lebenden, vorhandenen Vater sehr schwierig, dessen Schoß zu verlassen, und das vaterlose Mädchen – vor allem, wenn es jünger als fünf Jahre war, als er es verließ – sträubt sich ebenso heftig dagegen, sich von ihm zu lösen. Es glaubt, ihn selbst aufzugeben, wenn es die romantische Beziehung zu ihm aufgibt.

So ist es nicht verwunderlich, daß vaterlose Mädchen vor Männern Angst haben. Tatsächlich erreichten bei der Hetherington-Untersuchung beide vaterlose Gruppen auf der Angstskala einen höheren Wert als Mädchen, die mit einem Vater aufgewachsen sind. Sie sehnen sich nach männlicher Aufmerksamkeit, sind jedoch zugleich fest entschlossen, unverletzlich zu bleiben. Am liebsten würden sie geliebt werden, ohne sich der mit Liebe verbundenen Gefahr auszusetzen. Auf diese Weise würde ihr Bedürfnis nach Anerkennung befriedigt werden, ohne daß sie die Bindung an den Vater aufgeben müßten.

Eine Ausnahme scheinen Stieftöchter zu sein, die sich in einem besonders frühen Alter angeblich ›verliebt‹ haben. Sie sind, wie wir gesehen haben, *entschlossen,* sich zu lösen – von ihren Stiefvätern. Desillusioniert durch ihre verfrühten Beziehungen, entwickeln sie bald die gleiche Unsicherheit gegenüber Männern wie vaterlose Töchter, deren Mütter nicht wieder geheiratet haben. Ihr Herz gehört, wie das unsere, immer noch dem Vater.

Bei der heranwachsenden vaterlosen Tochter besteht die bittersüße Ironie darin, daß sie sich als Maßstab einen Mann gesetzt hat, der sie tief enttäuscht hat. Doch indem sie alle Männer an ihm mißt, schützt sie sich vor weiteren Enttäuschungen – und vor der schmerzlichen Erkenntnis, daß sie ihren Vater für immer verloren hat.

Der verstorbene Vater wird meistens so stark idealisiert, daß sich kein menschliches Wesen mit ihm messen kann. Solange der Phantasievater vollkommen ist, kann sich die Tochter vor der Unvollkommenheit der Realität – in Vergangenheit und Gegenwart – abschirmen.

Auch die Tochter geschiedener Eltern benützt ihren Vater als Schutzschild. Er ist natürlich nicht vollkommen, sondern stellt eher ein lebendiges Symbol dar, welches das Mißtrauen der Tochter rechtfertigt. Da er das unverzeihliche Verbrechen begangen hat, sie zu verlassen, strebt sie wie besessen nach männlicher Anerkennung, um vielleicht die Zurückweisung durch den Vater ungeschehen zu machen. Doch die Möglichkeit einer Versöhnung ist eine starke unbewußte Kraft, die mit ihrer Entschlossenheit, sich gefühlsmäßig nicht an andere Männer zu binden, zusammenwirkt.

Die folgenden aus unserer Untersuchung stammenden Angaben zeigen den drastischen Zusammenhang zwischen dem Status des Vaters und der Art und Weise, wie die Tochter ihn sieht:

Vater:

Mein Vater ist (war)	Geschieden	Verstorben	In der Familie
warm und liebevoll	20%	64%	43%
gut zur Mutter	3%	60%	43%
ein außergewöhnlicher Mensch	17%	52%	41%
zärtlich	8%	47%	24%
gleichgültig	32%	3%	18%
schwach	35%	10%	18%
verantwortungslos	52%	6%	8%

Aus dieser Beurteilung geht deutlich hervor, das Frauen, deren Väter tot waren, diese idealisierten, und daß Frauen, die den Vater durch eine Scheidung verloren, die negativste Einstellung gegenüber ihrem männlichen Elternteil hatten.

Für einen Beobachter menschlichen Verhaltens ist die Übereinstimmung der Experten nicht überraschend darin, daß ein starker Zusammenhang zwischen der Meinung eines Mädchens über ihren Vater und ihrer Einstellung gegenüber Männern besteht:

Wenn der Vater vollkommen ist, dann müssen alle anderen Männer im Vergleich zu ihm schlecht abschneiden – selbst wenn das von Selbstzweifeln erfüllte Mädchen glaubt, daß alle Männer zu gut für sie sind.

Wenn der Vater keine positiven Eigenschaften hat, dann können alle Männer keine haben – selbst wenn das von

Selbstzweifeln erfüllte Mädchen glaubt, daß es diese Fehler ans Tageslicht bringt.

Wir wir gesehen haben, sind die Mechanismen, die den Umgang mit Männern bestimmen, sehr unterschiedlich; ebenso die Einstellungen, die Mädchen ihnen entgegenbringen. Aber ob der Vater gestorben ist oder die Familie verlassen hat, ob er bewundert oder verachtet wird – es ist sein Schatten, der die Tochter vor den Angehörigen seines Geschlechts schützt und emotional getrennt hält.

M. Esther Harding, eine Jungianerin und somit Verfechterin der Theorie, daß wir alle das Maskuline und das Feminine in uns tragen (›Animus‹ und ›Anima‹ nach der Jungianischen Terminologie), meint vielleicht diesen Schatten, wenn sie sagt, daß »der geisterhafte Geliebte für jede Frau lebendige Realität ist«. Sie ist der Ansicht, daß dieser Phantasie-Geliebte dem Mädchen vor allem in der Adoleszenz hilft, mit der dämmernden Erkenntnis, daß es ein anderes Geschlecht gibt, fertigzuwerden und deshalb »bei den psychologischen Veränderungen in der Pubertät eine wichtige Rolle spielt«.

Im vaterlosen Mädchen jedoch lebt dieser maskuline Aspekt – dieser Phantasie-Vater – auch dann noch weiter, wenn er in dieser Hinsicht nicht mehr von Nutzen ist. Statt ein integraler Teil der abgerundeten weiblichen Persönlichkeit zu werden, ergreift er Besitz von ihm. Er wird zum Beherrscher des Gefühlslebens der Mädchen und isoliert sie von der realen Welt der Jungen und Männer. Und wenn er die Aufmerksamkeit von der Realität ablenkt und den Realitätssinn des Mädchens schwächt, wird der ›geisterhafte Geliebte‹ zu einer Gefahr.

Obwohl Harding sich nicht speziell mit vaterlosen Mädchen beschäftigt, bemerkt sie, daß »der geisterhafte Geliebte manchmal die Personifizierung eines Toten oder abwesenden Geliebten ist«.

Es ist, als ob die Bekannten (des Mädchens) einen unsichtbaren Rivalen haben, den sie übertreffen müssen, bevor sie darauf hoffen können, ihre Aufmerksamkeit zu gewinnen. Im Lauf der Zeit kann die sich entwickelnde Frau ihre Phantasiegestalt vergessen... doch das bedeutet nicht, daß ihr Problem gelöst ist. Der geisterhafte Geliebte ist ins Unbewußte versunken. Er ist nicht besiegt oder entmachtet. Er ist immer noch der Idealmann, der Märchenprinz, dessen Attraktivität alle anderen Männer unbedeutend erscheinen läßt. Er ist unsichtbar, doch auf sein Vorhandensein kann aus den Reaktionen der Frau geschlossen werden, die ihn besitzt oder besser, die von ihm besessen ist... Möglicherweise zeigt sich dieser unsichtbare Held nur in der Geringschätzung, welche die Frau realen Männern entgegenbringt. Doch diese Geringschätzung ist ein Beweis dafür, daß er in ihrem Unbewußten als Kriterium existiert.

Der verlorene Vater kann also als ›geisterhafter Geliebter‹ in Erscheinung treten, der uns an einem Freitagabend in Gestalt eines umwerfenden Mannes begegnet und uns dazu treibt, männliche Aufmerksamkeit zu suchen und dann abzuweisen.

Verfolgt von unserer Unfähigkeit, ihn zu halten, klammern wir uns weiter an diesen Geist. Er ist der erste Mann, den wir geliebt haben. Ihn als Liebesobjekt loszulassen, wäre ein großer Entwicklungsschritt für uns – wie für alle Mädchen. Doch wenn er uns bei unserer Anpassung nicht hilft, kann es sein, daß wir uns aus unserer unrealistischen Bindung an ihn nicht befreien können.

Da ein unsicheres Selbstbild und ein wachsendes Interesse für Jungen allgemein als Kriterien der weiblichen Adoleszenz betrachtet werden, überrascht es nicht, daß diese eng miteinander verbundenen Phänomene für das vaterlose Mädchen zu den primären Angstbereichen werden. Während ihre Angst sich meist in der unbeholfenen Art äußert, in der sie mit Männern umgeht, kann ihr Mangel an Selbstvertrauen sich auch auf andere Weise zeigen.

Kriminelle Aktivitäten von Teenagern werden oft auf Vaterlosigkeit zurückgeführt. Wie schon im 4. Kapitel erwähnt, hat Anna Freud als erste den Zusammenhang bei beiden Geschlechtern erkannt, und im Rahmen unserer Untersuchung berichteten vaterlose Frauen tatsächlich häufiger, ihren Müttern ›als Jugendliche Sorgen bereitet zu haben‹, als Frauen, die mit Mutter und Vater aufwuchsen.

Ein weiteres Anzeichen für Unzufriedenheit bei vaterlosen Jugendlichen wird wie folgt beschrieben: »Junge Erwachsene, deren Eltern geschieden sind, berichten signifikant häufiger über Symptome schlechter körperlicher Gesundheit, die häufig als Folge von starkem individuellem Streß betrachtet wird.«

Streß ist ein natürlicher Aspekt der Adoleszenz, einer Zeit, in der viele Verluste bewältigt werden müssen. Sie ähnelt in vieler Hinsicht der früheren Periode der Lösung von der Mutter: Das Kind muß sein ganzes Vertrauen zusammennehmen, um mutig ins Erwachsenenleben treten zu können – ein Schritt, der nur selten mit Leichtigkeit getan wird.

Angst und Schuldgefühle erschweren den Abschied von zu Hause und von der Mutter, selbst wenn das junge Mädchen in ihrem Unabhängigkeitsstreben beharrlich bleibt. Die Folge sind Kämpfe und Spannungen. Ein sich richtig verhaltender Vater kann dem Kind – wie in der Phase der Ablösung und Individuation – natürlich sehr helfen und ihm den Übertritt ins Erwachsenenalter wesentlich erleichtern. Eine alleinstehende Mutter hingegen ist oft ungemein hinderlich.

Wie können wir sie verlassen? Wie können wir sie *allein* lassen? Wenn wir nur einen Vater hätten, denken wir ... und stärken damit seine Position als ›geisterhafter Geliebter‹ und ermöglichen es uns, die Ablösung von ihm weiter hinauszuschieben.

Ebenso wie die Tochter in der frühen Kindheit den Vater braucht, um sich aus romantischen Phantasien zu befreien, benötigt sie seine Hilfe, wenn sie in dieser Zeit das schützende Heim verläßt und in eine Welt tritt, die weitgehend von Vätern beherrscht wird. Ein väterlicher Klaps auf den Rücken kann ihr sagen, daß sie für den Übertritt bereit ist, daß sie in der äußeren Welt vorwärtskommen wird, daß sie attraktiv, tüchtig, lebensfähig ist.

Die Ablösung, die wir meinen, muß das junge Mädchen jedoch aus eigenem Entschluß vollziehen. Während dieses schrittweisen, schwierigen Prozesses ist das Mädchen höchst sensibilisiert. Wenn der Vater sich plötzlich zurückzieht, kann dies verheerende Folgen haben. Die Tochter stellt nicht nur ihren Wert als Frau in Frage: auch ihre sich entwickelnde Fähigkeit, sich in ihrer Umwelt durchzusetzen, wird beeinträchtigt. Sie hat eine unabhängige Identität angestrebt, aber nicht so schnell. Gerade als sie ihre neue Macht zu genießen begann, wurde sie auf diese krasse Weise an ihre Machtlosigkeit erinnert. Was hat sie falsch gemacht?

Wut, Frustration, Verzweiflung – in ihrem Alter natürliche Empfindungen – erfüllen die erneut ihres Vaters beraubte Jugendliche. Doch meist siegt ihre Entschlossenheit, sich wie eine Erwachsene zu verhalten. Sie wird für die Mutter ›da sein‹, ihre eigene Hilfsbedürftigkeit unterdrücken und wahrscheinlich ihren echten Reifungsprozeß hinausschieben.

Bei Ann bestimmten die Wirrnisse der Adoleszenz den ganzen weiteren Lebensweg. Sie war dreizehn, als ihr Vater plötzlich an einem Herzinfarkt starb, und der ›Schock‹, den sein Tod ihr zufügte, hallt heute noch in ihrer extravertierten, gewinnenden Persönlichkeit nach.

Geboren und aufgewachsen war sie in den fünfziger Jahren in Britisch Guyana, wo die Familie, nicht das Fernsehen, der Mittelpunkt des Lebens war. Ihr Vater war ein ›ruhiger, friedlicher Familienmensch‹, der im Haus den Ton angab. Natürlich vergötterte ihn Ann.

»Er war ein prächtiger Mann«, schwärmte sie. »Er war groß und schlank und hatte sehr viel Stil. Er sah fabelhaft aus, wenn er gut angezogen war, und er roch immer herrlich.

Meine Mutter mußte ständig über irgendwas jammern. Sie war viel aggressiver als er, aber er sorgte immer wieder für Frieden. Und natürlich hat er mich sehr verwöhnt. Wenn ich etwas wollte, und meine Mutter gab es mir nicht, dann ging ich zu ihm, und er sagte: ›Ach, gib's ihr doch‹.

Ich weiß noch, als ich zwölf war, ging meine Mutter mit mir verschiedene Sachen einkaufen, weil ich zu einer Hochzeit eingeladen war. Ich hätte schrecklich gern ein Paar von diesen Queen-Anne-Strümpfen gehabt, die damals in Mode waren, aber sie bestand darauf, mir solche eingesäumten Socken zu kaufen und Schuhe mit einer Schnalle vorne dran. Und ein Kleid mit Rüschen. Ich war so verärgert, daß ich auf dem ganzen Heimweg geheult hab.

Als wir heimkamen, lief ich zu meinem Vater, und er sagte zu meiner Mutter ›Was soll denn das? Kauf ihr doch die Schuhe, die sie möchte‹. Dann hat mir eine Tante die Schuhe gekauft, die ich gern wollte.

Als er starb, haben wir ihn beerdigt, alles zusammengepackt und sind ins Haus meiner Großmutter gezogen. Es war eine große Familie, und alle haben uns sehr geholfen und dafür gesorgt, daß mein Bruder und ich alles hatten, was wir brauchten.

Aber meine Mutter brach völlig zusammen. Sie wußte nicht, was sie tun sollte. Sie saß die ganze Zeit bloß herum und bedauerte sich und grämte sich, statt weiterzuleben. Es war, als wollte sie sich in ihrem Kummer ertränken, und sie hat sich bis heute nicht richtig gefangen.

Für mich war es ein furchtbarer Schock. Es war, als ob Gott mich bestraft, und ich begriff nicht, wofür. Ich brauchte meinen Vater; warum hatte Gott ihn mir weggenommen? Und was sollte aus uns werden?«

Ann, die damals dreizehn war, reagierte auf den Verlust, indem sie ein glühendes Verlangen nach Unabhängigkeit entwickelte und sich ein Leben gestaltete, das nach ihrer Meinung völlig anders verlief, als es verlaufen wäre, wenn ihr Vater am Leben geblieben wäre.

»Ich hatte einen solchen Hunger nach Leben, nach Erfahrungen, nach Weiterentwicklung. Ich mußte aufstehen, mich auf meine eigenen Beine stellen, doch meine Mutter stellte sich mir bei jedem Schritt, den ich tat, in den Weg. Ich wußte nicht ein noch aus, aber ich hatte keinen Menschen, zu dem ich hätte gehen können. Alle waren auf der Seite meiner Mutter, und wenn sie nein sagte, dann bedeutete das eindeutig nein. Ich war mir sicher, das wäre alles nicht passiert, wenn mein Vater am Leben geblieben wäre − dann wäre ich nicht dauernd bestraft und schikaniert worden. Er hatte sich darauf verstanden, sie zu beruhigen, ihr klar zu machen, daß man nicht alles so ernst zu nehmen brauchte. Wahrscheinlich wäre ich nie von daheim weggegangen, wenn mein Vater noch dagewesen wäre. Ich hätte geheiratet und ihm Enkelkinder geschenkt. Aber je aufsässiger und unerträglicher meine Mutter wurde, um so rebellischer wurde ich. Ich durfte mich nicht ihr und ihrem Willen beugen.

Manchmal ging sie mit uns zu seinem Grab und stand da und weinte und sagte ›Du kannst dir nicht vorstellen, was diese Kinder mir antun‹.

Ich mußte also schnell erwachsen und unabhängig werden. Ich wußte, daß ich imstande war, allein zurechtzukommen; verglichen mit meinen Freundinnen war ich unglaublich stark. Ich schwor mir, von Guyana wegzugehen, nach England, Kanada oder Amerika zu gehen. Das war mein Traum, und ich habe eine Menge Zeit damit verbracht, mir auszumalen, was ich tun würde. Ich würde in einer großen Stadt leben − allein. Ich würde ein Leben führen, wie ich es aus Filmen kannte. Vor allem wollte ich nie heiraten. Aber daß Sie nichts Falsches denken − ich hatte eine Menge Freunde.

Mit sechzehn fing ich an, mich für ältere Männer zu interessieren. Sie waren intelligenter und weiser und konnten mir bei meiner Weiterentwicklung helfen. Jüngere Männer erwarten immer, daß man ihnen auf halbem Weg entgegenkommt, während ältere Männer einfach das Kommando übernehmen. Ich hatte ein starkes Bedürfnis nach dieser Art männlicher Autorität – und das habe ich heute noch. Ich bin viel lieber mit einem älteren Mann zusammen. Man kommt viel leichter mit ihnen aus, weil sie schon erwachsen sind.«

Wenn Bekannte von mir erfahren, um welches Thema es in meinem Buch geht, dann fragen sie mich oft, überzeugt von ihrer psychologischen Beschlagenheit, ob vaterlose Töchter sich nicht zu älteren Männern hingezogen fühlen. Die Frage beweist, welch starke Verbreitung in letzter Zeit die populäre Psychologie gefunden hat, doch die Annahme, daß vaterlose Töchter sich Vaterfiguren suchen, wurde durch unsere Untersuchung nicht bestätigt.

Sehr wenige der von mir befragten Frauen hatten zur Zeit Beziehungen zu älteren Männern, und vaterlose Töchter fühlten sich weniger zu älteren Männern hingezogen als Frauen, die ohne Vater aufgewachsen sind. Diese Gruppe bevorzugte Männer, die ›intelligenter‹, ›selbstsicher‹ und ›dynamisch‹ sind. Vaterlose Töchter wünschen sich ›zärtliche‹, ›beschützende‹ und ›liebenswürdige‹ Männer. Typisch maskuline Eigenschaften wie Sportlichkeit oder Geschäftstüchtigkeit interessierten sie weit weniger als etwa Fürsorglichkeit und Rücksicht. Eine Gruppe gab es jedoch unter den vaterlosen Töchtern, die ›stärkere‹ und ›ältere‹ Männer anziehend fanden: jene, die ihre Väter während der Adoleszenz verloren.

Vielleicht sind diese Frauen, zu denen Ann gehörte, besonders daran interessiert, sich ›weiterzuentwickeln‹ und sich zu ›verändern‹, und zwar unter dem beifälligen Blick eines älteren Mannes. Tatsächlich fühlten sich Frauen, die ihren Vater während der Adoleszenz verloren, stärker zu älteren Männern hingezogen als alle anderen Gruppen; zugleich waren sie es, die ihre Beziehungen am seltensten als ›stark und dauerhaft‹ bezeichneten.

»Es schmerzte mich sehr, als mein Vater starb«, erzählte Ann, »und von da an mußte man mich schon sehr verletzen, um mir wehzutun, weil es ein so tiefer Schmerz war — ein Schmerz, der bis in mein tiefstes Inneres ging. Ich habe mich nie von einem Mann schlecht behandeln lassen, und mir hat auch nie ein Mann wirklich wehgetan. Ich habe es einfach nicht zugelassen.

In San Diego habe ich einen Mann gekannt, den habe ich so geliebt, wie ich wahrscheinlich nie mehr einen Mann lieben werde. Aber ich war damals in einer Phase, in der ich gern spielte — es reizte mich, neue Beziehungen anzufangen, einen neuen Freund zu haben, und so habe ich mit ihm Schluß gemacht. Ich wollte keine so feste Bindung eingehen, und ich wollte ihm nicht so wehtun wie Don.«

Don hatte Ann geholfen, von Guyana wegzukommen. Er war elf Jahre älter als sie und ein amerikanischer Geheimagent gewesen, dessen Auslandseinsatz zu Ende ging. Als er ihr einen Heiratsantrag machte, ging ihr Traum, von ihrer Mutter wegzukommen, in Erfüllung. Sie verlobten sich, er fuhr heim nach Seattle, um alles zu regeln, und Ann begann ihre Sachen zu packen.

»Meine Mutter schnappte fast über. Sie wolle mich nicht weglassen, bevor ich verheiratet war, aber für mich war die Heirat nicht das Wesentliche. Ich wollte nur aus dem Land raus. Guyana war damals schon eine unabhängige Republik und steuerte auf große wirtschaftliche Schwierigkeiten zu. Viele Menschen verließen das Land.

Don bezahlte mein Flugticket und alles. In Toronto unterbrach ich die Reise und blieb zwei Monate bei einer Freundin. Es war, als ob ein Schmetterling aus dem Kokon schlüpfte. Ganz plötzlich war ich heraus aus dem Haus meiner Mutter; ich konnte lange schlafen, ich konnte trinken, ich konnte rauchen, ich konnte in Bars gehen. Ich konnte tun, was mir paßte. Es war eine Freiheit, wie ich sie mir nicht mal in meinen Träumen vorgestellt hatte, und ich genoß sie in vollen Zügen. Als ich schließlich nach Seattle kam, war ich ein völlig anderer Mensch als das Mädchen, das Don in Guyana zurückgelassen hatte. Das letzte, was ich mir wünschte, war, eine Familie zu gründen. Ich wollte ausgehen und mich rumtreiben, mich einfach treiben lassen.«

Ann bat Don, zu warten, bis sie sich ausgetobt hatte, doch er wollte davon nichts wissen. »›Ich brauche keine Tochter‹, sagte er mir. ›Ich brauche eine Frau, und ich glaube, dafür bist du nicht reif genug. Ich kann nicht rumsitzen und warten, bis du erwachsen bist.‹ Also ging er seinen Weg«, schloß Ann, »und ich meinen.«

Sie ließ sich auf verschiedene geschäftliche Unternehmungen und Beziehungen ein und genoß ihre Freiheit. Manchmal hatte sie Heimweh und rief ihre Mutter an, um sich von ihr trösten zu lassen. Kaum hatte sie sich in ihrer neuen Heimat eingelebt und mit einem Restaurant, das sie und ihr Bruder führten, etwas finanziellen Erfolg gehabt, da verkaufte sie alles und zog zu dem Mann in San Diego, den sie so sehr liebte, aber schließlich verließ. Wie sie selbst sagte, nahm dieser Drang, sich zu ›entwickeln‹ und zu ›verändern‹ erst ab, als sie schon fast dreißig war.

Als ich Ann kennenlernte, war sie Mitte dreißig, eine Frau, die viel Energie ausstrahlte, als sie mich mit großer Herzlichkeit begrüßte.

»Ich denke viel an meinen Vater«, erzählte sie mir. »Ich denke viel darüber nach, wie mein Leben wohl gewesen wäre, wenn ich einen Vater gehabt hätte. Bestimmt hätte ich mich gern zu ihm gesetzt und mit ihm geredet, und er hätte alles verstanden und mich geliebt und wäre stolz auf mich gewesen.

Es gibt so viele Dinge, die ich meinem Vater sagen möchte, aber ich hatte nie die Möglichkeit, denn als er noch lebte, wußte ich nicht, daß ich sie ihm gern sagen würde. Ich war noch so klein, daß ich ihm nichts zu sagen hatte. Ich habe immer nur um irgendwas gebettelt, ihn um irgendwas gebeten. Ich bin nie zu ihm gegangen und hab' gesagt ›Erzähl mir was über dein Leben, Papa‹. Wir haben nie richtig miteinander geredet, und das habe ich am meisten vermißt.

Jeder Mensch hat einen kleinen Winkel in sich, von dem niemand anderer weiß, und ich glaube, mein Vater hätte für dieses kleine Geheimnis in mir – ich nenne es meinen kleinen Diamanten – Verständnis gehabt.«

Seit einigen Jahren lebt Ann mit einem Mann zusammen, der achtzehn Jahre älter als sie ist. Sie versteht sich mit ihm so gut, weil Tom ihr Bedürfnis nach Unabhängigkeit respektiert. »Er läßt mich so sein, wie ich bin. Und ich habe gute, tiefe Gespräche mit ihm, Gespräche, wie ich sie nur mit Männern haben kann, die mein Vater sein könnten. Er ist weise, aber mein Vater war noch viel, viel weiser.«

Toms Weisheit zeigt sich zum Beispiel darin, daß ihm ebenso wie Ann nichts daran liegt, zu heiraten. »Ich möchte nie im Leben heiraten«, sagte sie zu mir. »Ich möchte nie von irgendeinem Menschen derart abhängig sein. Man ist viel beweglicher, wenn man allein ist. Wenn man sich verändert, oder wenn man sich schneller entwickelt als der Mensch, mit dem man zusammen ist, dann ist das viel einfacher, als wenn man verheiratet ist.«

Ann, die mit dreizehn Jahren so hartnäckig danach strebte, ihre Familie zu verlassen und erwachsen zu werden, sträubt sich nun dagegen, einen festen Hausstand zu gründen, weil das bedeutet hätte, daß sie nun erwachsen war. Wenn sie ihr Alter akzeptierte, würde das eine Ablösung erfordert haben, zu der sie noch nicht bereit war.

Obwohl sie sich also so frei und unabhängig hinstellt, äußerte sie mir gegenüber: »Alles Gute, das mir widerfahren ist, habe ich meinem Vater zu verdanken. Er ist immer bei mir, er paßt auf mich auf und sorgt dafür, daß alles gutgeht.«

Wenn wir vaterlosen Töchter sehen, wie unsere Mütter nach dem Tod des Vaters oder nach der Scheidung zusammenbrechen, wenn wir sie an Stiefväter oder an ihre Arbeit verlieren, dann nehmen wir eine Erwachsenenhaltung ein, die wir jedoch in der Adoleszenz nicht mehr aufrechterhalten können. In dem Alter, in dem wir wirkliche Reife erlangen sollten, werden wir mit dem vernachlässigten kleinen Mädchen in unserem Innern konfrontiert, das gerade durch die Ereignisse, die es endgültig zum Schweigen bringen sollten − die ersten Beziehungen mit Männern − zu neuem Leben erweckt wird. Denn wenn wir männliche Anerkennung suchen, werden wir an den Schmerz, den uns die Zurückweisung durch den Vater bereitet hat, und an die ungelöste Bindung zu ihm erinnert. Wir sind noch nicht bereit, erwachsen zu werden, weil wir mit unserer Kindheit noch nicht fertig sind.

Der Abschied von unseren Eltern − eine Aufgabe, die sich uns in der Adoleszenz stellt −, erweckt in uns den Verlustschmerz, den wir so lange verdrängt haben. Unsere Fähigkeit, die Aufgaben des Erwachsenenlebens zu erfüllen, hängt davon ab, wie weit wir diesen Schmerz zulassen und bewältigen können.

Wir müssen akzeptieren, daß der Mann, der uns verlassen hat − unser Vater − für immer aus unserem Leben verschwunden ist. So schmerzlich dieser Verlust und seine Folgen für uns auch gewesen sein mögen − wir dürfen nicht weiter nach seiner Liebe suchen, sondern müssen uns mit der Realität abfinden, daß wir ihn verloren haben. Erst dann können wir weitergehen.

IV. Teil

Die Frau,
die wir geworden sind

10

Wie das Kind, so die Frau:
Das Selbstbild und die anderen

Der starke Einfluß der Kindheitserfahrungen auf die Persönlichkeitsentwicklung wurde schon lange vor Freud erkannt. »Die Kindheit zeigt den Menschen wie der Morgen den Tag zeigt«, schrieb John Milton im Jahr 1671. Ein so tief erschütterndes Ereignis wie der Verlust des Vaters prägt eine Frau. Ungeachtet aller anderen Variablen ist sie ohne eine der wichtigsten Beziehungen der Kindheit erwachsen geworden. Das natürliche Zulassen von Trauer, eine einfühlsame Mutter, ein Ersatzvater mögen wesentlich dazu beigetragen haben, daß das Mädchen mit dem Verlust fertiggeworden ist, doch der Umstand, daß sie als weibliches Wesen ohne Vater herangewachsen ist, hat unvermeidlich zu einer abnormalen Einstellung zu sich selbst und zu der patriarchalischen Gesellschaft geführt, in die sie sich einfügen mußte.

Die Welt der Kindheit ist größtenteils eine weibliche Welt. Ob in der Küche, auf dem Spielplatz oder später in der Schule — die Stimmen, die Gerüche und Emotionen, denen wir ausgesetzt sind, die uns lenken und leiten, sind überwiegend weiblich. Der Vater ist ein Geschenk, eine ferne Autorität, die uns, wenn sie abends erscheint, aus den mütterlichen Banden erlöst, die uns hilft, unsere Möglichkeiten in jener anderen Welt wahrzunehmen: der Welt außerhalb des häuslichen und mütterlichen Bereichs.

In der Adoleszenz werden Männer allmählich zu einem greifbareren Teil unseres täglichen Lebens. Einige unserer Lehrer sind Männer, und Jungen werden immer mehr zum Objekt unserer Wünsche. Wir treten aus einer weiblichen in eine männliche Gesellschaft, in der unser Vorankommen zum großen Teil davon abhängt, daß wir von Männern akzeptiert werden.

Dieser Übergang ist für alle Frauen eine überaus schwierige Sache. Doch vaterlosen Mädchen verlangt es ungeheuren Mut ab, Frauen zu werden. Männer sind für uns Fremde; da uns ihre Anerkennung bisher nicht zuteil wurde, erscheint sie uns besonders wertvoll. In der Welt, in der wir jetzt leben und in der wir uns auf Männer einstellen und sie für uns einnehmen müssen, erfüllt uns mit Unsicherheit: Wir sind zugleich zaghaft und voll Eifer und müssen ständig gegen die Einstellungen ankämpfen, mit denen uns die Vaterlosigkeit auf verschiedenste Weise geprägt hat.

Fast die Hälfte der von uns befragten Frauen gab an, daß der Verlust des Vaters das bedeutsamste Ereignis in ihrem Leben gewesen war. Nur 14% waren der Meinung, daß ihr Leben genauso verlaufen wäre, wenn sie einen Vater gehabt hätten. Obwohl die älteren Frauen glücklicher zu sein schienen als die jüngeren (was auf die sprichwörtliche heilende Wirkung der Zeit zurückzuführen sein dürfte), bestätigt die bemerkenswerte Zahl von Antworten, die wir von fünfzig- bis siebzigjährigen Frauen erhielten, die Langzeitwirkung des Vaterverlustes auf das Leben der Tochter.* Laut unseren Feststellungen wirkte sich diese frühe Zurückweisung auf sämtliche Aspekte des Lebens aus.

»...Die wichtigsten Beweise für die Auswirkungen des Vaterverlustes dürften sich im Leben reifer Frauen finden«, schreibt E. Mavis Hetherington am Schluß ihres Aufsatzes über vaterlose heranwachsende Mädchen.

Verglichen mit Frauen, die mit beiden Elternteilen aufwuchsen, bezeichneten sich vaterlose Töchter viel seltener als ›extrovertiert‹, ›aggressiv‹, ›impulsiv‹, ›dynamisch‹, ›kokett‹ oder ›selbstsicher‹. Wir vaterlosen Töchter sind sehr vorsichtig, kontrolliert, ernst und mißtrauisch.

---

* Das Durchschnittsalter der von uns befragten Frauen betrug zweiundvierzig Jahre.

Wir sind uns hinsichtlich unserer äußeren Erscheinung viel unsicherer als andere Frauen und halten uns für weniger ›attraktiv‹ und ›feminin‹. Bei diesem schlechten Selbstbild ist es nicht erstaunlich, daß wir viel weniger Ansprüche an andere stellen. Außerdem hat unser geringes Selbstwertgefühl zur Folge, daß wir von Frauen im allgemeinen nicht viel halten. Wie wir im 7. Kapitel gesehen haben, dürfte diese negative Einstellung gegenüber dem weiblichen Geschlecht mit den Aggressionen gegen unsere Mütter zusammenhängen. Wir hatten keine Väter, die uns halfen, ein positives Selbstgefühl zu entwickeln, und die Unzulänglichkeiten, die wir an unseren Müttern wahrnahmen, bestärkten uns in unserer schlechten Meinung über uns selbst, unsere Mütter und andere Frauen.

Wir genießen Sex fast genauso wie Frauen, die Vater und Mutter hatten, haben aber eine größere Vorliebe als diese für ›Schmusen‹. Wir fühlen uns stärker von ›zärtlichen‹ als von ›selbstbewußten‹ Männern angezogen. Und im Gegensatz zu Frauen mit Vätern bewerten wir ›liebenswürdige‹ Männer höher als ›aufregende‹ Männer. Wir fürchten das Unberechenbare und bezweifeln vielleicht deshalb stärker als andere Frauen, daß wir je imstande sein werden, einen Mann uneingeschränkt zu lieben.

Da wir keine Erfahrungen mit Vätern haben, jedoch einen Platz in dieser Welt der Väter anstreben, sind wir darauf bedacht, nicht zuviel zu fordern. Wir sind entschlossen, unsere Ziele zu erreichen, wagen es aber nicht, uns als ›ehrgeizig‹ zu bezeichnen. Zurückhaltung erscheint uns ratsam; so lange wir keine großen Ansprüche stellen, sind wir vielleicht vor einer neuen Zurückweisung sicher.

Die von uns getroffenen Feststellungen beruhen auf der Befragung einer Stichprobe, die aus überwiegend weißen, heterosexuellen Frauen bestand. Die für dieses Buch durchgeführten Untersuchungen haben so gut wie keinen Zusammenhang zwischen Vaterlosigkeit und Homosexualität bei Frauen ergeben. Wie schon früher erwähnt, liegt

Frauen, die ohne Väter aufgewachsen sind, sogar besonders viel an männlicher Anerkennung.

Besonders häufig ist Vaterlosigkeit bei der schwarzen Bevölkerung der USA. Im Vergleich zu 14,2% der weißen Mädchen unter achtzehn Jahren lebten im Jahr 1981 42,4% der schwarzen Mädchen ›nur mit der Mutter‹. Die Auswirkungen auf die Kultur der Schwarzen – in Vergangenheit, Gegenwart und Zukunft – sind Gegenstand spezieller wissenschaftlicher Untersuchungen. Die Einflüsse auf die Einstellung der schwarzen Frauen liegen außerhalb des Bereichs unserer Studie. Da jedoch von den fünfeinhalb Millionen Mädchen, die derzeit in den Vereinigten Staaten ohne Vater aufwachsen, zwei Millionen Schwarze sind, ist eine eingehende Beschäftigung mit dieser Problematik sicher vonnöten.

Beeinflußt die relative ›Normalität‹ dieses Zustandes innerhalb der Subkultur die Wirkung auf diese Frauen? Wie wirkt er sich auf ihre Einstellung gegenüber der größeren Kultur aus? Nur zwei Prozent der von uns befragten Frauen waren Schwarze. Doch trotz dieser geringen Beteiligung konnten aus ihren Berichten wichtige Schlüsse gezogen werden.

An Mays Fragebogen fiel mir auf, daß sie immer und immer wieder betonte, ihr Leben wäre, wenn sie einen Vater gehabt hätte ›nicht wesentlich anders verlaufen‹. May war schwarz, bisexuell und zweifellos sehr willensstark – ihre starke Persönlichkeit hob sich vom übrigen Material ab. Wie sie mir selbst berichtete, hat sie diesen Mut jedoch erst in letzter Zeit entwickelt. »Ich hatte schon immer über alles meine festen Ansichten«, sagte sie, als ich sie einige Zeit später interviewte, »aber ich habe mich damit nie richtig vorgewagt. Man mußte alles aus mir herausholen. Heute sage ich ganz offen meine Meinung.« May beschloß freimütiger und offener zu werden, nachdem (ein Jahr vor unserem Treffen) eine demütigende Liebesaffäre schwer ihr Selbstvertrauen erschüttert hatte.

»Der einzige Mensch, dessen ich mir in meinem Leben immer sicher sein konnte, auf den ich mich immer verlassen konnte, war ich. Doch in der Beziehung mit Nell verlor ich völlig die Kontrolle; ich wurde total unsicher und begann an der Richtigkeit meines Verhaltens zu zweifeln. Nachdem ich mich soviel hatte herumstoßen lassen und mir vorkam wie ein Hampelmann, wurde mir klar, daß ich nur verhindern konnte, daß das nochmal passierte, wenn ich allen Menschen zeigte, daß ich kein Trottel bin. Wenn man sein Leben unter Kontrolle behalten will, dann muß man den Leuten zeigen, wer man ist.«

Die von uns befragten schwarzen Frauen waren wesentlich aggressiver als andere vaterlose Frauen. Die Beziehungen zu ihren Müttern waren weniger von Konflikten belastet, ihr Selbstbild war positiver. Vaterlosigkeit war etwas, das in ihrer unmittelbaren Umgebung häufig vorkam. Sie wirkte sich weniger negativ als bei anderen Frauen auf ihr Selbstwertgefühl aus, vor allem, weil ihre Mütter damit umzugehen wußten.

Mays Eltern wurden geschieden, als sie noch keine zwei Jahre alt war. Sie hat nicht die geringste Erinnerung an ihre Ehe. Doch sie kannte ihren Vater, der in der gleichen Kleinstadt in Alabama lebte und sie besuchte ihre drei älteren Geschwister hin und wieder.

»Ja, er war nicht weit weg, aber ich bin völlig ohne Vater aufgewachsen. Er war für mich nichts weiter als ein netter, harmloser Mann. Er mochte Baseball, er mochte Bier, und er hatte eine Vorliebe für elegante Anzüge. Ich glaube, ich habe ihn nicht sehr ernst genommen, und er hat keine besondere Rolle in meinem Leben gespielt. Er hat nicht das mindeste zu meiner Erziehung beigetragen.

Für mich persönlich ist der Begriff ›Vater‹ mit keinerlei Verantwortung verbunden. Sie dürfen nicht vergessen, daß wir einer sozialen Schicht angehörten, in der Väter nicht viel mit ihren Kindern zu tun hatten. Väter arbeiteten und schliefen und hingen mit andern Männern rum. Die Mütter haben ganz allein ihre Kinder versorgt. Merkwürdig, wenn ich an meine Familie denke, dann fällt mir ein, daß alle sehr gefühlsbetont waren, bloß mein Vater nicht. Die einzige Gefühlsäußerung, an die ich mich bei meinem Vater erinnere, ist, daß er leise gelacht hat, wenn er etwas komisch fand.«

So sehr ich May auch bedrängte, ich konnte sie nicht dazu bringen, Wut gegen ihren gleichgültigen Vater zu zeigen; das Gefühl, das sie ihm entgegenbrachte, war eine etwas herablassende Zuneigung. Wenn sie von ihm sprach, war kein Sarkasmus, keine Bitterkeit in ihrem Ton. »Was kann man von einem Mann denn schon erwarten?« sagte sie. »Vielleicht klingt das oberflächlich, aber es ist wirklich so, daß ich mir von Frauen mehr erwarte. Wenn Frauen etwas Dummes tun, dann enttäuscht mich das immer mehr als bei Männern. Ich finde, eine Frau müßte es besser wissen; aber wenn ein Mann etwas Dummes tut, dann ist das nichts besonderes. Mir ist nur ein einziges Mal in meinem Leben ein Mann wichtig gewesen, aber er wußte einfach nichts damit anzufangen.«

Mit dreiundzwanzig heiratete May einen Freund, den sie seit der High School kannte. Sie liebte ihn nicht, aber sie verstand sich mit ihm gut, und eine Heirat schien ein vernünftiger Schritt. »Wir verbrachten mehr und mehr Zeit miteinander, und als schließlich eine körperliche Beziehung draus wurde, haben wir eben beschlossen, zu heiraten. Wahrscheinlich wäre es besser gewesen, wenn ich es nicht so weit hätte kommen lassen, denn schon damals war ich diejenige, die den Laden schmeißen mußte.

Für ihn war das Leben nichts weiter als eine große Party. Er trank Unmengen Bier, er hatte dauernd Unfälle mit seinem Motorrad, er war ständig in Schlägereien verwickelt. Und dauernd kam er mit irgendwelchen phantastischen Plänen an, wie man haufenweise Geld verdienen könnte.

Eines Tages sagte er mir, daß er nie erwachsen werden wollte, weil man dann alt wird. Darauf sagte ich ihm, daß ihm wohl nicht klar sei, daß er auf jeden Fall alt werden würde, ganz egal ob er erwachsen wurde oder nicht.

Na ja, am Ende war ich Mutter, Haushaltsvorstand, Finanzminister. Kein Mensch hat mir bei irgendwas geholfen. Und so hab' ich einfach Schluß mit ihm gemacht.«

May und ihr Mann ließen sich nicht offiziell scheiden, doch nach sechs Jahren trennten sie sich. Auch darüber sprach sie ohne Groll. »Ich habe ihn immer noch sehr gern, und hin und wieder sehen wir uns. Er ist ein netter, unreifer Kerl. Jeder mag ihn — er ist wirklich amüsant. Er ist bloß nicht an einer ernsthaften Beziehung interessiert.«

Mag sein, daß Mays Ernsthaftigkeit auf ihre Vaterlosigkeit zurückzuführen ist, und ihre Bereitschaft, als Frau die Autorität zu übernehmen, auf das Milieu, in dem sie aufgewachsen ist, doch ihr starkes Selbstvertrauen beruht nicht nur auf diesen beiden Faktoren. Als sie acht Jahre alt war, führten die Umstände, daß sie schwarz und arm und die Tochter einer alleinstehenden Mutter war, zu einer Veränderung in ihrem Leben, die ungewöhnliche innere Stärke erforderte.

»Meine Mutter sah voraus, daß es im Süden zu politischen Unruhen kommen würde und beschloß, mit uns von dort wegzugehen. Wir zogen nach Sacramento, denn dort lebte meine älteste Schwester mit ihrer Familie. Die Bevölkerung in unserem Viertel war sehr gemischt, und ich fand es sehr merkwürdig, weiße Nachbarn zu haben und zusammen mit weißen Kindern zur Schule zu gehen.

Es war sehr schwer für mich, in der Schule ›die Neue‹ zu sein. Und wir zogen in diesem Jahr so oft um, daß ich viermal die Schule wechseln mußte und immer die Neue war — das dicke Kind. Das ist eine ganz schlimme Situation. Weil man noch nicht lange da ist, hat man keine Freundinnen, und bei allem, was man tut, wird man ganz genau beobachtet. Alle warten dauernd darauf, daß man irgendwas falsch macht. Ich glaube, das ist der Grund, warum ich nie versucht habe, in eine Clique aufgenommen zu werden. Ich selbst bin meine Clique.

Soweit ich mich erinnern kann, war es nur ein einziges Mal schlimm für mich, keinen Vater zu haben — das war, als ich in die vierte Klasse ging und der Vatertag kam. Natürlich machte ich wie alle andern eine Vatertagskarte, und ich weiß noch, wie peinlich es mir war, daß ich niemanden hatte, dem ich sie schenken konnte, aber ich wollte mit niemandem darüber reden, auch nicht mit der Lehrerin. Ich weiß nicht mehr, was ich damit gemacht habe. Können Sie sich das vorstellen − man ist keine gute Sportlerin, man kann dies nicht und kann das nicht, man hat keinerlei Freundinnen, und dann, bums, kommt der Vatertag. Und man hat nicht mal einen Vater. Schon wieder was, was ich nicht kannte, was ich nicht hatte, wobei ich nicht mitmachen konnte.

Aber selbst wenn etwas ganz schlimm für mich war − ich hab' nie an meinen Vater gedacht oder mich nach ihm gesehnt. Wenn ich jemanden brauchte, dann immer nur meine Mutter.«

Mays Mutter war jedoch kaum daheim, denn die einzige Arbeit, die sie in Sacramento finden konnte, war eine Stellung als Haushälterin bei einer Familie, die darauf bestand, daß sie im Haus wohnte. »Von Sonntagabend bis Freitagabend hatte ich keine Mutter. Eine Zeitlang wohnte ich bei meiner Schwester, aber nach ein paar Monaten wollte sie mich nicht mehr bei sich haben. Also war ich allein in einer neuen Stadt, und meine Mutter mußte zusehen, daß sie mich woanders unterbringen konnte. Schließlich fand sie eine Frau, die mich aufnahm, und ich mußte bei jemandem wohnen, den ich noch nie im Leben gesehen hatte. Meine Mutter war die ganze Woche weg und kam nur am Wochenende heim. Dann beruhigte sich die Lage bei meiner Schwester, und ich konnte wieder zu ihr ziehen, was natürlich bedeutete, daß ich die Schule wieder wechseln mußte. Dann warf mich meine Schwester wieder raus, und ich mußte wieder bei Fremden wohnen und auf eine andere Schule gehen. Und meine Mutter arbeitete die ganze Zeit fünf Tage in der Woche woanders, versorgte die Kinder von jemand anderem und konnte nur am Wochenende mit mir zusammen sein.

Auf diese Weise lernte ich, daß der einzige Mensch, auf den ich mich im Leben verlassen konnte, ich selbst bin. Kann sein, daß ich überkompensiert habe. Aber wenn man dauernd herumgestoßen wird und bei fremden Leuten wohnen muß, dann hat man eins bald heraus – man lernt, sich bedeckt zu halten. Man darf nicht viel Fernsehen, denn der Fernseher gehört ihnen, und ihre Kinder haben ein Vorrecht darauf. Das einzige, worauf ich mich also verlassen konnte, war, daß ich bei den Familien, wo ich wohnte, immer mein eigenes Zimmer hatte – das hatte meine Mutter so ausgemacht. Und wenn sie am Wochenende heimkam, wohnten wir beide in diesem Zimmer. Ich verbrachte also eine Menge Zeit in diesem Zimmer. Und das meine ich, wenn ich sage, vielleicht habe ich überkompensiert, denn was tut man, wenn man soviel Zeit allein in einem Zimmer verbringt? Man liest. Ich habe unheimlich viel gelesen.«

Abgesehen davon, daß May dadurch das Alleinsein besser ertrug, machte sich das viele Lesen nicht sofort bezahlt. Erst als sie schon ein paar Monate die fünfte Klasse besuchte, wurde sie eines Tages zu ihrem Schrecken in das Büro des Direktors bestellt. Sie wohnte inzwischen bei ihrer ›guten‹ Schwester, die vor kurzem nach Sacramento gezogen war, und die Lage begann sich langsam zu bessern. »Doch an diesem Morgen bekam ich einen Riesenschreck. Nachdem ich von Schule zu Schule gewandert war und mich nun endlich in einer etwas eingewöhnt hatte, bestellt mich der Direktor zu sich, und dann will er mit meiner Lehrerin reden, und dann spricht er mit meiner Mutter, und dann sitzen sie alle in seinem Zimmer und reden, und ich muß draußen warten. Ich hatte eine Heidenangst. Dann riefen sie mich hinein... Menschenskind, meine Knie haben vielleicht gezittert!«

Sie schwieg einen Moment, und ich fragte mich, was für ein Schicksalsschlag sie wohl nun wieder getroffen hatte.

»Und was war los?« fragte ich schließlich voll Mitgefühl.

»Sie hatten mich vorzeitig in die sechste Klasse versetzt! Unglaublich – nachdem ich während der vierten Klasse viermal die Schule gewechselt hatte. Sehen Sie, so hat sich das viele Lesen bezahlt gemacht!« Sie strahlte vor Freude über ihre Leistung.

Bis sie auf die High School kam, hatte sich May in ihren schulischen Leistungen und innerlich gefestigt. Seit sie bei ihrer ›guten‹ Schwester wohnte, ertrug sie es leichter, daß ihre Mutter die ganze Woche über nicht bei ihr war, doch sie war eine Einzelgängerin geblieben.

»Ich hatte, als ich auf die High School ging, keinen Freund und keine Verabredungen mit Jungen, aber ich trat allen möglichen Klubs bei – dem Kunstklub, dem Theaterklub... Ich glaube, es gab keinen Klub, bei dem ich nicht Mitglied war. Schließlich freundete ich mich mit einem Mädchen an. Sie fand mich wundervoll, und mir gefiel es, daß jemand mich wundervoll fand. Wir hatten nicht direkt Sex miteinander, aber es hat uns großen Spaß gemacht, uns zu umarmen und miteinander zu schmusen. Sex lernte ich durch jemand anderen kennen, einen Mann. Ich fand ihn körperlich nicht besonders anziehend, aber ich dachte mir, früher oder später muß es ja sein. Ich mochte ihn, er war nett, und wir hatten Spaß miteinander – das war alles. Dann hat er geheiratet, und ich lernte Lorna kennen, mit der ich meine erste wirklich befriedigende sexuelle Beziehung hatte.

Schon seit ich sieben oder acht Jahre alt war, interessierte ich mich für Mädchen. Ich spielte Doktor mit kleinen Mädchen, nie mit kleinen Jungens. Und wenn wir Familie spielten, war ich immer der Vater. Als ich erwachsen war, hatte ich nie die Absicht, zu heiraten. Ich wollte einen Beruf ausüben, vielleicht Künstlerin werden, aber an eine Heirat habe ich nie gedacht.«

Doch nach der zwei Jahre dauernden Beziehung mit Lorna heiratete May, was zu dem bereits von ihr geschilderten, nach ihrer Meinung vorhersehbaren Ergebnis führte. Als ihre Ehe auseinanderging, zog sie sich wieder in ihre geliebte Einsamkeit zurück. Tagsüber arbeitete sie als Chefsekretärin, und abends ging sie aus und hatte verschiedene Abenteuer, mal mit einem gutaussehenden Mann, mal mit einem hübschen Mädchen, doch sie strebte, wie sie betonte, keine tiefere Beziehung an.

»Das ging ein paar Jahre so, und dann machte mich ein Freund mit einer Frau bekannt, die mir sehr gefiel. Und sie war sofort verknallt in mich. Sie war völlig verrückt nach mir und schickte mir Rosen ins Büro und Luftballons morgens um halb acht in die Wohnung.

Es war, als ob ich aus einem tiefen Schlaf erwachte. Sie wissen doch, wie das ist − man will aufwachen, aber es gelingt einem nicht. Ich wollte es und wollte es irgendwie nicht. Sie gestand mir ihre tiefe, unsterbliche Liebe, und obwohl ich mich nicht recht darauf einlassen wollte, hat es mir doch sehr geschmeichelt, daß jemand so auf mich stand.

Ich dachte ›Das kannst du doch nicht ernst nehmen... oder doch? Du weißt doch, daß das Unsinn ist − es kann doch einfach nicht wahr sein... oder doch? Aber es ist doch schön − warum sollst du dich nicht darauf einlassen; du hast doch alles in der Hand... oder?‹ Also gab ich nach, und darauf hatte sie bloß gewartet. Sie fiel über mich her, und ich wußte nicht, wie mir geschah − es war ein dauerndes Auf und Ab, ständig zwischen Verzückung und Schmerz. Vorwürfe, Entschuldigungen, Krach, Blumen. Ich wußte nie, was eigentlich los ist, was ich falsch gemacht hatte. Dauernd wurde sie wütend, aus heiterem Himmel, und ich wußte nie, warum. Das eine wurde mir schließlich klar − ich blutete, und wenn eine Blutung nicht zu stillen ist, dann muß man schnellstens zum Arzt.«

Die starke, selbständige, sich selbst genügende Frau machte eine Therapie. Sie dauerte nicht lange, doch lange genug, um herauszufinden, das es sich um eine alte Wunde handelte, zugefügt von einer unberechenbaren Schwester und Schulkameradinnen, die sich über sie lustig machten − während ihre Mutter gezwungen war, sich um andere zu kümmern. Wie so vielen Mädchen, die ›sich selbst aufgezogen‹ haben, war es May eine Zeitlang gelungen, den Schmerz zu verdrängen, doch jetzt, unter dem Druck dieser unberechenbaren Beziehung, begann die Wunde wieder zu pochen. Statt sich jedoch mit ihrer wiedergewonnenen Verletzlichkeit auseinanderzusetzen, beschloß May, einen neuen, weniger durchlässigen Verband anzulegen. Sie beendete die Therapie und war fester denn je entschlossen, eine starke Frau zu sein.

Doch da war ein beunruhigendes Problem. »Ich habe immer eine starke Abneigung dagegen gehabt, zu erklären, ob ich mich sexuell stärker zu Männer oder zu Frauen hingezogen fühle. Das war die einzige Frage in Ihrem Fragebogen, die mir Kopfzerbrechen bereitet hat. Nach langem Nachdenken habe ich ›bisexuell‹ angekreuzt, weil ich ja Beziehungen mit beiden hatte. Aber derzeit fühle ich mich mehr zu Frauen hingezogen, und es macht mir nichts aus, eine Lesbierin genannt zu werden.

Kein Zweifel, meine Gefühle für Frauen waren immer stärker als für Männer. Aber was noch wichtiger ist — wenn ich mich jemals wieder entschließen sollte, mit jemandem zusammenzuleben, wird mir bestimmt nichts anderes übrigbleiben, als den Haushaltsvorstand zu spielen, und wenn ich schon das Amt übernehme, dann möchte ich auch den Titel, und das ist bei einer Frau einfacher. Ideal wäre es, wenn ich eine Partnerin finden würde, mit der eine Beziehung möglich wäre, in der beide gleichberechtigt sind. Aber bestimmt werde ich etwas gleichberechtigter sein.« Sie lächelte ein wenig spöttisch, und es war ihr deutlich anzumerken, daß sie an der baldigen Verwirklichung ihrer Wünsche zweifelte.

Mit vierunddreißig Jahren hat sie nach Bewältigung einer Identitätskrise ihre Grenzen neu abgesteckt. Sie wirkt stark, stabil, klar, wird von ihren Berufskollegen hoch geschätzt und ist bei Homosexuellenorganisationen als inspirierende Rednerin sehr gefragt. Sie lebt zur Zeit gern allein und ist stolz auf ihre hübsch eingerichtete Vorstadtwohnung in der gleichen Straße, in der ihre Mutter als Haushälterin arbeitete.

»Es war eine ihrer letzten Stellungen, bevor sie starb.« Obwohl ihre Augen sich mit Tränen füllten, sprach sie in ruhigem, gelassenem Ton weiter. »Ich komme auf dem Weg zur Arbeit jeden Tag an dem Haus vorbei. Manchmal denke ich, mein Gott, wenn Mama damals, als sie in dem Haus arbeitete, gewußt hätte, daß ich einmal hier in dieser Straße wohnen werde...«

Die Entbehrungen, unter denen May in ihrer Kindheit leiden mußte – Eltern, Beständigkeit, was Heim, Schule, Freundschaften betrifft – veranschaulichen, aus welchen Gründen Generationen schwarzer Frauen eine solche Flexibilität entwickelten. Familien mit weiblichen Oberhäuptern waren für sie nichts Ungewöhnliches, und die älteren Frauen waren bei der Entwicklung von Überlebensstrategien besonders findig: Als Mays Mutter ihre Tochter bei Fremden unterbringen mußte, bestand sie auf einem eigenen Zimmer.

Daß May heute ein schönes Heim und eine gute Stellung hat, verdankt sie dieser Findigkeit – der ihrer Mutter und ihrer eigenen. Und doch brachte eine Liebesaffäre sie und ihr Leben völlig aus dem Gleichgewicht.

Es scheint so, als ob Liebesbeziehungen mehr als alle anderen Erfahrungen die vaterlose Frau in Gefahr bringen, ihre hochgeschätzte Kontrolle zu verlieren. Der Schatten ihrer ersten verlorenen Liebe fällt auf den Schutzwall, den sie um sich errichtet hat, und er bricht zusammen. In anderen Lebensbereichen kann sie die Stellung halten und das Kind in ihrem Innern schützen. Doch wenn sie zu spüren glaubt, daß jemand sie liebt, dann öffnet sie das Tor und gewährt ihrer alten Verletzlichkeit Einlaß.

Vielleicht geht sie immer wieder Beziehungen mit Menschen ein, die nicht bei ihr bleiben werden, weil sie intuitiv weiß, daß die Schmerzen, die sie ihr bereiten werden, den ganz großen Schmerz lindern.

Als ich mir die Fragebögen zum ersten Mal ansah, stellte ich zu meiner Verwunderung fest, daß vaterlose Frauen abträglichen Beziehungen aus dem Weg zu gehen schienen. Sie waren nicht, wie ich angenommen hatte, anfällig für Enttäuschungen in der Liebe, sondern zeigten ein bemerkenswert gutes Gespür für die Charakteristika, die sie anziehend fanden.

War es denn nicht so, daß vaterlose Frauen bestrebt waren, Schmerz und Zurückweisung immer wieder durchzuerleben, um den Verlust in ihrer Kindheit zu bewältigen? Waren unglückliche Liebesbeziehungen nicht eine geradezu zwangsläufige Folge von Vaterlosigkeit? Wissenschaftliche Untersuchungen sowie meine eigenen Erfahrungen schienen darauf hinzudeuten.

Als ich mich eingehender mit den Fragebögen beschäftigte, stellte ich fest, daß der Umstand, daß die von uns befragten Frauen im Durchschnitt zweiundvierzig Jahre alt waren, bedeutsam war, denn eine ältere Frau neigt eher dazu, sichere als riskante Beziehungen einzugehen. Ihre Erfahrungen und langjährige Trauer haben ihr geholfen, mit dem in der Kindheit erlebten Verlust fertigzuwerden. Jüngeren Frauen ist das noch nicht gelungen.

Wie unsere Untersuchung ergab, haben vaterlose Frauen im Alter unter fünfundzwanzig Jahren tatsächlich einen Hang zu enttäuschenden Liebesbeziehungen – nicht nur wegen des allen jungen Frauen gemeinsamen Mangels an Erfahrung, sondern vor allem wegen der mit dem Vaterverlust verbundenen spezifischen Erfahrungen wie Enttäuschung, Verlassenwerden und Schmerz. Solange wir nicht erkennen, daß der wirklich Schuldige an unserer Enttäuschung der Vater ist, ist es verständlich, daß wir unseren unbewältigten Schmerz in der Liebesbeziehung zu einem Mann abreagieren. In der Interaktion mit Männern können wir das entscheidende Erlebnis unserer Kindheit neu inszenieren: Immer und immer wieder werden wir von dem Objekt unserer Liebe zurückgewiesen und enttäuscht, bis wir unsere Trauer endlich zulassen.

Ebenso wie May hatte ich wegen einer qualvollen Liebesaffäre mit Anfang zwanzig eine Therapie begonnen. Es war eine krankhafte Beziehung, eine Besessenheit, aus der ich mich nicht befreien konnte. Ich wußte, daß er meine Gefühle nicht erwiderte – er hatte es mir ganz offen gesagt –, aber machte ihn das nicht noch viel anziehender? Und hatten die Verzweiflung und der Schmerz, mit denen die Zurückweisung mich erfüllte, nicht etwas süß Vertrautes? Ein Jahr zuvor war ich in einer ähnlichen Situation gewesen, und als Teenager auch schon einmal. Bald erkannte ich das Schlüsselerlebnis meiner Kindheit als Ursache meiner Fixierung, doch sie machte mir weiterhin das Leben zur Hölle.

»Erkenntnis vermag Schmerz nicht zu lindern«, schreibt Charlotte Brontë. Ich hätte den Schmerz zulassen und empfinden müssen; verstandesmäßiges Begreifen reichte zur Bewältigung nicht aus. Die Traurigkeit, die mein Mann einige Jahre später an mir wahrnahm, war die ganze Zeit über dagewesen. Aber durch diese unerfüllten Lieben war das schmerzerfüllte, verlassene Dreijährige endlich fähig, Verlust hinzunehmen. Ohne daß mir das bewußt gewesen war, hatte ich einen großen Teil meiner Jugend und meines frühen Erwachsenenlebens mit Trauern verbracht. Wären mir diese scheinbar negativen Beziehungen erspart geblieben, so wäre ich wahrscheinlich nicht imstande gewesen, die Liebe des Mannes, den ich geheiratet habe, anzunehmen.

Ich will damit nicht masochistische Beziehungen als Mittel gegen die Folgen des Vaterverlustes empfehlen. Trauern zur Zeit des Verlustes ist weit heilsamer, denn dadurch wird eine Verdrängung der Trauer verhindert. Nur 18% der von uns befragten Frauen wurden jedoch ermutigt, zur Zeit des Verlustes ihre Gefühle zum Ausdruck zu bringen, so daß die meisten von uns ihren Kummer ignorieren, unterdrücken oder verschieben mußten, bis uns ein anderer Mann verließ und unsere Gefühle hervorbrachen.

Uns vaterlosen Töchtern fällt es nicht schwer, solch

einen Mann zu erkennen, denn so fremd uns Männer auch sein mögen, der zurückweisende Typ ist es nicht. Die Selbstzweifel, die er in uns weckt, und seine Fähigkeit, uns abwechselnd zu verführen und zu enttäuschen, sind uns vertraut.

Verschiedene Untersuchungen haben ergeben, daß Menschen mit einem niedrigen Selbstwertgefühl zu negativen Erfahrungen tendieren, und dies trifft auch auf die junge vaterlose Frau zu. Nach unseren Feststellungen scheint die Adoleszenz-Angst, über die Hetherington berichtet, bis ins frühe Erwachsenenalter anzuhalten, denn von uns befragte vaterlose Töchter unter fünfundzwanzig Jahren hatten weniger Selbstvertrauen als ältere. Sie waren wesentlich ›ängstlicher‹ und ›unsicherer‹ und empfanden sich als viel weniger ›feminin‹. Der Zusammenhang zwischen schwachem Selbstvertrauen und einem Hang zu Beziehungen, die dieses stärken, zeigte sich darin, daß jüngere Frauen mehr als ältere dazu neigten, Männer, die sich um sie bemühten, uninteressant zu finden, und sich mehr zu Männern hingezogen fühlten, die ›unerreichbar‹, ›älter‹ und ›schlecht für sie‹ waren.

Zum Glück sind solche schlechten Beziehungen im allgemeinen nicht lange von Bestand. Sie dienen jedoch einem sehr nützlichen Zweck. Es ist, als ob ein unbewußter Mechanismus die unsichere Frau dazu antreibt, ihr schwaches Selbstwertgefühl zu stärken; sie scheint nach Kummer zu streben, damit sie endlich die Ablösung vollziehen kann. Denn bevor sie sich nicht von ihrem Vater gelöst hat, sucht sie nach keiner langfristigen Beziehung, die die Bindung an ihren Vater gefährden würde.

Trauern hat, wie wir uns entsinnen, den Zweck, sich von einem geliebten Menschen zu lösen. Dies ist nur möglich, wenn wir den Verlust akzeptieren und den damit verbundenen Schmerz zulassen. Wenn die vaterlose Tochter erwachsen ist, kann sie endlich mit Hilfe des stets bereiten, nichts ahnenden Don Juan ihre Trauer ausleben. Wenn sie das getan hat, braucht sie nicht länger nach Männern zu suchen, die sie unglücklich machen. Sie hat sich weitgehend vom Vater gelöst und ist nun – wie der Umstand, daß ältere Frauen eine vernünftigere Wahl treffen, beweist – imstande, sich Männern zuzuwenden, die sie besser behandeln werden.

Die vaterlose Tochter wird weiterhin weniger von sich halten als Frauen, die einen Vater gehabt haben – ganz wird sie über ihr Kindheitstrauma nie hinwegkommen –, doch in ihrem Fall ist es besser, geliebt und Verluste erlitten zu haben als Verlust nie zu akzeptieren.

Männer können im frühen Erwachsenenalter nicht nur unser schwaches Selbstwertgefühl stärken, sondern auch unser erworbenes Selbstvertrauen aufrechterhalten. Von einem Mann anerkannt zu werden, ist unser größter Wunsch. Dies ist die Folge davon, daß unser Vater uns verlassen – abgelehnt – hat.

Weit verbreitet ist die falsche Meinung, vaterlose Frauen würden Männer nicht mögen: wir würden ihnen verübeln, daß sie nicht unserem Vater gleichen, oder wir würden annehmen, daß uns alle Männer, wie unser Vater, schließlich früher oder später enttäuschen werden. In Wirklichkeit neigen wir aufgrund des ständigen Bedürfnisses, von ihnen anerkannt zu werden, dazu, sie zu glorifizieren. Wenn wir eine ambivalente Haltung einnehmen, dann gegenüber Müttern und Frauen, während wir Väter und Männer idealisieren.

Die einzige Ausnahme, was diese allgemeine positive Einstellung gegenüber Männern betrifft, bilden schwarze Frauen. Wie wir bei unseren Untersuchungen festgestellt haben, sind sie aggressiver als ihre weißen Geschlechtsgenossinnen; die Beziehungen zu ihren Müttern sind weit weniger mit Konflikten belastet, und sie neigen infolge der in ihrem Milieu weitverbreiteten Vaterlosigkeit zu einem allgemeinen Mißtrauen gegenüber Männern. Henry B. Biller und Stephan D. Weiss stellen in einer wissenschaftlichen Studie fest:

...In Familien ohne Vater oder mit einem schwachen, passiven Vater entwickeln Negermädchen eine geringschätzige Einstellung gegenüber Männern. In Negerfamilien der Unterschicht mit ihrem besonderen soziokulturellen Milieu besteht eine Tendenz, Männer wegen ihrer scheinbaren sozialen und ökonomischen Verantwortungslosigkeit abzuwerten. Diese negative Meinung wird von Müttern, Großmüttern und anderen in der Familie eine wichtige Rolle spielenden Frauen tradiert und leider häufig durch die Beobachtung oder Verwicklung in destruktive Mann-Frau-Beziehungen verstärkt.

Hier fällt mir Mays Bemerkung ein, sie assoziiere das Wort ›Vater‹ nicht mit Verantwortlichkeit, und auch ihre Frage, wie sich diese weitverbreitete Vaterlosigkeit auf die Haltung der schwarzen Frauen gegenüber der größeren Gesellschaft auswirke. Da sie ohne Vater in schlechten wirtschaftlichen Verhältnissen aufgewachsen sind, haben sie natürlich allen Grund, sich von den Männern und von der Gesellschaft betrogen zu fühlen und deshalb eine ablehnende Haltung einzunehmen − und das tun sie auch. »Es gibt in meinem Leben nur einen Menschen, auf den ich mich verlassen kann«, hatte May wiederholt gesagt, »und das bin ich.«

Die Töchter von Witwen und geschiedenen Müttern gleichen sich in ihrer Einstellung zu sich selbst und anderen und unterscheiden sich deutlich von Frauen, deren Väter sich nicht um sie kümmerten. Die folgende Tabelle zeigt, daß Streitigkeiten zwischen den Eltern und die Ablehnung durch einen *lebenden* Vater sich auf ein Mädchen anders auswirken als der plötzliche Tod des Vaters.

Wie diese Zahlen zeigen, führt die Scheidung der Eltern zu einer lebendigeren, selbstbewußteren Haltung als der Tod des Vaters. Obwohl sie wie alle vaterlosen Töchter ein vorwiegend schlechtes Selbstbild hat − und stärker dazu

Vater:

Ich empfinde mich als:	Geschieden	Verstorben	In der Familie
extravertiert	42%	38%	53%
aggressiv	35%	25%	41%
impulsiv	44%	39%	51%
dynamisch	34%	26%	49%
kokett	32%	26%	47%
selbstsicher	59%	53%	67%
feminin	65%	58%	73%
ehrgeizig	51%	41%	69%
anspruchsvoll gegenüber anderen	42%	34%	53%

neigt, sich als ›ängstlich‹ und ›unsicher‹ zu bezeichnen als Frauen, deren Väter verstorben sind − nimmt die Tochter, die noch eine, wenn auch geringe, Hoffnung auf Wiederversöhnung hat, eine weniger passive, schicksalergebene Haltung ein und hat eine etwas mutigere Einstellung zum Leben.

Die Erwartungen, die wir an andere stellen, hängen von unserem Selbstbild ab. Und dieses Bild wird durch Erfahrungen geformt. Die Tochter, die in der frühen Kindheit durch Tod oder Scheidung ihren Vater verloren hat, wurde von dem ersten Mann, den sie liebte, tief enttäuscht. Als Kind hat sie sein Fortgehen als persönliche Ablehnung empfunden; als junge Erwachsene benutzt sie ihre Beziehungen zu Männern dazu, sich gegen Ablehnung zu wehren.

Ungeachtet der Erfolge, die sie als Erwachsene gehabt hat, wird sie ständig Angst haben, verlassen zu werden, denn dies ist das Schlüsselerlebnis ihrer Kindheit. Um sich zu schützen, nimmt sie anderen Menschen und vor allem Männern gegenüber eine vorsichtige Haltung ein, und weil sie Angst vor einer möglichen Katastrophe hat, wagt sie keine enge Bindung einzugehen. In welchem Maß sie als Erwachsene Glück und Erfüllung findet, hängt davon ab, wie weit sie bereit war, sich als Kind zu erlauben, aus den selbstgesteckten Grenzen auszubrechen. Stark sein bedeutet nicht, gefühllos zu sein.

»Es war ein quälendes Unbehagen, das sich nicht lindern ließ, wie ein Jucken an einem amputierten Glied.« Die Frau, die ihre Gefühle nie zugelassen hat, lebt in einem ständigen Zustand der Betäubung, wie er mit einem dumpfen, chronischen Schmerz verbunden ist. Sie ist sich des Schmerzes bewußt, hat aber die Betäubung einer Behandlung vorgezogen, eine Wahl, die alle ihre Entscheidungen und ihr Verhalten beeinflußt. Ein Drittel der von uns befragten Frauen gab an, den Verlust ihres Vaters noch nicht akzeptiert zu haben; die Folge ist ständiger Kummer – eine Trauer, die all ihre Tage und Nächte überschattet.

Jayne öffnete die Tür des Hotelzimmers und umarmte mich sofort. Wir hatten uns noch nie gesehen, doch ihre Dankbarkeit äußerte sich in Vertraulichkeit. Außer ihrem Therapeuten hatte nie irgendein Mensch, den sie kannte, begriffen, was der Verlust ihres Vaters für sie bedeutete, und bis sie von unserem Projekt hörte, war sie mit ihrem Kummer völlig allein gewesen.

Ihre anfängliche Überschwenglichkeit täuschte jedoch nur kurz über ihre monotone Art zu sprechen hinweg; gleich nach Beginn unserer Unterhaltung verdüsterten sich ihr Blick und ihr Tonfall.

Sie erzählte von den Depressionen, die sie ihr Leben lang heimgesucht hatten, von der Empfindungslosigkeit, die sie bei allem, was sie tat, beherrschte. Als Frau und Mutter führte sie ein scheinbar erfülltes Leben, doch all ihre

Geschäftigkeit diente nur dazu, ihre Gefühle zu unterdrükken. »Ich habe mich ständig bemüht, keinen Schmerz mehr zu empfinden, aber das bedeutete natürlich, daß ich auch keine Freude mehr empfinden konnte.

Ich glaube, ich bin immer sehr ernst gewesen, schon als Kind, aber ich war auch sehr erfolgreich. In der sechsten Klasse war ich überzeugt, die Größte zu sein: Ich spielte in der Theateraufführung der Schule die Hauptrolle, hatte lauter ›Sehr gut‹ in meinem Zeugnis und viele Freundinnen, und alles war einfach fabelhaft. Ich glaube, es ging mir nie mehr in meinem Leben so gut wie in diesem Jahr.«

Im gleichen Jahr wurde bei ihrem Vater Lungenkrebs diagnostiziert, und das lehrte die Elfjährige natürlich, wie gefährlich es war, wenn es einem gut ging – eine Lektion, die sie nie vergessen hatte.

»Mir kam natürlich nie auch nur der Gedanke, daß er sterben könnte; ich hatte keine Ahnung, was Sterben bedeutete. Aber ich wußte, daß es etwas Ernstes war, denn ich durfte ihn im Krankenhaus besuchen, und man hatte mir gesagt, daß das normalerweise nicht erlaubt war. Man mußte mindestens sechzehn sein, um jemanden im Krankenhaus besuchen zu dürfen.

Ich weiß noch, daß ich dachte: Wenn er keinen Pyjama tragen würde, dann wäre er nicht krank. Am liebsten hätte ich ihm gesagt, er soll sich anziehen und heimkommen. Er sah überhaupt nicht krank aus.

Gleich zu Ferienbeginn wurde ich zu meiner Tante geschickt, und am 3. Juli brachte man mich in das Camp, in dem mein Bruder den Sommer über war. Meine Mutter weinte am Telefon, als sie sich von mir verabschiedete, aber ich glaube, der Grund war, daß sie sich Sorgen um meinen Vater machte und daß ich ihr fehlen würde.«

Den wahren Grund, warum ihre Mutter geweint hatte, erfuhr Jayne etwa einen Monat später. Hätte sie nicht jeden Tag einen Brief nach Hause geschrieben, dann hätte es vielleicht noch länger gedauert.

Ihr Vater war am 3. Juli gestorben, und der Arzt hatte

ihrer Mutter geraten, es den Kindern erst nach dem Sommer zu sagen. Doch die unbeantworteten Briefe türmten sich, und die Mutter gab schließlich ihren klügeren Instinkten nach. Sie erschien unerwartet in dem Camp und sagte ihrer Tochter die Wahrheit.

»Zuerst sagte sie, er sei auf eine weite Reise gegangen, und einen Moment dachte ich, er sei nach Kanada gefahren – er hatte versprochen, daß wir eine Reise dorthin machen würden, und so dachte ich, er sei allein gefahren. Doch dann begriff ich natürlich, was sie meinte, und ich weiß noch, wie ich im Geist die Tage zählte, die vielen Tage, an denen ich ihm geschrieben hatte und die er schon tot war. Ich unterdrückte meine Wut auf sie; ich wußte, sie hatte gemeint, es sei zu meinem Besten, wenn sie es mir verheimlichte, aber ich hatte das Gefühl, schrecklich getäuscht worden zu sein.

Ich erinnere mich, daß ich weinte, aber dann geschah etwas ganz Merkwürdiges: Draußen ertönte die Glocke, die uns zum Einholen der Fahne rief, und ich ging tatsächlich hinaus. Ich stand zwischen den andern, der Hornist blies den Zapfenstreich, und ich bemühte mich mit aller Kraft, das Schluchzen zu unterdrücken, das in meiner Brust hochstieg. Ich glaube, das versinnbildlicht sehr gut, was ich seither mein Leben lang getan habe.

Irgendwie erfüllte mich der Tod meines Vaters immer mit einer Art Scham; sein Tod und die Gefühle, die er in mir weckte. Ich konnte nie mit jemandem darüber sprechen, weil meine Mutter und ich uns nicht gut verstanden; mit meinem Bruder kam sie gut aus, aber ich war mehr das Kind meines Vaters. Ich erinnere mich aber, daß ich ihr sagte, es wäre bestimmt gut, wenn ich wegen meiner Depressionen zu einem Psychiater ginge, aber sie wollte nichts davon wisse. Sie dachte, das würde bedeuten, daß ich verrückt bin. Sie meinte sogar, ich würde der Familie meines Vaters nachgeraten und auf einen Nervenzusammenbruch zusteuern, den seine Schwester angeblich gehabt hatte. So gelangte ich natürlich zu der Überzeugung, ich würde verrückt werden und in einer Irrenanstalt landen, wenn ich die Gefühle, die in mir rumorten, herausließ.

Ich glaube, zum Teil ist meine Mutter dadurch mit dem Tod meines Vaters fertiggeworden, daß sie sich einredete, er sei kein guter Ehemann gewesen. Sie beklagte sich in einem fort, und es gab praktisch nichts, wofür sie ihm nicht die Schuld zuschob. Sie sagte mir sogar, sie hätte in seinem Schrank einen Brief von einer anderen Frau gefunden, und das habe ihr geholfen, über seinen Tod hinwegzukommen. Ich wollte das natürlich gar nicht wissen, und ich hoffe heute noch, daß es nicht wahr war. Wissen Sie, meine Mutter hatte als Folge von Kinderkrankheiten ernsthafte geistige Störungen, und ich glaube, sie ist nie richtig in Ordnung gewesen. Wir haben uns nie verstanden, und ich glaube, das ist ein anderer Grund, daß ich Schwierigkeiten hatte, um meinen Vater zu trauern.

Ich hatte ungeheure Schuldgefühle und dachte tatsächlich, ich sei schuld daran, daß er gestorben war. Sie wissen ja, wie Kinder sind – was für Phantasien sie manchmal haben. Ich erinnere mich, daß ich mir einmal gewünscht hatte, meine Eltern wären tot, weil ich als Waisenkind allen leidtun würde und ich alles kriegen würde, was ich wollte. Ja... ich glaube, das habe ich mir mal gewünscht. Aber wahrscheinlich hat sich dieser Wunsch mehr auf meine Mutter bezogen.«

Tränen stiegen ihr in die Augen. Obwohl sie behauptete, durch die Therapie hätten sich ihre Schuldgefühle wesentlich gebessert, merkte ich ihr an, daß sie noch nicht völlig überzeugt war. Der Tod der Mutter in Jaynes zwanzigstem Lebensjahr verstärkte noch ihre Vermutungen.

»Schon bevor sie starb, war ich in einem sehr depressiven Zustand. Der Tod meines Vaters hat meine ganze Jugend überschattet. Es war, als ob ich in der sechsten Klasse einen Höhepunkt erreichte – und dann, nach diesem Sommer, schlug alles um. In den ersten Klassen der High School war ich eine Einzelgängerin, und meine Beziehungen zu Jungen waren schrecklich. Ich fühlte mich in ihrer Gesellschaft nie wohl; ich war schüchtern und kam mir furchtbar unattraktiv vor. Ich mochte immer Leute, die mich nicht mochten, oder die mich nur eine Zeitlang mochten und an die ich mich klammerte. Ich glaube, am stärksten hat sich der Tod meines Vaters auf meine Beziehungen zu Männern ausgewirkt. Ich habe entsetzliche Angst davor, abgelehnt zu werden.«

Jaynes Mangel an Selbstachtung, verstärkt durch ihre Schuldgefühle, führte dazu, daß sie abträgliche Beziehungen einging. Indem sie sich an einen abweisenden Mann ›klammerte‹, bestrafte sie sich selbst und schuf sich ein Äquivalent für den großen Kummer, den sie, um nicht für verrückt gehalten zu werden, niemandem zu zeigen wagte.

Die ständige Angst vor Zurückweisung ist bei Menschen, die ihren Kummer verdrängen, nichts Ungewöhnliches. »Wenn bei Kindern die emotionalen Reaktionen auf den Verlust eines Elternteils unterbunden werden, kann es im späteren Leben beim Verlust oder drohenden Verlust eines Liebesobjekts zu massiven Angstreaktionen kommen«, stellte ein Expertenteam fest. Wie die Ereignisse, die zum Ende von Jaynes Ehe führten, zeigen, erfüllte ihre Verlustangst sie mit der Überzeugung, daß eine qualvolle Beziehung immer noch besser sei als gar keine.

»Ich glaube, als ich meinen Mann heiratete, habe ich auch seine Familie geheiratet. Es machte mir nichts aus, daß er kalt und lieblos war, denn ich hatte nicht das Gefühl, daß ich etwas anderes verdiente, und eine große Familie brauchte ich als Ausgleich dafür, daß ich selbst keine hatte.

Obwohl ich stets meine Pflichten als Frau und Mutter erfüllte, befielen mich immer wieder Depressionen. Doch wenn sie kamen, stürzte ich mich einfach in irgendwelche Aktivitäten. Ich glaube, ich war immer der Meinung, etwas leisten zu müssen, beweisen zu müssen, daß ich etwas wert war. Ich fürchtete, wenn ich mich meinen Gefühlen überließ, würde ich überhaupt nichts mehr zustandebringen.

Ich konnte alles sehr gut unterdrücken, bis der Beruf meines Mannes einen Umzug in eine andere Stadt erforderlich machte. Ohne seine Familie fühlte ich mich sehr isoliert, und meine Depressionen ließen sich nicht mehr ignorieren. Mein Mann war der Meinung, ich solle mich selbst um meine Probleme kümmern und keine Hilfe von ihm verlangen. So beschloß ich mit fünfunddreißig, eine Therapie zu machen.

Ich fand einen ausgezeichneten Analytiker und nahm es auf mich, zu jeder Sitzung eine Stunde hin und eine Stunde zurück zu fahren, doch wenn ich meinem Mann etwas über meine Einsichten und Gefühle erzählen wollte, wich er immer aus. Immer wenn ich ihm etwas anvertrauen wollte, sagte er ›Ach, ich dachte, das hast du schon gelöst.‹ Er meinte, ich solle das alles mit dem Therapeuten besprechen und ihn nicht damit behelligen. Je mehr ich emotionalen Kontakt suchte, um so ärgerlicher und abweisender wurde er. Als er mir schließlich sagte, daß er sich scheiden lassen wolle, warf mich das völlig um.

Natürlich hatte mich seine distanzierte Haltung immer aufgeregt, doch ich war der Meinung, wenn ich unglücklich war, dann deshalb, weil mit mir irgendwas nicht stimmte. Als er schließlich von Scheidung sprach, drehte ich völlig durch. Wir waren zwanzig Jahre verheiratet, und eine schreckliche Ehe war mir viel lieber, als allein zu sein. Erst nach furchtbaren inneren Kämpfen habe ich mich damit abgefunden. Was mir sehr geholfen hat, war, daß ich damals angefangen habe, zu schreiben.

Wir sind jetzt seit drei Jahren getrennt, doch es fällt mir immer noch schwer, allein zu leben. Die Kinder sind auf dem College, und ich habe oft Angst. Die Therapie war ungeheuer wertvoll für mich – ich habe erkannt, daß es Menschen auf dieser Welt gibt, die liebevoll sein können und daß meine Wünsche gar nicht so unvernünftig sind.

Aber ich glaube, ich bin noch immer nicht überzeugt davon, daß ich Liebe verdiene.

Ich würde gerne glauben, daß ich den Tod meines Vaters bewältigt habe, aber auf gewissen Ebenen ist mir das, fürchte ich, noch nicht gelungen. Zumindest ist mir nach acht Jahren Therapie klar, daß er nie zurückkommen wird. Aber ich habe immer noch Angst, daß Männer, die ich liebe, sterben werden.«

Ich beendete das Interview mit der wiederholten Versicherung, mit ihr in Kontakt zu bleiben. Auch aus der Art und Weise, wie Jayne sich an mich ›klammerte‹, ging deutlich hervor, daß sie noch lange brauchen wird, um den Verlust zu bewältigen. Sie hat sich damit abgefunden, daß ihr Vater nie zurückkommen wird, doch sie ist ständig von der Angst geplagt, ›daß Dinge vor sich gehen, von denen sie nichts weiß‹ und daß auch alle anderen Menschen sie verlassen werden. Vielleicht muß sie ewig für ihre schreckliche Kindheitsphantasie büßen oder vielleicht bringt, wie sie selbst vermutet, ihr eigenes emotionales Bedürfnis Menschen dazu, sie zu verlassen.

Wenn nicht besonders ungünstige Umstände entgegenwirken – wie zum Beispiel die durch Jaynes Mutter geschaffenen –, dann bewältigen die meisten vaterlosen Töchter, wenn sie älter werden, ihren Verlust. Das zeigt sich, wie wir bei unserer Untersuchung festgestellt haben, an dem deutlich verbesserten Selbstbild. Wir suchen uns nun nicht mehr Männer, die uns wehtun werden oder klammern uns an Männer, die uns wehtun, weil uns unsere früheren Beziehungen dazu verholfen haben, unseren Kummer auszuleben und uns vom Vater zu lösen, so daß wir liebesfähig und liebenswert sind. Wir hören auf, eine schlechte Behandlung hinzunehmen, um einer Zurückweisung zu entgehen.

Unsere Erwartungen hängen jedoch von unseren Erfahrungen ab. Daß wir nicht mehr dazu neigen, Enttäuschungen herbeizuführen oder daß wir emotionale Indifferenz nicht mehr der Beendigung einer Beziehung vorziehen, muß nicht bedeuten, daß wir von den Schädigungen, die uns der Vaterverlust in unserer Kindheit zugefügt hat, befreit sind. Diese Wunden werden häufig durch eine Heirat wieder aufgerissen: Nach unseren Feststellungen ist die stärkste Angst verheirateter Frauen, die mit einem Vater aufgewachsen sind, die, daß ihre Partner sie als selbstverständlich hinnehmen und nicht mehr schätzen könnten, und die verheirateten vaterlosen Töchter haben am meisten Angst davor, daß ihr Partner sterben könnte.

In vielen Fällen wird diese Unheilserwartung bei vaterlosen Töchtern zu einem wesentlichen Aspekt ihrer Ehe, zu einem wunden Punkt, der ständig die Beziehung zu zerstören droht. Sie lebt im Schatten ihres Verlustes, und das wird ihr und ihrem Mann schon sehr bald bewußt. Denn es ist gut möglich, daß sie, während sie in der Kirche auf den Mann, mit dem sie getraut werden soll, zuschreitet, an den Mann denkt, der nicht ihr Brautführer sein kann.

11

Ehen werden im Himmel geschlossen...
oder anderswo:
Die Einstellung zu Ehe und Familie

Den emotionalen Wirrnissen unserer frühen Erwachsenenzeit folgt häufig eine Periode eher äußerlicher Probleme. Nachdem wir uns die Fähigkeit erkämpft haben, mit Männern umzugehen, sind wir für unsere Rolle innerhalb der männlichen Gesellschaft einigermaßen gerüstet, und da wir unsere Verletzlichkeit zugelassen haben, erfüllt uns genügend Selbstsicherheit. Unsere schlechten Erfahrungen mit Männern haben ihren Zweck erfüllt und uns Schmerzen bewußt gemacht, die uns, hätten wir sie weiter unterdrückt, vielleicht zerstört haben würden.

Die in unserer Kindheit erworbene Selbständigkeit und Zielstrebigkeit − manchmal erschüttert durch lange verdrängte Gefühle − bestimmen unsere Entscheidungen und ermutigen uns, aktiv am Leben teilzunehmen. Wir sehnen uns immer noch nach der Art männlicher Anerkennung, die nur durch Liebe erreichbar ist, doch wir sind weitgehend autark und können, da wir nicht mehr soviel Kraft dafür aufwenden müssen, uns stark zu geben, aus einer Position größerer Stärke heraus handeln.

So verfolgen wir also im Rahmen unglücklicher, doch psychisch befreiender Liebesbeziehungen praktische Ziele, und allmählich gewinnen die positiven Aspekte des Erwachsenenlebens die Oberhand über die bisher ungelösten psychischen Probleme. Wir werden voll davon in Anspruch genommen, Freundschaften zu schließen, uns zu einer lebensfähigen Persönlichkeit zu entwickeln und unsere Fähigkeiten in klingende Münze umzusetzen. Der vor kurzem durch unsere Liebesbeziehungen wiedererweckte, doch meist nicht überwundene Kindheitskummer wird eine Zeitlang durch die Herausforderungen, die der Eintritt in die Gesellschaft an uns stellt, verdrängt. Als Mädchen, die ohne Vater aufgewachsen sind, sind wir darin geübt, Verantwortung zu übernehmen; nun, da wir erwachsen sind – nicht nur pseudo-erwachsen –, können wir diese Fähigkeiten in die Tat umsetzen.

Unseren Untersuchungen zufolge, treten vaterlose Töchter früher ins Berufsleben ein. Wenn wir heute zurückblicken, erscheint uns dies nicht positiv. Sehr häufig wurde bei den von mir durchgeführten Interviews das Bedauern darüber ausgedrückt, daß es nicht möglich war, länger die Schule zu besuchen. Wir sind überzeugt, wenn wir einen Vater gehabt hätten, dann hätte uns dieser durch geistige und finanzielle Unterstützung eine bessere Ausbildung und günstigere berufliche Möglichkeiten verschafft. Ob dies tatsächlich der Fall gewesen wäre, läßt sich unmöglich sagen, doch die folgenden Zahlen sprechen eine klare Sprache:

Töchter:

Höchster Bildungsstand:	Ohne Vater aufgewachsen	Mit Vater aufgewachsen
High School	17%	4%
College ohne Abschluß	32%	15%
College mit Abschluß	24%	37%
Akademischer Titel	25%	43%

Frauen mit zwei Elternteilen hatten eine umfassendere Ausbildung als wir – doch 80% beider Gruppen sind heute berufstätig, und nur wenn wir heute zurückblicken, wünschen wir, wir hätten unsere Ausbildung fortsetzen können.

Wie alle jungen Frauen richtet die vaterlose Tochter, wenn sie davon in Anspruch genommen ist, sich in der Erwachsenenwelt zu etablieren, ihren Blick ganz auf die Gegenwart und Zukunft. Die Entbehrungen und Enttäuschungen der Vergangenheit gehören zu einem Teil ihres Lebens, in dem sie jünger und weniger gewandt und tüchtig war; in ihrem heutigen, von Aktivität erfüllten Leben ist kein Platz dafür. Alles entwickelt sich bestens; sie steht auf eigenen Beinen und fühlt sich gut dabei.

In den meisten Fällen folgt der Zeit des Studiums, des beruflichen Aufstiegs, dem Überschwang des frühen Erwachsenenlebens bald die Krönung: sie wird heiraten. Sie wird mit einem Mann zusammenleben, Teil eines Paares sein. Sie wird, nach all diesen Jahren, endlich normal sein.

Die Ehe ist ihr erschienen wie das Land der Verheißung, und nun wird der vaterlosen Tochter dank den Mächten, die Menschen zusammenführen, in dieses Land Einlaß gewährt.

Doch als sie auf den Altar zugeht, betritt sie schwankenden Boden. Verluste und Entbehrungen, die vergessen schienen, begleiten sie auf dem Weg durch die Kirche, und zu ihrer Mitgift gehören Zweifel an ihrem Wert. Wird sie imstande sein, mit einem Mann in Eintracht zusammenzuleben? Bedeutet diese Heirat die endgültige Trennung von ihrem Vater? Ist sie bereit, diese Trennung zu akzeptieren? Und vor allem – was weiß sie von der Liebesbeziehung zwischen Mann und Frau? Nur, daß sie keinen Bestand hat.

»Tochter zu sein, war für mich eine Lehrzeit gewesen«, schreibt Irene Mayer Selznick, als sie über ihre Gedanken vor der Heirat berichtet. Die Experten stimmen darin überein, daß unser Verhalten in der Ehe von dem Verhalten bestimmt ist, das wir bei unseren Eltern beobachtet haben; daß die enge Beziehung, die wir durch eine Ehe eingehen, die Erinnerung an die früheste enge Beziehung unseres Lebens (die zu unseren Eltern) wachruft; daß wir ungelöste Konflikte mit unseren Eltern mit unserem Partner austragen; und daß Trauer wiedererweckt wird, wenn eine neue Beziehung beginnt.

Margaret, der wir bereits im 3. Kapitel begegnet sind, lernte ihren späteren Mann bei der Abschlußfeier der High School kennen. Er stand in der Reihe neben ihr.

»Er war ungeheuer romantisch, und das gefiel mir«, erzählte sie mir am Küchentisch ihres nicht weit vom Strand entfernten Hauses. »Ich war sehr stolz, weil er sich für mich interessierte, denn er war sehr beliebt in der Schule. Er war sehr witzig – eine Art Klassenkasper –, aber mir gegenüber war er sehr warm und zärtlich. Heute weiß ich, er gab mir genau das, was ich mir von einem Mann wünschte.

Mein Vater war fünf Jahre zuvor gestorben, und ich ging immer noch wie betäubt durchs Leben. Seine Anerkennung war mir sehr wichtig gewesen. Wenn er nach Hause kam, stand er sofort im Mittelpunkt. Jeder in der Familie versuchte, seine Aufmerksamkeit, seine Anerkennung zu erringen. Als Teenager sehnte ich mich nach einem Mann, der mich bewunderte, der mir sagte, daß ich hübsch bin und so.

Natürlich unterdrückte ich meine Bedürfnisse. Meine Mutter wollte nichts von meinen Problemen hören, und aus irgendeinem Grund war Larry der einzige Mensch, mit dem ich offen reden konnte. Ich sprach mit ihm viel über meinen Vater. Er verstand mich. Am Tag, an dem wir heirateten, schickte er mir morgens ein Telegramm, in dem stand ›Liebe mich so sehr, wie du deinen Vater geliebt hast, und ich werde der glücklichste Mensch auf Erden sein.‹

Wenn ich heute an diese Zeit in der High School zurückdenke, dann ist mir klar, daß ich viel zu viel von ihm verlangt habe. Wenn er mal meine Bedürfnisse nicht erfüllt hat, dann war ich schrecklich enttäuscht. Ich war sehr abhängig von ihm und hatte zugleich Angst vor meinen Gefühlen für ihn. Im Lauf der Jahre haben wir uns oft getrennt und wieder versöhnt.

Und heute, wo ich Mutter bin, taucht eine Menge dieser Konflikte wieder auf. Ich habe erkannt, wie gefährlich es für mich ist, Larry als eine Art Vater zu betrachten. Väter können sterben oder verschwinden.

Bevor wir heirateten, habe ich auch so eine Krise durchgemacht. Ich hatte ein ganz starkes inneres Gefühl, daß wir nicht heiraten sollten. Es war fast wie ein Tabu. Ich hatte wieder das ganz starke Gefühl, daß ich mich in eine Gefahr begab.«

Wie die einschlägige Literatur und die Erfahrungen zahlloser Frauen beweisen — darunter meine eigenen —, ist eine Heirat für die vaterlose Tochter eine riskante Sache. Die im Lauf des bisherigen Lebens aufgebauten Verteidigungsmechanismen sind in einer Ehe gefährdet. Schon in unseren früheren Liebesbeziehungen gerieten sie ins Wanken, doch wenn wir allein waren, konnten wir sie immer wieder verstärken. Allein konnten wir um uns schlagen und schimpfen und grübeln und wenn wir dann hinausgingen, konnten wir der Welt wieder voll Gelassenheit und Beherrschung entgegentreten, so daß wir bald selbst überzeugt waren, daß unsere angeschlagene Position wieder gefestigt war. Nun, da wir imstande waren, Liebe anzunehmen, fiel uns wieder ein, welche Folgen sie haben kann, denn für eine Frau, deren Vater gestorben ist oder die von ihm verlassen wurde, sind Liebe und Verlust untrennbar miteinander verbunden. Deshalb können innere Ängste in einer Ehe leicht hervorbrechen.

Für die vaterlose Tochter ist die Ehe das Symbol der Anerkennung. Wenn sie heiratet, glaubt sie, diese endlich erreicht zu haben, doch zugleich erwartet sie unbewußt, daß ihr Kindheitstrauma sich wiederholen wird.

»Wir haben gleich nach dem College geheiratet, und das erste Jahr war sehr schwer für mich«, fuhr Margaret fort. »Ich habe mir alle Mühe gegeben, eine wunderbare Frau zu sein, die kocht und saubermacht, aber irgendwie ging es mir nicht gut dabei. Ich arbeitete außerdem ganztags in einem Büro und haßte diese Arbeit. Es gefiel mir nicht, wie ich als Sekretärin behandelt wurde. Als Studentin hatte ich ein großes Prestige gehabt, und jetzt war alles anders.

Auch Larry behandelte mich anders als vorher. Er war nicht so romantisch, nicht so aufmerksam. Ich war überhaupt nicht glücklich, und in diesem ersten Jahr habe ich viel geweint. Ich fühlte mich völlig verloren und war sehr wütend.«

Nach eineinhalb Jahren erreichte Margarets Unzufriedenheit ein solches Ausmaß, daß beide erkannten, daß sie etwas tun mußten, um ihre Ehe zu retten. Sie kamen zu dem Schluß, etwas Abenteuerliches unternehmen zu müssen, und so packten sie ihre Sachen und gingen nach England.

Margaret erzählte mir von den aufregenden Dingen, die sie dort erlebt hatten, und ich sagte: »Es muß eine glückliche Zeit gewesen sein.« Sie lächelte wehmütig.

»Ach, wissen Sie, es gibt keine Zeit in meinem Leben, die ich als ›glücklich‹ bezeichnen könnte. Ich kann mich nicht entsinnen, jemals frei von diesem inneren Druck gewesen zu sein. Aber es war ein schönes Erlebnis. Es hat Spaß gemacht, eine neue Stadt zu entdecken, neue Menschen kennenzulernen. Ich bin viel allein unterwegs gewesen, und das hat mir ein neues Gefühl von Selbständigkeit und Kraft gegeben.

Es gab immer wieder schwere Zeiten in meiner Ehe, in denen ich das Gefühl hatte, nicht genug Aufmerksamkeit zu bekommen. Ja, es ist immer wieder das gleiche – dieser Mangel an Aufmerksamkeit. Aber immer wenn ich das Gefühl hatte, nicht genug anerkannt zu werden, habe ich mich nach einem anderen Mann umgesehen. Ich habe immer nach einem Mann gesucht, der mir das geben konnte – dieses Gefühl, etwas Besonderes zu sein. Was ich suchte, war nicht Sex oder Liebe, sondern nur ein Mann, mit dem ich reden konnte. Das hat mich dann aufrechterhalten.«

Dreieinhalb Jahre später, wieder zurück in den Staaten, fand sie einen solchen Mann in Gestalt eines Therapeuten.

»Ich fühlte mich schrecklich allein und hilflos und war furchtbar eifersüchtig auf Larrys Freundschaften, männliche und weibliche, und da war Therapie natürlich *die* Sache. Ich wußte damals noch nichts von dieser verdrängten Trauer in mir, aber die ständigen Depressionen wurden unerträglich. Wochenlang war ich in diesem jämmerlichen Zustand und tat mir leid. Anfangs war der Therapeut einfach bloß ein Mann für mich, der mir zuhörte, und das war etwas Herrliches. Ich hatte das Gefühl, wieder einen Vater zu haben. Es hat viel Arbeit gekostet und viele Jahre gedauert, bis wir auf die wahre Ursache meiner Depressionen stießen.«

Wie bereits erwähnt, gelang es Margaret in ihrer jahrelangen Therapie, über die Übertragung hinaus bis zum qualvollen Erleben des Kummers vorzustoßen. Die tagtägliche Abhängigkeit von einem Mann, den sie liebte, hatte wie ein Katalysator die Erkenntnis bewirkt, daß es in ihr ein schweres verborgenes Problem geben mußte, und in dem Therapeuten fand sie einen vertrauenswürdigen Menschen, der ihr den sicheren Halt bot, den sie brauchte, um sich diesem Problem offen zu stellen.

Wie so viele vaterlose Frauen war Margaret in ihrer frühen Erwachsenenzeit durch beflügelnde Erfolge — in ihrem Fall auf dem College und in der Liebe — von ihrem seelischen Schmerz abgelenkt worden. Ihre frühe Heirat hatte eine Zeitlang den jugendlichen Überschwang, mit dem sie ihre wiederentdeckte Selbständigkeit in England erfüllte, hinausgeschoben. Doch sie hatte ihr Kindheitstrauma an die Oberfläche gebracht.

Nach fünfzehn Jahren und einer langen Therapie war sie nun imstande, mit ihrem Mann in einer guten, liebevollen Beziehung zu leben, doch nur, weil sie den Mann, der sie als Kind verließ, losgelassen hat. Sie ist noch nicht ganz frei von der Katastrophenangst, welche die meisten von uns quält — daß ihr Mann sie plötzlich verlassen oder sterben könnte —, doch sie kann mit dieser Angst besser umgehen.

»Immer wenn Zweifel in mir aufsteigen, daß unsere Beziehung von Dauer sein wird, denke ich mir einen Schlachtplan aus. Ich betrachte mich nicht mehr als hilfloses Opfer.«

»Da jeder von uns ein ›Kind der Vergangenheit‹ in sich trägt«, schreibt Dr. W. Hugh Missildine, »erfordert eine Ehe, daß vier − nicht zwei − Personen sich aneinander anpassen... In einer Ehe bringt das Kind, das man einst war, seine Bedürfnisse, Wünsche, Einstellungen, Verhaltensweisen und Sehnsüchte stärker zum Ausdruck als in irgendeiner anderen Situation.« Tatsächlich hat die vaterlose Tochter ein ungemein starkes Bedürfnis, sich wie ein Kind zu verhalten, weil ihr dies in ihrer Kindheit versagt worden ist.

Wenn man heiratet, richtet man sich zuallererst ein Heim ein, einen angenehmen Ort, wo man zu Hause ist. Dr. Missildine ist der Ansicht, daß dabei unvermeidlich das Kind in uns wiedererweckt wird, daß wir uns an das Heim, in dem wir aufgewachsen sind, erinnern und möglicherweise versuchen, es wiederzuerrichten. Da daran zwei − oder, wie er meint, vier − Personen beteiligt sind, scheint auch ein Konflikt unvermeidlich. Es ist deshalb nicht erstaunlich, daß das erste Jahr einer Ehe für die meisten Männer und Frauen eine bekanntermaßen schwierige Zeit ist.

Für die Tochter einer alleinstehenden Mutter war das Heim nicht so sehr ein angenehmer Ort, sondern zugleich mehr und weniger ein sicherer Hafen. Wenn die Mutter Witwe war, dann herrschte darin wohl eine ziemlich bedrückende Atmosphäre; und wenn der Vater die Mutter wegen ehelicher Differenzen verlassen hatte, dürfte die Atmosphäre ziemlich feindselig gewesen sein. Jedenfalls ist das Heim, in dem die vaterlose Tochter aufgewachsen ist, zumindest teilweise mit Assoziationen der Enttäuschung, der Schuld und der vorgetäuschten Reife belastet − und vor allem mit einem Gefühl der unausfüllbaren Leere.

Wenn das innere Kind der vaterlosen Braut ihr Heim einrichtet, bemüht sie sich, jede Ähnlichkeit mit ihrem damaligen Heim zu vermeiden. Das Heim ihrer Kindheit ist für sie eine Stätte des Unglücks, und dies ist vielleicht ihre letzte Gelegenheit zu beweisen, daß dieses Unglück keine Macht über sie hat.

Da es für die vaterlose Tochter kein Heim und keine Beziehung gibt, die sie sich zum Vorbild nehmen kann, ist sie wieder einmal ganz auf sich allein gestellt. Vielleicht kann ihr Mann mit seiner Liebe und Aufmerksamkeit zeitweise ihre wiedererwachenden Zweifel beschwichtigen, doch ist dies gerade in dieser Zeit sehr schwierig. Die Erwartungen, die sie in die heilende Wirkung der Ehe setzt, sind eine starke Belastung für die Beziehung, und sie besteht darauf, sie auszuprobieren, weil es ihr an Glauben fehlte. Sie hatte ihre ganze Hoffnung auf etwas gerichtet, auf das sie sich nicht verlassen kann: die beständige Liebe eines Mannes.

Die Ehe hat weder die Zurückweisung durch ihren Vater ungeschehen gemacht, noch das Gefühl beseitigt, als Frau eine Versagerin zu sein. In den Armen ihres Mannes und in dem Heim, das sie gemeinsam eingerichtet haben, hat sie keinen Schutz vor der Vergangenheit gefunden; im Gegenteil, sie wurde mit ihr konfrontiert. Ein Mann liebt sie — das Gefährlichste, das es für sie gibt. Sie weiß es doch: Ein Mann, der sie liebt und den sie liebt, wird sie eines Tages verlassen. Durch ihre Heirat hat sie den Mann, der sie verließ, der ihr bewiesen hat, daß Liebe mit Verlust endet, zurückgeholt.

In einer der wenigen wissenschaftlichen Untersuchungen über die Auswirkungen des Vaterverlustes auf Frauen (durchgeführt von E. Mavis Hetherington) wurde festgestellt, daß wir sogar bei der Wahl unserer Partner diese Konfrontation suchen:

> Freud meint, daß Mädchen bei ihren späteren Interaktionen mit Männern immer wieder die Bezie-

hung zu ihrem Vater durchleben... Vielleicht hat Freud recht, *doch nur in bezug auf vaterlose Mädchen.** Vaterlose Mädchen bewahren in sich das Kindheitsbild ihres Vaters. Töchter von Witwen schreiben ihren Ehemännern und Vätern mehr positive Eigenschaften zu als anderen Männern. Töchter geschiedener Eltern sehen an ihren Ehemännern und Vätern und an Männern im allgemeinen vorwiegend negative Eigenschaften... Die Beurteilungen von Ehemännern aufgrund von Interviews und Tests sowie unmittelbare Beobachtungen bestätigen in gewissem Maß die Meinungen der Frauen... Diese (vaterlosen) Mädchen scheinen sich Partner zu wählen, die ihrem Vaterbild ähneln, während Mädchen aus intakten Familien bei der Wahl ihres Ehepartners weniger durch die Beziehung zu ihrem Vater beeinflußt sind.

Wie im 10. Kapitel bereits erwähnt, waren die von uns befragten vaterlosen Frauen relativ vernünftig bei der Wahl ihres endgültigen Partners (wenngleich sie häufig Befürchtungen bezüglich der Vernünftigkeit ihrer Partner hatten). Wichtig erscheint mir der Hinweis, daß *innerhalb* der vaterlosen Gruppe die Töchter geschiedener Eltern eine stärkere Tendenz zu destruktiven Partnerschaften zeigten als Töchter von Witwen. Doch wie die nachstehende Tabelle zeigt, war diese Tendenz bei Frauen, die mit Vätern aufwuchsen, noch größer.

Im Gegensatz zu Hetheringtons Untersuchung gaben 75% der von uns befragten vaterlosen Frauen ›Freundlichkeit‹ und 72% ›Zärtlichkeit‹ als anziehendste Eigenschaften an. Trotz ihrer offenbar vernünftigen Einstellung berichteten jedoch die von uns befragten verheirateten Frauen häufiger als die aus intakten Familien stammenden Frauen über ›bedeutende Probleme‹ mit ihren Ehemännern, und sie

---

* Hervorhebung durch die Autorin

Vater:

Ich finde am häufigsten Männer anziehend, auf die folgendes zutrifft:	Gestorben	Geschieden	In der Familie
labil	5%	11%	14%
indifferent	2%	10%	8%
unerreichbar	15%	20%	31%
schlecht für mich	7%	13%	22%

waren häufiger geschieden oder von ihren Männern getrennt.

Man kann deshalb verschiedener Meinung darüber sein, ob wir aktiv Männer auswählen, die unseren Vätern gleichen, doch daß wir die Ehe benutzen, um unseren Vaterverlust zu bearbeiten, ist offensichtlich. Und ungeachtet der Männer, die wir uns suchen, scheinen wir die Ehe selbst anzustreben: ein Drittel der mit beiden Elternteilen aufgewachsenen Frauen, die wir befragten, war unverheiratet, jedoch nur ein Fünftel der vaterlosen Töchter.

Wir streben die Ehe an, weil sie für uns ein Symbol der Normalität darstellt, die uns so lange versagt gewesen ist. Doch sie ist auch ein Symbol der Sicherheit, und vielleicht glauben wir, in der relativen Sicherheit einer ehelichen Partnerschaft unsere Verletzlichkeit eher zulassen zu können. Möglicherweise suchen wir auch, wenngleich unbewußt, die Sicherheit einer Ehe, um unsere Unsicherheit auszugleichen.

Eine andere Erklärung dafür, warum die vaterlose Tochter die Ehe anstrebt, findet sich in der Autobiographie von Jill Johnston. Obwohl sie sich ihrer starken homosexuellen Neigungen völlig bewußt war, heiratete sie,

271

um der allgemeinen Konvention Genüge zu tun. Doch sie tat es auch, wie offenbar viele von uns, um den starken Konflikt mit ihrer Mutter beizulegen. Durch die Heirat, schreibt Johnston, »...wurde ein totaler Bruch mit ihr vermieden. Indem der Schauplatz des Konfliktes, gerade als er offen auszubrechen drohte, verlegt wurde, konnte der Anschein von Harmonie aufrechterhalten werden, der erforderlich war, um alles zusammenzuhalten.« Eine ähnliche Funktion erfüllte der Umstand, daß sie selbst Mutter wurde: »...Es eröffnete mir die Möglichkeit, noch etwas anderes als ihre Tochter zu sein. Die Ehe hat ihren Zweck erfüllt: Zwischen uns standen zwei neue Familienangehörige, die vielversprechende Ziele für ihre Aufmerksamkeit abgaben.«

So sehr die vaterlose Tochter eine Ehe anstrebt – sie findet in ihr keine realistische Basis, auf die sie ihre Erwartungen stützen kann. Sie hofft, daß ihr Mann sie von der Vergangenheit erlösen wird, doch höchstwahrscheinlich wird er sie ihr allein durch sein Vorhandensein ins Gedächtnis zurückrufen. Wenn die Ehe gelingen soll, muß sie sich endlich vom Geist ihres Vaters lösen.

Sie muß lernen, daß eine enge emotionale Bindung nicht unvermeidlich mit Enttäuschung endet, daß zwischenmenschliche Konflikte lösbar sind, daß nicht alle Männer sie verlassen.

Sie muß die Fähigkeit entwickeln, gelegentliche Wutausbrüche zu ertragen und sich über kleine Liebesbeweise zu freuen. Vor allem, wenn sie schon in sehr frühem Alter ihren Vater verloren hat, hat sie in beidem keine eigenen Erfahrungen, und sowohl Zuneigung wie Wut stellen für sie eine sehr ernste Bedrohung dar.

An die vaterlose Braut werden wirklich sehr große psychische Anforderungen gestellt: Sie muß zugleich etwas Neues und etwas Altes integrieren. Sie muß, wie es in einem Aufsatz treffend ausgedrückt wurde, »...zur gleichen Zeit um eine enge Beziehung trauern und eine andere feiern.«

Die unrealistischen Erwartungen, die wir in die Ehe setzen, spiegeln sich in unserer Einstellung zur Mutterschaft. Unsere Untersuchungen ergaben, daß vaterlose Frauen häufiger als Frauen aus intakten Familien Kinder bekommen und daß sie sich weniger als andere Mütter der bei ihren Kindern erzielten Erfolge sicher sind.

Fast die Hälfte der vaterlosen Frauen − gegenüber 35% der Kontrollgruppe − berichteten über ›große Probleme‹ in der Beziehung zu ihren Kindern. Und betrachtet man die Kommentare dieser Frauen im Licht der umfangreichen Literatur über das Thema Mutterschaft, dann scheint es, als sei auch hier hauptsächlich unsere Verlustangst die Ursache unserer Unzufriedenheit.

Zum Teil besteht Mutterschaft darin, Trennung zu ertragen − und zu erleichtern. So schwer uns das auch fallen mag, wir müssen zulassen, daß die Nabelschnur durchschnitten wird. Für Frauen mit einer starken Trennungsangst ist dies eine besonders schwierige Aufgabe.

Im Gegensatz zur ehelichen Bindung, die einigend wirken soll, hat die Mutter-Kind-Bindung den Sinn, Unabhängigkeit zu fördern. Man kann unseren Erfolg als Mutter sogar daran messen, wie weit es uns gelungen ist, aus unseren Kindern autonome Menschen zu machen. Wenn wir sie wirklich lieben, müssen wir sie ihr eigenes produktives Leben führen lassen − für Frauen, die ihre Angst, geliebte Menschen zu verlieren, noch nicht überwunden haben, eine schmerzliche Realität.

Um diese Liebesbeziehung aufrechtzuerhalten, verhalten sich viele vaterlose Frauen gegenüber ihren Kindern überfürsorglich. Doch dieses Bemühen, sie vor Schaden zu bewahren, bewirkt eine schädliche Abhängigkeit, gegen die sich Kinder auf ganz natürliche Weise auflehnen. Wenn die Mutter auf diese Auflehnung mit Unterwerfung reagiert, so erzeugt das auf beiden Seiten Aggressionen, und weder sie noch die Kinder werden in ihrer Weiterentwicklung gefördert.

Wenn unsere Kindheitserfahrungen mit Bindung und

Trennung, wie viele Tiefenpsychologen glauben, das Fundament unserer Persönlichkeitsentwicklung bilden, dann ist es leicht begreiflich, warum es der vaterlosen Tochter so wichtig ist, alles unter Kontrolle zu haben: Ihre Kindheit wurde durch einen Verlust geprägt, über den sie keine Kontrolle hatte. Schon bevor sie Mutter wurde, hat sie sich immer wieder bemüht, diese Kontrolle wiederzuerlangen:

■ Gleich nach dem Verlust ihres Vaters hat sie ihre Gefühle unter Kontrolle gebracht.

■ Als Tochter einer alleinstehenden Mutter war sie bestrebt, ihr kindliches Verhalten unter Kontrolle zu bringen.

■ Als Erwachsene ist sie sehr auf Selbstkontrolle bedacht und wird von anderen als kontrollierend wahrgenommen.

Als Mutter neigt sie nun dazu, Elternschaft mit der Kontrolle über das geliebte Kind gleichzusetzen. Sie nützt begeistert diese Gelegenheit, ihre lebenslange Frustration zu kompensieren, doch sie erntet damit oft nur weitere Enttäuschung, weitere Frustration.

»Verlust ist etwas, das uns, wie die Luft, ständig umgibt«, sagt Dr. Saul L. Brown. »Er wirkt sich auf das ganze Leben der betroffenen Kinder aus und später auf das Leben ihrer Kinder.«

Eine der häufigsten Klagen, denen ich in den Fragebögen und Interviews begegnete, betraf die Zweifel der vaterlosen Töchter an ihrer Feminität. Viele der Frauen glauben, sie wären ›weicher‹, ›erfolgreicher in ihren Beziehungen‹ und würden sich ›mit Männern besser verstehen‹, wenn sie mit einem Vater aufgewachsen wären. Nirgends werden diese Fähigkeiten härter auf die Probe gestellt als in der Ehe und in der Mutterschaft — und letztere wird ja von jeher als Vollendung von Weiblichkeit betrachtet.

Mit der uns eigenen Gewissenhaftigkeit nehmen wir die Herausforderung an, heiraten und bekommen Kinder, und

zwar – wie verschiedene Untersuchungen ergeben haben
– früher und mit größerem emotionalem Einsatz als andere Frauen. Teil eines Paares und später Teil einer ›normalen Familie‹ zu sein, bedeutet uns sehr viel. Doch wie wir
bei unserer Studie festgestellt haben, ist die Wahrscheinlichkeit groß, daß wir, sowohl als Frau wie als Mutter, auf
›bedeutende Probleme‹ stoßen.

Obwohl sie dreimal verheiratet gewesen sei, habe sie nie
eine enge Beziehung zu einem Mann gehabt, stellte
Roberta lakonisch fest. »Sie verwirren mich; sie sind der
Feind. Einem Mann gegenüber kann ich, was mich betrifft, nicht ehrlich sein. Und trotzdem kann ich nicht ohne
Mann leben. Meine letzte Ehe, die zwanzig Jahre gedauert
hat, war schrecklich stürmisch. Er ist gestorben. Die ersten
beiden haben mit Scheidung geendet.« Erst vor kurzem
hatte die siebenundfünfzig Jahre alte Witwe begonnen,
sich mit den Ursachen ihres schlechten Verhältnisses zu
Männern auseinanderzusetzen.

Ihr Vater, ein Farmer, verließ ihre Mutter, als Roberta
sechzehn Tage alt war. »Ich weiß nicht mehr, wann mir
klar wurde, daß ich einfach keinen Vater hatte. Ich wurde
nie ermutigt, deshalb irgendwelche Gefühle zum Ausdruck
zu bringen. Es war ein Thema, über das nicht gesprochen
wurde, außer von meiner Großmutter, die einen tiefen,
nicht nachlassenden Haß gegen ihn hatte, den sie oft und
kräftig äußerte.

Er lebte in derselben kleinen Stadt im Mittelwesten, in
der ich aufwuchs. Ich sah ihn oft auf der Straße, doch er
beachtete mich nie und sprach nie mit mir. Es war
bekannt, daß er mit einer anderen Frau zusammenlebte,
was in dieser Zeit etwas absolut Verpöntes war, aber für
mich waren er und alles, was mit ihm zusammenhing,
nichts als ein vager Schatten, der zu meiner Vergangenheit
gehörte.

Als meine ältere Schwester Scharlach hatte und schrecklich krank war, hat er sich nicht mal nach ihr erkundigt.

Das hat sich mir tief eingeprägt, obwohl ich damals erst fünf Jahre alt war.«

Als Roberta acht Jahre alt war, ging ihre Mutter eine neue Ehe ein. Die Beziehung zu ihrem Stiefvater bezeichnete sie als ›freundlich‹. Er war nett, kümmerte sich aber nicht viel um sie. Die Mutter hingegen war so überfürsorglich, daß sie ihre Kinder fast erstickte.

»Sie hatte in den zwanziger und dreißiger Jahren Schreckliches erlebt, und ich glaube, die vielen Enttäuschungen, der Verlust ihres Mannes und die finanziellen Probleme während der Wirtschaftskrise, haben sie schrecklich ängstlich und unsicher gemacht. Aus Angst, daß uns etwas passieren könnte, hat sie uns nichts erlaubt. Wir durften weder radfahren noch schlittschuhlaufen noch schwimmen. Sie war besessen von dem Gedanken, daß wir uns verletzen könnten. Ich weiß, daß sie uns nur beschützen wollte, aber sie hat unser Leben furchtbar eingeschränkt.«

Die Überfürsorglichkeit der Mutter und das Desinteresse des Vaters führten bei Roberta zu einer tiefen Angst vor emotionalen Bindungen. Obwohl sie weiß, daß Männer wichtig für ihr Frausein sind, kann sie ihnen nicht vertrauen, und sogar ihren Kindern gegenüber hat sie emotionale Schwierigkeiten: Was Liebe ist, scheint sie nicht zu wissen.

»Ich liebe meine Kinder, aber ich bemühe mich, von ihnen Abstand zu halten. Sie sind jetzt erwachsen, und ich möchte, daß wir gute Freunde sind, doch ich finde, wir sollten nicht emotional voneinander abhängig sein. Immer, wenn einem von ihnen etwas Schlimmes passiert, tut mir das so weh, daß ich es fast nicht ertragen kann. Ich bemühe mich, stark und distanziert zu erscheinen, aber in Wirklichkeit möchte ich weglaufen.

Mein Therapeut, bei dem ich jetzt seit zwei Monaten bin, sagt, ich bin ganz in Ordnung so wie ich bin, aber ich weiß, daß ich zutiefst gestört bin. Ich lasse mich von Männern ausnützen — zum Beispiel von dem, mit dem ich jetzt zusammen bin — aber in Wirklichkeit mag ich Männer gar nicht besonders. Alle halten mich für stark und selbstsicher, und dabei wäre ich schrecklich froh, wenn ich so sein könnte wie alle andern.

In meiner Kindheit und Jugend habe ich mich furchtbar wegen meiner Familienverhältnisse geschämt, und ich würde wirklich gern wissen, wie stark die Ablehnung durch meinen Vater mein Leben beeinflußt hat.«

Mit ihren siebenundfünfzig Jahren bemühte sich Roberta, eine ihrer äußeren Beherrschung entsprechende innere Stärke zu entwickeln und ihre Persönlichkeit zu festigen, und der so gar nicht zu ihr passende Hilfeschrei, den sie ausstieß, zeugte von ihrem Bestreben, das verletzte kleine Kind in ihrem Innern anzuerkennen.

Susan, ebenfalls das Produkt einer zerrütteten Kindheit, war ein völlig anderer Mensch. Sogar während sie von dem Leben voller Täuschungen und Enttäuschungen erzählte, das hinter ihr lag, bewahrte sie ihre selbstsichere Haltung.

Susan war Anfang vierzig. Verwaltungsangestellte, zweimal verheiratet, zweimal geschieden. Beide Ehen hatten vier Jahre gedauert, und zwischen den beiden hatte es, wie sie es ausdrückte, ›eine Lücke von zwölf Jahren‹ gegeben.

»Ich hatte gedacht, die zweite Ehe sei im Himmel geschlossen worden und würde halten, bis wir beide an Altersschwäche sterben, möglichst am gleichen Tag.« Ihr Mann, der neun Jahre jünger als sie war, sagte ihr jedoch eines Tages, ›er habe eigentlich nie heiraten und immer viel lieber allein leben wollen‹. Dies war sein dritter Versuch, eine Ehe zu führen.

Sie schrieb einen Teil seiner Unzufriedenheit dem Umstand zu, daß sie ihre Tochter mit in die Ehe brachte, die damals fünfzehn war. »Ich bin eine sehr lockere, gelassene Mutter. Obwohl meine Tochter behauptet, daß ich überfürsorglich gewesen bin, als sie ein Kind war.«

Susan bemühte sich, in fröhlichem, unbeschwertem Ton von ihrer Ehe und Mutterschaft zu erzählen. Doch die

Umstände und die Äußerungen anderer, die sie ehrlicher-
weise erwähnte, ließen darauf schließen, daß sie sich ihrer
Probleme bewußt war. Bei ihren Kindheitserfahrungen
war es kein Wunder, daß sie dazu neigte, sich an Menschen, die sie liebte – zum Beispiel die Tochter oder den
Ehemann – anzuklammern.

Sie war um 1940 herum in Hollywood zur Welt gekommen. Ihr Vater, ein erfolgreicher Kameramann bei einer
großen Filmgesellschaft, war gestorben, als sie noch ein
kleines Kind war. »Ich war zu jung, um mich an irgendwelche Einzelheiten erinnern zu können. Doch als ich alt
genug war, sagte mir meine Mutter, er sei während des
Krieges gestorben.

Schließlich, als ich sechs oder sieben war, erzählte mir
eine kleine Freundin, daß meine Eltern geschieden waren
und daß mein Vater lebte. Als ich meine Mutter fragte,
warum sie mir gesagt hatte, mein Vater sei tot, antwortete
sie, für sie sei er tot. Damit war das Gespräch beendet.

In der Grundschule war ich eifersüchtig auf die andern
Kinder, die Väter hatten. Und als ich erfuhr, daß er lebte,
linderte das nicht meine Eifersucht, denn meine Mutter
sagte mir, daß er Kinder nie gemocht hatte.«

Susan dehnte ihre Eifersucht auf den Mann aus, den
ihre Mutter heiraten wollte, als sie sieben Jahre alt war.
(Später erfuhr sie, daß er der Scheidungsanwalt ihrer Mutter gewesen war.) »Ich hatte schreckliche Angst, daß sie
mich in ein Internat stecken würde, denn er hatte eine
Tochter, die in einem Internat war. Meine Mutter versicherte mir immer wieder, daß sie das nicht zulassen
würde«, doch man kann gut verstehen, daß Susan am
Wort ihrer Mutter zweifelte.

Das Ganze löste sich jedoch von selbst, denn der Verlob-
te ihrer Mutter starb kurz vor der Hochzeit an einem Herzinfarkt.

Im Alter von sieben Jahren war Susan dahintergekom-
men, daß ihr Vater lebte und daß er nicht infolge eines
grausamen Geschicks aus ihrem Leben verschwunden war,

sondern weil ihm nichts an ihr lag. Es ist ganz natürlich, daß Susan annahm, ihrem neuen Vater würde ebenso wenig an ihr liegen. Und wie als Antwort auf ihre Befürchtungen verschwand auch dieser Mann aus ihrem Leben.

Es ist nicht erstaunlich, daß sie sich zu einer Frau entwickelte, die von allen ihren Emotionen abgeschnitten war. Was ihren biologischen Vater anbetraf, waren ihre Gefühle über den Haufen geworfen worden; und die geheimen Gefühle gegenüber ihrem zukünftigen Vater müssen ihr, wenn man sein Ende bedenkt, unheimlich machtvoll erschienen sein.

Bei ihren Bemühungen, ihr Leben in Ordnung zu bringen, unterliefen Susan einige ernste Irrtümer. Wie viele vaterlose Frauen, die versuchen, die Vergangenheit ungeschehen zu machen oder zu korrigieren, verwechselte sie Sicherheit mit Liebe und setzte darauf, daß eine Ehe ihr Sicherheit bieten würde. Zweimal wählte sie den falschen Mann, beide Männer strebten bald die Auflösung der Ehe an, und in beiden Fällen sträubte sie sich dagegen. Sie sei diejenige, die mit einer Beziehung Schluß mache, verkündete sie; sie führe das Kommando und bestimme, was zu geschehen habe. »Es paßt mir gar nicht, daß mein Mann mich verlassen hat«, sagte sie und fügte trotzig wie ein ängstliches kleines Mädchen hinzu: »Aber ich kann sehr gut allein zurechtkommen.«

Obwohl Susan und Roberta nun schon über vierzig bzw. fünfzig Jahre alt sind, wirkt die Scheidung ihrer Eltern noch immer bestimmend auf ihr Leben. Es scheint durchaus möglich, daß ihre lebenslange ambivalente Einstellung gegenüber Ehe und Kindern auf die, wenngleich geringe, Möglichkeit einer Versöhnung mit ihren Vätern zurückzuführen ist. Bereits durch die Wahl ihrer Männer bewirkten sie, daß ihr Ehen später scheiterten, daß sie selbst geschieden wurden und für den Vater wieder verfügbar waren.

Die fünfunddreißig Jahre alte Tess hatte schon früher die psychologischen Zusammenhänge erkannt. Ihr Vater war gestorben, und wie im 6. Kapitel bereits dargelegt wurde, fördert die Endgültigkeit des Todes im allgemeinen die Ablösung in einem früheren Alter.

»Die Therapie hat mir geholfen, die Entscheidungen, die ich als Erwachsene getroffen habe, zu verstehen«, sagte sie. »Jetzt muß ich die Folgen tragen oder den Mut aufbringen, etwas zu ändern.« Tess, die zum zweiten Mal verheiratet war, fürchtete, ihren Mann nicht zu lieben.

»Ich bemühe mich sehr, eine enge emotionale Beziehung zu ihm herzustellen, aber ich fürchte, die Wahrheit ist, daß ich ihn nicht aus Liebe geheiratet habe, sondern weil ich Sicherheit und Geborgenheit wollte. Es war immer mein größter Wunsch, eine ›ideale‹ Beziehung mit einem Mann zu haben, aber zugleich hatte ich Angst vor Liebe. Vielleicht habe ich deshalb Männer geheiratet, die nett zu mir waren und für mich sorgten, denen ich aber keine starken Gefühle entgegenbrachte.«

Tess' unrealistische Vorstellungen von Liebe und Ehe waren durch eine idealisierte Beziehung geprägt, an die sie sich kaum erinnern konnte. Ihr ganzes Leben lang hatten ihr Verwandte immer wieder erzählt, daß sie eine unglaublich gute Beziehung zu ihrem Vater gehabt habe: zu einem Mann, der gestorben war, als sie noch keine drei Jahre alt war; einem Mann, der, wie man ihr gesagt hatte, ›heimgegangen war und nun bei Gott lebte‹; einem Mann, der nach allem, was sie sich über ihn zusammenphantasierte, ein Gott gewesen war.

Wenn Tess etwas über ihren Vater erzählte, begann sie meist mit den Worten »Ich kann mich nicht erinnern, aber soviel man mir gesagt hat...« Offenbar war ihr dieser Mythos von einer idealen Beziehung etwas sehr Wichtiges, und vielleicht hatte er sie während ihrer Kindheit aufrechterhalten. Denn ihre Mutter war, wie sie berichtete, ein verschlossener, kühler Mensch, der ihr kaum Zuneigung und Wärme entgegenbrachte.

»Soviel man mir gesagt hat, war ich ein richtiges Papakind. Wann immer nur möglich, hat er sich um mich gekümmert. Er war der einzige Mensch, von dem ich Liebe bekam. Meine Mutter hat nie geleugnet, daß sie kein liebevoller Mensch ist, und man hat mir erzählt, daß sie mich oft mit meinem Vater zur Arbeit geschickt hat, wenn sie die Geduld mit mir verlor. Deshalb war er für mich Vater und Mutter. Unter diesen Umständen muß sein Tod doppelt furchtbar für mich gewesen sein. Bestimmt habe ich mich gefragt, warum mein Vater, der einzige Mensch, der mich liebte, fortging, um bei Gott zu leben. Warum hatte er mich verlassen?«

In ihren Beziehungen zu Männern hat Tess versucht, diese Liebe, von der man ihr so oft erzählt hatte, zu verwirklichen. Natürlich kann sich kein Mann mit einem Gott messen. Doch Tess vermutete, daß sie sich mit ihren beiden Gatten Männer auswählte, die nicht im entferntesten an ihn heranreichten, daß sie vor tiefen Liebesbeziehungen zurückschreckte, um sich vor Ablehnung zu schützen. Und außerdem blieb sie so ihrem vollkommenen Vater treu.

»Erst in den letzten zwei Jahren habe ich allmählich erkannt, welchen ungeheuren Einfluß der Verlust meines Vaters auf mich hatte, und welches Gefühl, abgelehnt zu werden, er in mir erweckte. Ständig war ich enttäuscht, weil ich mich nach vollkommener Liebe sehnte und sie nicht bekommen konnte. Sogar zwischen mir und meinen Kindern schuf ich eine Distanz, und ich glaube fast, der Grund war, daß ich Angst vor Nähe hatte. Mit Hilfe der Therapie mache ich bei ihnen riesige Fortschritte – ich lerne, sensibler auf ihre Bedürfnisse einzugehen, offen meine Gefühle für sie zuzulassen. Ich glaube, bald werde ich meine Angst, Risiken einzugehen, überwunden haben.

Die Beziehung zu meinem Mann hat sich gebessert, aber ich habe keine Ahnung, was passieren wird. Auf keinen Fall möchte ich ihm oder den Kindern wehtun. Vielleicht muß ich also die Verantwortung für Entscheidungen auf mich nehmen, die ich getroffen habe, bevor ich meine Beweggründe verstand. Im Moment zumindest habe ich mit äußeren Problemen zu kämpfen, aber die sind mir lieber als das ›hungrige‹ kleine Mädchen in mir, das ständig darauf aus war, von anderen anerkannt zu werden.«

Bevor Tess erkannte, welche Auswirkungen der Tod ihres Vaters auf sie hatte, hatte sie geglaubt, die Liebe weiche ihr aus, während in Wirklichkeit sie der Liebe auswich. Aus Angst vor einer Wiederholung hatte sie sich auf keine enge, tiefe Beziehung eingelassen: Wenn man es wagt, mit einem Menschen zusammenzuleben, den man liebt (wie ihren Vater), dann würde einen dieser Mensch unweigerlich verlassen. Nur eine kühle, distanzierte Beziehung (wie die zu ihrer Mutter) war von Bestand. Seit sie sich über ihre falsche Einstellung im klaren ist, bemüht sie sich, sie zu korrigieren, und der erste Schritt dazu muß eine Verbesserung ihres Selbstwertgefühls sein.

Wenn es ihr gelungen ist, ihr Selbstwertgefühl aufzubauen, muß sie jedoch noch ihren Vater von dem Podest, auf den sie ihn gestellt hat, herunterholen. Wie alle unsere Väter war er nur ein Mensch; nur wenn wir das erkennen, können wir Menschen, die wir lieben, ihre Sterblichkeit zugestehen.

Von den durch uns befragten verheirateten vaterlosen Frauen war ein Drittel mehr als einmal verheiratet (gegenüber 14% der aus intakten Familien stammenden Frauen). Ob unser Vater lieblos war oder übermenschlicher Liebe fähig – er hat eine Leere hinterlassen, und wir glauben, diese Leere füllen zu müssen. Da wir weder aus eigener Erfahrung noch durch Beobachtung eine erfolgreiche Mann-Frau-Beziehung kennen, schlagen wir uns mit unseren Mißverständnissen herum, bis wir – zumindest die meisten von uns – damit klar kommen.

Mit ziemlicher Sicherheit sind die ersten Ehejahre für die vaterlose Tochter schwierig – und auch für ihren Mann.

»Ich träume immer wieder, daß ich ihr Vater bin«, sagte mir einer von diesen Männern. »Es passiert jedes Mal eine andere Katastrophe, und ich versuche, sie immer zu retten.«

12

Statt zu fühlen:
Wunden, die nicht heilen

Viele Therapeuten sind der Meinung, daß psychische Verletzungen während der Krise, die sie verursacht, häufig verdrängt werden, und daß die Narben sich erst Jahre später, wenn ein Zustand relativer Sicherheit erreicht ist, bemerkbar machen. Dieses Phänomen wurde sowohl in Konzentrationslagern wie auch im Krieg beobachtet. Solange eine äußere Gefahr droht, richten wir unsere Konzentration nach außen, so daß wir den uns zugefügten psychischen Schmerz erst später wahrnehmen.

Auf ähnliche Weise neigen wir während der Kindheit dazu, den Schmerz wegen des Vaterverlustes hinter der Maske der Pseudoreife zu verbergen. Wir haben Angst vor der Angst, und um uns die Liebe der Mutter zu erhalten, werden wir tapfere kleine Leute. Erst später, in der trügerischen Unabhängigkeitsphase während der Adoleszenz, zeigen sich die Folgen des Verlustes, vor allem in unserem unbeholfenen Verhalten gegenüber dem anderen Geschlecht. Von den ersten Schwärmereien der Teenagerzeit bis zu den enttäuschenden Liebesaffären des Erwachsenenlebens erfüllen uns hinter unserem Schutzpanzer Unsicherheit und Zweifel, bis sie bei vielen von uns im vermeintlich sicheren Hafen der Ehe ganz zum Vorschein kommen.

Unserer besonders starken Entschlossenheit, der Stärke des menschlichen Geistes (und in vielen Fällen dem guten Willen unserer Ehepartner) ist es zu verdanken, daß die überwältigende Mehrheit der vaterlosen Frauen die Folgen des Vaterverlustes soweit bewältigt, daß sie imstande ist, ein einigermaßen zufriedenes Leben zu führen. Wir arbeiten, wir heiraten, bekommen Kinder, schließen Freundschaften, haben Erfolge und Mißerfolge – wie alle anderen Menschen. Die Ängste, die uns erfüllen, verschwinden nie ganz, doch im allgemeinen behindern sie uns nicht.

In diesem Kapitel werden wir Frauen begegnen, die in ihrem Leben nie Freude und Zufriedenheit gefunden haben. Durch besondere Umstände konnten sie den Vaterverlust nur bewältigen, indem sie den Schmerz so stark unterdrückten, daß sie sich zugleich auch von anderen Emotionen abschnitten. Um zu überleben, opferten sie ihre Gefühle.

Amy, eine dreißig Jahre alte Sozialarbeiterin war ›etwa zwischen drei und fünf‹, als ihre Eltern sich scheiden ließen. Doch erst nach ihrer Heirat ›fühlte sie sich befugt, sich mit ihrem Verlust auseinanderzusetzen‹. Sie war mit ihrem ersten und einzigen Liebhaber verheiratet, einem Mann, den sie seit ihrem vierten Lebensjahr kannte und der beruflich auf dem Gebiet der Psychohygiene tätig war. »Ohne die Liebe und Unterstützung meines Mannes wäre ich nie so weit gekommen, wie ich heute bin.«

Amy war die dritte Tochter ihrer Eltern und hatte als Kind das Gefühl, daß ihr Vater enttäuscht war, weil sie kein Junge war. Sie versuchte das wettzumachen, indem sie mit ihm fischen ging und sich für Sport interessierte, doch das alles half nicht gegen die allgemeine Spannung im Haus, an der die unglückliche Ehe ihrer Eltern schuld war.

»Ich erinnere mich, daß sie nachts endlos stritten, während wir in einem anderen Zimmer schliefen. Eines Nachts kamen sie zusammen herein, weckten uns und sagten uns, daß Papa weiter zu Hause wohnen, Mama aber mit uns zu unserer Großmutter ziehen würde. Von dieser Zeit an war in meinem Leben diese ungeheure Leere. Mama war eine sehr distanzierte, kühle Frau. Ich kann mich an keinerlei körperliche Zärtlichkeit von ihr erinnern, abgesehen von einem gelegentlichen flüchtigen Kuß auf die Wange. Ich hatte nie richtig das Gefühl, daß sie meine Mutter ist. Ich glaube, sie wollte eher eine Art Freundin sein. Mein Vater hingegen war sehr liebevoll.

Ich frage mich, was für ein Mensch ich heute wäre, wenn ich Eltern gehabt hätte, die einander und uns Kinder liebten. Ich bin ja meinem Mann so dankbar, daß er mir geholfen hat, mich mit meinen Problemen auseinanderzusetzen. Wir haben eine sehr starke Bindung, die sich erst nach vielen Kämpfen und Mühen entwickelt hat.

Zu Beginn unserer Ehe, vor elf Jahren, hatte ich schreckliche Angst vor Streit, denn ich war mir sicher, mein Mann würde sich scheiden lassen, wenn es zu Streit zwischen uns käme. Also habe ich mich immer zurückgezogen und aus Angst, ihn zu verlieren, meine Wut unterdrückt. Ich glaube, dieses Problem habe ich gelöst, aber ich habe noch eine starke Angst vor Intimität, vor Sex und auch vor ›Schmusen‹.

Sex macht mir keinen richtigen Spaß, und es fällt mir sogar schwer, meinem Mann meine Zuneigung zu zeigen. Nach elf Jahren Ehe wird es jetzt, glaube ich, besser, aber offen gesagt, ich kann Männern anscheinend nicht wirklich vertrauen, und ich fühle mich ihrer nicht würdig. Aber wenigstens bin ich nicht mehr von der Angst besessen, daß meine Ehe so enden wird wie die Ehe meiner Mutter. Wenigstens kann ich jetzt wütend sein.«

Amy ist berufstätig und verheiratet und hat ein Kind — allem Anschein nach eine erfolgreiche junge Frau. In elf Jahren Ehe hat sie gelernt, daß Wut Liebe nicht zerstören muß, doch vor körperlichen Liebesbeweisen hat sie immer noch Angst: Von ihrer Mutter hat sie sie nie bekommen, und ihr Vater, der ein liebevoller Mensch war, war von ihr enttäuscht. Während sie sich bemühte, seine Liebe zu gewinnen, hat sie ihn verloren.

Amy ist bestrebt, ihre Entfremdung mit Hilfe einer Beziehung zu überwinden, doch es gibt viele Frauen, deren Entfremdung so stark ist, daß sie einer Beziehung gar nicht fähig sind. Im Gegensatz zu Amy fühlten sie sich nie von ihren Vätern geliebt, und sie alle erfüllt deshalb ein Gefühl der Leere. In manchen Fällen starb der Vater oder verließ die Mutter, bevor die Tochter ihn kennenlernen konnte; andere kannten ihn, doch er kümmerte sich nicht um sie — und dann verschwand er.

Fayes Vater starb, als sie sechs Monate alt war. Er hatte ein wichtiges öffentliches Amt bekleidet und war ein außergewöhnlicher, wunderbarer Mensch gewesen, den alle verehrten. Seine Tochter, eine sechsunddreißig Jahre alte klinische Psychologin, verglich heute noch jeden Mann, den sie kennenlernte, mit ihrem Vater. Ihr war klar, daß es ihr, solange sie das tat, unmöglich war, eine befriedigende Beziehung mit einem Mann zu haben.

»Daß ich ohne Vater aufgewachsen bin, beeinflußt immer noch meine Beziehungen zu Männern«, sagte sie. »Ich mag den Menschen nicht, zu dem ich werde, wenn ich mich ernsthaft in einen Mann verliebe, und deshalb vermeide ich das und bleibe lieber mit ihm befreundet.

Ich merke, daß ich unsicher, ängstlich und verletzlich werde und mich fordernd und kindlich verhalte, wenn ich verliebt bin. Deshalb gehe ich Liebesbeziehungen lieber aus dem Weg. Bis vor kurzem bin ich mit meinem Leben zufrieden gewesen, weil ich viele gute und wertvolle Freundschaften mit Männern habe. Aber irgend etwas fehlt mir.

Ich sehne mich nach einer intimen Beziehung mit einem Mann, und mir ist klar geworden, daß dazu kein Idealmann erforderlich ist, und den gibt es auch gar nicht. Ich muß daran arbeiten und darf nicht immer sofort weglaufen, wenn ein Mann, den ich anziehend finde, Interesse für mich zeigt.«

Auch Betty hatte Angst vor intimen Beziehungen. Ihr Vater starb, als sie elf Monate alt war. »Er und meine Mutter und meine Schwester waren sehr glücklich miteinander, bevor ich zur Welt kam, doch nach meiner Geburt änderte sich alles.«

Bald nach Bettys Geburt bekam ihr Vater Kinderlähmung und starb. »Ich kann mich absolut nicht erinnern, wie ich erfuhr, daß er gestorben war. Ich weiß nur, daß ich immer verzweifelt versucht habe, damit fertig zu werden, daß ich keine Erinnerung an ihn habe. So weit ich zurückdenken kann, wollte ich ihn finden, entweder durch Erinnerungen oder indem ich starb und in den Himmel kam, wo er sein würde. Schließlich habe ich aufgehört, mich diesen Phantasien hinzugeben, aber ich habe mich immer noch nicht richtig damit abgefunden, daß er tot ist. Vielleicht gelingt es mir jetzt in einer Therapie damit fertigzuwerden.«

In ihrem Fragebogen bezeichnete Betty sich als ›einsam‹, ›schüchtern‹, ›benachteiligt‹ und ›mißtrauisch‹. Sie gab an, daß sie berufstätig war, machte aber keine Angaben über die Art ihrer Tätigkeit. Sie trank häufig Alkohol und betrachtete sich als ›selbständig‹, war jedoch der Meinung, sie wäre ›emotional stabiler‹, wenn sie einen Vater gehabt hätte.

Wie viele Frauen, deren Väter starben, als sie noch ein Baby waren, hegte Betty den Verdacht, daß ihre Geburt die Katastrophe auslöste. Deshalb wagte sie es nicht, sich in einen anderen Mann zu verlieben, sondern blieb ihrem Vater treu, bemühte sich mit unglaublicher Hartnäckigkeit, ihn in anderen Männern zu finden und wurde immer wieder enttäuscht.

Wenn die Schuldgefühle sehr stark sind, hat das Mädchen, das seinen Vater nie kannte, ständig das Bedürfnis, sich zu bestrafen, und deshalb beschwört es völlig unbewußt durch seine Einstellung und seine Handlungen dauernd Enttäuschungen herauf. Bei Betty war dies eindeutig der Fall, zumal sie allen Anlaß zu der Annahme hatte, am Tod ihres Vaters schuld gewesen zu sein.

»Als ich etwa neun Jahre alt war, sagte mir meine Großmutter, ich hätte meinen Vater möglicherweise mit Kinderlähmung angesteckt. Ich kam zu der Zeit, als er starb, mit einer unbekannten Krankheit ins Krankenhaus. Ich liebte meine Großmutter sehr, und deshalb erfüllte ich ihre Bitte, meiner Mutter nicht zu sagen, daß sie mir das anvertraut hatte.

Ich fühle mich nicht bewußt für den Tod meines Vaters verantwortlich – dafür, daß ich ihn mit einer tödlichen Krankheit angesteckt habe –, aber ich habe das Gefühl, daß ich meiner Schwester das Familienleben genommen habe, das sie mit meinen Eltern hatte, bevor ich zur Welt kam.«

Die Tochter wurde geboren und die Familie zerstört. Das ist häufig die Schlußfolgerung, die ein Mädchen zieht, dessen Vater bald nach seiner Geburt starb. Natürlich muß dies nicht zu ernsten psychischen Störungen führen, doch wenn der Vater ein ›Heiliger‹ war oder bis zu dem Zeitpunkt, da sie ihn ›ansteckte‹, völlig gesund gewesen ist, dann wird später in Situationen, in denen Liebe eine Rolle spielt, ihr Selbstbild Schaden erleiden, und sie wird sie deshalb meiden.

Aus Angst, die Trennung vom Vater endgültig zu besiegeln, fürchten vaterlose Frauen häufiger als andere Frauen menschliche Nähe. Ob sie nun für frühere Sünden büßen oder auf Wunder hoffen – sie haben eine starke Abneigung dagegen, Bindungen einzugehen. Den meisten von uns gelingt es, diese Ängste soweit zu überwinden, daß wir imstande sind, eine äußere Bindung einzugehen; viele von uns sind dann, nach vielen Kämpfen, auch fähig, sich emotional zu binden. Der Tod des Vaters während der frühen Kindheit stellt, wie wir gesehen haben, in dieser Hinsicht ein ernstes Hindernis dar; ähnliche Auswirkungen hat es, wenn ein Vater, der uns nicht geliebt hat, sich von der Familie trennt.

Evelyn, die Verwaltungsangestellte an einer großen Universität war, erklärte mir offen heraus, sie sei asexuell. Sie war von ihrem Mann, der vor ihrer Heirat keine sexuellen Beziehungen zu anderen Frauen gehabt hatte, geschieden und hatte schreckliche Angst, von Menschen, die sie liebte, verlassen zu werden. Um diese Möglichkeit auszuschließen, pflegte sie die wenigen Beziehungen, die sie überhaupt einging, von sich aus zu beenden. Ihre Haltung und ihr ganzer Lebensstil drückten Mißtrauen aus; ihr Vater habe sie nie geliebt, sagte sie, und ihre tyrannische Mutter habe wenig getan, um ihr Selbstwertgefühl zu steigern.

»Mein Vater wollte nie Kinder«, begann sie. »Doch meine Mutter wünschte sich welche. Es gelang ihr, dreimal schwanger zu werden, und jedes Mal war mein Vater schrecklich wütend. Beim dritten Mal bestand er auf einer Abtreibung. Doch meine Mutter zögerte sie hinaus, bis es zu spät war, und ich kam zur Welt. Daß sie drei Mädchen bekam, machte ihn noch wütender.

Ich war fast vier Jahre alt, als mein Vater von Übersee heimkam. Bald darauf ging er in eine andere Stadt, um sein Medizinstudium zu beenden. Infolge seines Berufs und seiner Interessen war er nie viel zu Hause, und so änderte sich nicht viel, als er auszog, als ich dreizehn war.

Er war kein grausamer Mensch. Er hat uns nie mißhandelt – und uns überhaupt nur selten angefaßt. Er hat uns ernährt, gekleidet und für unsere Ausbildung gesorgt und die Erziehung meiner Mutter und den Hausangestellten überlassen.

Doch alles im Haus drehte sich um ihn. Wir mußten uns beim Spielen ruhig verhalten, wenn er daheim war. Man brachte uns bei, nur zu sprechen, wenn wir etwas Intelligentes und Kluges zu sagen hatten. Und nie zu widersprechen. Deshalb war es für mich eine Erleichterung, als er auszog. Es ging nicht mehr so streng in unserem Haus zu. Andererseits, als ich älter wurde, sah ich oft Kinder mit ihren Eltern – zum Beispiel im Park –, und wenn ich sah, wie die Väter mit ihren Kindern spielten und sich über sie freuten, dann war ich traurig.

Einen Sommer gab es, in dem ich ihn oft gesehen habe – ich war damals vierzehn. Er hatte ein Boot, das er für eine Kreuzfahrt fertigmachte, und an den Wochenenden nahm er mich immer mit auf das Boot, damit ich ihm bei der Arbeit half. Ich hätte ihn schrecklich gern bei der

Kreuzfahrt begleitet. Er sagte, er würde mich gern mitnehmen, aber meine Mutter würde das nicht erlauben. Schließlich gab meine Mutter, nachdem ich lange darum gebettelt hatte, ihre Erlaubnis. Mein Vater war völlig verblüfft. Er bestritt, jemals gesagt zu haben, daß er mich gern mitnehmen würde. Das sei völlig unmöglich, sagte er, ich hätte meine Mutter angelogen.

Also, vielleicht war es eine göttliche Eingebung oder mir gingen die Augen auf oder was auch immer. Jedenfalls wurde mir in diesem Moment klar, daß mein Vater mich nicht liebte, daß ihm gar nichts an mir lag und daß ich mich in keiner Weise auf ihn verlassen konnte. Seit diesem Sommer habe ich ihn nur noch selten gesehen. Als ich verheiratet war, hatte ich das Gefühl, ihn nicht mehr zu brauchen.

Als er sich von meiner Mutter getrennt hatte, habe ich mir eingeredet, daß ich ihn dazu gebracht hätte, mich zu lieben, wenn er nur noch kurze Zeit geblieben wäre. Daß er seine lebenslange Gleichgültigkeit mir gegenüber aufgegeben hätte, wenn ich bloß so oder so gewesen wäre oder dies oder das getan hätte. Ich fragte mich ständig, was ich ihm gegenüber falsch gemacht hatte. Auch als ich schon verheiratet war und die erste Zeit der Euphorie, in der ich mir eingeredet hatte, daß ich meinen Vater nicht brauche, vorüber war, hatte ich noch Sehnsucht nach ihm und hoffte auf seinen plötzlichen Sinneswandel. Ständig hoffte ich, daß er mich anrufen würde, mir sagen würde, daß er mich sehen möchte, mit mir zusammen sein möchte. Aber er rief nie an. Und jetzt, endlich, hoffe ich, daß er es nie tun wird.

Als meine Ehe auseinanderging, machte ich das Ganze nochmal mit meinem Mann durch. Ständig hoffte ich, daß er mich wieder zu sich holen würde. Ich wartete drei Jahre, bis ich die Scheidung einleitete. Aber heute liegt mir nichts mehr dran – das habe ich teils der Therapie zu verdanken, teils meinem eigenen Verstand.

Ich vergrabe mich ganz in meine Arbeit und bin heute

wesentlich glücklicher – außer wenn ich einen Vater sehe, der sein Kind liebt.«

Valerie war vierzig, als sie den Fragebogen ausfüllte; mit neununddreißigeinhalb hatte sie sich zum ersten Mal verliebt – ›in den Falschen‹, wie sie sagte. Sie lehnte es ab, die meisten unserer Fragen, die sich auf Beziehungen bezogen, zu beantworten – mit der Bemerkung, sie habe keine. Vor dieser kürzlichen Begegnung mit dem ›Falschen‹ hatte sie zehn Jahre lang keine Beziehung zu einem Mann gehabt. Davor war sie verheiratet gewesen, »aber ich bezeichne mich als ›ledig‹ – . Ich habe nie in meinem Leben viel mit Männern zu tun gehabt – ich fühle mich nicht gut dabei.«

Zwei Monate bevor Valerie während des Zweiten Weltkriegs geboren wurde, ging ihr Vater als Soldat nach Europa. Drei Jahre später kam er zurück, lebte sechs Monate lang mit der Familie zusammen und ging dann für immer.

»Ich kann mich nicht daran erinnern, aber angeblich bekam ich schwere Depressionen. Meine Mutter war kein sehr gefühlsbetonter Mensch, und so tat ich offenbar alles, um meine Gefühle zu unterdrücken. Als Teenager bekam ich Magersucht, die mich gesundheitlich ruinierte. Ich habe mich von den Schädigungen, die ich mir zufügte, bis heute nicht ganz erholt.

Mit zweiundzwanzig hatte ich meine erste sexuelle Beziehung, und viele verdrängte Gefühle kamen an die Oberfläche. Ich hatte schreckliche Angst davor, abgelehnt zu werden, und wenn ein Mann mich verließ, bekam ich furchtbare Depressionen und hatte Selbstmordgedanken. Ich ging in Therapie, aber es war Zeitvergeudung. Ich bin nur noch deshalb am Leben, weil ich mich selbst therapiert habe – ohne jede fremde Hilfe.« (Die letzten beiden Worte hatte sie dick unterstrichen.)

Allein der Gedanke, sich von jemandem helfen zu lassen, war Valerie unerträglich. Es erfüllte sie mit Angst, Mißtrauen, Unbehagen. Für ihre seltenen Beziehungen suchte sie sich Männer aus, die ›labil‹, ›unerreichbar‹, ›indifferent‹ waren, denn das war es, was sie gewohnt war. Sie hatte das Gefühl, weder bei Männern noch bei Frauen emotionalen Rückhalt zu finden, doch zur Zeit machte es ihr nichts aus, in ihrer gewohnten Isolation zu leben.

»Meine Mutter hat mich bei der Geburt abgelehnt, und mein Vater war nie da. Ich hatte nur biologische Eltern: keine richtige Mutter, keinen richtigen Vater. Ich konnte nie die Wärme einer Liebe genießen, die ein Mann und eine Frau füreinander und für ihr Kind empfinden. Ganz bestimmt würde ich mich mehr mögen und hätte nicht solchen Kummer, wenn ich einen Vater gehabt hätte.«

Kummer, eine unvermeidliche Folge des Vaterverlustes, kann nur gemildert werden, wenn er zugelassen wird. Im allgemeinen nimmt man an, daß ein Mädchen, das seinen Vater nie kannte, den Verlust vergessen hat, und um ihre Umgebung zufriedenzustellen, macht sie bei der Täuschung mit. In späteren Jahren läßt sie den Kummer mit ziemlicher Sicherheit zu, doch ihre Fähigkeit, ihn zu integrieren, hängt weitgehend davon ab, was man ihr über ihren Vater erzählt hat. Die Lücke, die durch den Vaterverlust entstanden ist, muß mit großer Sorgfalt und Sensibilität ausgefüllt werden, wenn die Tochter darüber hinweggekommen soll.

Die Tendenz der Mutter, ihren toten Mann zu idealisieren, kann dazu führen, daß die Tochter sich keines Mannes für würdig hält. Sie stellt − wie Faye und Betty − an Männer unerfüllbare Anforderungen, um vor den Unzulänglichkeiten und Mängeln, die nach ihrer Meinung ihren Wert als Frau beeinträchtigen, geschützt zu bleiben.

Die Tendenz der Mutter, den Mann, der sie verlassen hat, schlechtzumachen, führt zu ähnlichen Resultaten: das Gefühl der Tochter, von ihrem Vater nicht geliebt worden zu sein, wird dadurch verstärkt. Häufig kann die Mutter, die sich selbst abgelehnt fühlt, ihrer Tochter, dem Produkt ihrer gescheiterten Beziehung, keinen Trost bieten. So war es bei Amy, Evelyne und Valerie, die von lebenden Vätern verlassen worden waren. Da sie als Kinder zu wenig Zuneigung empfingen, fällt es ihnen als Erwachsene schwer, Liebe zu geben oder anzunehmen.

Es kann nicht genug betont werden, wie wichtig das Verhalten der Mutter ist. In ihren Händen liegt es, wohin die Entwicklung der Tochter führt: zu Offenheit oder Entfremdung, zu Selbstvertrauen oder Selbstzweifeln, zu Anpassung oder zu schweren psychischen Störungen.

Carol war vier, als ihre Eltern geschieden wurden. Sechs Monate später lernte ihre Mutter einen anderen Mann kennen und heiratete ihn. »Sie sagte mir, ich solle so tun, als ob mein natürlicher Vater nie existiert habe. Ich war so erpicht auf einen Vater, daß ich das tat. Ich weiß noch, wie ich bei ihrem ersten Treffen mit meinem zukünftigen Stiefvater zu ihm lief und ›Papa, Papa‹ rief. Ich war sehr glücklich, als sie heirateten, aber ich hatte immer Angst, daß er uns verlassen würde. Ich habe ihn vergöttert.

Um die Täuschung bezüglich meines Vaters aufrechtzuerhalten, sagte man mir, ich solle meine jüngere Schwester, was seine wahre Identität betraf, anlügen. Als sie neun war, kam sie dahinter, daß wir sie belogen hatten, und die Wirkung war verheerend.«

Obwohl Carol nun einen Stiefvater hatte, fühlte sie sich weiterhin für den Zusammenhalt der Familie verantwortlich. »Meine Mutter ist Alkoholikerin und drogensüchtig. So weit ich zurückdenken kann, hat sie sich immer mehr als mein Kind denn als meine Mutter gefühlt, und da ich solche Angst hatte, verlassen zu werden, habe ich alles getan, was sie wollte. Sogar mein Stiefvater, mit dem sie immer noch verheiratet ist, hat in mir eine Kameradin gesehen und sich immer bei mir über sie beklagt. Als ich mit neunzehn Jahren von zu Hause wegging, hat er den Kontakt zu mir völlig abgebrochen. Es war, als ob er mich dafür bestrafte, daß ich erwachsen wurde.

Erst als ich erwachsen und aus dem Haus war, entwikkelte ich ein starkes Verlangen, meinen Vater zu sehen. Ich glaube, dieses Gefühl war immer dagewesen, aber ich hatte es aus Angst, meine Mutter zu verlieren, unterdrückt. Die beiden müssen sehr stark aneinander gehangen haben, denn warum hätte sie mir sonst verboten, mit ihm Kontakt zu haben oder auch nur über ihn zu sprechen?

Mit einundzwanzig nahm ich endlich Kontakt mit ihm auf, und er war tatsächlich der charmante, sympathische Mann, den ich mir immer vorgestellt hatte, aber ohne jedes Interesse und Verantwortungsgefühl für seine Familie.

Zwei Jahre später sagte ich meiner Mutter, daß ich mit ihm in Verbindung bin, und sie fuhr fünfzehnhundert Meilen, um mit ihm zu schlafen, mit diesem Mann, den sie einundzwanzig Jahre lang nicht gesehen hatte. Mir wurde klar, warum sie mir verboten hatte, an ihn zu denken und von ihm zu sprechen. Sie liebte ihn! Und wenn sie ihn nicht haben konnte, dann sollte ich ihn auch nicht haben.«

Während ihrer ganzen Kindheit hatte Carol so tun müssen, als ob ihr Vater nicht existierte. Er war ein nichtsnutziger Egoist, und die Vorstellung, daß ihre Tochter auch nur an ihn dachte, hatte ihre Mutter so aufgebracht, daß sie alles tat, um sie von ihm fernzuhalten. Doch allmählich erkannte Carol, daß ihre Mutter deshalb von ihr verlangte, ihren Vater zu vergessen, weil sie diesen ›Luftikus‹ immer noch liebte und weil sie ihr helfen sollte, ihn selbst zu vergessen. Je deutlicher Carol die Bedürfnisse ihrer Mutter erkannte, um so mehr ließ sie ihre eigenen zu.

Tatsächlich sehnte sie sich nach ihrem Vater und bildete sich ein, er würde ihr dazu verhelfen, sich geliebt und anerkannt zu fühlen. Als sie jedoch den Mut aufbrachte, Verbindung mit ihm aufzunehmen, waren sein ›Narzißmus‹ und seine ›Unreife‹ unverkennbar, selbst am Telefon. Nein, er war nichts wert, ihm lag nichts an ihr, ihre Mutter hatte recht. Doch trotzdem machte ihre Mutter eine Reise von fünfzehnhundert Meilen, um ihn zu sehen. Die Lehre, die sie daraus zog, war: Männer, die schlecht für dich sind, haben eine unwiderstehliche Anziehungskraft.

Mit fünfunddreißig Jahren neigte Carol dazu, ständig frustrierende, destruktive Beziehungen einzugehen. Wie ihre Mutter fühlt sie sich zu Männern hingezogen, die nicht gut für sie sind, zu Männern, über die selbst sagt, sie seien ›inadäquat‹, ›unerreichbar‹ oder ›infolge narzißtischer Abwehrmechanismen, die sie haben, an ihr desinteressiert‹ — kurz, zu Männern, die immer ihrem Vater gleichen.

Überdies verstärken diese Beziehungen immer wieder die Selbstzweifel, mit denen die Weigerung ihrer Mutter, sie bedingungslos zu lieben, sie erfüllt hat. Um sich die Zuneigung ihrer Mutter zu erhalten, hatte Carol sogar die Existenz ihres Vaters leugnen müssen. Daß sie sich bedingungsloser Liebe immer noch nicht wert erachtet, beweisen ihre drei ›länger dauernden Beziehungen‹.

»Mein Mann war gut zu mir, aber es stellte sich heraus, daß er schwul war. Nach der Scheidung ließ ich mich mit einem scheinbar starken Mann ein — einem athletischen, intelligenten Macho —, doch er konnte emotional extrem grausam sein. Er war sehr narzißtisch. Die dritte Beziehung, die fünf Jahre gedauert hat, ist vor kurzem auseinandergegangen. Ich sehe ihn noch hin und wieder. Er ist warm, hilfsbereit und in verschiedener Hinsicht sehr gut für mich, aber er ist drogensüchtig, mit allem, was das zur Folge hat.

Ich bin — mit Unterbrechungen — zwölf Jahre lang in Therapie gewesen. Sie hat mir geholfen, den Haß gegen meine Mutter aufzugeben, in ihr eine traurige, verletzte, wütende, schuldbeladene Frau mit einem furchtbar negativen Selbstbild zu sehen, die sich benachteiligt und ungerecht bestraft fühlt. Apropos schlechtes Selbstbild — ich bearbeite immer noch mein Gefühl, daß nur inadäquate Männer mich wollen. Ich glaube, inadäquate Männer sind die einzigen, deren ich mich wert fühle.«

Indem Carol sich mit Männern einläßt, die ihrem Vater gleichen, und dadurch immer wieder Enttäuschungen erlebt, verstärkt sie ihre Selbstzweifel; sie tut es nicht zuletzt deshalb, weil sie dadurch, daß sie die Dynamik der Beziehung ihrer Eltern simuliert, die Anerkennung der Eltern gewinnen will. Doch abgesehen von diesen Impulsen, die wir in verschiedener Stärke bei den in diesem Buch vorkommenden Frauen immer wieder angetroffen haben, wird Carols emotionale Anpassung dadurch kompliziert, daß sie ständig bestrebt ist, eine wichtige alte Rechnung zu begleichen: »Wenn sie ihn nicht haben konnte, sollte ich ihn auch nicht haben.«

Die angeblich überwundene Feindseligkeit gegenüber ihrer Mutter bestimmt weiterhin die Wahl ihrer Beziehungspartner. Einunddreißig Jahre nachdem ihr untersagt worden war, Kontakt mit dem Mann zu haben, den ihre Mutter geliebt und verloren hatte, nimmt Carol jetzt Rache: Mutter kann ihn nicht haben – den unzuverlässigen, narzißtischen Mann – aber ich kann ihn haben. Schau, wie anziehend ich auf selbstsüchtige, unerreichbare, für mich schlechte Männer wirke!

Carol ist Krankenschwester in einer psychiatrischen Klinik – was ihr weitere Gelegenheiten verschafft, mit ›inadäquaten‹ Leuten zu interagieren. Wie alle Frauen, mit denen wir uns in diesem Kapitel beschäftigt haben, ist sie ein produktives Mitglied der Gesellschaft – sie ist weder funktionsunfähig noch entfremdet. Doch sie und die anderen hier dargestellten Frauen leiden an emotionalen Verwundungen, die sich der Heilung widersetzen. Infolge übersteigerter Vorstellungen vom Vater und von den Männern sowie unbewußter Schuldgefühle – genährt durch schlecht beratene Mütter – haben diese Frauen psychische Schädigungen erlitten, die bis heute nicht vernarbt sind. Diese trennen sie von bestimmten Aspekten ihres Selbst und von anderen – eine nicht verheilte Wunde, die bei Berührung schmerzt.

Wie die Lebensgeschichte dieser Frauen zeigt, beeinflussen günstige soziale oder wirtschaftliche Verhältnisse die Heilung weder positiv noch negativ. Ob die vaterlose Tochter in einer Hütte oder in einem Herrschaftshaus aufwächst – wenn sie nicht genügend Zuwendung und Liebe bekommt, ist die Wahrscheinlichkeit groß, daß sie später, wie Anaïs Nin es nennt, als ›Spionin im Haus der Liebe‹ wohnen wird. Solange ihre Bedürftigkeit unentdeckt bleibt, fühlt sie sich sicher. Es kann sein, daß sie arbeitet und Geld verdient und bis zu einem gewissen Grad am Leben teilnimmt. Doch infolge der Umstände, die mit dem Verlust ihres Vaters verbunden sind, sind die Auswirkungen schwerer und weitreichender als bei den meisten von uns.

»In diesem Stadium meines Lebens«, schrieb eine Frau auf ihren Fragebogen, »in dem ich zusehe, wie Enkelkinder geboren werden und zu interessanten jungen Menschen heranwachsen, wird mir manchmal bewußt, daß meine emotionale Unterentwicklung unheilbar ist. Oft wünsche ich mir, ich könnte gefühlsmäßig genauso reagieren wie andere Menschen. Aber so ist es nun mal, und es ist so in Ordnung.«

An unserer Umfrage beteiligte sich eine erstaunlich große Zahl älterer Frauen. Das machte uns klar, daß eine Frau von über siebzig oder achtzig Jahren immer noch die Tochter eines Vaters ist und daß der Verlust und das Fehlen des Vaters und seiner Liebe das ganze Leben lang ein Aspekt ihrer Persönlichkeit bleiben.

Das obige Zitat kann man als eine allgemein gültige Aussage über unser Geschick betrachten: Wir lieben, gehen Beziehungen ein, sind produktiv – doch niemals läßt uns die Frage los, wie es gewesen wäre, auf Vaters Schoß zu sitzen und seine Zärtlichkeit zu spüren; um wievieles reicher unser Gefühlsleben gewesen wäre, wenn uns diese Erfahrung zuteil geworden wäre.

Zweifel an unseren emotionalen Reaktionen sind bei vaterlosen Frauen weitverbreitet. Wir alle haben in gewissem Sinn Ablehnung erfahren; die meisten von uns lernten, daß es gut ist, Gefühle zu unterdrücken, und fast alle unsere Mütter erwarteten schon in frühem Alter ein reifes

Verhalten von uns. Das alles blieb nicht ohne Folgen. Stille Resignation verwandelte sich in erfolglosen Protest, fehlgeschlagene Versuche, Nähe herzustellen, führten zur Entwicklung starker Abneigung gegen Nähe, und die Auswirkungen des Vaterverlustes reichen von kaum merkbaren Erschütterungen des Selbstvertrauens bis zu schweren psychischen Störungen.

Bei welchen Töchtern sind die Folgen des Vaterverlustes am schwersten? Wie wir gesehen haben, bei jenen, die ihre Väter nie gekannt haben, sowie bei jenen, deren Väter sich eklatant lieblos verhielten, bevor sie die Familie verlassen haben. Doch das Alter zur Zeit des Verlustes und das Verhalten des Vaters vor dem Verlust sind für die Entwicklung der Tochter zwar wichtig, doch nicht die entscheidenden Faktoren. Viel mehr bestimmen Art und Qualität des späteren vaterlosen Heimes und vor allem die von der Mutter bewiesenen Fähigkeiten, die Lage zu meistern, das Ausmaß, in dem das Gefühl, abgelehnt zu werden, Verdrängung und Pseudoreife die normale Entwicklung verhindern.

Aus einer psychiatrischen Begutachtung von dreizehn heranwachsenden vaterlosen Mädchen zogen zwei Forscher den Schluß: »Es scheint eine positive Korrelation zwischen der Qualität der mütterlichen Fürsorge und der Anpassungsfähigkeit der Tochter zu geben, die mit dem Verlust des Vaters konfrontiert ist.«

Oft hört man, Kinder hätten einen ›unersättlichen Drang zu saugen‹. Freud betrachtete dies als einen Aspekt der oralen Phase, und Eltern bemühen sich, dieses Bedürfnis der Kinder mit Gummisaugern, Schnullern und dergleichen zu stillen. Doch die Lebensfähigkeit des Kindes hängt ebenso von der Befriedigung weniger offensichtlicher Bedürfnisse ab, und es ist die vordringlichste Aufgabe der Eltern, es mit Zuneigung und Liebe zu versorgen.

Ein Mangel an männlicher Zuwendung wird immer schädliche Folgen haben, doch katastrophal wird er sich nur dann auswirken, wenn das Kind immer wieder auf Ablehnung stößt. Wenn sich niemand um das Kind kümmert, wenn ihm ein Mißgeschick zustößt, so betrachtet es das als Beweis für seine Wertlosigkeit. Diese Überzeugung, nichts wert zu sein – verstärkt durch Mütter, die, wie wir gehört haben, ›distanziert‹ und ›abweisend‹ genannt werden –, kommt zu den Auswirkungen der Vaterlosigkeit hinzu und macht die Frau unfähig, Zuneigung, Liebe, Intimität zu akzeptieren.

Dr. W. Hugh Missildine meint, daß mangelnde elterliche Zuwendung dazu führen kann, »daß das vernachlässigte ›Kind der Vergangenheit‹ als Erwachsener die Sicherheit dieser vertrauten Leere aufrechterhält und das Zustandekommen jeder tiefen, engen Beziehung verhindert ... Nähe bedroht diese Sicherheit ...«

Das Gefühl, abgelehnt zu werden, ist eine unvermeidliche Folge des Vaterverlustes, und eine später vernachlässigte Tochter entwickelt in bezug darauf eine Erwartungshaltung. Die naheliegendste Abwehrmaßnahme ist die Vermeidung von Beziehungen. Eine andere Möglichkeit, sich vor emotionalem Engagement – und der möglicherweise daraus resultierenden Ablehnung zu schützen – besteht darin, zahlreiche bedeutungslose Beziehungen einzugehen.

Einer der wichtigsten Aspekte des Vaterverlustes ist zweifellos Verdrängung. Nur 18 Prozent der von uns befragten Frauen wurden ermutigt, zur Zeit des Verlustes ihre Gefühle zum Ausdruck zu bringen. Und noch 30 Prozent der erwachsenen Frauen gaben an, den Verlust immer noch nicht akzeptiert zu haben. Solange die mit dem Verlust zusammenhängenden Gefühle verdrängt werden, erhält die Frau eine imaginäre Bindung an ihren Vater aufrecht, die eine Bindung an einen anderen Mann ausschließt, denn nur wenn der Verlust anerkannt wird, ist Trauer möglich und eine Ablösung setzt Trauer voraus.

Die Tochter geschiedener Eltern mag wütend auf ihren Vater sein, doch bevor sie nicht ihre Wut – direkt oder indirekt — auf ihn abreagiert hat, richtet sie sie ersatzweise auf eine Reihe enttäuschender Männer. Diese verstärken ihre schlechte Meinung über die Männer und sich selbst und lenken sie zugleich davon ab, sich endlich von ihrem Vater zu lösen.

Die Frau, die den Tod des Vaters noch nicht akzeptiert hat, führt auf diese Weise immer wieder Enttäuschungen herbei. Solange sie die durch seinen Tod hervorgerufenen negativen Gefühle nicht zuläßt, bleibt ihr Vater ein Heiliger, und eine Liebesbeziehung zu einem anderen Mann wäre ein Sakrileg. Keiner der Männer, mit denen sie Beziehungen einzugehen versucht, ist ihren Ansprüchen gewachsen.

Die Verdrängung ist ein Schutzmechanismus gegen die Anerkennung der Ablehnung. Es findet keine Auseinandersetzung mit der Selbstdiskriminierung statt, die einer Anerkennung der Ablehnung folgen würde, sondern der verdrängte Schmerz ermöglicht es uns, andere zu diskriminieren. Die Frau, die oberflächliche Beziehungen eingeht, leugnet ihre Angst vor Nähe und ihre Selbstzweifel und vermeidet zugleich die endgültige Ablösung von ihrem Vater. Die Männer, die sie wählt, bestätigen immer wieder ihre Überzeugung, daß alle Männer minderwertig sind (»Es hat mir nichts ausgemacht, keinen Vater zu haben«) oder daß kein Mann an ihren Vater heranreicht. So ist die verdrängende/promiskuöse Frau trotz all ihrer menschlichen Kontakte ebenso entfremdet wie die zurückweisende/isolierte Frau. Ihr ständiges Verdrängen kann so kräftezehrend sein, daß sie in schwere Depressionen verfällt.

82 Prozent der von uns befragten Frauen wurden davon abgehalten, zur Zeit des Verlustes ihre Gefühle zum Ausdruck zu bringen. Wir müssen daraus schließen, daß Verdrängung häufig Vaterverlust begleitet. Seit Beginn der Adoleszenz haben jedoch die meisten von uns mit unserem Kummer Kontakt aufgenommen und sich schließlich soweit davon befreit, daß sie nicht mehr von ihm beherrscht sind.

Zum Glück gibt es relativ wenige Frauen, denen Verdrängung als die einzige Möglichkeit erscheint, denn die Folgen von Verdrängung können verhängnisvoll sein. Solche Frauen kennen keine Freude, keine Hoffnung, keine Wut und keine Tränen. Den Tod zu leugnen – den Tod des Vaters oder der Beziehung zu ihm – kann dazu führen, daß man das Leben leugnet.

»Ich habe ihn damals gefunden«, schrieb eine Frau. »Er war blau. Ich holte meine Mutter, und bald danach sagte sie mir, daß er tot war. Er war ganz plötzlich gestorben, an einem Herzinfarkt. Meine Mutter sagte: ›Papa ist in den Himmel gegangen, um Gott zu helfen‹. Ich war erst fünf Jahre alt und verstand das Ganze nicht. Ich dachte, wenn mein Vater zu Gott gegangen ist, um ihm zu helfen, dann wird er zurückkommen, wenn er damit fertig ist.

Meine Familie war sehr religiös. Eine Menge Verwandte kamen und mir war klar, daß etwas sehr Ernstes passiert war. Aber immer wenn ich weinte, hat man mir gesagt, nur Babys weinen. Zwischen meinem sechzehnten und zweiundzwanzigsten Lebensjahr hatte ich Platzangst und konnte nicht aus dem Haus gehen. Nur einer langjährigen Therapie habe ich es zu verdanken, daß ich heute bloß noch neurotisch bin.«

In streng religiösen Familien wird Kindern häufig untersagt, ihren Gefühlen freien Lauf zu lassen. Sie müssen sich ›Gottes Willen‹ unterwerfen und seine rätselhaften Fügungen widerspruchslos hinnehmen. Der Vater der oben zitierten Frau war zu Gott gegangen, um ihm zu helfen. Wie konnte sie da so selbstsüchtig sein, sich ihren Gefühlen hinzugeben?

Die Tochter einer Mutter, die von ihrem Mann verlassen wurde, ist in einer ähnlichen Lage. Sie darf nicht eingestehen, daß sie ihn vermißt, nicht einmal sich selbst gegenüber.

Das Verbot, Gefühle zuzulassen, führt zwangsläufig zu Verdrängung. Wenn Kummer verboten ist, muß ihn das Kind, das zutiefst von seiner Mutter abhängig ist, unterdrücken. Und auch dann noch, wenn die Verdrängung nicht mehr sinnvoll ist — wenn das Kind erwachsen geworden ist und nicht mehr mit der Mutter zusammenlebt — bestimmt sie, wie Missildines ›fehlende Zuwendung‹, das ganze Leben.

Daß sie der erste Mann, den sie geliebt hat, verlassen hat, erfüllt die Tochter mit ungeheurer Wut. Da man ihr verboten hat, ihre Wut zuzulassen, brodelt sie in ihrem Innern, und sie nimmt die ganze Welt durch einen Schleier des Hasses wahr, den sie nicht zuletzt gegen sich selbst richtet. Im Extremfall kann soviel Feindseligkeit die Frau mit der Überzeugung erfüllen, daß sie und all das Böse in ihr schuld daran sind, daß der Vater gestorben ist oder die Familie verlassen hat. Wir haben das bei den Töchtern von Selbstmördern gesehen, und in unterschiedlichem Maß auch bei anderen von uns interviewten Frauen. Derartige Schuldgefühle führen natürlich zu weiterer Verdrängung, die einen solchen Menschen in tiefste Abgründe stürzen und das Leben völlig unerträglich machen kann.

Verzweiflung wird in der Kindheit häufig hinter Pseudoreife verborgen. Diese Strategie läßt im Gegensatz zur Verdrängung negative Gefühle zu, doch es wird ein höheres Ziel angestrebt: der Mutter zu helfen. Die Fassade bröckelt jedoch mit der Zeit ab und bietet schließlich keinen ausreichenden Schutz mehr.

Man kann die menschliche Entwicklung als eine ständige Umgestaltung der Abhängigkeit von unseren Eltern betrachten. Als Kinder sind wir völlig auf sie angewiesen und mangelnde Zuwendung und Fürsorge können als lebensbedrohend empfunden werden. Später, wenn wir uns unserer Individualität bewußt werden, beginnen wir auf eine Weise mit der Autonomie zu experimentieren, die einem rituellen Tanz gleicht:

Das Kleinkind entfernt sich ein paar Schritte von der Mutter und läuft wieder zu ihr zurück, hocherfreut über seine Fähigkeit, selbst zu bestimmen, wann es zurückkehrt. Abhängigkeit, Unabhängigkeit – Weglaufen, Rückkehr, Weglaufen. Gewöhnlich ist die Mutter die Tanzpartnerin, und der Vater macht die Musik; das heißt, er bestimmt das Tempo und ermutigt die Tochter, sich von der Mutter zu entfernen.

In der ganzen Kindheit und vor allem in der Adoleszenz üben wir uns in der Fähigkeit, als eigenständige Wesen zu leben; wir wagen es, uns immer weiter und für immer längere Zeit von der Mutter fortzubewegen, bis wir als Erwachsene echte Autonomie erlangen und selbständige, lebensfähige Individuen sind.

Ist unsere Mutter nicht da, um uns aufzufangen, wenn wir zu ihr zurücklaufen – was meistens eine Folge des Vaterverlustes ist –, dann können wir uns bei ihr nicht den Mut holen, den wir brauchen, um uns wieder von ihr zu entfernen. Doch die Musik treibt uns an, weiterzutanzen. Das kleine Mädchen wird sich selbst zur Partnerin; es verleugnet sein Bedürfnis, sich bei der Mutter Unterstützung zu holen und schöpft aus seinem eigenen Innern Kraft. Das unsichere Gefühl, mit dem Unabhängigkeit sie erfüllt, schwindet nicht, weil die Mutter ihr nicht hilft, doch das vaterlose Mädchen tanzt weiter, verzweifelt bemüht, sein Gleichgewicht zu bewahren, denn zu stolpern könnte den physischen und emotionalen Verlust des einen ihr verbliebenen Elternteils bedeuten. Diese Gefahr muß um jeden Preis vermieden werden.

Der Preis der Pseudoreife hängt davon ab, wie konsequent sie aufrechterhalten wird. Wieder ist das Verhalten der Mutter der entscheidende Faktor. Hat sie ihrer Tochter wenigstens in geringem Maß die Möglichkeit gegeben, als Kind hilflos zu sein, ihre Ängste und ihre Verletzlichkeit zum Ausdruck zu bringen, und hat sie von Zeit zu Zeit überzeugend Stärke bewiesen, dann hat das Kind zumindest ein wenig seine Abhängigkeit kennengelernt. Und im allgemeinen ist dies natürlich der Fall.

Mußte die Pseudoreife jedoch ständig aufrechterhalten werden und durfte das Kind seine normalen Ängste, seine

Zweifel und seine Verwirrung niemals zum Ausdruck bringen, dann entwickelt sich unter dem Mantel der Pseudoreife eine extreme Verletzlichkeit. Der Mantel täuscht Kompetenz und Sicherheit vor, bietet dem verängstigten Kind aber wenig Schutz.

Ich habe mit diesem ›Tanz‹ der Entwicklung deutlich zu machen versucht, daß eine gewisse Abhängigkeit in der Kindheit die Voraussetzung für eine spätere echte Unabhängigkeit ist. Das ›Ich‹ entwickelt sich aus dem Vertrauen zum ›Wir‹. Und später ist ein ›Wir‹ nur möglich, wenn ein ausgeprägtes ›Ich‹ vorhanden ist. Die Folgen einer *gemäßigten* Pseudoreife zeigen sich häufig darin, daß vaterlose Töchter sehr zurückhaltend und vorsichtig sind, jedoch auch zwischenmenschliche Kontakte schätzen, und schließlich sind die meisten imstande, in befriedigenden Beziehungen zu leben.

Ständig aufrechterhaltene Pseudoreife hingegen verhindert trotz aller zur Schau gestellten Selbstsicherheit die Bildung eines Selbst. Wenn das heranwachsende Kind keinen Menschen hat, dem es vertrauen kann, ist es nicht imstande, Selbstvertrauen zu entwickeln.

Unsicherheit bezüglich ihrer Lebensfähigkeit als eigenständiger Mensch − bezüglich ihrer Identität − macht es der pseudoreifen Frau unmöglich, mit anderen Menschen in Beziehung zu treten. Deren Abhängigkeit ist für sie ebenso entsetzlich wie ihre eigene. Insgeheim hat sie schreckliche Angst davor, ihre extreme Verletzlichkeit zu offenbaren, anderen zu zeigen, daß sie bemuttert werden will wie ein kleines Kind.

Sie spielt die Erwachsene, ist jedoch in Wirklichkeit immer noch ein einsames, frustriertes Kind, außerstande, sich selbst zu lieben − ein Wesen, das sich nicht einmal seiner Existenz sicher ist.

Pseudoreife beschwört Ablehnung herauf. Sie kann dem Kind helfen, mit dem tiefen Schmerz, mit dem es der Verlust des Vaters erfüllt, fertigzuwerden, und ein gewisses Maß an Verdrängung kann notwendig sein, damit das

Kind den dramatischen Abbruch der Beziehung zu seinem Vater bewältigt.

Wenn jedoch Pseudoreife zum Mutterersatz wird, wenn die Ablehnung immer wieder bestätigt und Verdrängung gefordert wird, dann wird der Vaterverlust zu einem unüberwindlichen Trauma, das emotionale Offenheit verhindert, Beziehungen zu anderen Menschen unmöglich macht und die Identitätsentwicklung blockiert. Das Selbst wird zu einer Maske, zu einem zerrbildhaften Wesen, das mit Alkohol und Drogen betäubt oder ganz zum Schweigen gebracht werden muß.

Anitas Vater pflegte von Zeit zu Zeit zu verschwinden. Er erklärte, ›er gehe nur ein bißchen spazieren‹, und blieb dann monatelang fort. Als Anita zwölf Jahre alt war, verschwand er völlig aus ihrem Leben. Ihre Mutter, die schon vor seinem endgültigen Verschwinden gearbeitet hatte, konnte sich und ihre vier Kinder, von denen Anita das älteste war, gerade mit dem Nötigsten versorgen.

»Meine Mutter ist nur achtzehn Jahre älter als ich und sehr unselbständig«, schrieb Anita. »Als mein Vater uns verließ, war ich diejenige, die alle Belastungen auf sich nehmen mußte. Meine Brüder und meine Schwester sind viel jünger als ich, und da stand ich nun mit drei kleinen Kindern in Windeln. Ich versorgte sie, kochte, putzte, hatte einen Job und ging zur Schule. Ich glaube, ich war fünfzehn, als meine Mutter tatsächlich beschloß, mit mir die Rollen zu tauschen. Aber bis dahin war ich für alles verantwortlich.

Mit achtzehn zog ich aus. Meine Mutter lebte mit dem Mann zusammen, den sie bald heiraten wollte, und ich war froh, daß die Kinder einen Vater hatten. Ich hatte keine Lust zu heiraten und schon gar kein Interesse, Kinder zu kriegen. Ich hatte schon drei aufgezogen, und ich wußte, daß ich leicht dazu imstande war, Kinder zu mißhandeln. Ich glaube, mein einziger Ehrgeiz war, ein tolles Leben zu führen.

Ich hatte viele herrliche Jahre, ab meinem dreizehnten Lebensjahr. Ich bin herumgereist und habe mich amüsiert. Viele von den Männern, mit denen ich was hatte, waren verheiratet, aber sie waren auch reich und einflußreich und haben mich verwöhnt. Manchmal tranken wir einen Martini zuviel, aber ich vertrage eine ziemliche Menge und bin für jeden Spaß zu haben. Mein Vater ist auch so.«

Eine Exploration ihrer Psyche schien ihr jedoch nicht sehr viel Spaß zu versprechen. Mit zwanzig hatte sie es einmal mit einer Therapie ›versucht‹, war aber nach einer Sitzung zu dem Schluß gekommen, daß der Therapeut ihre ›Wirklichkeit‹ nicht verstand, und so hatte sie sich nicht weiter darauf eingelassen.

Auf den ersten Blick schien es, als sei Antita voller Selbstvertrauen. Sie bezeichnete sich selbst als ›erfolgreich‹, ›aggressiv‹, ›dynamisch‹, ›offenherzig‹ und psychisch ausgeglichen, doch sie trank häufig Alkohol. Ihre saloppe, selbstsichere, großtuerische Haltung kann sie nur mit Hilfe von Alkohol aufrechterhalten, der, wie man weiß, falsches Selbstvertrauen einflößt.

Obwohl sie behauptete, niemals Mutter sein zu wollen, war der Mann, den sie mit einunddreißig schließlich heiratete, fünf Jahre jünger als sie. Das einzige, was sie über ihn äußerte, war, daß er ›ein großer Brötchenverdiener‹ sei, und obwohl sie überzeugt war, daß ihre Ehe von Dauer sein würde, träumte sie immer noch von der ›großen Liebe ihres Lebens‹, einem Mann, der einundzwanzig Jahre älter als sie und ebenso unerreichbar für sie war wie ihr Vater.

Hinter Anitas äußerer Fassade verbarg sich das kleine Mädchen, das ohne elterliche Zuwendung aufgewachsen war. Sie war nie ein Kind gewesen, sondern hatte nicht nur sich selbst, sondern auch ihre Mutter und ihre drei Geschwister bemuttern müssen. Nachdrücklich betonte sie ihre Selbständigkeit und Unabhängigkeit, und nur ein einziges Mal gestand sie zögernd ihre Verletzlichkeit ein.

»Ich war ziemlich weit von zu Hause weg, als mein Stiefvater starb. Wie üblich war meine Mutter völlig hilflos, und so fuhr ich heim, um alles zu regeln, all die Verwandten zu bekochen und zu versorgen und meine Mutter, so gut ich konnte, zu unterstützen.

Ich weiß noch, wie ich am letzten Abend, bevor der Sarg geschlossen wurde, neben ihm niederkniete, seine Hand nahm und ihm dafür dankte, daß er sich um meine Mutter gekümmert hatte, nachdem ich von zu Hause abgehauen war. Irgendwie war ich ihm dankbar, denn er hatte mir geholfen, Mama vor der grausamen, kalten Welt zu beschützen. Ich weiß nicht, was es war, aber die Tränen liefen mir über die Wangen.«

Mona, ein Einzelkind, war neun Jahre alt, als ihre Mutter starb. Ihr Vater, den sie sehr liebte, war ein erfolgreicher Geschäftsmann, der seine Tochter mit allem Nötigen versorgte... vor allem, nachdem er sie verlassen hatte.

»Vier Monate nach dem Tod meiner Mutter beschloß mein Vater, nach Arizona zu gehen, und ließ mich in Chicago bei meiner Großmutter zurück. Mit dem Tod meiner Mutter bin ich ganz gut fertiggeworden, weil mir irgendwie klar war, daß der Tod etwas ist, wogegen man nichts tun kann. Aber mein Vater hätte mich mitnehmen können. Er hatte mich mit seinem Verhalten verraten, und ich fühlte mich ungeliebt und abgelehnt.

Er war ein sehr amüsanter, geselliger Mensch und hatte die Gabe, die langweiligste Angelegenheit zu einer aufregenden Sache zu machen. Wenn er da war, was selten der Fall gewesen ist, dann war das Leben vergnüglich und abenteuerlich.

Er hat mich verlassen, aber er sorgte dafür, daß ich nicht nur das Notwendige zum Leben hatte, sondern auch Zwanzigpfunddosen mit Bonbons, Dutzende von Kaschmirpullovern und so weiter. Anscheinend setzte er solche materiellen Dinge mit Liebe gleich. Er schickte mir Geld und verlangte von meiner Großmutter, daß sie für tausend Dollar mit mir einkaufen ging.

Wenn ich ihn besuchte, ging er mit mir in Nachtklubs

und Spielkasinos — was ihm meine Großmutter sehr übel nahm. Ich wünschte mir, er würde mich umarmen und mir sagen, wie sehr er sich freute, mich bei sich zu haben. Statt dessen sagte er bloß ›Was für scheußliche Kleider hat dir denn meine Mutter wieder gekauft?‹ Und wenn ich zu meiner Großmutter zurückkam, sagte sie ›Mein Gott, was hat er dir denn da wieder zum Anziehen gekauft?‹ Sie hatten völlig verschiedene Wertmaßstäbe.

Als ich fünfzehn war, rief ein Kollege von ihm an und teilte uns mit, daß er schwerkrank war. Er wollte mich sehen und drängte meine Großmutter, mich zu ihm nach Arizona zu bringen. Es war eine Reise von zweieinhalb Tagen, und als wir bei ihm auftauchten, war er überrascht und wütend und sagte, ich sei alt genug, um nicht solche überstürzten Entscheidungen zu treffen. Noch am gleichen Tag brachte er uns zum Bahnhof und setzte uns in den Zug. Er hat mir nie wieder geschrieben oder mich angerufen, und es war das letzte Mal, daß ich ihn gesehen habe.

Etwa sechs Monate später wurde ich in der High School während der Mathematikstunde über den Lautsprecher zum Direktor gerufen. ›Dein Vater ist tot‹, sagte der Direktor. ›Geh heim zu deiner Großmutter‹.

Ich kann meinem Vater nicht verzeihen, daß er mich nicht während seines ganzen kurzen Lebens bei sich behalten hat. Aber ich muß sagen, es war ein großes Glück, so einen Vater zu haben.«

Nachdem ich von all den Gefühllosigkeiten ihres Vaters gelesen hatte, erstaunte mich dieser letzte Satz. Doch Mona war mit ihren fünfundvierzig Jahren immer noch überzeugt, nicht nur das Opfer, sondern auch die Ursache der ablehnenden Haltung ihres Vaters gewesen zu sein. Vier Monate nach dem Tod ihrer Mutter hatte er sie verlassen. Ein neun Jahre altes Mädchen konnte gar nicht anders, als aus einem so flagranten Liebesentzug den Schluß zu ziehen, sie sei wertlos. Mona wurde zum Schurken des Stückes — sie war diejenige, die sich falsch verhielt, die ihren Vater aufregte wenn er krank war, und er blieb der Held. Sie konnte ihm, wie sie sagte, nicht verzeihen, doch in Wirklichkeit konnte sie sich selbst nicht verzeihen.

Wie wir gesehen haben, bleiben Frauen, die um ihren Vater nie getrauert haben, einem Erinnerungsbild verhaftet, das sie beziehungsunfähig macht. Es kann sein, daß sie, wie zum Beispiel Anita, Indifferenz vortäuschen, die sie durch Promiskuität zu bestätigen scheinen; doch meistens gehen sie Beziehungen aus dem Weg, um sich nicht ihrer Verletzlichkeit auszusetzen. Diese Abwehrmechanismen wurden in beiden Fällen durch eine Mutter verstärkt, die der Tochter, jede auf ihre Weise, die richtige Führung versagt hat.

Monas Mutter war für ihre Tochter einfach nicht verfügbar, kleine Mädchen wurden von ihr nicht vernachlässigt, sondern unverhohlen abgelehnt. Ihre Eltern empfanden sie als eine solche Last, daß sie sich ihr einfach entzogen. Die Folge ist, daß sie keinen Platz in dieser Welt findet, wo sie sich wohlfühlen kann, daß sie sich nicht würdig fühlt, das Leben zu genießen. Die Welt ist für sie ein ungastlicher, unfreundlicher Ort, und auch nur einigermaßen zufrieden zu sein, ist ihr unvorstellbar.

»Ich kann das Gute im Leben nicht mehr sehen, nachdem ich das Schlechte gesehen habe«, schrieb mir die freiberufliche Verlagslektorin. »Ich bin seit zwanzig Jahren verheiratet, aber ich würde nie die Verantwortung übernehmen, ein Kind in diese Welt zu setzen. Meine größte Hoffnung ist, daß ich vor meinem Mann sterben werde. Ehrlich gesagt, ich wäre überhaupt froh, wenn ich bald sterben würde.

Ich habe eine Therapie gemacht, aber sie hat mir nur begrenzt geholfen. Wenigstens hat mir das Antidepressivum, das mir der Therapeut verschrieben hat, geholfen, funktionsfähig zu bleiben. Ich habe nie Schwierigkeiten gehabt, Arbeit zu finden, aber ich kann jemanden, der meine Arbeit bewundert, nicht ernstnehmen. Ich habe chronische Kopfschmerzen, gegen die ich jeden Tag Medikamente nehme, und ich kann alle gut verstehen, die sich einen ›sauberen, gutbeleuchteten Ort‹ wünschen, denn Hemingway hatte recht: ›Unser Nada, der du bist im Nada, nada sei Dein Name, dein Nada nada, Dein Nada nada im Nada wie auf Nada...‹«

Irene hatte mehrere Selbstmordversuche überlebt. »Beim ersten Mal war ich dreizehn, und meine Mutter kam genau im richtigen Moment. Manchmal denke ich, im falschen Moment.« Als Tochter eines sehr reichen Arztes und seiner sehr vernachlässigten Frau wurde sie von Kindermädchen aufgezogen, die ihr beibrachten, sich bedeckt zu halten.

Wir saßen in ihrem geräumigen Haus in einem vornehmen Viertel und sprachen ganz sachlich und nüchtern über ihre Todessehnsucht: Sie erzählte von den Ungerechtigkeiten des Lebens, und ich, die objektive Journalistin, bemühte mich, eine neutrale Haltung einzunehmen.

»Als erstes muß ich Ihnen sagen, daß er mich gehaßt hat, als ich zur Welt kam«, sagte die blonde, hübsche Frau. »Er hat mich von ganzem Herzen gehaßt. Ich war nach zwei Jungen seine erste Tochter, und er machte meiner Mutter Vorwürfe, weil sie ein Mädchen gekriegt hatte. Man hat mir erzählt, daß er, als ich zu sprechen anfing, völlig umgeschwenkt ist und ganz vernarrt in mich war, aber daran kann ich mich nicht erinnern. Ich weiß nur, daß ich als Kind zu wenig Liebe gekriegt habe, und deshalb habe ich die Ich-Stärke eines sechs Monate alten Babys. Also überhaupt keine.

Mein Vater war nicht nur ein sehr erfolgreicher Arzt, sondern auch ein Playboy und Spieler. Als ich vier war, zogen wir von Virginia in den Südwesten, damit er näher bei Las Vegas war — und damit meine Mutter näher bei ihm war, wenn er in Las Vegas war. Er war Alkoholiker und schwer medikamentensüchtig — die Medikamente verschrieb er sich selbst. Zu Hause war er nur selten. Er war ein ausgezeichneter Tennisspieler und verbrachte viel

Zeit auf dem Tennisplatz über dem Swimmingpool unseres Hauses. Ich war eine begeisterte Schwimmerin und hielt mich die meiste Zeit in dem Swimmingpool auf, von wo ich ihn beobachten konnte. Ein oder zwei Mal durfte ich auf den Tennisplatz, aber ich mußte mäuschenstill sein und durfte mich nicht von der Stelle rühren.

Allgemein betrachtet war ich kein sehr glückliches Kind. Die meiste Zeit war ich allein. Meine Brüder kümmerten sich nicht um mich, und meine Mutter war mit ihren eigenen Problemen beschäftigt. An eins kann ich mich gut erinnern — sie las sehr viel. Sie saß immer in einem Sessel und las, und ich stand vor dem Sessel und blickte zu ihr auf. Schließlich sah sie mich an, und damit hatte sich's. Sie war furchtbar damit beschäftigt, mit ihrem Leben ins reine zu kommen.

Als ich sechs war, wurde mein Vater als ambulanter Patient in eine psychiatrische Klinik aufgenommen, und im Sommer — ich war damals sechs oder sieben — besuchten ihn meine Mutter und ich. Meine Eltern und ich wohnten in einem kleinen Haus auf dem Land, und mitten in der Nacht kam meine Mutter schreiend aus dem Schlafzimmer gerannt. Ich schlief in einer kleinen Nische im Wohnzimmer.

Mein Vater stürzte ihr nach und begann sie fürchterlich zu verprügeln. Ich versuchte ihn zurückzuhalten, doch er stieß mich einfach weg. Meine Mutter schrie und schrie und zitterte, und anscheinend blutete sie. Ich weiß nicht, wie lange das so ging, aber schließlich rannte sie aus dem Haus.

An vieles kann ich mich natürlich nur unklar erinnern. Aber ich weiß, daß mein Vater, bevor er ging, einen Hammer nahm und den ganzen Schmuck zertrümmerte, den sie bei sich hatte, und daß er so viele von ihren Kleidern holte, wie er zusammenraffen konnte, und sie auf den Hof trug und anzündete, und dann verschwand er. Irgendwie packten meine Mutter und ich unsere Sachen und machten, daß wir wegkamen.

Erst ein paar Jahre nach diesem Vorfall habe ich ihn wiedergesehen. Es klopfte an der Tür, und draußen stand ein Mann mit einer Frau, die offenbar wesentlich jünger als er war. Ich blickte zu ihnen auf und sagte ›Wer sind Sie?‹ Ich wußte nicht, wer er war, und es war, glaube ich, schon schrecklich spät – jedenfalls erkannte ich ihn nicht. Er kam herein, und ich dachte, es ist ein Fremder, ein stockbetrunkener fremder Mann.

Plötzlich wurde mir klar, wer er war, und ich war ganz außer mir vor Freude. Ich zeigte ihm den Swimmingpool hinter dem Haus; ich dachte, ich muß ihm unbedingt zeigen, wie hübsch er aussieht mit all den brennenden Lampen. Ich weiß noch, wie ich voller Freude sagte ›Komm mit, Papa, komm, schau dir das an‹. Bald darauf fiel mir ein, daß er ja hier gewohnt hatte, daß er natürlich wußte, wie der Swimmingpool bei Nacht aussah, und ich kam mir ziemlich dämlich vor. Aber er war sehr freundlich, und ich war ihm dankbar dafür. Natürlich gab es eine scheußliche Szene zwischen ihm und meiner Mutter, und etwa ein Jahr später wurden sie geschieden. Er heiratete wieder und ging in den Mittelwesten.

Hin und wieder rief er an, doch er wollte nie mit mir oder mit meinen Brüdern sprechen. Manchmal habe ich einen Nebenapparat abgenommen und eine Weile zugehört und gehofft, daß er etwas über mich sagen würde. Aber ich glaube, das hat er nie getan, denn ich kann mich noch an das Gefühl der Demütigung und Enttäuschung erinnern, daß mich erfüllte, wenn ich bei diesen Gesprächen zuhörte.

Meine Mutter war völlig zusammengebrochen, als er sie verließ. Sie liebte ihn immer noch. Etwa um diese Zeit – ich muß etwa acht gewesen sein – gingen sämtliche Familienmitglieder in Einzeltherapie. Und ich war seither ziemlich viel in Analyse.«

Sie erzählte ihre Geschichte in ruhigem, gelassenem Ton; die vierzig Jahre alte Frau mit dem Ich eines sechs Monate alten Babys hatte ihre Lektion gelernt: Kinder dürfen sich nur selten blicken lassen und müssen leise sein. Um nicht unterzugehen, hatte sie sich angewöhnt, in der Totenstellung zu schwimmen; die Arme ausgestreckt und hin und wieder ein Bein bewegend, um voranzukommen.

Ihre Selbstmordversuche schlugen fehl, ebenso wie die ihres Vaters – abgesehen von seinem letzten. »Meine Mutter rief uns an diesem Nachmittag ins Wohnzimmer. Sie weinte. Sie hat ihn bis zu dem Tag, an dem er starb, geliebt. Ich weiß nicht, ob eine amtliche Autopsie vorgenommen wurde, aber mir war immer klar, daß er an einer Kombination von Alkohol und Medikamenten gestorben war.

Ich empfand überhaupt nichts. Ein Analytiker würde bestimmt sagen, ich hätte meine Gefühle nicht zugelassen. Aber am nächsten Tag in der Schule – ich war damals in der siebten Klasse – erzählte ich, daß mein Vater gestorben war. Ich tat es, um meine Mitschüler zu schockieren, um Zuwendung von ihnen zu bekommen.

Ich habe immer die Neigung gehabt, durch mein Verhalten die Aufmerksamkeit anderer Leute auf mich zu lenken. Ich überlege, was ihnen gefallen oder sie interessieren könnte und dann spiele ich ihnen diese Rolle vor. Ich weiß, daß jeder in verschiedenen Situationen verschiedene Rollen spielt, aber ich habe eine fast unheimliche Fähigkeit, das zu tun. Ich glaube, ich habe einen ganz guten Humor, und ich versuche immer, die Leute zum Lachen zu bringen, weil das eine Art Anerkennung bedeutet.

Bei meinen Selbstmordversuchen – der erste war kurz bevor mein Vater starb – wachte ich mitten in der Nacht auf und hatte schreckliche Angst. Es gibt gar keinen bestimmten Grund dafür – ich wache auf und habe einfach keine Ahnung, wer ich bin, und dann gerate ich in Panik.

Es ist doch irgendwie merkwürdig – aber zweimal hat mich meine Mutter gerettet. Die anderen Male bin ich betrunken mit dem Auto gefahren und hatte einfach Glück... oder Pech.«

Es waren dramatische Methoden, mit denen Irene ihre Mutter dazu zu bringen versuchte, von ihrem Buch aufzublicken. Als ich mich von ihr verabschiedete, beunruhigte mich der Gedanke, sie in dem großen Haus allein zu lassen. Sie hatte mir mehrmals gesagt, daß sie sich mit ihrem Vater identifizierte und daß sie es bedauerte, daß ihre, wie sie zugab, halbherzigen Versuche, ihr Leben zu beenden, fehlgeschlagen waren. Vielleicht hatte unser Gespräch irgendwelche stillen Wasser aufgewühlt. Vielleicht würde sie nachts aufwachen, in Panik geraten und ihre Mutter telefonisch nicht erreichen?

»Fahren Sie vorsichtig«, rief sie mir nach, als mache sie sich unbewußt über meine Sorgen lustig. »Passen Sie auf sich auf«, antwortete ich leise, und sie verschwand hinter dem mit gepflegtem Rasen bedeckten Hügel, der ihre Haustür verbarg.

> Der an Melancholie Leidende wird von Schuldgefühlen und Aggressionen überwältigt. Es ist, als glaube der Melancholiker, alles, was er verloren hat, durch Tod oder Trennung oder Ablehnung, sei irgendwie von ihm umgebracht worden. Deshalb kehrt es als innerer Verfolger zurück, um ihn zu bestrafen, Rache und Sühne suchend... Das ist der Teufelskreis der Melancholie, in dem es sein kann, daß ein Mensch sich selbst das Leben nimmt – teils, um seine eingebildete Schuld am Tod jemandes, den er liebt, zu sühnen, teils, weil er das Gefühl hat, der Tote lebe in ihm weiter und schreie, gleich Hamlets Vater, nach Rache.

Melancholie, von Freud als pathologisches Pendant zur Trauer betrachtet (und oben von A. Alvarez geschildert), ist die schlimmste Folge des Zusammenspiels von Ablehnung, Verdrängung und Pseudoreife. Die Frau, die von ihrem Vater abgelehnt und verlassen und von ihrer unerreichbaren Mutter vernachlässigt wurde und wegen der auf ihren Vater gerichteten Wünsche Schuldgefühle hat oder die Frau, die ihre Verwirrung und Verletzlichkeit hinter einer vorgetäuschten Unabhängigkeit verbirgt und deshalb nie ein lebensfähiges Selbst entwickelte, kann in sich den grausam bestrafenden Vater verinnerlichen, der zweifelsfrei ihre Wertlosigkeit bewies.

Madeleine, die wir in einem früheren Kapitel kennengelernt haben, imitierte den Selbstmord ihres ablehnenden Vaters durch alle möglichen selbstzerstörerischen Verhaltensweisen. Auch Jayne fühlte sich schuldig und identifizierte sich mit ihrem Vater, doch sie entging schweren psychischen Schädigungen dank ihrer Erinnerungen an einen liebevollen Vater.

Mona und Irene sind von Todessehnsucht erfüllt. Sie idealisieren ihre ausnehmend lieblosen Väter, statt sich die Feindseligkeit, die sie ihnen gegenüber empfunden haben, einzugestehen, und was von größter Bedeutung ist: Sie sind überzeugt, ihren Vätern zu gleichen. Sie beweisen ihre Loyalität und versuchen Absolution für ihre Schuld am Tod des Vaters zu erlangen, indem sie seinen getöteten und tötenden Geist an die Stelle ihres Ichs setzen.

Monas und Irenes Melancholie ist eine Folge davon, daß sie in einem ständigen Kampf mit dem Geist ihres Vaters stehen. Eines der berühmtesten Selbstmordopfer unserer Zeit ist in diesem Kampf unterlegen.

Ganze Bücher sind über den frühen Tod von Sylvia Plath geschrieben worden. Ihre Gedichte und Prosawerke sowie die Chronik ihres fehlgeschlagenen Lebens wurden analysiert, romantisiert, nach verborgenen Bedeutsamkeiten durchforscht. Ihr Werk findet fast einhellige Anerkennung, doch selbst einige von ihren Bewunderern sind der Meinung, daß ihr literarischer Ruhm durch ihren Selbstmord und die Art dieses Selbstmords erhöht wurde. Wir lesen Sylvia Plath nicht nur deshalb immer wieder, weil wir ihr Talent schätzen, sondern auch, weil wir nach einer Erklärung für ihre Entscheidung, sich selbst den Tod zu geben, suchen.

Sylvia Plath war acht Jahre alt, als ihr Vater starb. »Nur Gott weiß, welche Wunde der Tod ihres Vaters ihr in ihrer Kindheit zufügte«, sinniert ein Autor. »Sie suchte nach einem Selbst, aus dem sie ihre Dichtung gestalten konnte«, meint ein Kritiker.

Dank dem aufschlußreichen Werk Sylvia Plaths und der Erinnerungen jener, die sie kannten, können wir Gott bei unserer Untersuchung außer acht lassen, denn der Zusammenhang zwischen der ›Wunde‹ und dem Selbst, nach dem sie suchte, diesem sich ihr entziehenden Selbst, dessen höhnische Stimme sie dann in den Tod lockte, ist offensichtlich.

Der Tod ihres Vaters — er starb nach einer mit seiner Diabetes zusammenhängenden Beinamputation — hatte auf das Mädchen eine ungeheure Wirkung. Auf die Gefühle, die sie ihm und ihrer Mutter entgegenbrachte, auf ihre Wut, ihre Verweigerung, ihre Unfähigkeit, die Ablehnung zu bewältigen, stößt man überall in ihren Werken, und die Suche nach ihrem Selbst manifestierte sich darin, daß ihre Stimmung, ihre Einstellung, ihre Haltung sich ständig veränderten. »Sylvia Plath war ein Mensch mit vielen Masken«, schreibt Ted Hughes, ihr früherer Mann, im Vorwort zu ihren Tagebüchern. »Ich habe nie gesehen, daß sie irgendwem ihr wahres Selbst zeigte — außer vielleicht in den letzten drei Monaten ihres Lebens...« Nach den Schilderungen des mit ihr befreundeten Literaturkritikers A. Alvarez war sie einmal die sich im Hintergrund haltende Hausfrau, einmal die selbstbewußte Karrierefrau.

Liest man ihre Texte, so durchdringt einen ihr stechender Zorn, und im nächsten Moment ist man berührt von ihren zarten, empfindsamen Bekenntnissen. Sie liebte die Männer, haßte die Männer; sie wollte glänzen und scheute sich, Aufsehen zu erregen. Offenbar erschütterte sie der Tod ihres Vaters zutiefst, doch mit siebzehn Jahren schrieb sie: »Niemand, den ich liebe, ist je gestorben.«

Sylvia Plaths Tagebücher stellen eine allmählich fortschreitende Enthüllung dar, eine widerstrebend dargebotene Analyse der schwersten Folgen von Vaterverlust. Ablehnung, Vernachlässigung, Verdrängung, Pseudoreife und das Gefühl, eine schreckliche Schuld auf sich geladen zu haben, quälen und motivieren die Verfasserin und treiben sie zunehmend auf die höchste Strafe — die Wiedervereinigung — zu.

Aus den *Tagebüchern von Sylvia Plath:*
Betrachtungen aus der Jugendzeit

Gott, wer bin ich?
Da ist irgendwo in dir dein toter Vater...
Du erinnerst dich, daß du sein Liebling gewesen bist, als du klein warst, und du hast dir Tänze für ihn ausgedacht und ihm vorgeführt, wenn er nach dem Abendessen auf der Wohnzimmercouch lag. Du fragst dich, ob das Fehlen eines älteren Mannes im Haus etwas mit deinem starken Verlangen nach männlicher Gesellschaft zu tun hat...
Ich habe Angst... Ich werde nicht zulassen, daß ich krank werde, verrückt werde oder mich wie ein Kind an jemandes anderen Schulter flüchte und flenne. Immer muß ich Masken tragen...

Spätere Betrachtungen
Über den Vater:

Ich wüte und tobe dagegen, daß mir mein Vater genommen wurde, den ich nie gekannt habe; sogar seinen Geist, sein Herz, sein Gesicht als siebzehnjähriger Junge liebe ich schrecklich... Ich lechze danach, ihn kennenzulernen...
Ich habe nie die Liebe eines Vaters gekannt, die Liebe eines zuverlässigen, blutsverwandten Mannes nach dem achten Lebensjahr... des einzigen

Mannes, der mich zuverlässig mein Leben lang lieben würde; (Mutter) kam eines Morgens mit Tränen in den Augen herein und sagte mir, daß er für immer gegangen sei. Ich hasse sie deshalb...

Über die Mutter:

Sie mußte arbeiten. Arbeiten und auch Mutter sein, ein Mann und eine Frau... Sie knauserte. Gönnte sich nichts. Trug immer den gleichen alten Mantel. Doch die Kinder hatten neue Schulkleider und Schuhe, die paßten. Klavierstunden, Bratschenstunden, Waldhornstunden... Das kleine weiße Haus an der Ecke mit einer Familie aus lauter Frauen. So vielen Frauen, daß das Haus nach ihnen stank... Ich fühlte mich betrogen: Ich wurde nicht geliebt, doch alle Anzeichen sagten, ich würde geliebt: Die Welt sagte, ich würde geliebt: Die herrschenden Mächte sagten, ich würde geliebt. Meine Mutter hatte mir ihr Leben geopfert. Ein Opfer, das ich nicht wollte. Ich ließ sie ein Versprechen unterschreiben, daß sie nie heiraten würde... Zu schlimm, daß sie es dann nicht brach.

Über die Männer:

Ich haßte die Männer, weil sie nicht bei mir blieben und mich liebten wie ein Vater: ...Männer, widerliche, lausige Männer. Sie nahmen alles, was sie nur kriegen konnten, und bekamen dann Wutanfälle oder starben oder gingen nach Spanien wie Mrs. So-und-So's Mann mit seinen lüsternen Lippen.

Ich identifiziere ihn (ihren Mann) mit meinem Vater... Soweit Ted ein männliches Wesen ist, ist er ein Ersatz für meinen Vater; aber in keiner ande-

318

ren Hinsicht. Wenn ich an seine Treulosigkeit gegenüber Frauen denke, ruft das die gleiche Angst in mir hervor wie die Beziehung meines Vaters zu meiner Mutter und dem Todesengel.

Mein ganzes Leben lang haben mich die Menschen, die ich am meisten liebe, emotional im Stich gelassen: Papa ist gestorben und hat mich verlassen, und Mutter ist irgendwie nicht da. Deshalb schreibe ich, zum Beispiel, dem kleinsten Zuspätkommen von Menschen, die ich liebe, eine emotionale Bedeutung von Kälte zu und schließe daraus, daß ich ihnen nicht wichtig bin.

Über Melancholie:

Heute morgen Freuds *Trauer und Melancholie* gelesen... Eine ziemlich genaue Darstellung meiner Gefühle und Selbstmordgründe...

Zu Vaters Grab gegangen... Ich fand den flachen Stein, ›Otto E. Plath: 1885 – 1940‹, direkt neben dem Weg... Fühlte mich betrogen. War versucht, ihn auszugraben. Um zu beweisen, daß er da war und wirklich tot war. Es tut gut, an den Platz zu denken.

Was nützt es, über meinen Vater zu reden? Es bewirkt vielleicht eine kleine Katharsis, die einen oder zwei Tage anhält, aber mit mir selbst zu reden, führt zu keiner Erkenntnis. Nach welcher Erkenntnis strebe ich – wovon soll sie mich befreien?... Wenn ich wirklich glaube, daß ich meinen Vater umgebracht und kastriert habe, dann entspringen vielleicht all meine Träume von entstellten und gepeinigten Menschen meinen schuldbewußten Vorstellungen von ihm und meiner Angst vor Bestrafung. Aber wie soll ich sie bannen? Wie verhindern, daß sie mich mein restliches Leben lang quälen?

Es gelang Sylvia Plath nicht, sich von ihren Schuldgefühlen zu befreien. Die anklagende Stimme wurde immer lauter, und als sie und ihr Mann sich im Herbst 1962 trennten, gab es für sie kein Entrinnen mehr. Sie war allein: Wieder war ein Mann, den sie liebte, gegangen. Vier Monate später ging sie in den Tod.

Kann man Sylvia Plaths Selbstmord auf den Tod ihres Vaters zurückführen? Millionen Frauen haben den Verlust ihres Vaters bewältigt – haben die Ablehnung bewältigt, die spätere Vernachlässigung, die Schuldgefühle und die Verleugnung all dessen. Doch wie wir gesehen haben, bestimmen die mit dem Verlust verbundenen Umstände und ihre Wirkung auf die Tochter das Ausmaß der Schädigung.

Sicher war Sylvia Plaths Mutter kein Unmensch. Sie war eine hart arbeitende Lehrerin, die alles tat, ihre Kinder mit Nahrung und Kleidung zu versorgen und ihnen eine gute Erziehung angedeihen zu lassen. Und zu Hause ging es, vor und nach dem Tod des Vaters, sehr diszipliniert zu; der Schwerpunkt lag auf Bildung, Fleiß und Leistung. Sylvia Plath war eine musterhafte Studentin; schon vor ihrem zwanzigsten Lebensjahr wurden ihr Literaturpreise verliehen, und sie war in ihrer kurzen Lebenszeit eine hochangesehene Dichterin.

Doch sie hatte einen rebellischen, sinnlichen, forschenden, ungehorsamen Geist, der sie in quälende Schuldgefühle stürzte. Sie machte zum Großteil ihre strenge Mutter für ihr Elend verantwortlich, doch in Wirklichkeit quälte sie sich selbst. Die tötende, betäubende Stimme, die ihr keine Ruhe ließ, war natürlich ihre eigene – immer wieder verborgen hinter der Totenmaske ihres Vaters.

Für eine Seele, die so hin und her gerissen war zwischen Disziplin und Leidenschaft, waren der Tod des Vaters und die dadurch ausgedrückte Ablehnung unerträglich. Vier Monate nach dem Ende ihrer Ehe, das sie neuerlich mit Verlassenheit und ohnmächtiger Wut konfrontierte, gab ihr gespaltenes Selbst den Kampf auf.

Können die Folgen des Vaterverlustes so schwer sein, daß sie eine Frau dazu bringen, sich das Leben zu nehmen? Über ihren ersten Selbstmordversuch schrieb Sylvia Plath:

>Mit zwanzig wollte ich sterben
>Und zurück, zurück, zurück zu dir.
>Ich dachte, schon die Knochen genügen mir.

13

»Ich bin die Größte«:
Frauen und Leistungsstreben

»Das wirksamste Mittel gegen Kummer ist Arbeit.«

Die fast sechshundert vaterlosen Frauen, die an unserer Studie teilnahmen, würden Samuel Johnsons Maxime sicherlich beipflichten. Von der Zeit unmittelbar nach ihrem Verlust bis in ihr Erwachsenenleben betrachten vaterlose Töchter Arbeit als Mittel gegen Kummer und auch gegen Angst. Als Kinder stürzen wir uns in die Aufgabe, erwachsen zu werden − oft zum Nachteil unserer wirklichen Reifung. Wir sorgen für uns selbst und in unterschiedlichem Maß auch für unsere Mütter; wir nehmen eine Haltung der Hilfsbereitschaft, des Fleißes und der Selbstbeherrschung ein, die zu einem frühen Eintritt ins Berufsleben und zur Übernahme von Verantwortung führt.

Als Erwachsene sind wir weniger leichtsinnig als Frauen, die mit einem Vater aufgewachsen sind; unsere Lebenseinstellung ist, wie die folgende Tabelle zeigt, von Ernst, Zielstrebigkeit und Härte gegen uns selbst geprägt.

Vater:

Gewohnheits- mäßiger Konsum von:	Gestorben	Geschieden	In der Familie
Alkohol	59%	63%	82%
Drogen	12%	16%	20%

Obwohl unsere Ausbildungsmöglichkeiten infolge finanzieller Schwierigkeiten eingeschränkt waren – 80 Prozent der aus intakten Familien stammenden Frauen haben einen Collegeabschluß, jedoch nur 49 Prozent der vaterlosen Frauen – verdienen wir kaum weniger als diese. Und was unsere Berufswahl betrifft, so neigen wir dazu, sogenannte ›helfende Berufe‹ zu ergreifen, bei denen man mit Menschen zu tun hat. Die häufigsten Tätigkeiten der von uns befragten Frauen waren Lehrerin, Sekretärin, beratende Berufe sowie nichtärztliche Tätigkeiten auf medizinischem Gebiet. Frauen, die mit Vätern aufwuchsen, haben hingegen am häufigsten kreative Berufe oder üben mit dem Verkauf zusammenhängende Tätigkeiten aus.

Vaterlose Frauen bevorzugen festbezahlte, sichere Stellungen, die den Umgang mit anderen Menschen ermöglichen und mit Hilfeleistung zu tun haben. Die mit starkem Leistungsdruck verbundene Tätigkeit der Handelsvertreterin, Verkäuferin oder Unterhaltungskünstlerin liegt ihnen nicht; ebensowenig die ungewisse, von Anerkennung oder Ablehnung abhängige Karriere einer kreativen Künstlerin. Auch die Ehemänner der verheirateten vaterlosen Frauen haben sichere Positionen; höherer Angestellter und Lehrer sind bei diesen die am häufigsten vorkommenden Berufe. Die Frauen der Kontrollgruppe waren viel häufiger als die vaterlosen Frauen mit Künstlern, Kaufleuten, Ärzten und Rechtsanwälten verheiratet – Berufe, deren Sicherheit von der Zahl der Kunden und Klienten abhängt.

Daß die vaterlose Tochter so großen Wert auf einen sicheren Beruf legt, ist möglicherweise auch auf den in ihrer Kindheit erlittenen Verlust zurückzuführen. Sie hat weniger Selbstvertrauen und Mut als andere Frauen. Persönliche und berufliche Sicherheit ist ihr sehr wichtig, und sie setzt sie ungern aufs Spiel. Durch auffälliges oder konkurrierendes Verhalten am Arbeitsplatz könnte sie Vorwürfe, Enttäuschungen und Ablehnung auf sich ziehen, und davon hat sie genug.

Da sie keine ständige Ermutigung durch den Vater erfahren hat, ist sie sehr um ihre Feminität besorgt. Ehrgeiz und Aggressivität sind unvereinbar mit ihrer Vorstellung von richtigem weiblichen Verhalten. Der Gedanke, in einer männlichen Welt eine hervorragende Position einzunehmen, ja schon der Gedanke erfolgreich zu sein, bereitet ihr Unbehagen.

Ich halte mich für:	Vaterlos	Vater in der Familie
Aggressiv	30%	41%
Ehrgeizig	45%	69%
Erfolgreich	51%	80%

In einem Artikel der *Los Angeles Times* über den väterlichen Einfluß auf erfolgreiche Töchter schrieb Kathy Mackay: »Psychologen, die Untersuchungen über Motivation anstellten, haben festgestellt, daß viele erfolgreiche Frauen sehr stark von ihren Vätern ermutigt und beeinflußt wurden; schon in sehr frühem Alter förderten die Väter ihre Begabungen und gaben ihnen das Gefühl, attraktiv zu sein und geliebt zu werden... Wenn ein Vater sowohl die Feminität wie die Leistungen der Tochter anerkennt, gewinnt sie größere Klarheit bezüglich ihrer Ziele.«

Mackay zitiert berühmte Sportlerinnen, Politikerinnen und andere Berühmtheiten – alles Töchter von aktiv unterstützenden und oft erfolgreichen Männern; Frauen, die fraglos davon profitiert haben, daß ihre Väter ihre weiblichen Reize anerkannten und zugleich ihr Leistungsvermögen und ihre Beharrlichkeit stärkten.

Doch eine spätere Bemerkung in diesem Artikel über den Einfluß des Vaters auf die erfolgreiche Tochter bringt uns zu dem Thema, mit dem wir uns in diesem Kapitel beschäftigen wollen: den Einfluß von Vaterlosigkeit auf die erfolgreiche Tochter. Mackay meint, daß viele hervorragende Frauen nicht nur nach beruflichem Erfolg strebten, weil sie ihren Vätern nacheiferten, sondern auch, weil sie nicht in die gleiche Abhängigkeit geraten wollten wie ihre Mütter. Obwohl sie von Töchtern aus intakten Familien spricht, ist die Bedeutung für unsere Untersuchung klar: Die Abhängigkeit der Mutter ist bei der vaterlosen Tochter ein charakteristischer Aspekt der Vergangenheit, und bei einer kleinen Minderheit vaterloser Frauen reichte er aus, um sie mit starkem Erfolgsstreben zu erfüllen.

Das Mutterbild der Tochter und die durch dieses Bild erzeugte Dynamik werden indirekt durch die Vaterlosigkeit beeinflußt. Doch der abwesende Vater kann — vor allem, wenn er verehrt wurde — auch auf sehr direkte Weise die Motivation seiner Tochter beeinflussen. Bei vielen prominenten Frauen, die ohne Vater aufwuchsen, scheint Erfolg eine Art Kompensation für den Verlust gewesen zu sein. Sie versuchten, den fehlenden väterlichen Beifall durch den Beifall anderer zu ersetzen. Und indem sie in den Augen der Öffentlichkeit die Größte wurden, suchten sie das höchste Maß an Anerkennung zu erlangen, das einzige, was der ersehnten Anerkennung, die ihnen nie zuteil wurde, nahekam. »In *Yentl*«, sagte Barbra Streisand über den ihrem Vater gewidmeten Film, »bekomme ich von meinem ›Vater‹ zu hören, daß er stolz auf mich ist. Ich habe mir immer gewünscht, ihn das sagen zu hören.«

Für die erstaunlich große Zahl prominenter Frauen, die in der frühen Kindheit ihren Vater verloren haben, war Arbeit anfangs vermutlich ein ›Mittel gegen Kummer‹. Doch Samuel Johnson hat auch gesagt: »Der Beifall eines einzigen menschlichen Wesens ist von großer Bedeutung.« Viele dieser Frauen betrachten Arbeit offenbar als ein Allheilmittel und Erfolg als den sichersten Weg zu dem Mann, den sie verloren haben.

Die überwältigende Mehrheit der vaterlosen Frauen entspricht dem Bild, das wir in diesem Buch von ihnen gezeichnet haben – sie sind anspruchslos und zurückhaltend. Doch zugleich gehört ein ansehnlicher Teil von uns zu den Frauen, die weltweite Anerkennung errungen haben – Frauen, bei denen die Abhängigkeit der Mutter und/oder das Fehlen eines geliebten Vaters ein tiefes Bedürfnis nach Kompensation, Unabhängigkeit und Anerkennung erzeugt haben.

Millionen Frauen in den Vereinigten Staaten und der ganzen Welt sehen in Helen Gurley Brown, der Herausgeberin der Zeitschrift *Cosmopolitan,* den Guru der weiblichen Anziehungskraft. Nach allem, was wir über das mangelnde Vertrauen der vaterlosen Tochter in ihre Weiblichkeit gesagt haben, ist das eine ziemliche Ironie. Doch die Essenz der Brown'schen Philosophie ist Selbsthilfe. Sie wendet sich an die zahllosen jungen Frauen, die sich damit abquälen, ihre Weiblichkeit zu entwickeln, und verkündet, daß es ihnen möglich ist, sich aktiv zu verwandeln – so wie sie selbst das getan hat und weiterhin tut. Du bist nicht als begehrenswerte Frau zur Welt gekommen, sagt sie; du mußt dich selbst begehrenswert machen. Es ist etwas, das harte Arbeit und Hingabe erfordert. Aber es lohnt sich.

Vielleicht ist Helen Gurley Browns Bedürfnis, Methoden zu entwickeln und zu vermitteln, mit denen weibliche Anziehungskraft erworben werden kann, eine Folge davon, daß ihr in ihrer Jugend väterliche, also männliche Anerkennung versagt war. Der Eifer und das Einfühlungsvermögen, mit denen sie das tut, haben *Cosmopolitan* zum besten Ratgeber gemacht, wenn es darum geht, einen Mann zu kriegen, zu halten und ständig zu betören.

Helen Gurley Brown wäre jedoch die letzte, die das traditionelle Verhalten männerabhängiger Frauen gutheißen würde. In gewissen Situationen kann, wenn man von einem Mann etwas will, ein weibchenhaftes Verhalten erforderlich sein, aber Sie, liebe Leserin, sind sich ja völlig bewußt, was Sie tun. Es kann sein, daß Sie so tun müssen, als ob Sie der traditionellen Vorstellung von der dienstbaren, untergeordneten Frau entsprechen, aber das ist bloß eine Strategie – unser kleines Geheimnis, pssst. »*Cosmopolitan*«, schreibt Nora Ephron, »macht die Männer zu hirnlosen Geschöpfen, die eine Frau mit perfekten Soufflés, perfekten Martinis und anderen perfektionierbaren Manipulationsmethoden dazu bringen kann, sie zu heiraten.« Helen Gurley Brown beherrscht diese Methoden, und sie ist nur zu gern bereit, sie ihren Leserinnen, denen es, wie einst ihr selbst, schwerfällt, sich von ihren kleinbürgerlichen Unsicherheiten und Beschränkungen zu befreien, zu vermitteln.

Helen war drei Jahre alt, als die Gurleys im Jahr 1925 von den Ozarks nach Little Rock, Arkansas, zogen, weil ihr Vater zum Parlamentsabgeordneten des Staates gewählt worden war. Die Ehe ihrer Eltern war nicht ganz harmonisch, weil Mr. Gurley dagegen war, daß seine Frau arbeitete, doch »er war ein wundervoller Vater. Er verbrachte viel Zeit mit meiner Schwester und mir und spielte viel mit uns. Jedes Jahr ging er mit uns zum Volksfest, das in einer kleinen Stadt im Mittelwesten eine ganz große Sache ist. Ich bin heute noch ganz fasziniert, wenn ich daran denke.«

Irgendwie war auch ich fasziniert – vom Rhythmus und Tonfall ihrer Stimme. Jedem, der jemals *Cosmopolitan* gelesen hat, mußte ihre Redeweise vertraut erscheinen, und mir fiel die oft gehörte Behauptung ein, daß Helen Gurley Brown und die Zeitschrift eins sind.

»Er hat mir eine Spüle für mein Puppenhaus gekauft«, fuhr sie begeistert fort. »Schlafzimmermöbel und Wohnzimmermöbel hatten alle. Aber eine Spüle! Das war was ganz Besonderes.

Ich weiß, daß man dazu neigt, das Schlechte, das man in einer Beziehung erlebt hat, zu vergessen, wenn sie auseinandergeht. Ich finde, es war ziemlich machohaft von ihm, daß er dagegen war, daß seine Frau arbeitete, obwohl sie arm waren. Das war abscheulich, denn sie hatte Köpfchen. Aber ich erinnere mich nur an all das Schöne, und sogar meine Mutter sagt, daß er ein wundervoller Vater war. Die Kinder aus der Nachbarschaft waren ganz vernarrt in ihn und kamen immer in unser Haus.

Es tut mir schrecklich leid, daß meiner Mutter solche Dinge passiert sind, bloß weil sie mit meinem Vater zusammenlebte — daß er verhindert hat, daß sie beruflich Karriere machte. Aber vergessen Sie nicht, es war in den zwanziger Jahren, und damals haben das *alle* Männer getan. Es gab so gut wie keine berufstätigen Ehefrauen, und deshalb kann man es ihm so viele Jahre danach nicht verübeln.

Ich kann nur sagen, meine Beziehung zu ihm war super. Vielleicht lag es daran, daß ich, als er starb, zehn Jahre alt und noch in diesem idealistischen Stadium war. Jeder hat doch in seinem Leben mit Menschen zu tun, die nicht erstklassige menschliche Wesen sind, aber wenn sie sich einem gegenüber wundervoll verhalten und nett und freundlich und großzügig sind, dann ist es sehr schwer, ihnen böse zu sein, weil sie jemand anderem etwas Schlimmes angetan haben.«

Die Umstände verhinderten es, daß Helen sich jemals in irgendeiner Angelegenheit, die sie selbst betraf, mit ihrem Vater auseinandersetzen mußte. Wenn er am Leben geblieben wäre, vermutete sie, »hätte er wahrscheinlich einen hohen Posten in der Regierung von Arkansas bekommen. Er war ein großer Charmeur und sehr intelligent und ein Ehrenmann. Wahrscheinlich wäre er Gouverneur geworden, und ich wäre die Tochter eines Politikers gewesen. Vermutlich wäre ich in Arkansas geblieben, hätte an der Universität von Arkansas studiert und dann geheiratet und Kinder gekriegt wie alle andern. Sein Tod hat mich in eine andere Welt geschleudert. Ich weiß nicht, wieweit ein guter Mensch aus mir geworden ist, ein wirklich guter Mensch, aber jedenfalls habe ich gelernt, mich durchzusetzen und meinen Verstand und meine Fähigkeiten richtig anzuwenden, um das zu werden, was ich bin, was immer das sein mag.«

Als Ira Gurleys jüngere Tochter an einem Sommernachmittag im Jahr 1932 hinüber auf die andere Straßenseite schaute, sah sie, daß ihr Nachbar zu Hause war. Sie fragte sich, warum er wohl an diesem Tag so früh von der Arbeit heimgekommen war, und bald erfuhr sie es: um die Nachricht zu überbringen, daß ihr Vater bei einem Liftunfall im Parlamentsgebäude ums Leben gekommen war.

»Es gab einen derartigen Wirbel, daß ich mir nicht sicher bin, ob es mich wirklich traf. Kann sein, daß ich überhaupt nicht begriff, was dieser Verlust bedeutete. Es ist schwer zu verstehen, denn ich habe ihn geradezu vergöttert. Er war für mich der wundervollste Mensch, den ich mir denken konnte.

Erst als ich mit Mitte Dreißig eine Analyse machte, habe ich um ihn geweint. Etwa ein Jahr lang habe ich jeden Donnerstag Rotz und Wasser geheult und schließlich den Tod meines Vaters bewältigt. Als es passierte, bin ich da überhaupt nicht durchgegangen.«

Als es passierte, erregte der tragische Tod eines so jungen aufstrebenden Mannes ungeheures Aufsehen. Die Blumen, die Besucher, die groß aufgemachten Artikel in der Lokalzeitung, die Woge von Mitgefühl, die über die Witwe und ihre armen vaterlosen Kinder hereinbrach, beeindruckten das zehnjährige Mädchen stärker als der Verlust. »Alle machten einen ungeheuren Trubel um uns, und ich glaube, irgendwie habe ich das Ganze genossen.«

Der Trubel legte sich, und Helen mußte der Wirklichkeit ins Auge sehen. »Unsere Familie war nicht mehr die gleiche. Als mein Vater noch lebte, war es lustig und fröhlich zugegangen, aber jetzt gab es keine Fröhlichkeit mehr. Was am schlimmsten war – nachdem er gestorben war, kam überhaupt niemand mehr zu uns zu Besuch.

Meine Mutter hatte kein Geld, aber sie hat sich ungeheuer bemüht, unseren Lebensstil aufrechtzuerhalten. Sie sorgte dafür, daß wir weiterhin hübsche Kleider hatten, daß wir auf Parties gingen. Schließlich, vier Jahre später, zog sie mit uns nach Los Angeles und bat einige Verwandte, uns zu helfen. Ein Jahr nach unserem Umzug bekam meine Schwester Kinderlähmung, und seither ist sie gelähmt und braucht ständig jemanden, der sie versorgt.«

Begreiflicherweise fühlte Helen sich in dieser Zeit ziemlich vernachlässigt. Doch in der für Pseudoreife typischen Weise verdrängte sie das und kümmerte sich voll Mitgefühl um ihre Mutter. »Sie war so ein armer, bedauernswerter Mensch, fast ihr ganzes Leben lang. Sie hatte einen Mann, der sie nicht verstand, obwohl er ein wundervoller Vater war und eine Menge Freunde hatte; und sie ist nie im Leben dazu gekommen, das zu tun, was sie wollte. Dann stirbt ihr Mann, ihre Tochter kriegt Kinderlähmung, das Geld geht zu Ende. Sie war so traurig, so entsetzlich traurig, daß unser Haus jahrelang in ein Leichentuch gehüllt schien. Irgendwie kauerten wir drei uns zusammen, meine Mutter, meine Schwester und ich, und schließlich wurde mir klar, wenn ich etwas von den guten Dingen des Lebens haben wollte, wenn ich mich von dieser Traurigkeit befreien wollte, dann mußte ich weg und mich auf eigene Beine stellen... Sowie ich mit der High School fertig war, fing ich zu arbeiten an, und dann habe ich mich immer mehr zu einer Karrierefrau entwickelt.«

Das Mitgefühl für ihre Mutter und die Entschlossenheit, nie so hilflos zu sein, erfüllten Helen Gurley mit ungeheurem Arbeitseifer. Doch ebenso groß war ihr Eifer, ihre weibliche Anziehungskraft zu verstärken. »Sie versuchte alles«, schreibt Nora Ephron. »Vitamintherapie. Gruppentherapie. Psychoanalyse. Haartherapie. Hauttherapie... Doch wie sie selbst sagt, an erster Stelle kam immer ihre Arbeit.«

Wenn ihr Vater am Leben geblieben wäre, meinte Helen, dann hätte sie bestimmt wie die meisten Frauen geheiratet und Kinder bekommen. Der Charme ihres Vaters wäre stärker gewesen als der ›feministische Einfluß‹ ihrer Mutter, und finanzielle Probleme hätte es keine gegeben. Doch so wie sich alles entwickelt habe, sei eben die Arbeit das Wichtigste gewesen... Mit siebenunddreißig, nachdem sie ausgiebig ihr Leben als ›unverheiratetes Mädchen‹ genossen hatte – sie berichtet darüber in ihrem Bestseller *Sex and the Single Girl* –, heiratete sie einen überaus erfolgreichen Mann, mit dem sie heute noch in einer zutiefst befriedigenden Beziehung lebt. Daß sie sich so gut verstehen, liegt nicht zuletzt daran, daß er ihre beruflichen Ambitionen stets voll unterstützt hat.

»Ich wollte nie Kinder haben. Ich weiß nicht, ob das an dem feministischen Einfluß meiner Mutter lag – sie hatte immer das Gefühl, daß sie, weil sie Kinder hatte, auf zuviel anderes im Leben verzichten mußte. Sie fügte immer schnell hinzu, daß sie meine Schwester und mich natürlich über alles liebe. Aber wenn man Kinder hat, verändert das eben das ganze Leben. Vielleicht war es also ihr Einfluß...« Oder die Tatsache, daß sie so traurig war.

Die sechzig Jahre alte Chefredakteurin hatte keine Zeit für Traurigkeit. In der Redaktion war längst Feierabend, und sie mußte weg – sie habe Millionen Dinge zu erledigen, sagte sie. »Aber fast hätte ich etwas vergessen! Etwas sehr Wichtiges: Die Männer, mit denen ich beruflich zu tun hatte, zum Beispiel meine Vorgesetzten, habe ich alle als Väter betrachtet; auch die, die jünger als ich waren. Diese Männer sind immer Ersatzväter für mich gewesen. Von meinem ersten Job bis heute.

Bis zum heutigen Tag habe ich immer nur reiche, mächtige, erfolgreiche Männer gemocht. Nur mit solchen Männern bin ich gern zusammen. Ich wollte nie einen Mann bloß deshalb heiraten, weil ich ihn liebte. Ein Mann mußte immer ausgleichen, was mir selbst an einer starken Persönlichkeit fehlte. Er brauchte nicht viel älter zu sein, aber er mußte wirklich stark sein. Ich bin mir sicher, das hing damit zusammen, daß mein Vater uns so früh verlassen hat und daß wir so arm gewesen sind.

Manchmal denke ich mir heute noch: ›Mein Gott, ich bin mit einem starken, mächtigen Mann verheiratet, und wir verstehen uns wirklich gut. Ich habe eine wundervolle Karriere gemacht. Ich verdiene einen Haufen Geld. Warum interessieren mich immer noch ausschließlich reiche, mächtige Männer? Warum finde ich einen Mann nicht einfach deshalb anziehend, weil er intelligent ist oder attraktiv. Oder weil er einen tollen Hintern hat oder weil er sexy ist? Warum beurteile ich Männer immer noch nach so starren Normen?‹«

»Haben Sie in Ihrem Mann einen Vater gefunden?« Mir war klar, daß das wahrscheinlich eine rhetorische Frage war.

»Eigentlich nicht. Es hat nie Zweifel gegeben, daß er eine bedeutende Persönlichkeit ist − als ich ihn heiratete, war er ein Filmmagnat −, aber einen Vater habe ich in ihm nicht gefunden. Irgendwie ist er eher mein Kind. Ich koche für ihn und sorge für sein Wohl. Nein, ein Vater ist er nicht für mich. Ich bin für ihn eine Mutter − merkwürdigerweise... Ich habe weiterhin andere Männer als Ersatzväter.«

In diesen paar Minuten, die wir an unser ›offizielles‹ Gespräch dranhängten, gab Helen Gurley Brown mir interessante Aufschlüsse über die Motive der von ihrer Karriere besessenen vaterlosen Tochter, bei der die Arbeit immer an erster Stelle steht. Natürlich bietet die Welt der Arbeit finanzielle Sicherheit und die Möglichkeit, der Hilflosigkeit der Mutter zu entfliehen. Doch vor allem in den höheren Etagen bietet sich die Chance, Männern zu begegnen: reichen, mächtigen, erfolgreichen Männern; Männern in maßgeblichen Positionen; Männern, die die vaterlose Tochter, wenn sie gute Arbeit leistet, schätzen und ihre Bemühungen und Leistungen loben. Und da die Karrierefrau einen Großteil ihrer Zeit in der Arbeitswelt verbringt, hat sie ständig Umgang mit Vaterfiguren, die ihr Anerkennung spenden.

Die karriereorientierte vaterlose Frau verfügt von Anfang an über einen Vorteil, der sich bestimmend auf ihr ganzes Leben auswirkt: das in ihrer Kindheit erworbene Leistungsstreben. Ob es darum ging, sich die Liebe der Mutter zu erhalten oder darum, nicht ein ebenso schwacher Mensch zu werden wie sie − sie hat schon in sehr frühem

Alter großen Wert auf Tüchtigkeit, Verläßlichkeit und Leistung gelegt. Helen Gurley Browns starke Motivation zum Beispiel rührte daher, daß sie einen hilflosen, lebensuntüchtigen weiblichen Elternteil erlebt hatte.

Das starke Leistungsstreben vaterloser Töchter wurde im Jahr 1977 überzeugend durch eine Untersuchung nachgewiesen, die man mit fünfhundert High-School-Studentinnen durchführte. Man stellte fest, daß »bei vaterlosen Mädchen eine starke Tendenz besteht, nach besseren Zensuren zu streben«.* Ein weiterer Beweis dafür, wie wichtig vaterlosen Töchtern gute Leistungen sind, war die Feststellung, daß ihr *Selbstwertgefühl von besseren Zensuren abhing*.

Verschiedene Theoretiker sind der Meinung, daß Vaterlosigkeit das Mädchen von gewissen Einschränkungen hinsichtlich des Verhaltens, die Frauen traditionellerweise auferlegt sind, ›befreit‹. Dies trifft vielleicht in gewissem Maß zu. Doch in der erwähnten Studie wird weiter festgestellt: »...Es ist fraglich, in welchem Ausmaß das bessere Leistungsverhalten dieser Mädchen in der Schule, im Erwachsenenleben in eine erhöhte Fähigkeit, persönliche Erfolgsziele zu erreichen, umgesetzt werden kann... Der Umstand, daß sie die Möglichkeiten, das persönliche Schicksal zu lenken, gering einschätzen... läßt trotz des gegenwärtigen Leistungsniveaus auf einen Mangel an Optimismus bezüglich ihrer Zukunft schließen.«

Im Fleiß und Arbeitseifer der vaterlosen Tochter zeigt sich deutlich die historische Dichotomie zwischen Weiblichkeit und Leistung. Mit ihrer Gewissenhaftigkeit schützt sie sich vor Selbstzweifeln und Minderwertigkeitsgefühlen hinsichtlich der traditionellen weiblichen Eigenschaften wie Attraktivität, Häuslichkeit und der Fähigkeit, einen Mann zu halten. Doch Selbstzweifel und Minderwertigkeitsgefühle werden durch Arbeit nicht beseitigt, sondern

---

* Dies traf nur auf weiße Studentinnen zu. Die Autoren stellten fest, daß Vaterlosigkeit bei schwarzen Studentinnen keine Auswirkungen auf die schulischen Leistungen hatte.

nur gemildert. Deshalb fehlt der Leistungsorientierung im allgemeinen Zielgerichtetheit. Wichtig ist uns die Arbeit, nicht die Karriere. Weniger als die Hälfte der von uns befragten Frauen wuchsen in dem Glauben auf, daß sie einmal Karriere machen würden; bei den aus intakten Familien stammenden Frauen waren es hingegen 61 Prozent. Obwohl die meisten von uns Leistung hoch bewerten, stellte sie nur für wenige eine Basis zum Aufbau einer großen Karriere dar.

Bella Abzug, Marian Anderson, Helen Gurley Brown, Isak Dinesen, Isadora Duncan, Geraldine Ferraro, Edna St. Vincent Millay, Martina Navratilova, Anaïs Nin, Anna Pawlowa, Gilda Radner, Eleanor Roosevelt, Carole Bayer Sager, George Sand, Carly Simon, Wallis Simpson, Susan Sontag, Gloria Steinem, Barbra Streisand, Cicely Tyson – alle diese Frauen verloren vor dem achtzehnten Lebensjahr ihren Vater, weil er starb, oder sich von der Mutter trennte. Wenn jedoch die meisten vaterlosen Töchter vor Berufen, die mit großem Prestige und starkem Konkurrenzkampf verbunden sind, zurückschrecken – welche Faktoren zeichnen dann diese hervorragenden, in der ganzen Welt anerkannten Persönlichkeiten, die eine so auffallende Ausnahme von der Regel darstellen, aus? Die oben erwähnten Variablen, auf die wir gleich näher eingehen werden, scheinen eine Erklärung dafür zu bieten, warum sich in den Reihen der Frauen, die überragende Leistungen vollbringen, eine so eindrucksvolle Zahl vaterloser Frauen befindet.

Der karriereorientierten Frau kommt das die meisten von uns kennzeichnende Leistungsstreben sehr zugute. Doch außer von diesem charakteristischen Fleiß wird sie dadurch angetrieben, daß sie gezwungen ist, ihre Vaterlosigkeit zu kompensieren. Sie kann den Verlust, den sie erlitten hat, nicht leugnen, und so benützt sie den Schmerz, statt ihn zu verdrängen, als treibende Kraft. Tatsächlich haben viele berühmte Frauen, die ohne Vater aufwuchsen, erklärt, daß sein Verlust ihre Produktivität förderte.

Bei jenen von uns befragten Frauen, die mehr als fünfundzwanzigtausend Dollar im Jahr verdienten und/oder höhere akademische Grade erworben hatten und/oder mit sehr erfolgreichen Männern verheiratet waren, war ein stark überhöhtes Vaterbild feststellbar. Diese Frauen hatten eine hohe Meinung von ihren Vätern und betrachteten diese und die Beziehung zu ihnen als etwas ›Besonderes‹. Diese eindeutig positiven Erinnerungen verstärken die signifikante Beziehung zwischen Verlust und Strebsamkeit. Der Ehrgeiz scheint dem Verlangen nach Wiedervereinigung mit dem Vater zu entspringen, der − teils wirklich, teils in der Phantasie − eine reiche Quelle der Anerkennung gewesen ist.

Isak Dinesen, die zweimal für den Nobelpreis nominierte dänische Schriftstellerin, war neun Jahre alt, als ihr Vater sich umbrachte. Sein Tod war, wie ihre Biographin Judith Thurman schreibt, das ›zentrale Drama‹ ihres Lebens, und sein Bild der Quell ihrer Inspiration. Dinesens »Phantasie der Vereinigung mit ihrem Vater... war ihr ein mächtiger, wenngleich imaginärer Verbündeter im Kampf gegen die Verzweiflung.« − »Wenn Isak Dinesen das Wort ›Leben‹ benützt, ist es oft gleichbedeutend mit dem Wort ›Vater‹«. Und in einem Brief an ihre Mutter während einer Krise in ihrem späteren Leben schrieb Isak Dinesen selbst: »Wenn es mir gelingt, eines Tages wieder zu mir selbst zu finden und das Leben ruhig und gelassen zu betrachten − dann hat Vater mir dazu verholfen... Ich habe oft das Gefühl, daß er an meiner Seite ist und mir hilft...«

Bei der Untersuchung der Restitutionstheorie sind verschiedene Analytiker zu dem Schluß gelangt, daß die ehrgeizige Frau, indem sie Eigenschaften an den Tag legt, die im allgemeinen mit Männern assoziiert werden − zum Beispiel Beharrlichkeit −, sich mit ihrem verlorenen Vater identifiziert und dadurch die Ablösung von ihm hinausschiebt. Andere behaupten, daß die meisten von uns Ehrgeiz als etwas Negatives betrachten, weil Erfolg Ablösung vom Vater bedeutet. Unsere Untersuchungen scheinen die letztere Theorie zu bestätigen. Dafür spricht auch, daß sehr erfolgreiche Menschen häufig das Gefühl haben, einen schweren Verlust erlitten zu haben.

Daß sehr viele vaterlose Frauen auf künstlerischem Gebiet tätig sind, ist ein weiterer Beweis für das Bedürfnis, kreativ und konstruktiv tätig zu sein, Phantasien in die Wirklichkeit umzusetzen. Ein tiefes Verlustgefühl erzeugt natürlich kein Talent, doch scheint es vorhandenes Talent zu fördern.

Die Künstlerin, die allein in ihren vier Wänden sitzt, sieht sich mit einer Leere konfrontiert, die sie zu füllen bestrebt ist. Aus Lehm oder Farben, aus Worten oder Tönen schafft sie etwas, das vorher nicht da war. Die Quelle, aus der sie schöpft, ist ihr Geist. Ich bin nicht der Auffassung, daß Leid eine Voraussetzung für die Entwicklung kreativer Fähigkeiten ist — durch eine solche Auffassung wird Unglück romantisiert und das Streben nach Glück abgewertet — doch bei der Untersuchung des Lebens und der Motivationen prominenter vaterloser Frauen habe ich oft auf der leeren Leinwand den Schatten des verlorenen Vaters entdeckt und im starken Bedürfnis, sie zu füllen, die Hoffnung, ihn zu finden.

»Die erste Ablehnung, der erste Verlust prägt sich tief der Seele ein«, schrieb Anaïs Nin im Alter von zweiundfünfzig Jahren. »Ich habe versucht, den Verlust zu überwinden, indem ich mich bemühte, die Frau zu werden, die er bewundert... Ich wollte meinen Vater bezaubern. Das Tagebuch war ursprünglich nicht nur ein Versteck für Geheimnisse. Anfangs wurde es geschrieben, weil mein Vater es lesen sollte, weil er unser Leben teilen, an uns denken sollte, weil es ihn mit dem Wunsch erfüllen sollte, zu uns zurückzukehren.« Anais Nin, die im Alter von zwölf Jahren von ihrem Vater verlassen wurde, ist vielleicht eins der eindrucksvollsten Beispiele dafür, wie eine Künstlerin versucht, durch ihr Werk die Liebe ihres Vaters wiederzugewinnen. Die Tagebücher, die einen Zeitraum von über vierzig Jahren umspannen, wurden durch den Verlust des Vaters inspiriert und stellen zum großen Teil einen Liebesbrief an ihn dar, der ihn zur Rückkehr bewegen sollte.

Der künstlerisch begabten vaterlosen Tochter kann es gelingen, aus ihrem Verlust Nutzen zu ziehen. Doch öffentliche Anerkennung und Bewunderung verhelfen ihr nicht unbedingt zu einem starken Selbstwertgefühl. Wenn sie mit Ehrgeiz ihren Verlust kompensiert und sich beharrlich mit ihrem Vater identifiziert, dann kann die Ablösung von ihm und damit ihre Individuation hinausgezögert werden. Ihr Schmerz trägt Früchte, bringt aber keine neue Saat hervor.

Oft versucht die ehrgeizige vaterlose Tochter, indem sie sich völlig der Verfolgung eines Zieles verschreibt, Hilflosigkeit durch Aktivität, Unsicherheit durch Leistungsstreben zu bewältigen; sie will durch Leistung Anerkennung gewinnen, die ihren Verlust gutmacht, und sich selbst entgegen allen Zweifeln beweisen, daß sie liebenswert ist. Ihre Strategie ähnelt der eines Kindes, denn ein schwaches Selbstwertgefühl hat seinen Ursprung in der Kindheit und ist oft auf den Verlust eines geliebten Elternteils zurückzuführen. Dr. Gregory Rochlin schreibt darüber:

»...Das Kind ist der Überzeugung, daß Enttäuschung, Frustration und Vernachlässigung, die es infolge des Verlustes erfährt, seine Wertlosigkeit beweisen. Die Moses-Legende veranschaulicht, wie diese alten Konflikte bewältigt werden können. Gemäß diesem Glauben ist man nicht verlassen, sondern auserwählt; nicht daß man im Schilf ausgesetzt wird, ist das Wesentliche, sondern daß man gefunden wird... Kein Kind möchte glauben, daß es unerwünscht ist; daher die weitverbreitete Kindheitsphantasie, auserwählt und begünstigt zu sein.

Solche Vorstellungen dienen dazu, ein unsicheres oder gefährdetes Selbstwertgefühl zu verbessern.«

Diese Feststellungen werden durch die psychoanalytische Forschung bestätigt. In der einschlägigen Literatur stößt man immer wieder auf Hinweise auf den Zusammenhang zwischen Vaterverlust, niedrigem Selbstwertgefühl und Karriereorientierung bei Frauen.

So weist Becky J. White in ihrem Bericht über eine im Jahr 1957 durchgeführte Untersuchung über den Zusammenhang von Selbstbild und Berufswahl bei Frauen darauf hin, daß »Mädchen mit starkem Karrierestreben häufig aus Familien stammen, in denen der männliche Elternteil verstorben war oder in denen geringe Kommunikation zwischen dem Mädchen und ihren Eltern bestand... Die Unzufriedenheit mit sich selbst, welche karriereorientierte Mädchen zum Ausdruck brachten, dürfte ein Hinweis auf die Bestrebungen sein, die sie veranlaßten, Berufe zu ergreifen, die von den typischen weiblichen Schemata abweichen...«

In unserer teilliberalisierten Gesellschaft löst sich der Zusammenhang zwischen weiblichem Ehrgeiz und niedrigem Selbstwertgefühl allmählich auf. Vielleicht erklärt dieser noch in Gang befindliche kulturelle Wandlungsprozeß *unsere* Feststellungen, die (im Gegensatz zu der Untersuchung aus dem Jahr 1957 und vielen anderen Studien) darauf hindeuten, daß Frauen aus intakten Familien ehrgeiziger und karriereorientierter sind als Frauen, die ohne Vater aufwuchsen. Die meisten prominenten Frauen in diesem Kapitel wurden jedoch in der präfeministischen Gesellschaft aufgezogen, in der man Feminität und Karriereorientierung sehr ablehnend gegenüberstand.

Was sie von anderen vaterlosen Frauen unterscheidet, ist jedoch nicht ein besonders niedriges Selbstwertgefühl, sondern vor allem ein sehr starkes Verlustgefühl. Die meisten vaterlosen Frauen, die große Leistungen vollbracht haben, hatten eine ›besondere‹ Beziehung zu ihrem männlichen Elternteil. Sicher beeinträchtigte das Ende dieser Beziehung ihr Selbstvertrauen, doch die Erinnerung an den Vater und seine Unterstützung hatte auf sie eine aktivierende Wirkung.

»... Wenn ich ihn nicht verloren hätte, hätte ich nie solche Anstrengungen unternommen.«

Viele Frauen, die auf ihrem Gebiet Berühmtheit erlangt haben, wurden durch das Bedürfnis angetrieben, den Verlust zu kompensieren, doch im Gegensatz zu den Frauen im letzten Kapitel hatten sie genügend Ichstärke – in vielen Fällen das Vermächtnis eines liebenden Vaters –, um ihre Identität zu bewahren. Häufig wird – wie ich glaube, fälschlicherweise – behauptet, der Verlust des Vaters sei insofern ›vorteilhaft‹, als dadurch der Tochter die Festlegung auf die Geschlechtsrolle, die durch den Vater erfolge, erspart bleibt. Dieser Theorie zufolge wird zwar ihr Vertrauen in ihre Weiblichkeit geschwächt, doch ebenso auch die traditionellerweise damit verbundenen Beschränkungen. Die Tatsache, daß so viele prominente Frauen unterstützende – anwesende oder abwesende – Väter hatten, widerlegt diese Theorie; es spricht jedoch einiges dafür, daß der spätere Verlust eines liebenden Vaters die Tochter bestärken kann, ihre ›maskuline‹ Seite zu entwickeln.

Für diese Verleugnung der weiblichen Attribute gibt es wohl kein besseres Beispiel als die französische Schriftstellerin George Sand.

Sie wurde 1804 als Tochter eines intellektuellen Adligen und dessen weniger gebildeten Frau geboren. Als Aurore Dupin, wie sie ursprünglich hieß, vier Jahre alt war, kam ihr Vater bei einem Reitunfall ums Leben, und sie mußte die unglückliche Rolle einer Vermittlerin in dem ewigen Streit zwischen ihrer Mutter und ihrer Großmutter väterlicherseits übernehmen. Erstere überließ Aurores Erziehung schließlich der Mutter ihres verstorbenen Ehemannes, die das Mädchen abgöttisch liebte und ihr eine Erziehung zuteil werden ließ, wie sie im allgemeinen Jungen vorbehalten ist. Aurore gedieh unter ihrer Obhut, erwies sich als überaus lernbegierig und bewies eine starke literarische Begabung.

Später erregte sie Aufsehen mit ihrem extravaganten Lebensstil, doch die Verfasserin von über hundert Büchern versetzte ihre Freunde nicht mit ihren Hosen in Erstaunen – die sie für vernünftiger hielt als lange Röcke –, sondern mit ihrer Disziplin und ihrem unermüdlichen Fleiß.

Das Pseudonym legte sie sich, wie die Hosen, aus praktischen Gründen zu, denn ein Kollege hatte ihr gesagt, daß ein weiblicher Schriftsteller ein Widerspruch in sich sei. »Machen Sie keine Bücher, sondern Kinder«, sagte er ihr. (Tatsächlich war sie eine hingebungsvolle Mutter.) Um die Anerkennung und den Lohn zu erlangen, die sie erstrebte, veröffentlichte sie ihre Bücher unter dem Namen ›George Sand‹.

Es ist nicht erstaunlich, daß diese unkonventionelle Verfechterin der Frauenrechte Biographen und Persönlichkeitsforscher immer wieder fasziniert hat. Ebenso unkonventionell war sie, was ihre zahlreichen Liebesaffären betraf. Und obwohl sie leidenschaftlich für die Sache der Frauen eintrat, machte sie kein Hehl aus ihrer Geringschätzung des weiblichen Geschlechts.

Die Psychoanalytikerin Helene Deutsch, die sich eingehend mit dieser scheinbar zutiefst widersprüchlichen Persönlichkeit befaßte, ist der Meinung, daß George Sand sich ihren maskulinen Habitus zulegte, um sich mit ihrem Vater zu identifizieren. Sie haßte ihre ungebildete Mutter, weil diese sie im Stich gelassen hatte, und ihre dünkelhafte Großmutter wegen ihrer Eingebildetheit. »So wandte sie sich von allem Weiblichen ab.«

In George Sands ausschweifendem Liebesleben sieht Helene Deutsch eine ewige Suche nach einem »starken, mächtigen, gottähnlichen Vater, der ihre Weiblichkeit wiederherstellen sollte«. Tatsächlich scheint George Sand dies in einem ihrer veröffentlichten Briefe zu bestätigen: »... Ich hatte immer das Gefühl, daß meine Treulosigkeiten mir durch das Schicksal auferlegt waren«, schrieb sie. »...Durch die Suche nach einem Ideal, das mich nötigte, das Unvollkommene zugunsten von etwas aufzugeben, das der Vollkommenheit näher schien.«

Die unermüdliche Hingabe an ihre Arbeit läßt vermuten, daß auf ähnliche Weise das Schreiben für George Sand das einer ›vollkommenen‹ Liebe am nächsten Kommende war. Im Gegensatz zu den vielen Menschen in ihrem Leben, die sie im Stich ließen oder enttäuschten, konnte sie sich auf ihre Phantasie und ihr Tintenfaß verlassen. »Schreiben ist eine wilde Leidenschaft«, sagte sie einmal. »Wen sie einmal gepackt hat, den läßt sie nicht mehr los.«

Ebenso wie George Sands Extravaganz nicht mit dem Persönlichkeitsbild der vaterlosen Tochter übereinzustimmen scheint (obwohl man auch sagen könnte, daß ihr männliches Äußeres die Unsicherheit ausdrückte, die sie hinsichtlich ihrer Weiblichkeit empfand), scheint die erstaunliche Zahl berühmter Frauen, die ohne Väter aufgewachsen sind, der Feststellung zu widersprechen, daß wir lieber zuverlässige als ehrgeizige Männer heiraten. Ein anderer Punkt ist, daß Vaterlosigkeit die meisten von uns zu bescheidenen, anspruchslosen Wesen machte, in vielen Frauen jedoch das Bedürfnis weckte, sich von der Masse zu unterscheiden.

Wallis Warfield Simpson schockierte die ganze westliche Welt, als sie ihren Mann dazu brachte, auf den britischen Thron zu verzichten. Sie war bereits zum zweiten Mal verheiratet, als sie den zukünftigen König kennenlernte, und seit ihrer Kindheit erfüllte sie eine unbändige Entschlossenheit, dem Mittelklassemilieu, in dem sie geboren war, zu entkommen.

Ihr Vater, der Auktionator in Baltimore war, starb fünf Monate nach ihrer Geburt. Er gehörte einer wohlhabenden, alteingesessenen Familie an, die ihn und später seine Witwe und Tochter jedoch nicht an ihrem Reichtum teilhaben ließ. Verschiedene Biographen haben Wallis' notorisches Streben nach gesellschaftlichem Prestige auf die Entbehrungen und Enttäuschungen zurückgeführt, die der Verlust ihres Vaters nach sich zog.

»Wallis' Streben, ihr Los zu verbessern, scheint ungewöhnlich stark gewesen zu sein, doch man muß berücksichtigen, daß besondere Gründe dahintersteckten. Sie war ein Mädchen aus guter Familie und lebte in einer klassenbewußten Stadt, doch ihr wurde wie durch eine Tücke des Schicksals das Geld vorenthalten, das mit einem angesehenen Namen verbunden zu sein pflegt. Daß ihr Vater tot war und ihre Mutter zu arbeiten gezwungen war ... muß in ihr das Gefühl hervorgerufen haben, auf besondere Weise betrogen zu werden... Für Wallis war die Zugehörigkeit zur High Society ein Geburtsrecht, um das sie ihr ganzes Leben lang betrogen worden war. Sie lebte am Rand von Reichtum und Wohlstand, ohne jedoch daran teilzunehmen; sie war überzeugt, für die erste Klasse geboren zu sein und war gezwungen, sich mit der zweiten Klasse abzufinden. Nach ihrer Meinung hatte sie Anspruch auf die Dinge, die sich hinter den Säulentoren und Rhododendronhecken der Reichen befanden.«

In ihrer Mädchenzeit machte Wallis ihr reizloses Äußeres ebensosehr zu schaffen wie die beschränkten Verhältnisse, in denen sie lebte. Es heißt, daß sie verzweifelt bestrebt war, vom anderen Geschlecht beachtet, gemocht und anerkannt zu werden und daß sie den größten Teil ihrer Energie darauf richtete. Wir können nur Vermutungen darüber anstellen, in welcher Weise wohl ein aufmerksamer Vater ihr Selbstbild, das sie so stark motivierte, verbessert hätte, doch zweifellos war es ihr lebenslanger Kampf gegen die Unsicherheit, dem die Entschlossenheit, welche später den Lauf der Geschichte verändern sollte, entsprang.

Bei näherer Beschäftigung mit den Biographien von Frauen berühmter Männer habe ich festgestellt, daß fast ein Drittel der Frauen, die mit Präsidenten der Vereinigten Staaten verheiratet waren, darunter fünf der letzten neun

›First Ladies‹, ihre Väter früh im Leben durch Tod oder Scheidung verloren haben.* Es heißt, daß hinter jedem großen Mann eine Frau steht. Hinter vielen dieser Frauen steht ein Mann, der sie verlassen hat.

Eleanor Roosevelt dürfte von all den Frauen, die im Weißen Haus residierten, die berühmteste sein, und das hat sie nicht nur dem Mann zu verdanken, mit dem sie verheiratet war, sondern auch ihren eigenen Leistungen. »Von allen amerikanischen Frauen bis zu ihrer Zeit hat sie in der nationalen und internationalen Politik die größte Rolle gespielt«, stellte der Historiker Hope Stoddard fest. Der reizlosen Tochter einer der schönsten Frauen der New Yorker Gesellschaft wurde die Kindheit durch einen äußerst liebevollen Vater erträglich gemacht. Nur er konnte ihre ernste Miene aufheitern, ihr das Gefühl geben, daß sie mehr als nur eine Enttäuschung war. »Er war der Mittelpunkt meiner Welt«, schrieb Mrs. Roosevelt in ihrer Autobiographie, »und ich habe nie daran gezweifelt, daß ich in seinem Herzen den ersten Platz einnahm.«

Eine Sanatoriumsbehandlung, der er sich wegen seines schweren Alkoholismus unterziehen mußte, führte zu einer langen Trennung von dem Mann, der ihr soviel bedeutete. Dann starb, als sie acht Jahre alt war, ihre Mutter. Eleanor Roosevelt schreibt darüber: »Der Tod bedeutete mir nichts, nur eins war mir wichtig: Mein Vater war heimgekommen und ich würde ihn bald sehen... Er saß in einem großen Sessel. Er war ganz in Schwarz gekleidet und sah sehr traurig aus. Er streckte die Arme aus und drückte mich an sich... An diesem Tag erwachte in mir ein Gefühl, das mich nie mehr verließ: daß er und ich ganz eng verbunden waren und eines Tages ein gemeinsames Leben führen würden.«

* Margaret Taylor, Abigail Fillmore, Jane Pierce, Lucy Hayes, Ellen Arthur, Frances Cleveland, Eleanor Roosevelt, Bess Truman und Rosalynn Carter verloren ihre Väter durch Tod, Jacqueline Kennedy und Nancy Reagan durch Scheidung.

Weniger als zwei Jahre später, kurz vor ihrem zehnten Geburtstag, erhielt sie die Nachricht, daß ihr Vater gestorben war. Nachdem sie eine Nacht lang geweint hatte, erwachte sie mit einem Gefühl neuer Verbundenheit mit ihm, einem Gefühl, das sie nie mehr ganz verließ. »Er beherrschte mein Leben, solange er lebte, und er war viele Jahre nach seinem Tod noch immer die Liebe meines Lebens.«

Auch als sie später Franklin D. Roosevelt, einen entfernten Cousin, heiratete, bezeichnete sie in ihren Büchern und Artikeln immer wieder ihren Vater als Quelle der Kraft für ihr schwankendes Selbstwertgefühl und schrieb ihm das Verdienst zu, sie zu ihrem hingebungsvollen Kampf für soziale Reformen inspiriert zu haben. Er hatte sie schon als Kind mit sozialen Problemen bekanntgemacht und ermutigt, sich aktiv für die Gleichheit der Menschen einzusetzen.

Eleanor Roosevelt hatte ihrem Vater versprochen, eine Frau zu werden, auf die er stolz sein konnte. Als amerikanische Delegierte bei den Vereinten Nationen sowie als Vorsitzende der UN-Menschenrechtskommission hat sie dieses Versprechen wahr gemacht, wenngleich ihre Bemühungen in einer Gesellschaft, die eine solche Zähigkeit bei einer Frau nicht gewohnt war, oft lächerlich gemacht wurden. Wie soviele erfolgreiche Frauen setzte sie durch ihr leidenschaftliches Eintreten für eine Sache, der ihr Vater sich verschrieben hatte, dessen Werk fort.

Mit sechsundsiebzig Jahren, zu einer Zeit, da sie sich immer noch aktiv für die Menschenrechte einsetzte, schrieb sie: »Solange er für mich der lebendige Mensch bleibt, der er ist... wird er am Leben bleiben und weiter seinen Einfluß ausüben, der immer freundlich und gütig gewesen ist.«

Wenn ich das Leben von Frauen untersucht habe, die mich stark beeindruckt haben, bin ich immer wieder auf den Einfluß eines verlorenen Vaters und ein fast bewußtes

344

Streben nach seiner Anerkennung gestoßen. In der Literatur und in der Politik, in der Welt des Sports und des Theaters — überall sind vaterlose Töchter von einer benachteiligten Existenz durch große Leistungen zu Ruhm und Ansehen emporgestiegen und haben eine bedeutsame Rolle bei der Veränderung des Selbstbildes der Frau gespielt. Vielleicht ist es eine Ironie, daß es durch einen Verlust motivierte Frauen waren, die einen so wichtigen Beitrag zur Entwicklung eines neuen Frauenbildes geleistet haben. Doch der Vaterverlust hatte unleugbar einen großen Einfluß auf viele Frauen, die sich durch besondere Leistungen ausgezeichnet haben, und auf die Welt, die sie mitgestaltet haben. Während ich dies schreibe, wachsen in Amerika fünfeinhalb Millionen Mädchen unter achtzehn Jahren ohne Vater auf. Zusammen mit den zahllosen anderen, die ihnen vorausgegangen sind, bilden sie einen bedeutenden Teil der Bevölkerung, eine Gruppe, die in unserer Gesellschaft wichtige Aufgaben erfüllt.

Bis vor kurzem waren die Auswirkungen von Vaterlosigkeit auf Frauen etwas, das nur oberflächlich in psychoanalytischen Zeitschriften diskutiert und in populären Medien kaum erwähnt wurde. Nun, da das Interesse an diesem Thema geweckt ist, darf man hoffen — vor allem angesichts der immer mehr ansteigenden Zahl von Familien, in denen Frauen das Oberhaupt sind —, daß dieses Versäumnis gutgemacht werden wird. Wir müssen begreifen, daß eine fehlende Vaterbeziehung ebenso große Auswirkungen hat wie eine vorhandene, und daß die Beziehung zum Vater nie aufhört.

Ich stehe vor dem Spiegel, ein fünfzehn Jahre altes Mädchen, und singe laut. Allein in meinem Schlafzimmer, gebe ich meine Zurückhaltung, die ich sonst stets bewahre, auf, recke meine Schultern zurück, schleudere mein Haar zurück und singe mit voller Stimme: »Ich bin die Größte, die Allergrößte, auch wenn es niemand weiß!«

Hinter meinem Spiegelbild sehe ich ein lächelndes

Gesicht, das Gesicht des einzigen Menschen, der meine Größe zu würdigen weiß. Hier in meinem Zimmer, meinem eigenen kleinen Reich, gebe ich mich meiner Phantasie hin und gestehe mir vor dem Spiegel mein Verlangen nach seinem Beifall ein.

Auch heute noch, da ich erwachsen bin, frage ich manchmal, zum Beispiel am Ende eines Kapitels: »Papa, klatschst du?«

Ja tibja ljublju

346

Bibliographie

Abelin, Ernest L.: *Triangulation, The Role of the Father and the Origins of Core Gender Identity During the Rapprochement Sub-Phase*. In: Ruth F. Lax et al. (Hg.): Rapprochement: The Critical Sub-Phase of Separation-Individuation. New York 1980

Alvarez, Alfred: *Der grausame Gott*. Frankfurt 1985

Appleton, William: *Fathers and Daughters*. New York 1982

Arcana, Judith: *Our Mother's Daughters*. Berkeley 1979

Bergson, Lisa: *Suicide's Other Victims*. In: The New York Times Magazine, 14. 11. 1982

Bettelheim, Bruno: *Kinder brauchen Märchen*. München 1982

Biller, Henry B./Weiss, Stephan D.: *The Father-Daughter Relationship and the Personality Development of the Female*. In: The Journal of Genetic Psychology, 1970, 116

Birmingham, Stephen: *Duchess: The Story of Wallis Warfield Windsor*. Boston 1981

Brandt, Anthony: *Father Love*. In: Esquire, 1982/11

Brown, Helen Gurley: *Sex and the Single Girl*. New York 1975

Brown, Saul L.: *Reaction of Children to Deaths: Disruptions of Attachment and their Consequences*. (unveröffentlichter Vortrag, gehalten am 16. 7. 1982 in der Loyola Marymount University)

Cain, Albert C./Irene Fast: *Children's Disturbed Reactions to Parent Suicide*. In: Cain, Albert C./Shneidman, Edwin S. (Hg.): Survivors of Suicide. Springfield 1972

Caine, Lynn: *Widow*. New York 1974

Davis, Elizabeth Gould: *Am Anfang war die Frau*. München 1977

Drabble, Margaret: *The Waterfall*. New York 1977

Duberman: *Step-kin Relationships*. In: Journal of Marriage and the Family 35, 1973/5

English, O. Spurgeon: *The Psychological Role of the Father in the Family*. In: Social Casework 35, 1954

Ephron, Nora: *If You're a Little Mouseburger, Come with Me. I was a Mouseburger and I Will Help You*. In: Nora Ephron: Wallflower at the Orgy. New York 1980

Finklehor, David: *Sexually Victimized Children*. New York 1979

Fraiberg, Selma: *Die magischen Jahre in der Persönlichkeitsentwicklung des Vorschulkindes*. Reinbek 1972

Freud, Anna/Burlingham, Dorothy: *Heimatlose Kinder*. Frankfurt 1971

Freud, Sigmund: *Vorlesungen zur Einführung in die Psychoanalyse*. In: Mitscherlich, Alexander/Richards, Angela/Strachey, James (Hg.): Sigmund Freud: Psychologische Schriften. Studienausgabe in 10 Bd., Frankfurt 1969, Bd. I, 34 – 447

Friday, Nancy: *Wie meine Mutter*. Frankfurt 1982

Furman, Erna: *Ein Kind verwaist. Untersuchungen über den Elternverlust in der Kindheit*. Stuttgart 1977

–, Erna: *Kindliche Trauermuster beim Tod eines geliebten Menschen*. In: Studien zur Kinderpsychoanalyse 4, 1984, 7 – 36

Furman, Robert A.: *The Child's Reaction to Death in the Family*. In: Schoenberg, Bernard et al. (Hg.): Loss and Grief: Psychological Management in Medical Practice. New York 1970

Grossberg, Sidney H./Crandall, Louise: *Father Loss and Father Absence in Preschool Children*. In: Clinical Social Work Journal 6, 1978

Hammer, Signe: *Passionate Attachments*. New York 1980

Harding, Mary Esther: *Der Weg der Frau*. Zürich 1939

Herman, Judith/Hirschman, Lisa: *Father-Daughter Incest*. In: Signs 2/4, 1977

Hetherington, E. Mavis: *Effects of Father Absence on Personality Development in Adolescent Daughters*. In: Developmental Psychology 7, 1972

Hetherington, E. Mavis: *Mädchen ohne Vater*. In: Psychologie heute 2,7, 1975, 22 – 25, 75 – 77

Hetherington, E. Mavis/Parke, Ross D.: *Child Psychology: A Contemporary Viewpoint*. New York 1979

Hughes, Ted: *Foreword*. In: Frances McCullough/Ted Hughes (Hg.): The Journals of Sylvia Plath. New York 1982

Hunt, Janet G./Hunt, Larry L.: *Race, Daughters, and Father-Loss: Does Absence Make the Girl Grow Stronger?* In: Social Problems 25/1, 1977/10

Jacobsen, Gary/Ryder, Robert R.: *Parental Loss and Some Characteristics of the Early Marriage Relationship*. In: American Journal of Orthopsychiatry 39/5, 1969/10

Janeway, E.: *Female Sexuality*. In: Strouse, J. (Hg.): Women and Analysis. New York 1974

Johnston, Jill: *Mother Bound: Autobiography in Search of a Father*. New York 1983

Jordan, Ruth: *George Sand*. München 1978

Kestenbaum, Clarence J./Stone, Michael H.: *The Effects of Fatherless Homes upon Daughters: Clinical Impressions Regarding Paternal Deprivation*. In: Journal of the American Academy of Psychoanalysis 4/2, 1976/4

Kula, Richard A./Weingarten, Helen: *Long Term Effects of Parental Divorce on Adult Development*. In: Journal of Social Issues 35/4, 1979

Laiken, Deirdre S.: *Daughters of Divorce*. New York 1981

Lamb, Michael E.: *Paternal Influences and the Father's Role*. In: American Psychologist 34/10, 1979

348

Leonard, Marjorie: *Fathers and Daughters: The Significance of ›Fathering‹ in the Psychosexual Development of the Girl.* In: International Journal of Psychoanalysis 47, 1966

Mackay, Kathy: *How Fathers Influence Daughters.* In: The Los Angeles Times, 6. 4. 1983

Mahler, Margaret/Pine, Fred/Bergmann, Anni: *Die psychische Geburt des Menschen.* Frankfurt 1985

Malamud, Bernard: *Die Leben des William Dubin.* Köln 1980

Missildine, W. Hugh: *In dir lebt das Kind, das du warst. Vorschläge zur Bewältigung des Alltags.* Stuttgart 1986

Nabokov, Vladimir: *Lolita.* Reinbek 1959

Newman, C. Janet/Schwam, Jeffrey S.: *The Fatherless Child.* In: Noshpitz, Joseph D. (Hg.): Basic Handbook of Child Psychiatry. New York 1979

Nin, Anaïs: *Die Tagebücher der Anaïs Nin.* München 1971

Palombo, Joseph: *Parent Loss and Childhood Bereavement: Some Theoretical Considerations.* In: Clinical Social Work Journal 9/1, 1981/I

Pincus, Lily: *...bis daß der Tod euch scheidet. Zur Psychologie des Trauerns.* Berlin 1982

Richardson, John: *Ghost Story.* In: The New York Review of Books, 21. 2. 1975

Robinson, Marilynne: *Housekeeping.* New York 1982

Rochlin, Gregory: *The Dread of Abondonment: A Contribution to the Etiology of the Loss Complex and to Depression.* In: The Psychoanalytic Study of the Child 16, 1961

Roosevelt, Eleanor: *The Autobiography of Eleanor Roosevelt.* New York 1960

Roosevelt, Ruth/Lofas, Jeannette: *Living in Step.* New York 1976

Schwarz, Adele Aron: *Once.* In: Response, 1975/IV

Selznick, Irene Mayer: *A Private View.* New York 1983.

Shakespeare, William: *König Richard III.* Stuttgart 1966

Shneidman, Edwin S.: *Introduction.* In: Cain, Albert C./Shneidman, Edwin S.: Survivors of Suicide. Springfield 1972

Stoddard, Hope: *Famous American Women.* New York 1970

Stokes, Patty: *The Tennis Bag.* (unveröffentlichte Kurzgeschichte)

Thurman, Judith: *Isak Dinesen: The Life of A Storyteller.* New York 1982

Weisman, Mary-Lou: *Hers.* In: The New York Times, 17. 11. 1983

White, Becky J.: *The Relationship of Self-Concept and Parental Identification to Women's Vocational Interests.* In: Journal of Counseling Psychology 6/3, 1959

Williams, Juanita H.: *Psychology of Women: Behavior in a Biosocial Context.* New York 1977

Wolfenstein, Martha: *Effects on Adults of Object Loss in the First Five Years.* (Vortrag, gehalten beim Annual Meeting of the American Psychoanalytic Association, Los Angeles 1975/5)

Über die Autorin

Elyce Wakerman ist Autorin zahlreicher Artikel in den Fachzeitschriften ›Human Behavior‹ und ›Mankind‹.

Die Autorin lebt mit ihrem Mann und ihrer Tochter in Studio City, Kalifornien.